problem method

プロブレム・メソッド
刑事訴訟法30講

後藤 昭・白取祐司 編

日本評論社

はしがき

　本書は、法科大学院での刑事訴訟法の双方向的な授業のための教材である。刑事訴訟法全体の中から重要な主題を選んで30の章にまとめている。各章は、基本知識の確認から始まって、参考判例の理解を確認し、さらにそれらに基づいて設例の解決を考えるという構成をとっている。

　日本評論社発行の先行する教材『法科大学院ケースブック刑事訴訟法』(第2版　2007年)でも、参考判例を示しつつ、設例の解決を問うていた。当事者の立場からの立論を問うことが多いのも、この先行書の特徴を引き継いでいる。このような特色を明示するために、本書では『プロブレム・メソッド』という書名を選んだ。内容においては、参考判例の理解を確かめるための問いを設け、複雑な判例には事案の概要を付すことによって、学習者が参考判例を的確に理解できるようにしたことなど、新しい工夫を加えた。ただし、本書を使った授業の目標は、単に条文と重要判例を理解することではない。それらの知識を使って具体的な事案を解決する力を受講者が身につけることが、目標である。それこそが、法曹にとって必要な能力でもある。

　個別の事案に即して的確な主張や解決を考え出す力を身につけるためには、自ら問題を発見してその解決を考える姿勢が重要である。判例についても単に知っているだけではなく、それが新たな事案についてどんな意味を持つかを考えることによって、判例を使いこなす力が必要である。さらに、現在の法制度やその運用を見直して、より良い運用、より良い法制度を作り出すことのできる批判的な創造力も、優れた法律家が持つべき資質である。そのためには、現行の制度を歴史的あるいは比較法的な観点から相対化して見る姿勢も重要である。本書で、ときに外国の判例や立法例まで引用しているのは、このような理由による。

　法科大学院は、現在厳しい状況の中にある。しかし、法律家を目指す人々が法を体系的にかつ深く学ぶために、法科大学院の役割は大きい。優れた法律家になるために、安易な途はない。本書が想定するような訓練を積み重ねること

が、法律家としての基礎を作るために必要である。
　本書の企画と編集については、日本評論社の串崎浩社長と編集部の岡博之・武田彩両氏にお骨折りをいただいた。三氏に深く感謝する。
　本書を活用することによって、法科大学院での刑事訴訟法の学習が着実な成果をあげることを願う。

2014年7月　後藤　昭
白取祐司

本書の使い方

1. 本書の目的

　本書は、法科大学院での刑事訴訟法科目の教材である。受講者が基本的な知識を自習することを前提にして、教室では教員と受講者の問答を中心とした双方向の授業形態を想定している。

　本書を使う授業科目は、受講者が刑事訴訟法について、法曹に要求される基本的な能力を獲得することを目標とする。より具体的に言えば、受講者には次のような学習成果が期待される。①刑事訴訟の重要な場面について、現行法の条文とその基礎にある考え方を理解すること。②現実に行われている刑事訴訟法の運用の概要を知ること。③個別の事案に即して、的確な主張や解決を考え出す応用力をもつこと。④事案の中から自ら問題を発見してその解決を考える姿勢をもつこと。⑤重要な判例を知るとともに、それが新たな事案についてどんな意味をもつかを考え、事案に即して判例を使いこなすこと。⑤より良い法を提案するための批判的な創造力をもつこと。

　全体で30の主題を取り上げているので、いわゆる「共通的到達目標」の項目の大半は含まれている。

2. 本書の構成

　本書は、4単位の科目を想定して、30の章からなる。90分以上の授業の場合には、原則として1つの章を1回で扱うことになろう。

　各章は、(1)「本章のねらい」、(2)「キーワード」、(3)「体系書の関係部分」、(4)「設例」、(5)「基本知識の確認」、(6)「判例についての問い」、(7)「設例についての問い」、(8)「参考判例」、および(9)「発展問題」からなる。各章の最後に、さらなる学習のための参考文献を挙げている。

　(1)「本章のねらい」は、その章での基本的な学習目標を示す。

(2)「キーワード」は、その章の主題を理解するために不可欠な用語や概念を挙げる。

(3)「体系書の関係部分」は、刑事訴訟法の体系書で、比較的広く読まれているものを列挙し、その章を学習する前提として、各書について少なくともどの部分を読んでおくべきかを示している。

(4)「設例」は、その章の主題を考えるために重要な問題点を含む具体的な設例を示している。これらの設例は、判例、裁判例などに現れた事案を参考に構成したものが少なくない。しかしその場合でも、判例の事案とは事実を変えていることが多い。したがって、設例はあくまで架空の事例である。また、判例を当てはめることによって、自動的に結論が出る設例ではない。

(5)「基本知識の確認」は、その章の主題について、受講者が当然知っているべき基本的な知識についての問いを、いくつか挙げている。これらは、受講者が(3)に示された体系書の該当部分と本書の各章の内容を読んで理解していれば、当然答えられるはずの問いである。

(6)「判例についての問い」は、各章の参考判例のなかでも特に重要なものについて、その意味を確認するための問いである。参考判例を読み解くための指針となるであろう。

(7)「設例についての問い」は、設例に即して、その章の主題を考えるうえで中心となるいくつかの問いを示している。これらの問いに答えるために、「参考判例」を参照することが必要となる。ただし、前述のとおり、参考判例と設例とは事実が異なっているので、参考判例をそのまま当てはめることはできない場合が多い。受講者は、参考判例の事案と趣旨を読み取るとともに、それが設例にも当てはまるか、それとも当てはまらないかを考える。もちろん、当てはまるか否かの結論だけではなく、その理由を説明することが求められる。相反する判断をしているように見える複数の参考判例の間で、それらが本当に矛盾しているのかどうか、また設例ではどちらの判例によるべきかを考えなければならない場合もあろう。このような訓練によって、「判例を使う」応用力が養われるであろう。設例についての問いでは、検察官あるいは弁護人という当事者法曹の立場で法律論を考えることを求める問いも少なくない。これは従来の法学演習書が、しばしば暗黙の内に学習者を裁判官の立場において、法適用を考えさせる形式をとっていたのに比べて、本書の特徴の一つである。法の運用は動的なものであり、法律家となる者には、与えられた当事者の立場から、もっとも説得的な議論を組み立てる力が要求されるというのが、このような問いの目的である。

(8)「**参考判例**」は、設例についての問いに答えるための前提となる重要な判例を示している。受講者の便宜のために、裁判理由の中の必要な部分を原文で引用している（ただし、固有名詞は仮名に変えた箇所が多い）。また事案が複雑な場合には、適宜事案の概要を付記している。受講者はここから、その判例がどんな事案について、どんな判断をしたのか、その理由をどう説明しているかを読み取ることができるであろう。もちろん、本書に引用することのできる参考判例の数は限られている。引用したのは、設例を考えるうえで最小限度必要なもの、あるいはもっとも典型的な判断をしているものだけであり、このほかにも各章の主題に関して重要な判例は少なくない。他の重要な判例については、教員から示唆されることもあろう。もちろん受講者自らが、本書に引用されていない判例まで探して参照することは、大いに望ましい。また、本書に引用されている判例でも、その全文または下級審判決まで参照することによって、事案の意味をいっそう深く理解できることがある。

(9)「**発展問題**」は、その章の主題について、さらに深くあるいは広く考えるための示唆となる問いである。その中には、設例では直接に現れない関連問題や、現在の法制度あるいは判例自体の合理性を考える問いが含まれている。発展問題だけのための参考判例は、発展問題の後に掲載している。

3. 受講者の学習方法

本書を教材とする授業を受ける受講者は、本書のほか、ここに列挙されている体系書の中からいずれか1冊を用意する必要がある。まず、学期が始まる前に、体系書の全体を通読しておく必要があろう。体系書を通読することに困難を感じる場合には、先に簡潔な概説書を読むと、体系書も理解しやすくなるであろう。そのような概説書として、例えば三井誠・酒巻匡『入門刑事手続法』（第5版、2010年、有斐閣）、上口裕ほか『刑事訴訟法』（第5版、2013年、有斐閣Sシリーズ）などがある。

授業の直前の予習は、おおよそ次のような順序となるであろう。
① 指摘された体系書の関係部分を読み直して、理解を確認する。
② 設例を読み、まずどんな法律問題がそこに含まれているかを想像してみる。
③ 基本知識の確認の問いについて、答えを考える。
④ 参考判例を読み、その事案と判断内容を確認する
⑤ 判例についての問いについて、答えを考える。
⑥ 設例についての問いについて、答えを考える。その際、どの参考判例が

関係するか、設例にその判例が当てはまるか否か、当てはまる、あるいは当てはまらない理由は何かを考える。
⑦　発展問題まで取り上げる予定の授業ならば、発展問題を読んで、答えを考える。発展問題のための参考判例がある場合はそれらを読んで、再び問いに対する答を考える。

　以上のような予習の過程で、問いに対する答えの要点をメモしておくと、教室での授業に自信をもって臨めるかもしれない。もちろんその場合の答えは、自分で考えたものでなければ意味がない。また、教室で答えるときは、用意したメモを読み上げるのではなく、自分が理解している内容を答えるのが望ましい。
　教室での授業では、受講者は教員から発せられる問いに対して、積極的に答えなければならない。答えに自信がもてなくても、とりあえず自分の理解していることを答えるべきである。「分かりません」という答えは、生産的ではない。同じ教室のほかの受講者も自分と同じ誤解をしているかもしれない。もし答えが誤っていても、教員はその誤りを授業の進行に活かすことができる。教員にとって、受講者の理解内容を知ることは、非常に有益である。
　教員からの問いは、本書に列挙された問いに限られない。それらの背景にある問題、類似の問題、関連する問題など広い範囲に及ぶであろう。また、結論だけでなく、しばしば答えの理由や根拠を問われるであろう。同じ問題点について、対立する立場のそれぞれからの立論の可能性を問われることもあろう。このように教員からの問いには、事前の予習によっても予想できないものが含まれる。予想外の問いに対しては、その場で考えて、意見を述べることが期待される。このような教室での問答は、受講者にとって、緊張を強いられるものかもしれない。しかし、このような議論の過程を通じて、常に自分で考えて答えを出す姿勢と能力が涵養されるはずである。それは法律家にとって、極めて重要な資質である。
　もちろん、教員から指名されなくても、自発的に意見を述べ、あるいは疑問点を質問する積極性は、大いに奨励される。自分と同じ疑問をもつ受講者は、ほかにもいる可能性がある。教室での質問は、他の受講者にとっても有益である。

4. 教員の準備と授業方法

　本書を教材として効果的な授業をするためには、教員にも十分な準備が必要である。教員も基本的には、まず受講者の予習と同じ内容の準備をすることになる。ただし、刑事訴訟法を専門領域としている教員であれば、改めて体系書を読み直す必要はないであろう。教室で発する問いは、その中心になるものだけが本書に列挙されている。設例の事実を少しずつ変えることによって、結論が変わるかどうかを問うこともあろう。教員は、それを手がかりにしながら受講者の知識や理解を確かめ、さらに広くいろいろな観点からの議論の可能性を考えさせるための問いを発することが期待される。教員は、本書に明示されていないが、有益な問いを予め準備することが望ましい。それによって、授業の進行を計画することができる。もちろん、教室での問答は、予測できない展開をすることがある。自らが問題を良く理解している教員であれば、そのような変化にも適切に対応して、議論を導くことができるであろう。予め立てた進行の計画に固執する必要はない。

　受講者は、本書が想定するような双方向的授業に必ずしも慣れていないかもしれない。特に、自分の答えが間違っているのではないかという不安から、発言することに消極的になるおそれがある。教員は、これを理解して、できるだけ自由に発言できる雰囲気へ誘導する必要がある。教室での議論への貢献度を成績評価項目の一部として明示することは、受講者の積極的な姿勢を引き出すきっかけとなるかもしれない。

　基本知識の確認の問いに対する答えは、比較的単純であり、見解の相違が現れることはあまりないであろう。また問題となる点についても、現在の実務で一般にどのような運用がされており、あるいはどのように理解されているかを解説することは重要である。しかし、発展問題はもちろん、設例についての問いも、必ずしも一つの正解を要求してはいない。むしろ、検察官と弁護人それぞれの立場からの立論を促している場合もある。教員が自分自身の見解を受講者に示すことは自由である。しかし、それを唯一の正解として受け入れるように強制する態度をとることは、本書が目的とする法曹養成の目的には適さない。

　各章の内容は、かなり豊富である。そのため、教員は、自分の授業の到達目標に合わせて、内容を取捨選択することが必要になるかもしれない。特に、未修者を対象とする場合には、発展問題まで取り扱うことは、しばしば困難であろう。1年次には設例についての問いまで取り上げ、2年次に発展問題を中心に議論するといった使い方も考えられる。

設例についての問いの答えを、文章にまとめて提出するように求めるのも効果的であろう。その場合、受講者が予習だけに基づいて書いてきたものを提出させる方法と、教室での授業を経た後で書き直したものを提出させる方法とがある。いずれの場合も、提出させたものには、教員の意見ないし添削を付して受講者に返却することが重要である。

体系書一覧(【　】内は本書での略記)

- 池田　修・前田雅英『刑事訴訟法講義(第4版)』(東京大学出版会、2012年)【池田・前田】
- 宇藤　崇・松田岳士・堀江慎司『刑事訴訟法』(有斐閣、2012年)【宇藤ほか】
- 上口　裕『刑事訴訟法(第3版)』(成文堂、2012年)【上口】
- 白取祐司『刑事訴訟法(第7版)』(日本評論社、2012年)【白取】
- 田口守一『刑事訴訟法(第6版)』(弘文堂、2012年)【田口】
- 田宮　裕『刑事訴訟法(新版)』(有斐閣、1996年)【田宮】
- 福井　厚『刑事訴訟法講義(第5版)』(法律文化社、2012年)【福井】
- 松尾浩也『刑事訴訟法(上)(新版)』(弘文堂、1999年)【松尾(上)】
- 松尾浩也『刑事訴訟法(下)(新版補正第2版)』(弘文堂、1999年)【松尾(下)】
- 三井　誠『刑事手続法(1)(新版)』(有斐閣、1997年)【三井(Ⅰ)】
- 三井　誠『刑事手続法(Ⅱ)』(有斐閣、2003年)【三井(Ⅱ)】
- 三井　誠『刑事手続法(Ⅲ)』(有斐閣、2004年)【三井(Ⅲ)】
- 光藤景皎『刑事訴訟法(Ⅰ)』(成文堂、2007年)【光藤(Ⅰ)】
- 光藤景皎『刑事訴訟法(Ⅱ)』(成文堂、2013年)【光藤(Ⅱ)】
- 光藤景皎『口述刑事訴訟法(中)(補訂版)』(成文堂、2005年)【光藤(中)】
- 安冨　潔『刑事訴訟法(第2版)』(三省堂、2013年)【安冨】

プロブレム・メソッド 刑事訴訟法 30 講 [目次]

はしがき …………………………………………………………… i
本書の使い方 ……………………………………………………… iii
第 1 章 職務質問 ………………………………………………… 1
第 2 章 任意同行（逮捕との区別） …………………………… 11
第 3 章 逮捕・勾留(1)（基本原則） …………………………… 25
第 4 章 逮捕・勾留(2)（別件逮捕・勾留） …………………… 37
第 5 章 身体拘束中の被疑者取調べ …………………………… 57
第 6 章 接見交通権と接見指定 ………………………………… 73
第 7 章 捜索・差押え(1)令状による捜索・差押え …………… 91
第 8 章 捜索・差押え(2)逮捕に伴う無令状の捜索・差押え … 103
第 9 章 捜査手段としての会話盗聴（任意処分と強制処分）… 117
第 10 章 告訴 …………………………………………………… 139
第 11 章 公訴提起の諸原則 …………………………………… 155
第 12 章 訴因の特定 …………………………………………… 175
第 13 章 訴因の変更（可能性と必要性） …………………… 189
第 14 章 保釈 …………………………………………………… 207
第 15 章 公判前整理手続 ……………………………………… 219
第 16 章 合意による事件処理 ………………………………… 235
第 17 章 弁護人の役割 ………………………………………… 245
第 18 章 証拠の関連性 ………………………………………… 263
第 19 章 伝聞証拠の概念と同意 ……………………………… 283

第20章	伝聞例外(1)（検察官面前調書）	299
第21章	伝聞例外(2)（実況見分調書）	313
第22章	供述の証明力を争うための証拠	325
第23章	自白の証拠能力	335
第24章	自白の信用性評価と補強法則	355
第25章	共同被告人の供述	375
第26章	違法収集証拠排除法則	383
第27章	情況証拠による事実認定	397
第28章	挙証責任と推定	419
第29章	裁判（択一的認定など）	429
第30章	一事不再理効の客観的範囲	447
参考判例索引		465

[執筆担当]

角田雄彦　第1章、第10章、第14章、第15章、第17章、第26章

白取祐司　第2章、第4章、第20章、第27章、第29章、第30章

緑　大輔　第3章、第8章、第9章、第13章、第18章、第21章

後藤　昭　第5章〜第7章、第12章、第19章、第22章

公文孝佳　第11章、第16章、第23章〜第25章、第28章

第1章 職務質問

角田雄彦

● **本章のねらい**

> 警察官が行う職務質問やその付随行為とされる所持品検査などについて、行政警察活動でありながらも捜査の端緒となることを踏まえ、これらを規律する規範とそれが適用されることによる態様の限界に関する理解を深める。

● **キーワード**

捜査の端緒、行政警察活動、司法警察活動、職務質問、所持品検査、自動車検問

● **体系書の関係部分**

池田・前田	宇藤ほか	上口	白取	田口	田宮
129-155 頁	49-62 頁	68-77 頁	103-111 頁	60-66 頁	57-62 頁
福井	松尾（上）	三井（1）	光藤（I）	安冨	
84-89 頁	42-46 頁	92-107 頁	5-22 頁	61-68 頁	

● **設　例**

　インターネット上で「外国人から覚せい剤を購入できる場所」として紹介されている路地で、午後 11 時ころ、警察官Kが制服を着用し自転車に乗って警らしていたところ、Kに向かって、一見して日本人とは思われない風貌のXが歩いてきた。しかし、Xは、Kの姿を見るや否や、急に向きを変えて走り出し、脇道に入っていった。そこで、Kは、自転車に乗ってXを追いかけ、Xの入っ

た脇道に入り、Xに追いつくと、Xの前に出て、自転車を横にしてXの進路を塞ぐように停め、自転車に乗ったままで、Xに対し、「どうして逃げた」と声をかけた。すると、Xは、たどたどしい日本語で「知らない。知らない」といいながら、再び走り出す素振りを見せた。そこで、Kは、とっさに携行していた木製の警棒を取り出して、Xの目前で振り上げて見せ、「おとなしくしろ」といった。すると、Xは、観念した様子で、その場に座り込んだ。そこで、Kは、自転車を停めて降り、Xに向き合ったところ、Xは、座り込みながら、ポーチを両腕を交差させて抱きかかえていた。Kは、Xに対して、「ポーチの中を見せてくれ」といったが、Xは、何も答えず、ポーチを抱きかかえる力を強めた。Kは、「開けさせてもらうぞ。中を見せてもらうからな」といって、Xが抱きかかえているままのポーチのチャックを、Xの腕の隙間から開け、「手を入れさせてもらうからな」といいながら、Xに抱きかかえられたままのポーチの中に手を差し入れ、中を探ってみたところ、ビニール袋のような感触があったので、「取り出させてもらうぞ」といいながら、触ったものを引っぱり出した。すると、それは、薬品のような白い結晶が入ったビニール袋であった。Kは、「検査させてもらうからな」といいながら、ビニール袋から白い結晶の一部を取り出して、検査したところ、覚せい剤反応を示した。そこで、Kは、Xを覚せい剤所持の現行犯人として逮捕した。なお、Xは、座り込んでから逮捕されるまでの間、Kからの働きかけに対して、ポーチを強く抱きかかえ続けるだけで、何も答えず、反抗するような素振りも特段見せることもなかった。

● 基本知識の確認

①職務質問とは何か。実定法上の根拠は何か。
②職務質問の実施が許されるための要件は何か。
③行政警察活動とは何か。行政警察活動を規制する基本的な法原則としては、どのようなものがあるか。行政警察活動は、捜査とはどのように異なるか。
④職務質問は、行政警察活動か、捜査か。
⑤職務質問の方法・態様について、実定法上どのような規制があるか。
⑥職務質問を継続するための「同行」は、どのような場合に認められるか。その態様に対する規制はどのようなものか。
⑦所持品検査とは何か。実定法上の根拠はあるか。
⑧自動車検問とは何か。態様としてどのようなものがあるか。

第1章　職務質問

● 参考判例についての問い

①参考判例2は、警職法2条1項に基づいて職務質問の対象者を「停止させ」るために行使し得る有形力の程度について、どのような考え方をとっているか。

②参考判例3は、所持品検査について、職務質問の「付随行為」として許される場合があるとしているところ、ここにいう「付随行為」とはどのような意味か。

③参考判例3は、所持品検査の適否について、どのような審査基準を用いているか。

④参考判例4が、自動車検問の根拠について、警職法2条1項ではなく、警察法2条1項に求めた理由は、どのように考えられるか。

⑤参考判例5が、L巡査のエンジンスイッチを切った行為が適法であると評価するためには、根拠法規として、警職法2条1項だけでは足りず、道路交通法67条3項（現在の67条4項）も必要だと考えたのはなぜか。

⑥参考判例6は、Xが「内ドアを押し開け、内玄関と客室の境の敷居上辺りに足を踏み入れ、内ドアが閉められるのを防止した」行為について、どのような根拠に基づいて適法と判断しているか。

⑦参考判例3と参考判例7の事案を比較すると、所持品検査について「捜索に至らない程度の行為」であるというためには、どういった行為態様までが限界であると考えられるか。

● 設例についての問い

①KがXに対して職務質問を開始できる要件は備わっていたか。

②Kが自転車を横にしてXの進路を塞ぐように停め、Xに「どうして逃げた」と声をかけた行為の適法性について、Xの弁護人であれば、どのような主張をするべきか。検察官であれば、どのように反論するか。

③Kが警棒をXの目前で振り上げて見せて「おとなしくしろ」といった行為の適法性について、Xの弁護人であれば、どのような主張をするべきか。検察官であれば、どのように反論するか。

④KがXのポーチのチャックを開け、中に手を差し入れ、中を探り、白色結晶入りのビニール袋をひっぱり出した行為の適法性について、Xの弁護人であれば、どのような主張をするべきか。検察官であれば、どのように反論するか。

⑤Kがビニール袋から白い結晶の一部を取り出して検査した行為の適法性について、Xの弁護人であれば、どのような主張をするべきか。検察官であれば、どのように反論するか。
⑥Xの送致を受けた検察官がXの勾留を請求した場合、この勾留請求の適法性について、Xの弁護人は、どのような主張をするべきか。検察官は、どのように反論するか。

● 参考判例

参考判例1　最決昭29・7・15刑集8巻7号1137頁

夜間道路上で、警ら中の警察官Kから職務質問を受け、巡査駐在所に任意同行され、所持品等につき質問中隙をみて逃げ出したX（被告人）を、更に質問を続行すべく追跡して背後から腕に手をかけ停止させる行為は、正当な職務執行の範囲を超えているという上告趣意に対して、「所論の違法は認められない」とした。

参考判例2　東京高判昭49・9・30東高時報25巻9号78頁

【事案の概要：警視庁麻布警察署管内の派出所に勤務していたK巡査は、1973年4月20日午前3時ころから、制服の上に警察官用の革製のコートを着用し、自転車に乗って同派出所管内を警らしていたところ、同日午前3時20分ころ、東京都港区東麻布の交差点付近にさしかかった際、同交差点近くの全く人通りのない人家の近くの路上に立ち止って回りをきょろきょろ見ているX（被告人）の姿を認めた。Xは、白ワイシャツの上に上下揃いの背広を着用し、革靴を履き、ネクタイははずして上衣のポケットに入れ、他には何ら所持品を有していなかった。深夜、K巡査は、Xに対し、路上における不自然な態度から窃盗でも犯そうとしているのではないかという疑いを抱き、自転車を降りてXに近付き、「何をしているんですか」と尋ねたところ、Xが「家を探しているんだ」と答えたので、さらに「何という家ですか」と尋ねた。これに対し、Xは、「テイという家だ」と答え、K巡査が「そのような人は知らない」というのを聞いて、そのまま歩いて立ち去ろうとした。そこで、K巡査は、「ちょっと待って下さい」といってXを呼び止め、名前を尋ねたところ、Xは「川原」と答えたが、K巡査は、Xの容貌から日本人ではないなと感じていたので、その回答に不審を抱き、その真偽を確かめるため、Xに対し、「背広に入っている名前を見せてくれ」といった。Xがこれを承諾したので、K巡査は、Xの着用していた背広上衣の襟裏をめくって見ると、

第1章 職務質問

「嶺」と刺繍がしてあり、Xが答えた姓と異なるので、「これはどうしたものか」と尋ねたところ、Xは「今井さんから貰ったのだ」と答え、K巡査が「どういう関係の人か」と尋ねたのに対し、「友達だ」と答えたものの、さらに、その「今井」の住所を聞いても、Xは答えなかった。Xは、内ポケットから名刺入れのようなものを出して、名刺のようなものを出そうとしたが、そのままこれを引っ込めてしまい、歩いて立ち去ろうとした。そこで、K巡査は、それまでの状況とXの態度から、Xの着用している背広が盗品ではないかという新たな疑いを抱き、Xのいう姓と背広上衣の記名が一致しない点を明らかにするため、Xに対し、「派出所まで来てもらえますか」といったところ、Xは、「おれは何もやっていない。行く必要はない」といって、同行を求めた派出所とほぼ反対方向に歩いて立ち去ろうとした。これに対し、K巡査が「待ちなさい」といって右手でXの右手首を掴んだところ、Xは、「うるさいおまわり」といって、K巡査の方を振り向き、K巡査のコートの両襟を両手で掴んで左右にゆすった。K巡査は、これを両手でふりほどき、立ち去ろうとするXに対し、「ちょっと待ちなさい」と声をかけた。Xは、再び同巡査の方を振り向き、「何をこのおまわり」といって、手拳でK巡査の腹部を突いたうえ、右膝でK巡査の左大腿部を蹴ったので、K巡査は、同日午前3時30分ころ、直ちにその場で立ち去ろうとするXの背後から両手をかけて押さえつけて路上に倒し、公務執行妨害の現行犯人として逮捕した。K巡査は、Xの右暴行により、全治約4日間を要する左大腿部打撲症の傷害を負った。】

「いうまでもなく、警察官職務執行法2条1項の警察官の質問はもっぱら犯罪予防または鎮圧のために認められる任意手段であり、同条項にいう「停止させる」行為も質問のため本人を静止状態におく手段であって、口頭で呼びかけ若しくは説得的に立ち止まることを求め或いは口頭の要求に添えて本人に注意を促す程度の有形的動作に止まるべきで、威嚇的に呼び止め或いは本人に静止を余儀なくさせるような有形的動作等の強制にわたる行為は許されないものと解され、同条〔3〕項もこの趣旨から特に規定されたものというべきである。これを本件についてみると、前記のとおり、K巡査は、歩いて立ち去ろうとするXの背後から「待ちなさい」という言葉に添えて、右手でXの右手首を掴んだもので、その強さは必ずしも力を入れたという程ではなく、それはXの注意を促す程度の有形的な動作であると認めることができる。証人Kの原審及び当審公判における供述によると、右の当時はすでに当初の職務質問の開始から10分近く過ぎており、その間K巡査のXに対する質問は前記のとおりであって、Xの住所、年令、職業等の質問はせず、Xが日本人ではないなと感じながら、外国人登録証明書の呈示も求めていないのである。そこでこのような職務

質問の推移及びK巡査がXに対し抱いた前記の疑念の程度から考えると、K巡査が右のような有形的動作によってXを停止させて質問を続行する必要があったかどうか、同巡査は応答を拒否して少くとも3度までもその場から歩いて立ち去ろうとしたXに対しその翻意を求め、説得する意思であったのかどうかについて若干疑問があり、具体的な犯罪による被害事実があったことを念頭にしてXに対し疑念を抱いたわけでもないK巡査としては、この段階において職務質問を中止するのが妥当であったというべきで、執拗に質問を続行しようとした同巡査の行為は行き過ぎの謗を免れない。しかし、前記のとおり、同巡査の行為が職務質問の続行のための停止にあたるという点で、当時の客観的状況をもとに考えると、いまだ正当な職務執行の範囲を逸脱したものとまではいえないので、K巡査の前記職務行為は適法であると考えることができる。」

参考判例3　最判昭53・6・20刑集32巻4号670頁（米子銀行強盗事件）

「警職法は、その2条1項において同項所定の者を停止させて質問することができると規定するのみで、所持品の検査については明文の規定を設けていないが、所持品の検査は、口頭による質問と密接に関連し、かつ、職務質問の効果をあげるうえで必要性、有効性の認められる行為であるから、同条項による職務質問に附随してこれを行うことができる場合があると解するのが、相当である。所持品検査は、任意手段である職務質問の附随行為として許容されるのであるから、所持人の承諾を得て、その限度においてこれを行うのが原則であることはいうまでもない。しかしながら、職務質問ないし所持品検査は、犯罪の予防、鎮圧等を目的とする行政警察上の作用であって、流動する各般の警察事象に対応して迅速適正にこれを処理すべき行政警察の責務にかんがみるときは、所持人の承諾のない限り所持品検査は一切許容されないと解するのは相当でなく、捜索に至らない程度の行為は、強制にわたらない限り、所持品検査においても許容される場合があると解すべきである。もっとも、所持品検査には種々の態様のものがあるので、その許容限度を一般的に定めることは困難であるが、所持品について捜索及び押収を受けることのない権利は憲法35条の保障するところであり、捜索に至らない程度の行為であってもこれを受ける者の権利を害するものであるから、状況のいかんを問わず常にかかる行為が許容されるものと解すべきでないことはもちろんであって、かかる行為は、限定的な場合において、所持品検査の必要性、緊急性、これによって害される個人の法益と保護されるべき公共の利益との権衡などを考慮し、具体的状況のもとで相当と認められる限度においてのみ、許容されるものと解すべきである。

これを本件についてみると、所論のL巡査長の行為は、猟銃及び登山用ナイフを使用しての銀行強盗という重大な犯罪が発生し犯人の検挙が緊急の警察責務とされていた状況の下において、深夜に検問の現場を通りかかったA及びXの両名が、右犯人としての濃厚な容疑が存在し、かつ、兇器を所持している疑いもあったのに、警察官の職務質問に対し黙秘したうえ再三にわたる所持品の開披要求を拒否するなどの不審な挙動をとり続けたため、右両名の容疑を確める緊急の必要上されたものであって、所持品検査の緊急性、必要性が強かった反面、所持品検査の態様は携行中の所持品であるバッグの施錠されていないチャックを開披し内部を一べつしたにすぎないものであるから、これによる法益の侵害はさほど大きいものではなく、上述の経過に照らせば相当と認めうる行為であるから、これを警職法2条1項の職務質問に附随する行為として許容されるとした原判決の判断は正当である。
………
　所論のうち憲法31条、35条1項違反をいう点は、アタッシュケースをこじ開けた前示L巡査長の行為を警職法に違反するものと認めながら、アタッシュケース及び在中の帯封の証拠能力を認めた原判決の判断は、上記憲法の規定に違反する、というのである。
　しかし、前記ボーリングバッグの適法な開披によりすでにAを緊急逮捕することができるだけの要件が整い、しかも極めて接着した時間内にその現場で緊急逮捕手続が行われている本件においては、所論アタッシュケースをこじ開けた警察官の行為は、Aを逮捕する目的で緊急逮捕手続に先行して逮捕の現場で時間的に接着してされた捜索手続と同一視しうるものであるから、アタッシュケース及び在中していた帯封の証拠能力はこれを排除すべきものとは認められず、これらを採証した第一審判決に違憲、違法はないとした原判決の判断は正当であって、このことは当裁判所昭和…36年6月7日大法廷判決（刑集15巻6号915頁）の趣旨に徴し明らかであるから、所論は理由がない。その余の所論は、単なる法令違反の主張であって、適法な上告理由にあたらない。」

参考判例4　最決昭55・9・22刑集34巻5号272頁

　「警察法2条1項が『交通の取締』を警察の責務として定めていることに照らすと、交通の安全及び交通秩序の維持などに必要な警察の諸活動は、強制力を伴わない任意手段による限り、一般的に許容されるべきものであるが、それが国民の権利、自由の干渉にわたるおそれのある事項にかかわる場合には、任意手段によるからといって無制限に許されるべきものでないことも同条2項及

び警察官職務執行法1条などの趣旨にかんがみ明らかである。しかしながら、自動車の運転者は、公道において自動車を利用することを許されていることに伴う当然の負担として、合理的に必要な限度で行われる交通の取締に協力すべきものであること、その他現時における交通違反、交通事故の状況などをも考慮すると、警察官が、交通取締の一環として交通違反の多発する地域等の適当な場所において、交通違反の予防、検挙のための自動車検問を実施し、同所を通過する自動車に対して走行の外観上の不審な点の有無にかかわりなく短時分の停止を求めて、運転者などに対し必要な事項についての質問などをすることは、それが相手方の任意の協力を求める形で行われ、自動車の利用者の自由を不当に制約することにならない方法、態様で行われる限り、適法なものと解すべきである。」

参考判例5　最決昭53・9・22刑集32巻6号1774頁

「K巡査及びL巡査が交通違反の取締りに従事中、X（被告人）の運転する車両が赤色信号を無視して交差点に進入したのを現認し、K巡査が合図してX車両を停車させ、Xに右違反事実を告げたところ、Xは一応右違反事実を自認し、自動車運転免許証を提示したので、K巡査は、さらに事情聴取のためパトロールカーまで任意同行を求めたが、Xが応じないので、パトロールカーをX車両の前方まで移動させ、さらに任意同行に応ずるよう説得した結果、Xは下車したのであるが、その際、約1メートル離れて相対するXが酒臭をさせており、Xに酒気帯び運転の疑いが生じたため、K巡査がXに対し「酒を飲んでいるのではないか、検知してみるか」といって酒気の検知をする旨告げたところ、Xは、急激に反抗的態度を示して「うら酒なんて関係ないぞ」と怒鳴りながら、K巡査が提示を受けて持っていた自動車運転免許証を奪い取り、エンジンのかかっているX車両の運転席に乗り込んで、ギア操作をして発進させようとしたので、L巡査が、運転席の窓から手を差し入れ、エンジンキーを回転してスイッチを切り、Xが運転するのを制止した、というのである。右のような原判示の事実関係のもとでは、L巡査が窓から手を差し入れ、エンジンキーを回転してスイッチを切った行為は、警察官職務執行法2条1項の規定に基づく職務質問を行うため停止させる方法として必要かつ相当な行為であるのみならず、道路交通法67条3項の規定に基づき、自動車の運転者が酒気帯び運転をするおそれがあるときに、交通の危険を防止するためにとった、必要な応急の措置にあたるから、刑法95条1項にいう職務の執行として適法なものであるというべきである。」

第1章　職務質問

参考判例6　最決平15・5・26刑集57巻5号670頁

「一般に、警察官が警察官職務執行法2条1項に基づき、ホテル客室内の宿泊客に対して職務質問を行うに当たっては、ホテル客室の性格に照らし、宿泊客の意思に反して同室の内部に立ち入ることは、原則として許されないものと解される。

しかしながら、前記の事実経過によれば、Xは、チェックアウトの予定時刻を過ぎても一向にチェックアウトをせず、ホテル側から問い合わせを受けても言を左右にして長時間を経過し、その間不可解な言動をしたことから、ホテル責任者に不審に思われ、料金不払、不退去、薬物使用の可能性を理由に110番通報され、警察官が臨場してホテルの責任者からXを退去させてほしい旨の要請を受ける事態に至っており、Xは、もはや通常の宿泊客とはみられない状況になっていた。そして、警察官は、職務質問を実施するに当たり、客室入口において外ドアをたたいて声をかけたが、返事がなかったことから、無施錠の外ドアを開けて内玄関に入ったものであり、その直後に室内に向かって料金支払を督促する来意を告げている。これに対し、Xは、何ら納得し得る説明をせず、制服姿の警察官に気付くと、いったん開けた内ドアを急に閉めて押さえるという不審な行動に出たものであった。このような状況の推移に照らせば、Xの行動に接した警察官らが無銭宿泊や薬物使用の疑いを深めるのは、無理からぬところであって、質問を継続し得る状況を確保するため、内ドアを押し開け、内玄関と客室の境の敷居上辺りに足を踏み入れ、内ドアが閉められるのを防止したことは、警察官職務執行法2条1項に基づく職務質問に付随するものとして、適法な措置であったというべきである。本件においては、その直後に警察官らが内ドアの内部にまで立ち入った事実があるが、この立入りは、前記のとおり、Xによる突然の暴行を契機とするものであるから、上記結論を左右するものとは解されない。」

参考判例7　最判昭53・9・7刑集32巻6号1672頁

所持品検査の適法性に関する【参考判例3】の一般論を引用した上で、事案における所持品検査について、「原判決の認定した事実によれば、K巡査がX（被告人）に対し、Xの上衣左側内ポケットの所持品の提示を要求した段階においては、Xに覚せい剤の使用ないし所持の容疑がかなり濃厚に認められ、また、Kらの職務質問に妨害が入りかねない状況もあったから、右所持品を検査する必要性ないし緊急性はこれを肯認しうるところであるが、Xの承諾がないのに、

その上衣左側内ポケットに手を差し入れて所持品を取り出したうえ検査した同巡査の行為は、一般にプライバシィ侵害の程度の高い行為であり、かつ、その態様において捜索に類するものであるから、上記のような本件の具体的な状況のもとにおいては、相当な行為とは認めがたいところであって、職務質問に附随する所持品検査の許容限度を逸脱したものと解するのが相当である」とした。

● 発展問題

①参考判例3は、L巡査長の行為を行政警察活動ととらえているところ、事案に照らして正当か。

②参考判例6は、「警察官らが内ドアの内部にまで立ち入った事実」について、Xが「内ドアを押し開け、内玄関と客室の境の敷居上辺りに足を踏み入れ、内ドアが閉められるのを防止した」行為が適法であるという「結論を左右するものとは解されない」とし、その根拠として、この立入りが「Xによる突然の暴行を契機とするものである」ことを掲げている。どのような理由でこうした判示をしたと考えられるか。

③判例は、職務質問に付随する行為として警職法2条1項により許容される行為について、どのような範囲の行為と考えているか。参考判例3と参考判例6を合わせて考えて、検討しなさい。

④職務質問のために「停止させ」る行為としての有形力の行使（参考判例2）、所持品検査としての有形力の行使（参考判例3）、自動車検問としての有形力の行使（参考判例4）、任意捜査における有形力行使（第9章の参考判例2）という四つの場面で、判例はいずれでも有形力の行使の限界について同一の規範を定立していると考えられないか。

● 参考文献

・川出敏裕「行政警察活動と捜査」法学教室259号（2002年）73頁
・酒巻匡「行政警察活動と捜査(1)」法学教室285号（2004年）47頁
・酒巻匡「行政警察活動と捜査(2)」法学教室286号（2004年）55頁
・加藤俊治「所持品検査」松尾浩也＝岩瀬徹編『実例刑事訴訟法Ⅰ』（青林書院、2012年）22頁

第2章 任意同行（逮捕との区別）

白取祐司

● **本章のねらい**

本章では、逮捕にいたらない程度の嫌疑が認められる被疑者に対して、どこまで自由の制約が許されるか、また、強制処分（強制採尿令状の執行）の準備ができるまでの自由を制約する限界について検討する。

● **キーワード**

任意同行、任意捜査、留め置き、強制採尿令状、逮捕

● **体系書の関係部分**

池田修・前田	宇藤ほか	上口	白取	田口	田宮
119-124、197-199頁	51-53、145頁	68-71、80-84頁	103-107、159-162頁	60-62、100-103頁	66-69、116-119頁
福井	松尾（上）	三井（1）	光藤（I）	安冨	
84-86、171-175頁	42-43、80-81頁	62-67、83-87頁	21-23、165-168頁	44-46、201-204頁	

● **設 例**

(1)某日午前4時半ころ、警察官K、Lは、東京都新宿区の盛り場路上をパトカーで警ら中、Xが運転し助手席にY子が同乗していた普通乗用車について、同車が高級車であるにもかかわらず車体に多数の損傷があり、助手席に座っていたY子がKらを見ないようにしていること、Y子の顔色が悪く薬物常用者のようであることから、これを不審と認め車を停止させた。Kらは、XおよびY子に対する職務質問を開始し、Xに運転免許証を提示させた後、トランクルームを含む自動車内およびXらの所持品を検査したが法禁物は発見されなかっ

た。しかし、Xらの言動、照会の結果判明したXの覚せい剤事犯の犯罪歴、Xらの腕の注射痕らしい痕跡などから、Xらに対する覚せい剤使用の嫌疑を深めた。そこでKらは、Xらに対して近くの新宿警察署への任意同行と尿の提出を求めたが、XとY子はこれを拒んだ。

(2)そこでKらは強制採尿手続に移行しようと考え、午前5時25分ころLは令状準備のため新宿署に向かった。これと前後して、応援のパトカーが5、6台、警察官が10名ほど、現場に臨場した。その後、Xは自分の車に乗り込んだので、Kは運転席の窓から車の内部に身体を乗り入れ、手を伸ばしてエンジンキーを抜き取った。Xは午前6時20分ころクラクションを鳴らして道をあけるよう求めた。このころ、道路左端に停車していたXの車両前方、後方および右方にはパトカーが停車し、警察官数人がX車両を取り囲むように立っていた。Kらはその後も説得を続けたが、Xらはそれに応じず、Xは車内で携帯電話を使って外部と連絡を取るなどし、Y子は化粧を直したりしていた。

(3)午前6時50分ころ、Lは令状請求のため新宿署を出発した。午前8時10分頃、Lは、東京簡易裁判所の裁判官からXらの身体検査および尿の捜索差押許可状（以下、「強制採尿令状」という）の発付を受けた。午前8時25分ころ、現場に戻ったLは、Xらに対して、「令状が出てる。諦めて外に出るように」と閉められた窓越しに叫び、強制採尿令状を窓に貼り付けるようにして示した。XとY子は車内でカーステレオを大きな音量でかけ、横を向いて令状にも目を向けようとしなかった。そこでKは、先に抜き取っておいたエンジンキーで助手席側のドアの鍵をあけ、力ずくでドアを開いた上、Y子を引きずりだした。同様にしてXも車外に出した。午前8時40分ころ、Xらは警察車両に乗せられ、新宿警察署に連れていかれた。同署には、午前8時55分ころ到着した。

(4)午前9時10分ころ、KはXおよびY子に強制採尿令状を示して尿の任意提出の意思を確認したところ、Y子は尿の提出に素直に応じたが、Xは無言であった。Xに任意提出の意思が認められないように見られたため、KらはXを付近の甲医院まで連行した。同医院において、Xは改めてKらから尿を提出する意思を確認されたが、やはり無言であった。そこで、午前9時55分ころ、医師甲は、カテーテルを使用してXの尿を採取した。

● 基本知識の確認

①職務質問に引き続いて任意同行が求められるのは、どのような場合か。
②任意同行を求められた者が同行を拒んだ場合、警察官はどうすればよいか。
③警職法2条2項の任意同行と、任意捜査としての任意同行（刑訴法198条

1項）の間には、どのような違いがあるか。
④すでに逮捕令状を得ている場合に、被疑者に任意同行を求めることに問題はないか。
⑤警察官の停止などの指示に積極的に従う場合のほか、渋々従う場合もあり得るが、この場合自由の制約があったといえるか。
⑥任意同行が実質的に逮捕となるのは、どのような場合か。その判断基準を述べなさい。
⑦「承諾留置」とは何か。一般的に「承諾留置」が許されないとされているのはなぜか。

● 判例についての問い

①参考判例1は、6時間半の留め置きの最初から違法だったと述べているか。
②参考判例1は、留め置きの適法性を判断する際、どのような要素を重視しているか。
③参考判例1、参考判例3、参考判例5は、職務質問が継続する場合について、どの程度までの時間の継続を限界と考えているか。また、これらの判例が時間的限界があると考えているのはなぜか。
④参考判例5は、任意同行から逮捕までの間の留め置きを違法としているが、どのような事情を考慮（重視）して違法と判断したのか。

● 設例についての問い

①「留め置き」とは何か。このような事態が生じるのはなぜか。
②設例の警察官がエンジンキーを抜き取った場合とそうでない場合とで、留め置きの適法性判断に違いはあるか。
③緊急逮捕の要件は揃っていたが逮捕せずに留め置きを続けた場合と、逮捕できないので留め置きした場合とで、留め置きの適法性判断に違いは生じるか。
④強制採尿令状を呈示した際、Xらは令状を見ておらず、口頭での令状発付の告知も聞いていないが、この点について、あなたがXの弁護人だとしたらどのような主張をするべきか。
⑤問い④の弁護人の主張に対して、あなたが検察官だとして、どのような反論が可能か。
⑥Y子は、令状を示されたので諦めて尿を提出した。この尿の採取は強制処分か、任意処分か。
⑦本件尿の鑑定書（XおよびY子）の証拠能力について、あなたが弁護人だと

して、どのような主張が考えられるか。
⑧あなたが検察官だとして、⑦の弁護人の主張に対して、どのような反論をするか。

● 参考判例

参考判例1　最決平6・9・16刑集48巻6号420頁

「㈠職務質問を開始した当時、被告人には覚せい剤使用の嫌疑があったほか、幻覚の存在や周囲の状況を正しく認識する能力の減退など覚せい剤中毒をうかがわせる異常な言動が見受けられ、かつ、道路が積雪により滑りやすい状態にあったのに、被告人が自動車を発進させるおそれがあったから、前記の被告人運転車両のエンジンキーを取り上げた行為は、警察官職務執行法2条1項に基づく職務質問を行うため停止させる方法として必要かつ相当な行為であるのみならず、道路交通法67条3項に基づき交通の危険を防止するため採った必要な応急の措置に当たるということができる。

㈡これに対し、その後被告人の身体に対する捜索差押許可状の執行が開始されるまでの間、警察官が被告人による運転を阻止し、約6時間半以上も被告人を本件現場に留め置いた措置は、当初は前記のとおり適法性を有しており、被告人の覚せい剤使用の嫌疑が濃厚になっていたことを考慮しても、被告人に対する任意同行を求めるための説得行為としてはその限度を超え、被告人の移動の自由を長時間にわたり奪った点において、任意捜査として許容される範囲を逸脱したものとして違法といわざるを得ない。

㈢しかし、右職務質問の過程においては、警察官が行使した有形力は、エンジンキーを取り上げてこれを返還せず、あるいは、エンジンキーを持った被告人が車に乗り込むのを阻止した程度であって、さほど強いものでなく、被告人に運転させないため必要最小限度の範囲にとどまるものといえる。また、路面が積雪により滑りやすく、被告人自身、覚せい剤中毒をうかがわせる異常な言動を繰り返していたのに、被告人があくまで磐越自動車道で宮城方面に向かおうとしていたのであるから、任意捜査の面だけでなく、交通危険の防止という交通警察の面からも、被告人の運転を阻止する必要性が高かったというべきである。しかも、被告人が、自ら運転することに固執して、他の方法による任意同行をかたくなに拒否するという態度を取り続けたことを考慮すると、結果的に警察官による説得が長時間に及んだのもやむを得なかった面があるということができ、右のような状況からみて、警察官に当初から違法な留め置きをする

意図があったものとは認められない。これら諸般の事情を総合してみると、前記のとおり、警察官が、早期に令状を請求することなく長時間にわたり被告人を本件現場に留め置いた措置は違法であるといわざるを得ないが、その違法の程度は、いまだ令状主義の精神を没却するような重大なものとはいえない。」

参考判例2　東京高判平22・11・8高刑集63巻3号4頁

「本件におけるこのような留め置きの適法性を判断するに当たっては、午後4時30分ころ、B巡査部長が、被告人から任意で尿の提出を受けることを断念し、捜索差押許可状（強制採尿令状。以下「強制採尿令状」ともいう。）請求の手続に取りかかっていることに留意しなければならない。すなわち、強制採尿令状の請求に取りかかったということは、捜査機関において同令状の請求が可能であると判断し得る程度に犯罪の嫌疑が濃くなったことを物語るものであり、その判断に誤りがなければ、いずれ同令状が発付されることになるのであって、いわばその時点を分水嶺として、強制手続への移行段階に至ったと見るべきものである。したがって、依然として任意捜査であることに変わりはないけれども、そこには、それ以前の純粋に任意捜査として行われている段階とは、性質的に異なるものがあるとしなければならない。」

「令状を請求するためには、予め採尿を行う医師を確保することが前提となり、かつ、同令状の発付を受けた後、所定の時間内に当該医師の許に被疑者を連行する必要もある。したがって、令状執行の対象である被疑者の所在確保の必要性には非常に高いものがあるから、強制採尿令状請求が行われていること自体を被疑者に伝えることが条件となるが、純粋な任意捜査の場合に比し、相当程度強くその場に止まるよう被疑者に求めることも許されると解される。」

「以上によれば、被告人に対する強制採尿手続に先立ち、被告人を職務質問の現場に留め置いた措置に違法かつ不当な点はないから、尿の鑑定書等は違法収集証拠には当たらない。」（控訴棄却）

参考判例3　東京高判平20・9・25（公刊物未登載）

「1　留め置き行為の適法性（違法）」

「被告人に対する本件現場への留め置きについてみると、当初は警察官職務執行法2条1項に基づく職務質問を行うために停止させる方法として必要かつ相当な行為として適法性を有していたこと、被告人の覚せい剤使用の嫌疑は濃厚になっていたこと、そのような嫌疑のある被告人については交通危険の防止という面からも自動車の運転を阻止する必要性があったことが認められるが、

これらの事情を考慮しても、被告人が自車に閉じこもった行為は任意同行に応じない態度を示すものといえること、午前6時36分ころから39分ころにかけて自車を動かしたりクラクションを鳴らしたりした行為はその態度を一層明らかにしたものともいえること、被告人を本件現場に留め置いてから被告人に対する身体検査令状の執行が開始されるまでの間に約3時間経過していることに照らすと、その留め置き措置は、被告人に対する任意同行を求めるための説得行為としての限度を超え、被告人の移動の自由を長時間にわたって奪った点において、任意捜査として許容される範囲を逸脱したものといわざるを得ない。」
「2　鑑定書の証拠能力（肯定）」
「しかし、（中略）上記職務質問開始から被告人の留め置きの当初にかけては違法な点はみられないこと、警察官らは、被告人車両を警察官らやパトカーで取り囲み、被告人車両での移動を阻止したにとどまり、その間、被告人は車内で携帯電話を使用したりたばこを吸ったりしていたのであって、被告人車両の取り囲みは、被告人の身体に対する直接の有形力の行使ではないし、被告人の行動の自由を制約した程度はさほど強いものではなく、被告人を移動させないための必要最小限度の範囲にとどまるものといえること、警察官らは裁判所への令状請求手続を速やかに進めていること、発付を受けた令状の執行も適切に行っていること、これらの事情から警察官らに令状主義を潜脱する意図はなかったものと認められることなどに照らすと、被告人を本件現場に留め置いた措置の違法性の程度は、いまだ令状主義の精神を没却するような重大なものとはいえない。」「本件鑑定書等の証拠能力を肯定することができる。」
「3　立法措置の必要性」
「当裁判所も、前記のとおり、被告人を本件現場に留め置いた点を一応違法とせざるを得ないと判断するものであるが、このように覚せい剤使用の嫌疑が濃厚な被告人らにつき、警察官が令状請求の手続をとり、その発付を受けるまでの間、自動車による自由な移動をも容認せざるを得ないとすれば、令状の発付を受けてもその意義が失われてしまう事態も頻発するであろう。<u>本件のような留め置きについては、裁判所の違法宣言の積み重ねにより、その抑止を期待するよりは、令状請求手続をとる間における一時的な身柄確保を可能ならしめるような立法措置を講ずることの方が望ましいように思われる。</u>」

参考判例4　東京高判昭61・1・29刑月18巻1＝2号7頁

「所論は、本件任意同行及び所持品検査の際に警察官が被告人に対してとった一連の措置は令状によらない逮捕、身体検査及び差押の実質を有する違法な

強制捜査であり、とりわけ本件所持品検査の際に被告人が口中に入れた本件覚せい剤を被告人の口中から無理矢理取り出すために警察官がとった措置は、憲法35条及びこれを受ける刑訴法218条1項の所期する令状主義の精神を没却した重大な違法があり、これを証拠として許容することは将来における違法な捜査の抑制の見地からしても相当ではないというべきであるから、押収にかかる本件覚せい剤のみならず、これに続く違法な採尿、取調にかかるところの被告人の尿及び被告人の自白調書、ならびに本件覚せい剤や被告人の尿に関する各鑑定書も、すべていわゆる違法収集証拠にあたり証拠能力を有しない、したがって、これらの証拠にもとづく本件起訴は無効であり刑訴法338条4号により公訴棄却の判決がなされるべきであったし、仮にそうでないとしても、これらの証拠を排斥したうえ被告人に対し無罪の判決がなされるべきであったのに、原審は実体審理を進めてこれらの証拠を採用したうえ、これらの証拠に依拠して被告人に対して有罪判決をしているのであるから、原判決には、刑訴法378条の不法に公訴を受理した違法あるいは判決に影響を及ぼすことの明らかな訴訟手続の法令違反がある、というのである。

　しかしながら、本件任意同行の一連の過程（弁護人は、本件任意同行の際の一連の状況について、原判決に種々の事実誤認があると主張するが、原判決の認定するところは原判決挙示の関係各証拠により優にこれを肯認できるのであって、被告人の捜査段階及び原審公判廷における各供述中右主張に添う各供述部分はこれらの関係各証拠に照らして措信できず、したがって、右主張は採用できない。）において、警察官が被告人に対し直接何らかの有形的実力や心理的強制を加えておらず、したがって本件任意同行に違法がないことは原判決の説示するとおりである（弁護人は、本件任意同行を被告人に求めるにあたり、警察官が被告人に対し駐車違反の件のみを告げ、実際はその解明こそが本件任意同行を求める警察官のもっぱらのねらいであった覚せい剤事犯の容疑を被告人に告げなかったことをとらえて偽計、詐術ともいうべき不公正なやり方であり、この点からしても本件任意同行は違法であると主張する。<u>たしかに警察官が被告人に対し本件任意同行を求めるにあたり、覚せい剤事犯の容疑解明のための任意同行であることを被告人に告知していないことは弁護人の主張するとおりであるが、当時の諸事情にかんがみれば、右容疑はかなりのものであって任意同行を求めるに十分なものがあったというべきであるけれども、警察官としては被告人に容疑として告知しうるだけの、これを裏付ける何らの客観的な証拠をつかんでいたわけではなく、その意味で右容疑は未だ警察官の内面における主観的なものにとどまっていたにすぎなかったこと、これに反し、警察官</u>

が告知した駐車違反の件は、現行犯としてすでに容疑も明白になっており、また、この件のみでも任意同行を求めるに十分なものであったことや原判決の指摘するその余の事情に徴すると、警察官のこの点の措置に偽計あるいは欺罔という色彩があったとは到底認められず、右主張は採用できない。）し、また、所持品検査の最中に被告人が突然本件覚せい剤を口中に入れ、その隠匿を図ったのに対し、警察官が原判示のような手段、方法によりこれを制止する行動をとった点も、原審で取り調べた関係各証拠によって認められるところのその具体的態様（原判決の認定するとおりであって、被告人の原審公判廷における供述中これに反する供述部分はその余の関係各証拠に照らして信用できない。）に照らすとき、当時における被告人の一連の具体的行動状況により窺われる本件所持品検査の必要性、緊急性、容疑事実の軽重、濃淡、かかる一連の制止行為により得られる公共の利益とこれによって失われる被告人の利益（プライバシー）との権衡、被告人自身の生命、健康の保護の必要性などを総合的に考察するかぎり、右の制止行為は、被告人の所持品隠匿行為を制止するために必要にして最小限度の有形力の行使であって、社会的にもその妥当性を是認しうるものであり、いまだ実質的な捜索と目すべき強制の程度にはいたっていないと認めるのが相当であり、何ら違法とはいえない（その詳細は原判決が説示しているとおりである。）から、所論は、その余の弁護人の主張につき按ずるまでもなく、その前提を欠き、排斥を免れない。論旨は理由がない。」

参考判例5　松山地判平22・7・23（裁判所ウェブサイト）

「(1)被告人に対する留め置きについて

　被告人は、当日午前１時５分ころＩ署に任意同行されているのであるが、午前４時８分ころ、帰宅させるよう要求して立ち上がり、取調室から出て行こうとして取調官ともめており、遅くともこの時点において、退出の意思を明確に表明したと認められる。しかるに、警察官の留め置きの態様は、集まった４名もの警察官が、取調室の出入口付近に立ち塞がるというものである。取調室の構造や着席位置（出入口が１か所で開閉式の扉があり、被告人は、取調室の奥に座らされていて、同所を通過しないと外に出ることができない。）と集まった警察官の人数に照らすと、上記警察官らの行為は、直接の有形力こそ行使していないものの、被告人が取調室から退出することを事実上不可能ならしめるものであったといえる。更に、その後も３、４回ほど、退出を要求したが、取調官はこれを拒否し、数名の警察官が出入口付近に立ち塞がって、被告人の退出を阻止していた。

そして、留め置いた時間は、任意同行から午後2時33分の逮捕まで約13時間30分、被告人が帰宅を訴えた当日午前4時8分ころ以降に限っても10時間余りという長時間に及んでいる。なお、逮捕状請求（午前9時ころ）からその発付（午後2時ころ）まで約5時間かかっており、通常の令状実務からは考え難いほど令状審査に時間がかかっていることは否定し難く、この点については捜査機関のみに責任があるわけではない。また、本件は、事件関係者が複数おり、被告人を始め事情聴取に必ずしも協力的ではなく、ある程度時間がかかることもやむを得ない面がある。それでも任意同行から逮捕状を請求するまでに約8時間、逮捕状請求の方針を固めた午前3時以降請求までに約6時間を要しており、いかにも長過ぎるといわざるを得ない（なお、被告人らやCの供述状況にかんがみ、午前3時ないし4時ころの時点において、緊急逮捕の要件が備わっていたと認めるのは困難であり、通常逮捕状請求によったことは妥当な措置であったといえる。）。
　そして、被告人は、取調室で留め置かれている間、携帯電話で多数回にわたり、外部との通話を行っている。しかしながら、警察官らは、被告人に対し、再三にわたり通話をやめるよう要請しており、全く自由に通話を認めていたというわけではなく、被告人の知人や母親が被告人との面会を希望したにもかかわらず、結局面会させることなくこれを拒否し、被告人から救急車出動の要請を受けた松山市消防局の問い合わせに対しても、被告人はI署内にいないなどと虚偽の説明をしている。これらの事実からすれば、警察官らが、被告人と外部との交通を遮断しようとしていたことは明白である。
　以上のとおり、被告人が、数回にわたり明白に退去の意思を表明し、実際に退出しようとしたにもかかわらず、数名の警察官が出入口付近に立ち塞がって退出を阻止し、被告人をその意思に反して留め置くなどしたこと、その間、被告人の知人や母親との面会も拒むなど、外部との交通も制限していたことを併せ考慮すれば、遅くとも被告人が明確に退出の意思を表明した午前4時8分ころ以降、被告人を取調室内に留め置いた行為は、既に別件での逮捕状請求の準備段階に入っていたことを考慮しても、任意捜査として許容される限度を超えた違法な身体拘束であったと認められる。
　そして、先に認定したとおり、警察官らは、任意同行の時点から、被告人に対し、覚せい剤使用の嫌疑をかけ、その尿を提出させる必要があると考えており、実際に、午前11時ころには、被告人に対し、尿の任意提出を求め、被告人が尿の任意提出を拒否した後は、強制採尿を実施することも視野に、被告人に対し、注射痕の有無を確認させるよう求めるなどし、結局別件での逮捕後に

強制採尿を実施していることに照らせば、被告人の留め置き状態及びその後の逮捕手続を利用して覚せい剤事件の捜査を行った面があることは否定できない。
　(2)身体捜検について
　　J警部は、身体捜検を行った理由について、当公判廷において、Cの負傷状況等に照らし、被告人がナイフ等の凶器を隠匿している可能性があるところ、逮捕の際に身体捜検を行うよう指示していたにもかかわらず、行われていなかったことから、その時点で行ったと説明する。
　確かに、警察官職務執行法上、逮捕されている者に対しては、その身体について凶器を所持しているかどうか調べることができるとされ（同法2条4項）、犯罪捜査規範においては、逮捕後直ちに行うよう義務付けられている（同規範126条4項）。しかしながら、本件においては、前記認定のとおり、既に任意同行後長時間が経過していて、その間、被告人が凶器を所持していることをうかがわせるような事情はなく、取調官を始め、捜査に関わった警察官らがこれを疑っていた様子もない。そして、身体捜検の直前に、V巡査部長が、R警部補及びZ巡査部長と共に取調室内に入り、被告人に対して注射痕があるかどうか確認させるよう求めて拒否され、J警部にその旨の報告がなされた直後に身体捜検が実施されていること、身体捜検が、主として被告人に対する覚せい剤事件の捜査を担当している者らによって実施されていること、身体捜検においては、被告人の両腕の注射痕の有無を確認することに主眼が置かれ、写真撮影は両腕の注射痕の有無に関するもののみが行われていることに照らせば、本件は、逮捕に伴う安全確保のため警職法上認められた身体捜検ではなく、これに名を借りた、注射痕の有無を確認するための捜査目的の身体検査であったとみざるを得ない。
　そして、警察官らは、机の脚を両腕で抱え込んで腹ばいの状態になって身体捜検への拒否の姿勢を示す被告人に対し、両腕を引きはがして抱き起こし、被告人を背後から羽交い締めにした状態で、被告人の両腕を検査しているところ、これらの一連の行為は、明らかに被告人の意思を制圧し、その身体に制約を加えるものである（なお、被告人は、両腕の内側を検査される直前に、「見てみいや。」などと言って、自ら腕を差し出しているが、それ以前に、頑なに注射痕の確認を拒否していた被告人が、自ら進んで両腕の内側を示すとは考え難く、羽交い締めにされ、両腕をつかまれて、警察官らによる注射痕の確認を避けることができなくなったことから、やむなく両腕を差し出したものと認めるのが相当である。）。

かかる強制処分を身体検査令状なくして行うことが違法であることは疑いない。当時、被告人は既に別件で逮捕されており、身体検査について令状審査を経ることに何の支障もなかったのであり、警察官らもそのことは当然分かっていたにもかかわらず、上記行為に及んでいるのであって、その違法の程度は重大である。」

● 発展問題

①「留め置き」の問題を立法的に解決しようと考えた場合、どのような立法があり得るか。(参考判例3参照)
②参考判例2の下線部分のような見解について論評しなさい。
③任意同行を求める警察官が覚せい剤自己使用という嫌疑を告げなかったので、被疑者は道路交通法違反(駐車違反)の件で同行すると思いこんでいたという事情は、任意同行の適法性判断に影響を与えるか。(参考判例4参照)
④任意出頭した被疑者を、強制採尿令状を請求し発付されるまでの間、警察署内に留め置くことは許されるか。(参考判例5参照)
⑤留め置きの当初は違法ではない場合でも、留め置きの状態が継続すると違法になることがあるのはなぜか。参考判例6を素材にして説明しなさい。
⑥参考判例7の下線部分のような見解について、強制処分法定主義との関係で問題はないか、論じなさい。

参考判例6　東京高判平19・9・18判夕1273号338頁

「……被告人車両を停止させ、職務質問を開始したことに違法はなく、また、無免許運転及び飲酒運転の嫌疑は解消したものの、深夜の時間帯であること、被告人車両の車種、被告人らの風体から暴力団構成員と疑われたこと、被告人車両のカーテンやスモークフィルムの状況、さらに被告人らが所持品検査を拒否したこと、被告人に薬物事犯の前科があること等から、被告人らが違法な薬物を所持しているのではないかと疑ったことについては、一応の合理性が認められるのであり、被告人らも当初は渋々ながらもそれを受け入れる姿勢を示していたことにも照らせば、警察官らが職務質問を続行し、所持品検査に応じるよう説得したこと、その後、被告人らを本件現場に合理的な時間内留め置いたことについても違法なところはなかったものということができる。しかしながら、本件の職務質問等はあくまでも任意捜査として行われたものであり、合理的な時間内に、協力が得られなければ、打ち切らざるを得ない性質のものであった。しかるに、その後の職務質問等は長時間に及び、被告人が耐えきれずに被

告人車両を動かそうとした午前5時29分の時点においては、すでに約3時間半もの時間が経過していた。警察官らはこの間被告人車両を事実上移動することが不可能な状態に置いて、ずっと被告人らを本件現場に留め置いていたものである。このように被告人らの留置きが長時間に及んだのは、警察官らが所持品検査に応じるように説得を続けていたことによるが、その間、被告人らは所持品検査を拒否し続けている上、当初より、帰らせてほしい旨繰り返し要求していたものであり、被告人らの所持品検査を拒否し立ち去りを求める意思は明確であって、それ以上警察官らが説得を続けたとしても被告人らが任意に所持品検査に応じる見込みはなく、被告人らを留め置き職務質問を継続する必要性は乏しかったといえる。犯罪の嫌疑については前記のような程度のものであって、格別強い嫌疑があったわけではなく、むしろ、令状請求に耐えられるようなものでなかったことは、午前3時15分ころの時点で令状請求の可否を判断するために臨場した担当捜査員が、直ちに令状請求をすることは困難との判断をしていることによっても明らかである。担当捜査員によって令状による強制捜査が困難と判断されたこの段階では、それ以上、被告人らを留め置く理由も必要性もなかったものと思われる。この時点以降において特段事情の変化がなかったことは明らかであるから、少なくとも、被告人らが帰らせてほしい旨を繰り返し要求するようになった午前4時ころには、警察官らは所持品検査の説得を断念して、被告人車両を立ち去らせるべきであり、被告人らが繰り返し立ち去りたいとの意思を明示していることを無視して、被告人車両の移動を許さず、被告人らを本件現場に留め置いて職務質問を継続したのは、明らかに任意捜査の限界を超えた違法な職務執行であったといわざるを得ない。したがって、B警察官らの職務の執行を適法な職務の執行といえないとした原判決の判断は正当として是認することができる。」

参考判例7　最決昭55・10・23刑集34巻5号300頁

「尿を任意に提出しない被疑者に対し、強制力を用いてその身体から尿を採取することは、身体に対する侵入行為であるとともに屈辱感等の精神的打撃を与える行為であるが、右採尿につき通常用いられるカテーテルを尿道に挿入して尿を採取する方法は、被採取者に対しある程度の肉体的不快感ないし抵抗感を与えるとはいえ、医師等これに習熟した技能者によって適切に行われる限り、身体上ないし健康上格別の障害をもたらす危険性は比較的乏しく、仮に障害を起こすことがあっても軽微なものにすぎないと考えられるし、また、右強制採尿が被疑者に与える屈辱感等の精神的打撃は、検証の方法としての身体検査に

おいても同程度の場合がありうるのであるから、被疑者に対する右のような方法による強制採尿が捜査手続上の強制処分として絶対に許されないとすべき理由はなく、被疑事件の重大性、嫌疑の存在、当該証拠の重要性とその取得の必要性、適当な代替手段の不存在等の事情に照らし、犯罪の捜査上真にやむをえないと認められる場合に、最終的手段として、適切な法律上の手続を経てこれを行うことも許されてしかるべきであり、ただ、その実施にあたっては、被疑者の身体の安全とその人格の保護のため十分な配慮が施されるべきものと解するのが相当である。

　そこで、右の適切な法律上の手続について考えるのに、体内に存在する尿を犯罪の証拠物として強制的に採取する行為は捜索・差押の性質を有するものとみるべきであるから、捜査機関がこれを実施するには捜索差押令状を必要とすると解すべきである。ただし、右行為は人権の侵害にわたるおそれがある点では、一般の捜索・差押と異なり、検証の方法としての身体検査と共通の性質を有しているので、身体検査令状に関する刑訴法218条5項が右捜索差押令状に準用されるべきであって、令状の記載要件として、強制採尿は医師をして医学的に相当と認められる方法により行わせなければならない旨の条件の記載が不可欠であると解さなければならない。

（中略）

　三　令状の種類及び形式の点では、本来は前記の適切な条件を付した捜索差押令状が用いられるべきであるが、本件のように従来の実務の大勢に従い、身体検査令状と鑑定処分許可状の両者を取得している場合には、医師により適当な方法で採尿が実施されている以上、法の実質的な要請は十分充たされており、この点の不一致は技術的な形式的不備であって、本件採尿検査の適法性をそこなうものではない。」

● 参考文献

・大谷直人「職務質問における『停止』の限界」新関雅夫ほか『増補　令状基本問題　上』（一粒社、1996年）66頁
・森本宏「採尿のための捜索差押許可状の請求と取調室への留め置き」松尾浩也＝岩瀬徹編『実例刑事訴訟法Ⅰ』（青林書院、2012年）36頁
・大澤裕「強制採尿における被疑者の留め置き」研修770号（2012年）3頁

第3章

逮捕・勾留(1) (基本原則)

緑　大輔

● **本章のねらい**

> 逮捕・勾留に関する基本原則を理解する。まず、逮捕の諸類型とその要件を理解する。その上で、再逮捕再勾留が原則として禁止されるのはなぜか、違法逮捕後の勾留が許されるとすれば、それはどのような場合かを検討する。

● **キーワード**

令状主義、逮捕、現行犯逮捕、緊急逮捕、勾留、勾留質問、準抗告、逮捕前置主義、逮捕・勾留一回性の原則（再逮捕再勾留禁止原則）、違法逮捕後の勾留、事件単位原則

● **体系書の関係部分**

池田・前田	宇藤ほか	上口	白取	田口	田宮
129-155 頁	62-87 頁	93-121 頁	163-180 頁	70-85 頁	74-95 頁
福井	松尾（上）	三井	光藤（Ｉ）	安冨	
110-132 頁	52-61、96-115 頁	—	49-84 頁	87-136 頁	

● **設　例**

> 7月29日午後8時30分ころ、警察の通信司令センターに、コンビニエンスストア乙の店長W₁から、「万引きをした犯人を発見したので捕まえようとしたところを、逃げられてしまったのですぐに来てください。」という110番通報があった。

甲警察署から連絡を受けた丙交番の警察官KおよびLの両名が、同日午後8時35分ころ、コンビニエンスストア乙に急行したところ、W₁が店員W₂と共にカウンターにいた。警察官Kが「どうしましたか。」と声を掛けると、W₁は、「黒い野球帽を被って、サングラスを身につけた男が、店内をうろうろとして、W₂や私の様子をうかがうようにしていたので、注意して見ていました。すると、当初は350ml缶のビールと雑誌をカゴに入れていたのですが、突然陳列棚に隠れるような素振りで、自分の手許の手提げカバンにその2つを入れていました。そして、その男が店を出ようとしたときに、後ろから声をかけたところ、犯人は走って行ってしまいました。犯人が店を出て行くときに、自動ドアに貼っている身長測定の目盛りを見たのですが、犯人は180cmくらいの身長があったと思います。」と述べた。W₂は、「犯人は男で、やせ気味でした。絵柄のない黒い半袖のTシャツを着ており、右手首には怪我をした跡がありました。肌の色はやや黒い感じでした。札幌駅方向に逃げていきました。」と述べた。警察官KおよびLは、窃盗事件と認め、警察官Kが引き続き現場でW₁およびW₂から事情聴取等を行った。警察官Lは、まだ犯行時刻からそれほど時間が経っていないことから、近隣を自転車で巡回し、犯人を捜すことにした。
　午後10時45分ころ、警察官Lは、札幌市北区のコンビニエンスストア乙から札幌駅方面へ900メートルほど離れた歩道の自動販売機の前で、飲料を購入している、黒いTシャツを着た身長170cm程度のXを発見した。また、手提げカバンをもっていた。警察官LがXに職務質問をしたところ、Xは「暑いので飲み物を買いに来ただけだ。」と述べたが、Xの右手首には青い痣(あざ)が確認された。そのため、「お前は、コンビニエンスストア乙で万引きをしただろう。」といったところ、Xは「何をいっているんだ。俺はそんなことはしていない。」と否認した。そこで警察官LはXに、「そこまでいうなら、被害者に確認してもらうがいいか。」と述べたところ、Xは「わかった。」と述べてコンビニエンスストア乙までついていった。XをW₁とW₂に引き合わせて確認したところ、W₁もW₂も「この男が犯人だと思う。」と述べ、Xも「俺が盗んだということにすれば、お前らは納得するんだろ。」と述べて、ビール350ml缶1つと、漫画雑誌1冊を手提げカバンから出した。警察官Lは、「お前を逮捕するからな。」といって、同日午後11時10分、その場で、Xを現行犯人として逮捕した。そして、警察官KおよびLは、甲警察署に連絡し、10分後に到着した捜査用車両にXを乗せて同警察署へ連行した。捜査用車両は、同日午後11時20分ころ、同警察署に到着した。

第3章　逮捕・勾留(1)

● 基本知識の確認

①刑事訴訟法は、どのような逮捕の種類を設けているか。各々の類型の逮捕を認めるための要件（実体要件）をどのように定めているか。
②逮捕を行うためには、原則として裁判官の発付する令状が必要とされるのはなぜか。また、憲法上、令状によらない逮捕が例外として許容されているのはなぜか。
③裁判官への逮捕令状の請求は、どの条文を根拠として行われるか。
④逮捕令状にはどのような事項が記載されるか。通常の逮捕令状と緊急逮捕令状で、請求権者が異なるのはなぜか。
⑤捜査機関は、逮捕後にどのような手続を行わなければならないか。
⑥違法な逮捕に対して、被疑者・弁護人が不服を申し立てる手段はあるか。
⑦起訴前の勾留の要件は、条文上、どのように定められているか。
⑧起訴前勾留から被疑者を釈放させるために、刑事訴訟法上、弁護人はどのような手段をとり得るか。
⑨逮捕前置主義とは何か。また、条文上の根拠はどこに見出せるか。

● 参考判例についての問い

①参考判例1と参考判例2で、現行犯人にあたるか否かについて結論を異にしているのは、どのような理由によるか。
②参考判例3は、刑事訴訟法212条2項各号の該当性を判断するにあたって、どのような事情を考慮しているか。逮捕執行者自身が直接に認識した、逮捕現場の客観的状況のみを判断資料としているか。
③参考判例3の判断枠組みの下で、参考判例1の事案で、被疑者を準現行犯人として逮捕することはできるか。
④参考判例4は、再逮捕が許容されるのはどのような場合だとしているか。
⑤参考判例4は、勾留請求を却下しているが、それは捜査機関のどの行為を違法とした上で却下しているか。参考判例1が勾留請求を却下した際の判断枠組みと同じか。

● 設例についての問い

①本設例において、逮捕直後に被疑者Xによって弁護人Bが選任された。弁護人Bは現行犯逮捕の違法性を主張しようとする場合、どのような主張が考え

られるか。
②弁護人Bは、被疑者Xの勾留を回避しようとする場合、何をすべきか。そこで、どのような主張をすべきか。
③裁判官が、逮捕手続に違法があるとして検察官Pの勾留請求を却下した場合、Pはどうすべきか。
④本設例において、仮に警察官Lが同日午後11時10分にXを現行犯逮捕ではなく緊急逮捕をしたとする。その後、甲警察署に連行してXの弁解を聴取していたところ、Xが本件窃盗について詳細な供述を始めた。それを録取して供述調書を作成した上で、同調書も疎明資料にして緊急逮捕令状の発付を請求した結果、令状の請求時刻は翌30日午前7時になった。この令状請求は適法か。
⑤上記④において、裁判官が緊急逮捕令状の請求を却下したため、警察官LはXを釈放し、帰宅するXを警察官Kに尾行させた。直ちに警察官Lが同一の被疑事実を理由としてXの通常逮捕状を請求し、令状を得て、30日午前11時にX宅においてXを逮捕した。弁護人BはXが勾留された後にこの経緯を知り、Xを釈放させるべく手続の適法性を争うことにした。どのような手段をとり、その中でどのような主張をすべきか。
⑥これに対して、検察官Pはどのような主張をすべきか。
⑦本設例の後、被疑者Xは検察官Pに送致され、PはXに余罪の有無を取り調べた。その結果、Xは同じコンビニエンスストア乙で、7月15日に缶ビールと煎餅1袋を窃取したことを認めた。そこで検察官Pは、この被疑事実を追加して勾留を請求した。仮に先行する逮捕は適法だと考える場合、裁判官はどう判断すべきか。また、逮捕前置主義の趣旨についての理解は、この議論に影響するか。
⑧本設例の後、被疑者Xの送致を受けた検察官は逮捕の留置期限内に被疑者Xを勾留請求せずに、直ちにその事件について公訴提起をした。この場合、Xの身体はどのように扱われるか。勾留後に起訴をした場合と比べて、起訴後の身体拘束の手続に違いはあるか。

● 参考判例

参考判例1　京都地決昭44・11・5判時629号103頁

「一件記録によると、被疑者は昭和44年10月29日別紙第二に記載の被疑事実（引用者注：被害者Mに対して「金を貸してくれ」と言い寄ったが断わられた

ためその場にあった裁ちばさみを相手につきつけ「心臓をぶち抜いてやろうか」とどなり、同人を畏怖させ、金員を交付させようとしたが警察に連絡されたので未遂に終った事実）の現行犯人として司法巡査から逮捕されたこと、京都地方検察庁検察官は同年11月1日京都地方裁判所裁判官に対し被疑者についての勾留請求をなしたところ、右裁判官は同日逮捕手続が違法との理由により右勾留請求を却下したこと、がそれぞれ明らかである。

……ところで、被疑者を現行犯人として逮捕することが許容されるためには、被疑者が現に特定の犯罪を行い又は現にそれを行い終った者であることが、逮捕の現場における客観的外部的状況等から、逮捕者自身においても直接明白に覚知しうる場合であることが必要と解されるのであって、被害者の供述によること以外には逮捕者においてこれを覚知しうる状況にないという場合にあっては、事後的に逮捕状の発付請求をなすべきことが要求される緊急逮捕手続によって被疑者を逮捕することの許されるのは格別、逮捕時より48時間ないし72時間内は事後的な逮捕状発布請求手続もとらず被疑者の身柄拘束を継続しうる現行犯逮捕の如きは、未だこれをなしえないものといわなければならない。……そこで被疑者が現行犯人として逮捕された当時の状況につき一件資料を検討するに、

　被疑者は昭和44年10月29日午後8時55分ごろ通りがかりの京都市中京区西ノ京池の内町……金物商M方において本件犯行に及んだこと、被害者Mは直ちに110番にて被害状況を急訴したが、その間に被疑者はいずれかの方向へ逃走してしまったこと、被害者から被害申告を受けた警察当局は直ちに管内巡回中のパトカーに対して右犯行場所へ急行せよとの指令を流したところ、これを受けた堀川警察署司法巡査2名は、パトカーにて同日午後9時5分ごろ被害者M方に到着し直ちに同人から事情を聴取したこと、それによると犯人はうぐいす色のジャンパーを着て酒の臭いがする30歳すぎの男であるということが判明したので、同巡査らは、これに基づき犯人を発見すべく、直ちにパトカーにて現場付近の巡回に出たこと、同巡査らは約10分後である同日午後9時15分ごろ、被害者方より東方約20メートルの地点にある路上において被害者から聴取した犯人の人相、年令、服装とよく似た風態の被疑者を発見したので直ちに被疑者に対する職務質問を実施したが、被疑者は犯行を否認して自分は犯人ではない旨申立てたこと、そこで同巡査らはその場に被害者Mの同行を求めて被疑者と対面させたところ同人から被疑者が犯人にまちがいない旨の供述が得られたので、その場で被疑者を本件被疑事実を犯した現行犯人と認めて「現行犯逮捕」に及んだこと、等の事実を認めることができる。

……右認定事実によれば、司法巡査が被疑者を「現行犯逮捕」したのは、犯行時よりわずか20数分後であり、その逮捕場所も犯行現場からわずか20数メートルしか離れていない地点であったのであるが、逮捕者である司法巡査とすれば犯行現場に居合わせて被疑者の本件犯行を目撃していたわけでなく、またその逮捕時において被疑者が犯罪に供した凶器等を所持しその身体、被服などに犯罪の証跡を残していて明白に犯人と認めうるような状況にあったというわけでもないのであって、被害者の供述に基づいてはじめて被疑者を本件被疑事実を犯した犯人と認めえたというにすぎないのである。なお、被疑者は、司法巡査の職務質問に際して逃走しようとしたこともなく、また犯人であることを知っている被害者自身からの追跡ないし呼号を受けていたわけでもない。

以上によれば、司法巡査が被害者の供述に基づいて被疑者を「現行犯逮捕」した時点においては、被疑者について緊急逮捕をなしうる実体的要件は具備されていたとは認められるけれども、現行犯逮捕ないしは準現行犯逮捕をなしうるまでの実体的要件が具備されていたとは認められないといわなければならない。

このような場合にあっては、司法警察職員がその時点で被疑者を逮捕したこと自体には違法の点はないとしても、直ちに事後的措置として裁判官に対して緊急逮捕状の発布請求の手続をとり、右逮捕についての裁判官の司法審査を受けるべきであったというべく、従って、そのような手続をとらずに漫然と被疑者の逮捕を継続したという点において、本件逮捕手続には重大な違法があるといわなければならない。

……しかして、我現行刑事訴訟法は、勾留請求について逮捕前置主義を採用し、裁判官が勾留請求についての裁判において違法逮捕に対する司法的抑制を行っていくべきことを期待していると解されるのであるから、その法意からしても、本件の如き違法な逮捕手続に引続く勾留請求を受けた裁判官とすれば、仮に被疑者につき勾留の実体的要件が具備されていて将来同一事実に基づく再度の逮捕や勾留請求が予想されるという場合であっても、その時点において逮捕手続の違法を司法的に明確にするという意味において当該勾留請求を却下するほかなきものと解される。」

参考判例2　最決昭31・10・25刑集10巻10号1439頁

【事案の概要：被告人Aは1954年8月18日午後9時頃、特殊飲食店「甲」玄関において従業員Xの胸を強打し、更に同家勝手口のガラス戸を破損したため、主人Yが同9時過頃、付近の派出所に赴き、巡査Kに「今酔っ払いがガラスを割っ

て暴れているから早く来て下さい。」と届出たので、同巡査は「甲」に急行したところ、Xから「渡辺が勝手口の硝子を割り自分の胸を強く突いたので胸が痛い、Aは今『乙』に居る。」と聞き破損箇所を確認して直ちに同家より約20メートル隔てた特殊飲食店「乙」に赴いた。そこでは被告人Aが手を怪我して大声で叫びながらパンツ1つで足を洗っていたので、巡査KはAを暴行、器物損壊の現行犯人と認めて派出所までこいと命じた。被告人が素直に応じて派出所の方に向かったので、巡査Kはこれにつき添い、派出所に至り同所において取り調べようとしたところ、被告人が大声でわめき乱暴する気配を示し、手のほどこしようもなく、手錠を掛けようとした際、被告人Aの同僚Bが来て被告人を屋外に連れ出した。そこで巡査Kは被告人の逃亡をおそれて屋内に連れ込もうとした時、被告人から股間を蹴られたので、被告人を捻じ伏せ強いてその片手に手錠を掛けたところ、更に手拳で殴打され傷付いたがこれにひるまず他方にも手錠を掛けて被告人を本署に連行された。被告人Aが「甲」で暴行等をしてから「乙」において逮捕されるまで3、40分経過していた。被告人Aは公務執行妨害傷害等で起訴され、被告人は公務の適法性を争ったが、原判決は、被告人が逮捕されたのは暴行・器物損壊の犯行後、「僅か3、40分位」であり「犯行現場より20米の近距離に居た」として、現行犯人に当たると判示した。】

「原審が適法に確定した事実関係の下においては、K巡査が被告人を本件犯罪の現行犯人として逮捕したものであるとした原判示は、これを是認することができる。」

参考判例3　最決平8・1・29刑集50巻1号1頁〔和光大事件〕

【事案の概要：第一審判決は被告人A、B、Cに対する逮捕手続の違法の程度が大きいとして、逮捕に伴って押収された証拠物の証拠能力を否定して被告人らに無罪判決を言い渡したが、原審ではいずれも適法として証拠能力を認め、被告人らに有罪判決を言い渡したため、被告人が上告した。】

「原判決の認定によれば、被告人Aについては、本件兇器準備集合、傷害の犯行現場から直線距離で約4キロメートル離れた派出所で勤務していた警察官が、いわゆる内ゲバ事件が発生し犯人が逃走中であるなど、本件に関する無線情報を受けて逃走犯人を警戒中、本件犯行終了後約1時間を経過したころ、被告人Aが通り掛かるのを見付け、その挙動や、小雨の中で傘もささずに着衣をぬらし靴も泥で汚れている様子を見て、職務質問のため停止するよう求めたところ、同被告人が逃げ出したので、約300メートル追跡して追い付き、その際、同被告人が腕に籠手を装着しているのを認めたなどの事情があったため、同被

告人を本件犯行の準現行犯人として逮捕したというのである。また、被告人B、同Cについては、本件の発生等に関する無線情報を受けて逃走犯人を検索中の警察官らが、本件犯行終了後約1時間40分を経過したころ、犯行現場から直線距離で約4キロメートル離れた路上で着衣等が泥で汚れた右両被告人を発見し、職務質問のため停止するよう求めたところ、同被告人らが小走りに逃げ出したので、数十メートル追跡して追い付き、その際、同被告人らの髪がべっとりぬれて靴は泥まみれであり、被告人Cは顔面に新しい傷跡があって、血の混じったつばを吐いているなどの事情があったため、同被告人らを本件犯行の準現行犯人として逮捕したというのである。

以上のような本件の事実関係の下では、被告人3名に対する本件各逮捕は、いずれも刑訴法212条2項2号ないし4号に当たる者が罪を行い終わってから間がないと明らかに認められるときにされたものということができるから、本件各逮捕を適法と認めた原判断は、是認することができる。」

参考判例4　浦和地決昭48・4・21刑月5巻4号874頁

【事案の概要：被疑者は、1973年4月16日午後1時20分、強盗致傷被疑事件により自宅において緊急逮捕され、同日午後3時30分加須警察署司法警察員に引致された。加須警察署司法警察員が被疑者に対する緊急逮捕手続に基づいて、右同日午後9時に浦和地方裁判所に緊急逮捕状の発付を求めたが、裁判官は「直ちに裁判官の逮捕状を求める手続」をとらなかったとの理由で同逮捕状請求を却下した。そのため、翌4月17日午前1時30分、司法警察員は被疑者に所持品を還付して釈放手続をとったが、同日中に被疑者に対する本件被疑事実について改めて通常逮捕状の発付を請求して同令状の発付を得て、この通常逮捕状に基づき同日午後1時35分、加須警察署前道路上において、被疑者を再逮捕した。翌4月18日午前10時に検察官への送致手続がとられ、同日午後3時45分に検察官が被疑者につき勾留請求をしたが、裁判官は緊急逮捕に基づく逮捕状の請求が「直ちに」（刑事訴訟法210条1項）の要件を欠くとして却下された場合にはその後に特別の事情変更が存しない限り通常逮捕も許されないところ、本件の通常逮捕状に基づく再逮捕には右にいう特別の事情変更があったものとは認められないとして、請求を却下した。これに対して検察官が準抗告を申し立てた。】

「……検察官または司法警察員は同一の犯罪事実につき2度以上に亘って逮捕状の請求をすることができ（刑事訴訟法199条3項）、したがって裁判官も2度以上に亘って逮捕状を発付することができる。しかし、同一事実に基づく再逮捕は無制限に許されるものではない。けだし、これを無制限に許すならば

捜査段階における被疑者の身柄の拘束につき厳格な時間的制約を設けた法の趣旨は全く没却されてしまうからである。それゆえ同一事実に基づく再逮捕は合理的な理由の存する場合でなければ許されない、というべきである。そこで緊急逮捕に基づく逮捕状の請求が「直ちに」の要件を欠くとして却下された場合に通常逮捕が許されるか否か、また許されるとすれば、いかなる要件が必要かについて考えてみるに、逮捕状請求却下の裁判に対して、捜査機関に何ら不服申立の手段が認められていない現行法上、緊急逮捕に基づく逮捕状請求が「直ちに」の要件を欠くとして却下された後の通常逮捕が一切許されないとすることは、犯罪が社会の治安に及ぼす影響に鑑み、公共の福祉をも一の目的とする刑事訴訟法の趣旨に照し、到底採り得ないところといわざるを得ない。また、他方緊急逮捕に基づき直ちに逮捕状の請求がなされず、時間的に遅れた逮捕状の請求が却下された場合にも、その後一律に通常逮捕状の請求が許されるとすることは、緊急逮捕の要件が緩やかに解され、運用上大きな弊害の生ずることも考えられ、ひいては憲法の保障とする令状主義の趣旨が没却されることにもなるので妥当ではないといわなければならない。しかし緊急逮捕に基づく逮捕状の請求が「直ちに」の要件を欠くとして却下された後、特別の事情変更が存しなければ通常逮捕が許されないと解することも妥当ではない。けだし、右における逮捕状の請求は却下されたがなお逮捕の理由と必要性の存する場合、一旦釈放した被疑者が逃亡するなどの事情変更が生じなければ通常逮捕状の請求が許されないとすれば、犯罪捜査上重大な支障を来たし、結局は前記のような刑事訴訟法の趣旨に反するものと考えられるからである。よって、勘案するに、緊急逮捕に基づく逮捕状の請求が「直ちに」の要件を欠くものとして却下されたもののなお逮捕の理由と必要性の存する場合には「直ちに」といえると考えられる合理的な時間を超過した時間が比較的僅少であり、しかも右の時間超過に相当の合理的理由が存し、しかも事案が重大であって治安上社会に及ぼす影響が大きいと考えられる限り、右逮捕状請求が、却下された後、特別の事情変更が存しなくとも、なお前記した再逮捕を許すべき合理的な理由が、存するというべく、通常逮捕状に基づく再逮捕が許されるものといわなければならない。

　そこで本件につき検討するに、……被疑者が緊急逮捕されて加須署に引致されたのが4月16日午後3時30分、浦和地方裁判所への逮捕状請求が同日午後9時で、その間5時間30分であるが、加須、浦和間の距離的関係に加えて本件事案の重大性、性質等に鑑みれば、本件の緊急逮捕に基づく逮捕状発付の請求が「直ちに」されたものでないとしてもその超過時間は比較的僅少であると認められ、またその間被疑者は逃亡中の他の共犯者を緊急に逮捕するべくその

割り出しのための取調べを受けていたものであって、捜査機関には制限時間の趣旨を潜脱する意思は勿論なく、右時間超過には一応の合理的理由の存したことが窺われる。しかも、本件は5人の共犯者による4人の被害者に対する強盗致傷の事案で重大であり、社会に及ぼす影響も大きいと考えられる。然れば、本件通常逮捕状の発付は適法というべく、この点に関する原裁判の理由は失当というべきである。

……次に、原裁判は、その趣旨必ずしも明らかではないが、本件緊急逮捕に基づく逮捕状請求が却下された段階で被疑者が真に釈放されたか否か疑問が存し、ひいてはその後の逮捕状に基づく通常逮捕の違法を来たし、結局本件勾留請求は却下されるべきである旨をいうようであるので、以下この点について検討を加えることとする。

そこで、本件における被疑者の釈放手続についてみるに、当裁判所裁判官の被疑者に対する質問調書および前記検察官作成の電話録取書等によれば、被疑者は、4月17日午前1時30分ごろ、留置場より出されて手錠をはずされ、警察署の電話室の長椅子に宿直用毛布を与えられて宿泊したことは認められるが、その際警察官より「釈放する」旨を告げられたことはなく、被疑者において自由に帰宅する状態になったことを認識していることは窺われず、結局、本件においては被疑者が「直ちに」釈放されたものとは認められない。また、以後、被疑者が通常逮捕されるまでの間にも被疑者が釈放されたとは認められない。

よって考えるに、緊急逮捕に基づく逮捕状の請求が却下された場合には、被疑者は「直ちに」釈放されなければならないのであり（刑事訴訟法210条）、右手続に違背し、しかも以後も被疑者の身柄を釈放せずに通常逮捕状に基づき被疑者の身柄を拘束することは許されず、その瑕疵は重大であって、右通常逮捕に基づく勾留は認められないといわなければならない。したがって、前記したように、被疑者を釈放しないままの通常逮捕状による再逮捕を基礎とする本件勾留は許されないものといわざるを得ない。」

● **発展問題**

①道路交通法違反（制限速度違反）の疑いで、警察官から再三呼び出されたにもかかわらず、被疑者は出頭せず、「公判で制限速度違反の事実の有無を争う」と警察官に連絡してきた場合、警察官の逮捕状請求に対して裁判官はどう判断すべきか。参考判例5を踏まえて検討せよ。

②逮捕状発付時と勾留状発付時とで、必要とされる嫌疑の程度に違いはあるか。

参考判例6はどのように理解しているか。また、逮捕前置主義の趣旨の理解は、この点についての理解に影響を及ぼすか。
③逮捕・勾留において必要とされる嫌疑の程度と、公訴提起において必要とされる嫌疑の程度に違いはあるか。参考判例6はどのように理解しているか。これら各手続における嫌疑の程度は、刑事司法制度にどのような影響を与えると考えられるか。

参考判例5　最判平10・9・7判時1661号70頁

【事案の概要：被告人Ａは1985年2月8日、当時の外国人登録法が定めていた在留外国人の指紋押なつ制度に基づいて、京都市職員が外国人登録証明書、外国人登録原票および指紋原票に指紋を押なつするよう求めたが、拒否した（被告人は指紋押なつ制度の撤廃運動に積極的に参加していた）。警察は外国人登録法違反被疑事件として捜査を開始し、Ａに対して5回にわたり警察署への任意出頭を求めたが、Ａはこれに応じなかった。そこで警察は逮捕状を請求し、発付を受けてＡを逮捕した。これに対してＡは賠償請求訴訟を起こした。原判決は、「正常な理由」のない不出頭は「一般的には刑事訴訟手続からの逃避性向を窺わせるから、……罪証湮滅のおそれないし逃亡のおそれの存在を推定してよい」としつつ、本件では被告人が「将来の公判手続において、積極的に自己の言い分を主張して指紋押なつ制度の撤廃運動んい寄与しようとしていたのであるから……罪証湮滅のおそれないし逃亡のおそれの存在を推定することができない特段の事情がある」等として、逮捕の必要性がないのにされた違法な逮捕だと判示した（大阪高判平成6年10月28日判時1513号71頁）。これに対し、国および京都府が上告した。】
「本件における事実関係によれば、本件逮捕状の請求及びその発付の当時、被上告人が外国人登録法14条1項に定める指紋押なつをしなかったことを疑うに足りる相当な理由があったものということができ……、本件においては被上告人につき逮捕の理由が存したということができる。
そこで、逮捕の必要について検討するに、本件における事実関係によれば、被上告人の生活は安定したものであったことがうかがわれ、また、桂警察署においては本件逮捕状の請求をした時までに、既に被上告人が指紋押なつをしなかったことに関する証拠を相当程度有しており、被上告人もこの点については自ら認めていたのであるから、被上告人について、逃亡のおそれ及び指紋押なつをしなかったとの事実に関する罪証隠滅のおそれが強いものであったということはできないが、被上告人は、Ｔ巡査部長らから5回にわたって任意出頭するように求められながら、正当な理由がなく出頭せず、また、被上告人の行動

には組織的な背景が存することがうかがわれたこと等にかんがみると、本件においては、明らかに逮捕の必要がなかったということはできず、逮捕状の請求及びその発付は、刑訴法及び刑訴規則の定める要件を満たす適法なものであったということができる。」

参考判例6　大阪高判昭50・12・2判タ335号232頁

【事案の概要：司法警察員による逮捕状の請求には理由も必要性もなく、逮捕状請求書には被逮捕者に有利な資料を添付しなかった不備もあったとして、被逮捕者が賠償請求をした。】

「逮捕の理由とは罪を犯したことを疑うに足りる相当な理由をいうが、ここに相当な理由とは捜査機関の単なる主観的嫌疑では足りず、証拠資料に裏づけられた客観的・合理的な嫌疑でなければならない。もとより捜査段階のことであるから、有罪判決の事実認定に要求される合理的疑を超える程度の高度の証明は必要でなく、また、公訴を提起するに足りる程度の嫌疑までも要求されていないことは勿論であり、更には勾留理由として要求されている相当の嫌疑（刑訴法60条1項本文）よりも低い程度の嫌疑で足りると解せられる。逮捕に伴う拘束期間は勾留期間に比較して短期であり、しかもつねに逮捕が勾留に先行するため、勾留に際しては証拠資料の収集の機会と可能性が逮捕状請求時より多い筈であるから勾留理由としての嫌疑のほうが、逮捕理由としてのそれよりもやや高度のものを要求されていると解するのが相当である。」

● 参考文献

- 宮木康博「逮捕前置主義の意義」『刑事訴訟法の争点』(2013年) 68頁以下
- 大澤裕・佐々木正輝「再逮捕・再勾留」法学教室332号 (2008年) 79頁以下
- 川出敏裕「逮捕・勾留に関する諸原則」刑事法ジャーナル4号 (2006年) 91頁以下
- 池田公博「逮捕・勾留に関する諸原則」法学教室262号 (2002年) 143頁以下
- 緑大輔「逮捕前置主義の意義と展開」『福井厚先生古稀祝賀論文集・改革期の刑事法理論』（法律文化社、2013年）3頁以下

第4章

逮捕・勾留(2)（別件逮捕・勾留）

白取祐司

● **本章のねらい**

> 本章では、いわゆる別件逮捕・勾留に関する多数の判例を通して、令状主義と濫用的逮捕権行使に対する制約の理論を学習する。

● **キーワード**

令状主義、事件単位の原則、別件逮捕、余罪取調べ、一罪一逮捕・勾留の原則

● **体系書の関係部分**

池田・前田	宇藤ほか	上口	白取	田口	田宮
155-160 頁	87-91 頁	131-135 頁	180-183 頁	83-84 頁	95-99 頁
福井	松尾（上）	三井（１）	光藤（Ｉ）	安冨	
132-136 頁	111-112 頁	33-34 頁	84-88 頁	136-143 頁	

● **設　例**

　2012年8月21日、A市郊外の山林でV女の死体が発見された。死因は絞殺だったが、顔などに殴打の痕が認められた。警察官Kらは、死体のあった現場付近から採取されたタイヤ痕が、Vと最近まで同棲していたXの乗用車のものと近似しているところから、Xを呼び出して事情聴取をしたがXは犯行を否認した。KらがXの身辺を捜査してみると、2年前Xが土地の境界のことで隣家とトラブルになり、隣家の主婦Yに対して「家族をひどい目にあわせる」といって脅かしたことが判明した。Kは、Yから告訴状を得てXに対する逮捕令状（脅迫）の発付を受け、9月5日午後3時、Xを逮捕した（逮捕(i)）。

5日は、弁解録取手続のあとは特に取調べは行われず、6日の午後1時から2時間あまり、脅迫事件について取調べがなされた。7日の午前中に送検され、同日午後、検察官Pによる脅迫についての取調べが1時間ほどなされ、勾留請求の手続が行われた。8日の午前11時30分、勾留令状が発付されXは勾留された。9月11日までは、連日1、2時間ほど脅迫について取調べがあったが、12日、13日は何の取調べもなかった。14日午前9時10分、Xは再び取調室に連れてこられ、V殺害について夕方6時まで取調べを受けた。15日は、午前9時から、V殺害につき前日同様の取調べを受け、同日午後6時ころになって、Vの死体を自分の車で山林に捨てたことを認める供述を始めた。
　9月16日、Kらは、前夜のX供述（員面調書）を疎明資料としてXの逮捕令状（Vの死体遺棄）の発付を受け、Xを逮捕した（逮捕(ii)）。その後は、勾留満期直前まで、もっぱらV殺害について取調べを行い、Vを殺した旨の自白（自白(i)）を得て、改めて逮捕令状（Vの殺害）をとり執行した（逮捕(iii)）。その後、Xは、V殺害を理由とする逮捕中に、改めて殺害を認める自白（自白(ii)）をした。なお、逮捕(ii)以降、Yに対する脅迫の事実について取調べおよび捜査は一切行われず、この件については、2012年12月になって起訴猶予処分となった。

● 基本知識の確認

①「別件逮捕・勾留」（以下、「別件逮捕」という）とは何か。条文に特別な定めはあるか。
②別件逮捕は、実務上どのような場合になされることが多いか。
③別件逮捕が違法だとすれば、その理由は何か。
④別件逮捕の違法性判断について、本件基準説、別件基準説の争いがあるが、本件基準説では逮捕状の請求自体が違法になるのか。また、実体喪失説という見解があるが、これはどのような考え方か。
⑤別件逮捕が違法とされた場合、これに続く本件の逮捕も違法になるか。それはなぜか。
⑥別件逮捕中に、別件について得られた自白および本件について得られた自白に証拠能力はあるか。
⑦別件逮捕中に本件について自白が得られたので、本件逮捕せずに本件について起訴した（本件について起訴後の勾留）。この場合も起訴前の別件逮捕は違法となるか。

● 判例についての問い

① 参考判例1は、第一次逮捕がそれ自体で違法・不当なものではないとしながら、なぜ別件逮捕として違法だとしたのか。
② 参考判例2は、別件逮捕の概念を認めたものといえるか。
③ 参考判例2が、結論として第一次逮捕・勾留の違法を認めなかったのはなぜか。
④ 参考判例3は、なぜ、下線部のように判断したか？
⑤ 参考判例4は、別件による第一次逮捕が違法になる理由および基準について、どのように説明しているか。
⑥ 参考判例5は、どのような余罪の取調べが禁じられるといっているか。

● 設例についての問い

① 逮捕(i)とこれに続く勾留は適法か。
② 仮に、逮捕(i)開始時よりV殺害について取調べが行われていた場合、①の結論に影響があるか。
③ 逮捕(ii)は適法か。あなたが弁護人だったら、どう主張するか。あなたが検察官なら、これにどう反論するか。
④ 逮捕(iii)は適法か。あなたが弁護人だったら、どう主張するか。あなたが検察官なら、これにどう反論するか。
⑤ 自白(i)に証拠能力はあるか。あなたが弁護人だったら、どう主張するか。あなたが検察官なら、これにどう反論するか。
⑥ 自白(ii)に証拠能力はあるか。あなたが弁護人だったら、どう主張するか。あなたが検察官なら、これにどう反論するか。

● 参考判例

参考判例1　浦和地判平2・10・12判時1376号24頁

「10　別件逮捕・勾留と自白の証拠能力について
　1　身柄拘束の経過
　被告人が、不法残留の嫌疑で、9月9日の深夜吉川警察署に現行犯逮捕され、同月11日引き続き同警察署付属の代用監獄に勾留され、勾留満期日である同月20日、右事実により浦和地方裁判所に起訴されたこと（以下、右身柄拘束を「第一次逮捕・勾留」又は、「別件勾留」という。）、更に、その翌日である

21日本件現住建造物等放火の事実により通常逮捕され、引き続き勾留された上、同年10月11日起訴されたこと（以下、右身柄拘束を「第二次逮捕・勾留」又は「本件勾留」という。）は、既に認定したとおりである。

2　第一次逮捕・勾留の適否について

そこで、まず、第一次逮捕・勾留の適否について考えるに、被告人の所持していたパスポートの記載からして、被告人に関する不法残留罪の嫌疑は明白であったこと、不法残留罪は改正前の出入国管理及び難民認定法においても、その法定刑が「3年以下の懲役若しくは禁錮又は30万円以下の罰金」であって、必ずしも軽微な犯罪とはいえないこと、被告人が住居が不安定でしかも無職の外国人であって、身元が安定していなかったことをも考慮すれば、第一次逮捕・勾留が逮捕・勾留の理由や必要性を全く欠く、それ自体で違法・不当なものであったとまでは認められない。しかし、他方、捜査当局による被告人の第一次逮捕・勾留の主たる目的が、軽い右別件による身柄拘束を利用して、重い本件放火の事実につき被告人を取り調べる点にあったことも明らかである。すなわち、不法残留罪は、近年外国人の不法就労が社会問題となって以来、当地方裁判所管内では公判請求される例が多いが、その法定刑等からみて、いわゆる重大犯罪とはいえず、逮捕・勾留の法律上の要件があっても、必ずしも身柄の拘束をしなければならないものではない上、そもそも、これらの者について、刑事手続を発動するか行政手続（強制退去手続）のみで済ますか自体も、当局の裁量に属する事項と解されているのであって、現に本件においても、吉川警察署は、被告人を放火の犯人として突き出してきた被害者Dやその友人のCについて、両名がいずれも不法残留者であり、特にDは、自宅のアパートが燃やされてしまった関係で、住居が安定しておらず、勤め先も解雇されていることを知りながら、右両名を逮捕したり、被疑者として取り調べたりしていないのである（なお、当裁判所管内以外の地域の中に、不法残留罪については原則として刑事手続を発動せず、行政手続のみで処理しているところがあることは、当裁判所に顕著な事実である。）。右の点に加え、被告人が別件により逮捕されるに至った経緯（放火の犯人として突き出されたことを契機とすること）及びその後の取調べの状況（前記第6の5記載のとおり、不法残留罪に関する取調べは、勾留請求後、請求日を含む当初の3日間で実質上すべて終了し、残りの勾留期間は、ほぼ全面的に放火の取調べにあてられていること）等を総合すれば、捜査当局が、本件たる放火の事案につき、未だ身柄を拘束するに足りるだけの嫌疑が十分でないと考えたため、とりあえず嫌疑の十分な軽い不法残留罪により身柄を拘束し、右身柄拘束を利用して、主として本件たる放火につき被告人

を取り調べようとする意図であったと認めるほかなく、このような意図による別件逮捕・勾留の適法性には問題がある。

　もっとも、検察官は、いわゆる別件逮捕・勾留として自白の証拠能力が否定されるのは、「未だ重大な甲事件について逮捕する理由と必要性が十分でないため、もっぱら甲事件について取り調べる目的で、逮捕・勾留の必要性のない乙事件で逮捕・勾留した場合」（以下、「典型的な別件逮捕・勾留の場合」という。）に限られる旨主張している。確かに、違法な別件逮捕・勾留の範囲については、右のように説く見解が多いことは事実である。しかし、右見解にいう「もっぱら甲事件について取り調べる目的」を文字どおり、「乙事件については全く取り調べる意図がなく、甲事件だけを取り調べる目的」と解するときは、違法な別件逮捕・勾留というものは、そもそも「逮捕・勾留の理由・必要性が全くない事件について身柄拘束した場合」と同義となって、わざわざ「違法な別件逮捕・勾留」という概念を認める実益が失われてしまう。なぜなら、捜査機関が、いやしくも乙事件で被疑者を逮捕・勾留した場合に、右事件について被疑者の取調べを全くしないということは事実上考えられないからである。また、逮捕・勾留の理由・必要性の概念には幅があるので、実質的にみて軽微と思われる犯罪であっても、捜査機関から、右事実につき捜査の必要性があると主張されれば、逮捕・勾留の理由・必要性が全くないと言い切るのは容易なことではないであろう。しかし、過去の経験に照らすと、いわゆる別件逮捕・勾留に関する人権侵害の多くは、もし本件に関する取調べの目的がないとすれば、身柄拘束をしてまで取り調べることが通常考えられないような軽微な別件について、主として本件の取調べの目的で被疑者の身柄を拘束し、本件についての取調べを行うことから生じていることが明らかである。そして、このような場合であっても、捜査機関が、未だ身柄拘束をするに足りるだけの嫌疑の十分でない本件について、被疑者の身柄を拘束した上で取り調べることが可能になるという点では、典型的な別件逮捕・勾留の場合と異なるところがないのであるから、このような「本件についての取調べを主たる目的として行う別件逮捕・勾留」が何らの規制に服さないと考えるのは不合理である。しかし、他方、それ自体で逮捕・勾留の理由も必要性も十分にある別件についての身柄拘束が、たまたま被疑者に重大な罪（本件）の嫌疑があるが故に許されなくなるというのも不当な結論であり、そのような結論を導く理論構成は適当でない。当裁判所は、以上の検討の結果、検察官主張の違法な別件逮捕・勾留の定義中、「もっぱら甲事件」とあるのは、「主として甲事件」と、また、「逮捕・勾留の理由と必要性がない乙事件」とあるのは、「甲事件が存在しなければ通常立件される

ことがないと思われる軽微な乙事件」とそれぞれ読み替える必要があると解する。すなわち、当裁判所は、違法な別件逮捕・勾留として許されないのは、前記のような典型的な別件逮捕・勾留の場合だけでなく、これには「未だ重大な甲事件について被疑者を逮捕・勾留する理由と必要性が十分でないのに、主として右事件について取り調べる目的で、甲事件が存在しなければ通常立件されることがないと思われる軽微な乙事件につき被疑者を逮捕・勾留する場合」も含まれると解するものである。このような場合の被疑者の逮捕・勾留は、形式的には乙事実に基づくものではあるが、実質的には甲事実に基づくものといってよいのであって、未だ逮捕・勾留の理由と必要性の認められない甲事実に対する取調べを主たる目的として、かかる乙事実の嫌疑を持ち出して被疑者を逮捕・勾留することは、令状主義を実質的に潜脱し、一種の逮捕権の濫用にあたると解される。そして、右のような見解のもとに、本件について検討すると、吉川警察署は、被告人を警察に突き出してきたDやCが不法残留者で、特にDについては、逮捕・勾留の要件が明らかに存在していると思われるにもかかわらず、両名に対する刑事手続を発動せず、不法残留の事実について何らの捜査を行っていない（もちろん、逮捕・勾留もしていない）ことからみて、被告人についても、もし放火の嫌疑の問題がなかったならば、不法残留の事実により逮捕・勾留の手続をとらなかったであろうと考えられるのに、主として、未だ嫌疑の十分でない放火の事実について取り調べる目的で、不法残留の事実により逮捕・勾留したと認められるのであるから、本件は、まさに当裁判所の定義による違法な別件逮捕・勾留に該当する場合であるといわなければならない。

　従って、本件における被告人の身柄拘束には、そもそもの出発点において、令状主義を潜脱する重大な違法があるので、右身柄拘束中及びこれに引き続く本件による身柄拘束中に各作成された自白調書は、すべて証拠能力を欠くと解するのが相当である。」

参考判例2　最決昭52・8・9刑集31巻5号821頁（狭山事件）

【事案の概要：1963年5月1日、行方不明だったV（当時16歳）の自宅に現金20万円を要求する脅迫状が届けられた。警察は、脅迫状で指定された場所で犯人を取り逃がし、2日後にVは付近の農道に埋められ遺体で発見された。被告人は、筆跡が脅迫状のものと似ていたことなどから嫌疑をかけられ、上記脅迫状による恐喝未遂の事実に、捜査の過程で判明した暴行および窃盗の事実を併せて逮捕状が請求され、その発付を受けて逮捕され、その後勾留された。】

　「記録によると、捜査官は、被告人に対する窃盗、暴行、恐喝未遂被疑事件

について、同年5月22日逮捕状の発付を得て翌23日被告人を逮捕し、被告人は同月25日勾留状の発付により勾留され、右勾留は同年6月13日まで延長され（第一次逮捕・勾留）、検察官は、勾留期間満了の日に、同被疑事件のうち窃盗及び暴行の事実と右勾留中に判明した窃盗、森林窃盗、傷害、暴行、横領の余罪の事実とについて公訴を提起し（右余罪については、あらためて勾留状が発せられた。）、右恐喝未遂被疑事件については、処分留保のまま勾留期間が満了したこと、被告人に対する右被告事件の勾留に対し弁護人から同月14日保釈請求があり、同月17日保釈許可決定により被告人は釈放されたが、これに先だち、捜査官は、同月16日被告人に対する強盗強姦殺人、死体遺棄被疑事件について逮捕状の発付を得て、同月17日被告人が保釈により釈放された直後右逮捕状により被告人を逮捕し、被告人は、同月20日勾留状の発付により勾留され、右勾留は同年7月9日まで延長され（第二次逮捕・勾留）、検察官は、勾留期間満了の日に、強盗強姦、強盗殺人、死体遺棄の事実と処分留保のままとなっていた前記恐喝未遂の事実とについて公訴を提起したものであること、が認められる。

（中略）

　以上の捜査経過でも明らかなように、事件発生以来行われてきた捜査は、強盗強姦殺人、死体遺棄、恐喝未遂という一連の被疑事実についての総合的な捜査であって、第一次逮捕の時点においても、既に捜査官が被告人に対し強盗強姦殺人、死体遺棄の嫌疑を抱き捜査を進めていたことは、否定しえないのであるが、右の証拠収集の経過からみると、脅迫状の筆跡と被告人の筆跡とが同一又は類似すると判明した時点において、恐喝未遂の事実について被害者Aの届書及び供述調書、司法警察員作成の実況見分調書、Bの供述調書、被告人自筆の上申書、その筆跡鑑定並びに被告人の行動状況報告書を資料とし、右事実にCに対する暴行及びD所有の作業衣1着の窃盗の各事実を併せ、これらを被疑事実として逮捕状を請求し、その発付を受けて被告人を逮捕したのが第一次逮捕である。また、捜査官は、第一次逮捕・勾留中被告人から唾液の任意提出をさせて血液型を検査したことや、ポリグラフ検査及び供述調書の内容から、「本件」についても、被告人を取調べたことが窺えるが、その間「別件」の捜査と並行して「本件」に関する客観的証拠の収集、整理により事実を解明し、その結果、スコップ、被告人の血液型、筆跡、足跡、被害者の所持品、タオル及び手拭に関する捜査結果等を資料として「本件」について逮捕状を請求し、その発付を受けて被告人を逮捕したのが第二次逮捕である。

　してみると、第一次逮捕・勾留は、その基礎となった被疑事実について逮捕・

勾留の理由と必要性があったことは明らかである。そして、「別件」中の恐喝未遂と「本件」とは社会的事実として一連の密接な関連があり、「別件」の捜査として事件当時の被告人の行動状況について被告人を取調べることは、他面においては「本件」の捜査ともなるのであるから、第一次逮捕・勾留中に「別件」のみならず「本件」についても被告人を取調べているとしても、それは、専ら「本件」のためにする取調というべきではなく、「別件」について当然しなければならない取調をしたものにほかならない。それ故、第一次逮捕・勾留は、専ら、いまだ証拠の揃っていない「本件」について被告人を取調べる目的で、証拠の揃っている「別件」の逮捕・勾留に名を借り、その身柄の拘束を利用して、「本件」について逮捕・勾留して取調べるのと同様な効果を得ることをねらいとしたものである、とすることはできない。

更に、「別件」中の恐喝未遂と「本件」とは、社会的事実として一連の密接な関連があるとはいえ、両者は併合罪の関係にあり、各事件ごとに身柄拘束の理由と必要性について司法審査を受けるべきものであるから、一般に各別の事件として逮捕・勾留の請求が許されるのである。しかも、第一次逮捕・勾留当時「本件」について逮捕・勾留するだけの証拠が揃っておらず、その後に発見、収集した証拠を併せて事実を解明することによって、初めて「本件」について逮捕・勾留の理由と必要性を明らかにして、第二次逮捕・勾留を請求することができるに至ったものと認められるのであるから、「別件」と「本件」とについて同時に逮捕・勾留して捜査することができるのに、専ら、逮捕・勾留の期間の制限を免れるため罪名を小出しにして逮捕・勾留を繰り返す意図のもとに、各別に請求したものとすることはできない。また、「別件」についての第一次逮捕・勾留中の捜査が、専ら「本件」の被疑事実に利用されたものでないことはすでに述べたとおりであるから、第二次逮捕・勾留が第一次逮捕・勾留の被疑事実と実質的に同一の被疑事実について再逮捕・再勾留をしたものではないことは明らかである。

それ故、「別件」についての第一次逮捕・勾留とこれに続く窃盗、森林窃盗、傷害、暴行、横領被告事件の起訴勾留及び「本件」についての第二次逮捕・勾留は、いずれも適法であり、右一連の身柄の拘束中の被告人に対する「本件」及び「別件」の取調について違法の点はないとした原判決の判断は、正当として是認することができる。従って、「本件」及び「別件」の逮捕・勾留が違法であることを前提として、被告人の捜査段階における供述調書及び右供述によって得られた他の証拠の証拠能力を認めた原判決の違憲をいう所論は、その前提を欠き、その余の所論は、単なる法令違反の主張であって、いずれも適法

な上告理由にあたらない。」

参考判例3　東京地決平 12・11・13 判タ 1067 号 283 頁

【事案の概要：3人組が会社事務所に押し入ったという強盗致傷事件（以下、「甲事件」という）の捜査の過程で、元従業員である被告人が、重要容疑者として浮かび上がった。被告人は、甲事件ではなく、旅券不携帯の罪（密入国のため旅券不所持）と偽造公文書行使罪（偽造外国人登録証を利用した質入れ）で相次いで逮捕・勾留され、甲事件についても取調べを受けた。】

「三　別件逮捕勾留の適否について
　1　弁護人の主張は、要するに、被告人に対する旅券不携帯事件及び偽造公文書行使事件による逮捕勾留はいずれも、専ら〔甲〕事件の取調べを目的として行われた違法なものであるから、同事件に関する被告人の自白調書17通（乙7ないし23）はいずれも、違法な別件逮捕勾留期間中又はその影響の下に得られたものであるというのである。
　そこで以下、被告人の右自白調書が得られた取調べの適否について判断するについて、旅券不携帯事件及び偽造公文書行使事件による逮捕勾留の理由及び必要性の問題とその逮捕勾留期間中における被告人の取調べ状況等を中心とする捜査のあり方の問題とを分けて検討することとする。
　2　逮捕勾留の理由及び必要性等の検討
　㈠㈡（略）
　㈢以上のとおり、旅券不携帯事件及び偽造公文書行使事件による被告人の逮捕勾留にはそれぞれ理由及び必要性が認められ、また、旅券不携帯事件の勾留期間の延長についても延長すべきやむを得ない事由の存在を否定できないから、右の諸点に関する限り、旅券不携帯事件及び偽造公文書事件による逮捕勾留に違法はないということができる。
　3　捜査のあり方等からの検討
　㈠旅券不携帯事件による逮捕（7月8日）から勾留期間延長（勾留満期は同月19日）
まで
（中略）
　……旅券不携帯事件による逮捕から勾留期間延長までの間は、被告人に対する〔甲〕事件の取調べは、あくまで旅券不携帯事件及び不法入国事件の取調べに付随し、これと並行して行われている程度にとどまっていたものといえるから、その間の〔甲〕事件の取調べに違法があるとはいえない。

㈡旅券不携帯事件による勾留期間延長（7月20日）から偽造公文書行使事件による逮捕（同月29日）まで
（中略）
　⑶ア　以上のとおり、旅券不携帯事件による勾留期間の延長後は、被告人に対して前記⑵ア認定のように、ほぼ連日、相当長時間に及ぶ取調べが続けられており、しかも、その大半が〔甲〕事件の取調べに費やされていたのに対し、不法入国事件に関しては、被告人を若干取り調べた点を除けば、捜査本部が積極的に捜査を行った形跡がなく、同月24日までに、不法入国による立件が絶望的となるような状況に陥っていたこと、さらに、被告人は、〔甲〕事件について、頑強に否認を続けて、自白した後も、取調べに抵抗を続けていたことがうかがわれるのである。
　イ　そして、旅券不携帯事件による勾留期間延長から偽造公文書行使事件による逮捕までの間の右のような捜査のあり方からすると、右期間中における〔甲〕事件の取調べは、旅券不携帯事件による逮捕勾留期間中に許された限度を大きく超えているのに対し、本来主眼となるべき旅券不携帯事件ないし不法入国事件の捜査は、ほとんど行われない状況にあったというべきであるから、<u>右勾留期間延長後は、旅券不携帯事件による勾留としての実体を失い、実質上、〔甲〕事件を取り調べるための身柄拘束となったとみるほかはない。</u>したがって、その間の身柄拘束は、令状によらない違法な身柄拘束となったものであり、その間の被告人に対する取調べも、違法な身柄拘束状態を利用して行われたものとして違法というべきである。
　ウ　この点、検察官は〔甲〕事件について、被告人の日本における生活痕跡等を示すという意味で旅券不携帯事件と密接に関連する事実であり、同事件の逮捕勾留期間中にも広く取り調べることができる旨主張するが、同事件は、旅券不携帯事件との関連性があるとはいえず、不法入国事件とも、不法入国後の生活状況として関係するにすぎないものであって、関連性は希薄というほかないから、検察官の右主張はその前提を欠くものである。
　エ　そして、前記イで指摘した旅券不携帯事件による勾留期間延長から偽造公文書行使事件による逮捕までの間の被告人取調べの違法は、憲法及び刑訴法の所期する令状主義の精神を没却するような重大なものであり、かつ、右取調べの結果得られた供述調書を証拠として許容することが、将来における違法な捜査の抑制の見地からも相当でないと認められる以上、右期間中に得られた被告人の供述調書、すなわち、7月24日付け（乙7）及び同月27日付け（乙8）各警察官調書並びにその間に被告人を同事件に関し現場に引き当たりをして得

られた同月29日付け捜査報告書（甲50）の証拠能力はすべて否定されるべきものと解するのが相当である。

㈢偽造公文書行使事件による逮捕（7月29日）から同事件による起訴（8月9日）まで

(1)前認定のとおり、伊藤検事は、7月27日ころ、鈴木警部に対して、偽造公文書行使事件による勾留期間中は、同事件に関する一通りの捜査が終わるまで〔甲〕事件については積極的に触らないように指示し、現に、偽造公文書行使事件による逮捕後、8月5日までは、専ら同事件についての取調べが行われて、〔甲〕事件に関する取調べは控えられており、偽造公文書行使事件に関する検事調べが終わった後の同月6日に、〔甲〕事件について1時間45分取調べが行われ、本文4丁の警察官調書（乙9）が作成されている。したがって、右期間中の〔甲〕事件についての取調べは、偽造公文書行使事件の取調べに付随し、これと並行して行われている程度にとどまるといえるから、その間の〔甲〕事件の取調べ自体に違法があるとはいえない。

(2)しかしながら、右警察官調書が得られた8月6日の取調べは、前判示のように違法と解される身柄拘束（以下「本件違法勾留」という。）が終了してから8日間を経た後のものとはいえ、前認定のとおり、本件違法勾留期間中と同じ田中警部補が行ったものであり、その内容も、被告人が右期間中から〔甲〕事件の共犯者として供述していたFツーダッシュの人定に関するものであるから、右警察官調書における被告人の供述は、本件違法勾留期間中における違法な取調べの影響下にあり、それまでに得られた被告人の同事件に関する自白と一体をなすものとして、その違法を承継するものと解するほかはない。したがって、右警察官調書（乙9）も、本件違法勾留期間中に得られた2通の各警察官調書（乙7、8）と同様の趣旨において、その証拠能力を欠くものと解するのが相当である。」

参考判例4　金沢地七尾支判昭44・6・3刑月1巻6号657頁（蛸島事件）

【事案の概要：被告人は、レコード盤4枚の窃盗と遠縁の者の家に留守中にあがりこんだという住居侵入の罪で逮捕（第一次逮捕）され、殺人・死体遺棄事件についても取調べを受け自白した。弁護人は自白が別件逮捕中にとられたもので証拠能力がないと主張。】

「㈠　別件逮捕の問題

(1)（略）

……そこで考察するに、被疑者の逮捕・勾留中に、逮捕・勾留の基礎となっ

た被疑事実以外の事件について当該被疑者の取調べを行うこと自体は法の禁ずるところではないが、それはあくまでも逮捕・勾留の基礎となった被疑事実の取調べに附随し、これと併行してなされる限度において許されるにとどまり、専ら適法に身柄を拘束するに足るだけの証拠資料を収集し得ていない重大な本来の事件（本件）について被疑者を取調べ、被疑者自身から本件の証拠資料（自白）を得る目的で、たまたま証拠資料を収集し得た軽い別件に藉口して被疑者を逮捕・勾留し、結果的には別件を利用して本件で逮捕・勾留して取調べを行ったのと同様の実を挙げようとするが如き捜査方法は、いわゆる別件逮捕・勾留であって、見込捜査の典型的なものというべく、かかる別件逮捕・勾留は、逮捕・勾留手続を自白獲得の手段視する点において刑事訴訟法の精神に悖るものであり（同法60条1項、刑事訴訟規則143条の3参照。）また別件による逮捕・勾留期間満了後に改めて本件によって逮捕・勾留することが予め見込まれている点において、公訴提起前の身柄拘束につき細心の注意を払い、厳しい時間的制約を定めた刑事訴訟法203条以下の規定を潜脱する違法・不当な捜査方法であるのみならず、別件による逮捕・勾留が専ら本件の捜査に向けられているにもかかわらず、逮捕状あるいは勾留状の請求を受けた裁判官は、別件が法定の要件を具備する限り、本件についてはなんらの司法的な事前審査をなし得ないまま令状を発付することになり、従って、当該被疑者は本件につき実質的には裁判官が発しかつ逮捕・勾留の理由となっている犯罪事実を明示する令状によることなく身柄を拘束されるに至るものと言うべく、結局、かかる別件逮捕・勾留は令状主義の原則を定める憲法33条並びに国民に拘禁に関する基本的人権の保障を定める憲法34条に違反するものであると言わなければならない。

(2) そこで被告人に対する窃盗・住居侵入の各被疑事実にもとづく逮捕・勾留（以下、第一次逮捕あるいは勾留という。）が、右に述べた違法な別件逮捕・勾留に該当するかどうかを判断する。

(イ)(ロ)（略）

(ハ)（中略）右認定事実によると、捜査当局は、第一次逮捕被疑事実につき逮捕状の発付を得ながら、これを直ちに執行することなく、任意出頭という形で被告人の出頭を求め、しかも右被疑事実ではない本件殺人・死体遺棄事件についてのポリグラフ検査を実施し、一方ではアリバイに関する参考人を取調べてから、ようやく右逮捕状を執行しているのであるが、若し被告人に対し任意出頭を求めたことが、検察官主張の如く窃盗被疑事実につき事情を尋ねるためのものにすぎなかったのならば、本件殺人・死体遺棄事件についてポリグラフ検

査を実施したり、アリバイに関する参考人を取調べたりする以前に右逮捕状を執行するのが通常であろう。しかるに、右に述べた如き経緯で逮捕状を執行しているという事実は、前述の如く本件殺人・死体遺棄事件についての嫌疑が稀薄であったので同事件について被告人を追及し自白を得る手懸りと見込みを得たうえで逮捕状の執行に踏み切ったものであることが観取できるのであって（従ってこれらの手懸りと見込みが得られなければ、果して捜査当局において第一次逮捕に踏み切っていたかどうか疑問を感ずる。）、第一次逮捕による身柄拘束が、本件殺人・死体遺棄事件の取調べの手段であったことを物語る有力な証左と言うべきである。

㈡第一次逮捕被疑事実の軽微性

そして、第一次逮捕被疑事実は、その内容自体からも明らかな如く、軽微な事案であって、住居侵入の点は、犯行日時が第一次逮捕の６ケ月余りも以前のもので、被告人の司法警察員に対する昭和40年8月31日付供述調書によれば、被告人は遠縁にあたる被害者方へ雑誌類を借りるため赴いたが、遇々家人が留守だったので、雑誌類を求めて茶の間へ入り込んだところたまたま帰宅した家人から注意されたという事案であり、被害者側から告訴がなされた形跡もなく、かつ、起訴されてもおらず、また窃盗の点についても、既に認定したとおり結局犯罪の証明がないことになるのであるが、司法警察員作成の追送致書「情状等に関する意見」の項に、第一次逮捕の基礎となった被疑事実と追送致に係る被疑事実に対する総括的意見として「被疑者は盗犯の前歴を有しているに拘わらず改悛することなくけい続して本件犯行に及んだものであるが事案も軽微であるので保護処分が適当と思料される。」と記載されていることから窺える如く、捜査当局自身も事案軽微で保護処分が適当と判断していたものである。

従って、被告人の年令・環境等に照すと、このような軽微な事案について敢えて被告人を逮捕するまでの必要性があったかどうか疑問の存するところであり、捜査当局もこのような軽微な事案の取調べのためだけならば、果して被告人の逮捕に踏み切ったかどうかも疑問であると言わなければならない。

㈤第一次逮捕被疑事実の取調の実情

さらに、第24回公判調書中の被告人の供述記載、（中略）を総合すると、被告人は昭和40年9月2日第一次逮捕状ないしは勾留状の執行を受ける以前に公訴事実第二㈠・㈢・㈣・㈤の各窃盗事実を捜査官に対し自供し、その自供に基づいて同日中にＫ・Ｌの司法警察員に対する各供述調書が、翌9月1日にはＭ・Ｎの司法警察員に対する各供述調書がそれぞれ作成されたことが推認され、また、同年8月31日午後7時頃から9時10分頃にかけて司法警察員Ｍから

第一次逮捕の被疑事実につき取調べを受けて自白調書が作成されているが、その後は右Mが同年9月5日に余罪である公訴事実第二、㈠・㈢・㈣・㈤の各窃盗事実について、同月8日にその余の窃盗余罪について被告人の自白調書を作成した以外は、同月9日午後1時20分に本件殺人・死体遺棄事実による第二次逮捕状が執行されるまでの間の取調べ時間のほとんどが本件殺人・死体遺棄事件の取調べに充てられたことがそれぞれ認められる。

　右認定事実によると、被告人が右第一次逮捕の被疑事実につき取調べられ調書が作成さたのは逮捕状が執行された当日の昭和40年8月31日午後7時頃から10時頃にかけての1回のみであって、しかもその際、被告人は右被疑事実を自白したのであるから、補強証拠と目される証拠についての取調べも終了していた本件においては、もはや証拠隠滅のおそれは認め難く、またその他の勾留理由も見出し難いので、少くとも右自白の時点において既に被告人の身柄を拘束する理由は消滅していたものと解され、従って、右被疑事実に基づき被告人を勾留することには疑問があったと言えよう。もっとも、右認定の如く第一次勾留中の9月5日と8日に窃盗の余罪について被告人の自白調書が作成されているのであるが、右に述べた如く第一次逮捕被疑事実そのものに勾留の理由があったかどうか疑問であったうえに、前記認定の如く、捜査当局は、第一次勾留以前に被告人に対し起訴に係る窃盗の余罪についても一応の取調べを終え、これに基づき被害者の調書が作成されたものである事実に照すと、形式的にも勾留請求の被疑事実とされていないかかる余罪の取調べという理由によっては、被告人を勾留し得るところではなかったと言うべきである。

　以上に認定した㈠乃至㈥の事実に、本件殺人・死体遺棄事実に対する捜査の経緯及び進展状況を併せ考えると、捜査当局は、被告人に対し本件殺人・死体遺棄事件の嫌疑を抱いたものの、右嫌疑は極めて薄弱なものであり、さりとて他に逮捕に踏み切るだけの証拠は到底収集し得なかったので別件である第一次逮捕の被疑事実の嫌疑が存したことを幸い、右被疑事実について逮捕状の発付を受けたうえ、本件殺人・死体遺棄事件につき、被告人にポリグラフ捜査を実施し、かつ、被告人のアリバイの存否について親族等を取調べ、本件殺人・死体遺棄事件についても被告人を取調べ得る手懸りと見込みを持ったうえで、右逮捕状を執行し、さらに勾留に及んだものと言うべきであって第一次逮捕被疑事実の捜査過程に極めて不自然な点があって、補強証拠の成立そのものに疑念が存すること、右被疑事実が軽微な事案であって第一次逮捕そのものの必要性に疑問があり、これに続く勾留も理由がなかったと認められること、同勾留期間中のほとんどが本件殺人・死体遺棄事件の取調べに費やされていること等の

事実に照すと、第一次逮捕・勾留は、捜査当局が専ら本件殺人・死体遺棄事件について被告人を取調べ、被告人から証拠資料（自白）を得ることを意図して行ったものと認めざるを得ないのであって、これが前述した違法かつ不当な別件逮捕・勾留に該当することは明らかであると言うべきである。」

参考判例5　大阪高判昭59・4・19高刑集37巻1号98頁（神戸まつり事件）

「㈠一般に甲事実について逮捕・勾留した被疑者に対し、捜査官が甲事実のみでなく余罪である乙事実についても取調べを行うことは、これを禁止する訴訟法上の明文もなく、また逮捕・勾留を被疑事実ごとに繰り返していたずらに被疑者の身柄拘束期間を長期化させる弊害を防止する利点もあり、一概にこれを禁止すべきでないことはいうまでもない。しかしながら、憲法31条が刑事の手続に関する適正性の要求を掲げ、憲法33条、34条及びこれらの規定を具体化している刑事訴訟法の諸規定が、現行犯として逮捕される場合を除いて、何人も裁判官の発する令状によらなければ逮捕・勾留されないこと、逮捕状・勾留状には、理由となっている犯罪が明示されなければならないこと、逮捕・勾留された者に対してはただちにその理由を告知せねばならず、勾留については、請求があれば公開の法廷でその理由を告知すべきことを規定し、いわゆる令状主義の原則を定めている趣旨に照らし、かつ、刑事訴訟法198条1項が逮捕・勾留中の被疑者についていわゆる取調受忍義務を認めたものであるか否か、受忍義務はどの範囲の取調べに及ぶか等に関する同条項の解釈如何にかかわらず、外部から隔離され弁護人の立会もなく行われる逮捕・勾留中の被疑者の取調べが、紛れもなく事実上の強制処分性をもつことを併せ考えると、逮捕・勾留中の被疑者に対する余罪の取調べには一定の制約があることを認めなければならない。とくに、もっぱらいまだ逮捕状・勾留状の発付を請求しうるだけの証拠の揃っていない乙事実（本件）について被疑者を取り調べる目的で、すでにこのような証拠の揃っている甲事実（別件）について逮捕状・勾留状の発付を受け、同事実に基づく逮捕・勾留に名を借りて、その身柄拘束を利用し、本件について逮捕・勾留して取り調べるのと同様の効果を得ることをねらいとして本件の取調べを行う、いわゆる別件逮捕・勾留の場合、別件による逮捕・勾留がその理由や必要性を欠いて違法であれば、本件についての取調べも違法で許容されないことはいうまでもないが、別件の逮捕・勾留についてその理由又は必要性が欠けているとまではいえないときでも、右のような本件の取調べが具体的状況のもとにおいて実質的に令状主義を潜脱するものであるときは、本件の取調べは違法であって許容されないといわなければならない。

㈡そして別件（甲事実）による逮捕・勾留中の本件（乙事実）についての取調べが、右のような目的のもとで、別件の逮捕・勾留に名を借りその身柄拘束を利用して本件について取調べを行うものであって、実質的に令状主義の原則を潜脱するものであるか否かは、①甲事実と乙事実との罪質及び態様の相違、法定刑の軽重、並びに捜査当局の両事実に対する捜査上の重点の置き方の違いの程度、②乙事実についての証拠とくに客観的な証拠がどの程度揃っていたか、③甲事実についての身柄拘束の必要性の程度、④甲事実と乙事実との関連性の有無及び程度、ことに甲事実について取り調べることが他面において乙事実についても取り調べることとなるような密接な関連性が両事実の間にあるか否か、⑤乙事実に関する捜査の重点が被疑者の供述（自白）を追求する点にあったか、客観的物的資料や被疑者以外の者の供述を得る点にあったか、⑥取調担当者の主観的意図がどうであったか等を含め、具体的状況を総合して判断するという方法をとるほかはない。

㈢これを本件についてみるに、前記第一、一において認定した事実から明らかな以下の諸事由、すなわち①被告人Tの第一次逮捕・勾留事実である阪急タクシー事件、被告人Fの逮捕・勾留事実であるみなとタクシー事件及び三宮自交タクシー事件は、犯罪事実自体からただちに逮捕・勾留の理由又は必要性がないと断定しうるほど軽微な事件ではないけれども、本件殺人の事実と比較して、その法定刑がはるかに軽いのはもとより、その罪質及び態様においても大きな径庭のある軽い犯罪であるだけでなく、昭和51年度神戸まつり開催期間中に発生した一連の事犯の捜査にあたった捜査官の関心は、既述の事情から、主として本件殺人の事実の解明に向けられていたこと、②そして、本件殺人の事実の捜査については、本件輸送車を押した人物を写真等の客観的資料で特定するだけでは足りず、本件輸送車を押したことが判明した被疑者について、さらに殺意を認めるための前提事実としてこれを押した方向にＮ記者が昏倒している事実を認識しながらあえてこれを押し続けたということを証明する証拠が収集されなければならないが、この点を裏づける客観的証拠は非常に乏しく、いきおい被疑者の供述に頼らざるをえなかったため、捜査は困難を極め、現に前記のように逮捕被疑者155名のほとんど全員に無作為的に本件殺人の事実に関するポリグラフ検査を実施するというような状況であったこと（なお捜査の結果殺人罪として処理しえたのは、被告人両名を含む少年3名のみであったが、そのうち被告人両名以外の少年は、家庭裁判所において少年の供述に信用性がないとして不処分決定がなされている。）、③被告人両名は、いずれも逮捕当時少年であり、前科前歴は皆無で身元も安定しておるうえ、逮捕前すでに右各逮

捕・勾留事実を認め、その旨の概略的な供述を録取した調書も作成され、その供述を裏づける客観的証拠である写真も存在していたのであって、これらの点よりみると、被告人両名を右各逮捕・勾留事実について逮捕・勾留する理由と必要性は、けっして高度のものではなく、在宅取調べによって捜査目的の達成が可能であったとも考えられること、④しかも、右各逮捕・勾留事実と本件殺人の事実とは、右神戸まつり開催中に発生した一連の事犯の一部であるという程度の広い意味では社会的関連性を有しないとはいえないが、罪質、被害者、犯行時刻、場所を異にし、右各逮捕・勾留事実の取調べをすすめることが本件殺人の事実についての取調べにもつながるというような密接な関連性は存在せず、前者についての取調べは後者についての取調べのきっかけを提供するという程度の関係にあるにすぎないのであって、現に被告人両名に対する右各逮捕・勾留事実についての取調べは手早くすまされ、本件殺人の事実は、それらとは別個の事実として取調べがなされていること、⑤また、被告人両名は、逮捕前から本件輸送車を押したことのあった事実自体は争っていなかったから、捜査の重点は、客観的資料の収集というより、被告人両名から、人が倒れていたことを認識しながらその方向に、したがって人を轢過することを認識しながら本件輸送車を押し続けたか否かについての供述を得ることにおかれていたこと（なお、この点は、被告人TがK警部補に対しては、本件輸送車を押しはじめてから倒れているN記者に気づいたが、同車右後輪で同記者を轢くまで一貫して同車を押し続けた旨供述しながら、検察官の取調段階に至って同車を押しはじめたという時点以後同被告人が同車から離れている事実を示す写真の存在が覚知されたため、これに符合するように、いったん同車を押しはじめた後、割り込んできた他の男にはじき出されるようにして同車を離れ、その後再び同車にへばりついて押したと供述が変更されたと認められることや、被告人Fが、捜査官に対し、本件輸送車の前部正面から後方に向けて同車を押していた際人が倒れているという声を聞いただけで、その倒れている位置その他の具体的状況を一切聞知していないのに、場合によっては倒れている人を轢いてしまうかもしれぬと思って同車を押し続けた旨飛躍のある供述をしていることにもあらわれている。）、⑥さらに、被告人Tの第一次逮捕・勾留期間、被告人Fの逮捕・勾留期間中の取調時間の大半が本件殺人の事実についての取調べに費されているところ、被告人両名の取調べを担当したK警部補、H巡査部長の両名とも、右各逮捕の当初から右各期間を本件殺人の事実の取調べに積極的に利用しようという意図を有していたこと、以上の諸事由を踏まえて、さらに関係証拠を検討すると、被告人両名に対する右各逮捕・勾留は、その理由又は必要性が欠け

ているとまでは断定しえないとしても、そしてまた右逮捕・勾留期間中においては、それぞれその逮捕・勾留事実についても被告人両名の取調べがなされているけれども、その各期間中の取調時間の大半が用いられた被告人両名に対する本件殺人の事実についての取調べは、これを実質的にみれば、もっぱらまだ逮捕状・勾留状の発付を請求しうるだけの証拠の揃っていない本件殺人の事実について被告人両名を取り調べる目的で、すでにこのような証拠の揃っていた右各逮捕・勾留事実について逮捕状・勾留状の発付を受け、同事実に基づく逮捕・勾留に名を借りて、その身柄拘束を利用し、あたかも本件殺人の事実について司法審査を受け逮捕状・勾留状の発付を受けたと同様の状態のもとで、同事実ことにその殺意に関する不利益事実の供述を追求したものであるということができる。これに加えて、被告人Tについては、第一次逮捕・勾留に続いて、本件殺人の事実等に基づく逮捕状・勾留状の請求発付がなされ（第二次逮捕・勾留）、実質的な逮捕・勾留のむし返しが行われた（もっとも、それは前記準抗告決定の限度で司法的抑制を受けた。）こと、被告人Fについては、その取調べに際し捜査官の意図を察知されないようにするため、あたかも本件殺人の事実については、殺人罪として処理することを目的とした取調べをしないかのような詐言が用いられ、同被告人の防禦権行使が妨げられた疑いが濃厚であることなどの諸事情をも併せ考えると、右各逮捕・勾留期間中における被告人両名に対する本件殺人の事実に対する取調べは、具体的状況に照らし、実質的に憲法及び刑事訴訟法の保障する令状主義を潜脱するものであって、違法で許容されえないものといわなければならない。」

● **発展問題**

① 殺人罪と死体遺棄罪は一般に併合罪とされている。仮にこれを牽連犯と解した場合、死体遺棄罪で逮捕・勾留後、同じ被害者（死体）に対する殺人罪で逮捕・勾留できるか。
② 逮捕・勾留中に、その理由となった被疑事実とは別事件について取調べをすることは許されるか。逮捕が別件逮捕ではない場合で、余罪の取調べが許されない場合があるか。
③ 身体拘束された被疑者に取調べ受忍義務を認めるか否かで、余罪取調べの適否について結論が変わるか。

● 参考文献

- 川出敏裕『別件逮捕・勾留の研究』(東京大学出版会、1998 年)
- 原田國男「別件逮捕・勾留と余罪取調べ」法律学の争点シリーズ『刑事訴訟法の争点〔第 3 版〕』(有斐閣、2002 年) 60 頁
- 植村立郎「別件逮捕・勾留の意味と問題点」現代刑事法 5 巻 2 号 (2003 年) 4 頁
- 京明「別件逮捕・勾留と余罪取調べ——実体喪失説の有力かと本件基準説の課題」法律時報 84 巻 9 号 (2012 年) 112 頁
- 髙田昭正「別件逮捕・勾留と余罪取調べ」新・法律学の争点シリーズ『刑事訴訟法の争点』(有斐閣、2013 年) 66 頁

第5章

身体拘束中の被疑者取調べ

後藤　昭

● **本章のねらい**

> 現在の実務では、司法警察職員も検察官も、逮捕または勾留されている被疑者の取調べを非常に熱心に行っている。そこで得られた供述の記録は、公判でも重要な証拠となることが多い。これは、日本の刑事手続の特徴の一つである。同時に、法は被疑者に供述拒否権を認めている。被疑者取調べの手続に関する規律を確認した上で、特に身体拘束中の被疑者取調べにどのような問題があるかを考える。近時盛んに議論される取調べの可視化についても、その意味を理解する。

● **キーワード**

被疑者取調べ、自白、供述拒否権、黙秘権、供述拒否権の告知、供述調書、取調べの録音・録画、取調べ受忍義務

● **体系書の関係部分**

池田・前田	宇藤ほか	上口	白取	田口	田宮
161-166 頁	91-106,171-174 頁	122-135 頁	183-190 頁	119-128 頁	127-138 頁

福井	松尾（上）	三井（1）	光藤（I）	安冨	
176-183 頁	61-68 頁	125-140 頁	91-112 頁	221-236、239-240 頁	

● **設　例**

　Xは、37歳の男性であり、東京都内の株式会社A不動産に経理部員として勤務している。ローンで購入した郊外のマンションに、妻Fと5歳の息子と3

歳の娘の4人で住んでいる。2013年8月13日午前10時、Xは警視庁T警察署のK警部補に令状に拠って逮捕された。被疑事実は、XがA不動産の銀行預金を業務上預かり保管中に、経理部長であるYと共謀して、嘘の支出名目を作って引き出して、計750万円ほどを着服したという、業務上横領である。

　引致されたT警察署で、必要な告知を受けた後の弁解録取に対して、Xは被疑事実には覚えがないと述べた。それに引き続いて、K警部補らはXを午前11時から午後10時まで、食事と、数回の休憩を挟んで取り調べた。そこでも、Xは、横領の事実を否認し、自分はYの指示にしたがって、適正な経理処理をしていたと主張した。K警部補らは、翌14日、午前9時から午後4時まで、昼食と休憩を挟んでXを取り調べた。同日午後4時30分に、KはXを検察官に送致するため送り出した。検察官Pは午後5時にXを受け取り、必要な告知の後にXの弁解を聴いた。Xは、やはり否認した。翌15日、P検事はXの勾留を裁判官に請求した。裁判官による勾留質問でも、Xは否認した。裁判官は勾留状を発した。勾留状の「勾留すべき刑事施設」は、「T警察署留置施設」であった。

　同日、Xは当番弁護士の派遣を求めた。弁護士Lがその日の午後3時に、T警察署でXと接見し、XはLを弁護人として選任した。事情を聴いたL弁護士は、Xが不本意な供述をさせられることをおそれた。そこで、自分が別に指示するまで、供述調書に署名しないように助言した。また、無理な取調べを防ぐために、弁護人を取調べに立ち会わせるか、取調べを録音・録画するように警察と検察庁に求めることを提案し、Xもこれに同意した。L弁護士は、K警部補とP検事に対して、書面で、「今後、Xに対する取調べは、弁護人立会の下に行うか、またはすべて録音録画すること」を求めた。

　その後もKら警察官は、Xをほぼ毎日取り調べた。取調べは、午前9時ないし10時から食事と休憩を挟みながら、午後8時ころまで続く日が多かった。1日の取調べ合計時間は短い日で6時間、長い日で8時間くらいであった。Xは、K警部補に対して、「L弁護士を立ち会わせるか、取調べを録音・録画してほしい。」と、求めた。K警部補は、「取調べに弁護士を立ち会わせたり、ビデオに取るような規則はない」と答えて、L弁護士の立会はさせず、録音・録画なしに、取調べを続けた。

　8月19日の取調べの際、Xは、K警部補に、「家族が心配しているだろうから、妻Fと面会したい」といった。それに対し対して、K警部補は、「裁判官が面会を禁止しているから、会わせられない。」と答えた。

　P検事は、8月23日にXの勾留延長を裁判官に請求し、裁判官は、10日間

勾留を延長した。勾留延長後も、Kら警察官はXの取調べを続けた。
　8月30日に、P検事がXを取り調べた。Xは、P検事に対して、「自分は、Y部長の指示にしたがって経理処理をしていただけで、不正にはかかわっていない。」と説明した。それに対して、P検事は、「たしかに、主犯はY部長で、君は少ししか金を取っていないようだ。しかし、A不動産の接待費、交際費の使い方は、どう見ても異常だ。部長に指示されたからといって、これを適正な経理処理と信じるはずがない。」と答えた。そのような問答を何度も繰り返した後、XはP検事に対して、「いくら説明しても信じないなら、話しても無駄です。これ以上、取調べは受けません。」といった。P検事は、「私を納得させてくれるまでは、調べを打ち切るわけにはいかない。」といって、質問を続けた。その後も、K警部補またはP検事による取調べがほぼ毎日続いた。1日の取調べ合計時間は、6時間から7時間程度であった。
　9月2日に、P検事の取調べに対して、Xは、「検事さんからみて納得できる調書を作ってください。」といった。P検事は、調書案をまとめてから、録音・録画を始めた。P検事は、調書の内容を読んでXに聞かせた。その内容は、「Y部長の不正は知っていたが、自分もおこぼれに預かっていたので、協力した。」という趣旨のものであった。P検事は、「これで間違いないですか。」と訊いた。Xは「間違いありません。」と答えた。さらにP検事は、「この件について、警察または検察庁で、不当な取調べを受けたことがありますか。」と訊いた。Xは、「ありません。」と答えた。P検事は、Xに調書への署名を求め、Xは供述調書に署名・指印した。

● 基本知識の確認

①刑事訴訟法は、警察官による被疑者取調べを許しているか？その根拠条文はどれか？身体拘束中の場合はどうか？
②被疑者には、弁護人をもつ権利はあるか？
③被疑者取調べに際して、取り調べる者は、何をしなければならないか？
④被疑者取調べの時間を規制する法律あるいは規則はあるか？
⑤被疑者の供述を録取する調書は、どのような手順で作られるか？
⑥現在の捜査実務で作られる供述調書は、一問一答式に記録されているか？
⑦取調べに対する被疑者の供述を記録するのに、供述調書以外の方法があるか？
⑧捜査段階で作られた被告人の自白を記載した供述調書は、公判でどのような条件の下に証拠として使えるか？

⑨供述録取書と供述書の違いは何か？

● 判例についての問い

①参考判例1と2の各事案で、被疑者は身体拘束中に合計何時間くらい取調べを受けているか？
②参考判例1は、どんな理由から自白の任意性を肯定したか？
③参考判例2は、どんな理由から自白の任意性を否定したか？
④参考判例3は、身体拘束を受けている被疑者に取調べの場に留まるように義務づけることが、供述拒否権の保障と矛盾すると考えているか？

● 設例についての問い

①勾留中にXが家族と面会できなかった理由は、何だろうか？
②身体拘束中の被疑者取調べに弁護人が立ち会うことは、実務で認められているか？現行法の理解としては、どうか？
③身体拘束中の被疑者取調べを録音・録画することによる得失は何か？
④設例で、捜査官が取調べを録音・録画しなかったことは適切か？
⑤設例の事件で、あなたがXの弁護人として、自白調書の証拠能力を否定する主張をするとして、その要点を述べなさい。
⑥検察官の立場から、⑤の弁護人主張に対する反論の要点を述べなさい。

● 参考判例

参考判例1　宇都宮地判平5・10・6判タ843号258頁

【事案の概要：被告人が被疑者として身体拘束を受けている間の捜査官に対する自白の証拠能力を肯定した事例】
　「第5　捜査段階における自白の任意性及び信用性
　一　被告人両名は、捜査段階で公訴事実を自白する供述をしていたが、公判段階では右自白を翻すとともに、右自白は違法不当な取調べにより得られたもので任意性を欠くと主張している。当裁判所は、第125回公判期日において、理由の概要を告げた上、被告人両名の捜査段階における供述調書につき証拠採否の決定を行ったが、以下、右理由についてここで敷衍して述べることとする。
　二　乙の自白の任意性について
　1　取調べ時間
　乙は、昭和62年2月25日の逮捕後自白を始めた同年3月4日まで、朝8時

30分ころから夜12時ころまで12時間近く取調べが続き、入房が午前1時ころになったこともあったと公判で述べているが、司法警察員作成の平成3年1月24日付け及び同年2月4日付け各留置関係簿冊作成報告書によると、右期間中の取調べ開始時刻はおおむね午前10時前後、取調べ終了時刻はおおむね午後10時30分前後であり平均取調べ時間は9時間前後であったこと、その後同年3月18日の起訴に至るまでの取調べ時間も1日5時間から9時間程度であったこと、全期間を通じ、留置場への入場時間が夜11時台になったのは、同年2月28日の11時と翌3月1日の11時5分の2回であったことが認められる。そして、本件事案の重大性や供述の重要性に加え、乙らが本件3000万円についてA個人から借りたものである旨、客観的事情に照らして首肯しがたい弁解をしていたことにも照らすと、右の程度の時間をかけて取調べをしたことが許容限度を超えるとはいえない。

  2　捜査官による暴行等

 乙は、警察官が「とっておきのことをやってやる。」などと言って暴行をふるうような様子を示したり、あるいは事実を否認した乙に対して検察官が殴りかかったことがあった、また、警察官に手を取られ指印を無理強いさせられた旨公判で述べている。しかしながら、乙の公判供述にれば、乙は、捜査段階において、弁護人と頻繁に接見し、自白をした経緯についても話をしていたというにもかかわらず、このような重大な事実（乙によれば、検察官に殴りかかられた精神的ショックでラジオが聞こえなくなるほどだったというのである。）について弁護人に訴えた形跡は窺えない。さらに、乙が指印を無理強いされたという昭和62年3月7日付けの供述調書についても、右調書中の指印部分に無理強いを窺わせる形跡はないし、また、乙によれば、右調書の署名部分は乙自身が書いたというのであって、署名を自ら行いながら指印のみ拒否したというのも不自然である。

  3　捜査官による偽計

 乙は、取調べに際して、警察官から次のような虚偽事実、すなわち、甲は自白している、乙の教え子であるO建設の社長が新聞で乙を誹謗している、あるいはTが金の穴埋めをした以上、結果論として犯罪が成立するなどといったことを告げられた旨公判で述べている。しかしながら、乙の公判供述によれば、乙としては甲が自白したという警察官の供述について半信半疑であり、接見時に弁護人に対して事実の確認を求めたというのであるが、その回答を待たずに自白したと述べるなど不自然なところがあるし、またその後これが虚偽であることが分かって何らかの対処をしたというような形跡も乙の行動上見られず、

甲が自白したとする偽計があったという供述自体を全面的に信用できるか疑問がある。そして、そもそも、乙は甲の自白に関する捜査官の言葉を信用していなかったとも法廷で供述しているのであるから、これと自白との因果関係を欠く。また、O建設の社長による誹謗の件についても、乙は、当初弁護人からの質問に対しては、「Oが乙は無力な男だなどと新聞で述べている旨警察官から告げられ、その部分を読んで確認した。」かのように述べておきながら、検察官からの質問に際して、右部分にはすぐ後に「乙派市議」という発言者を示す括弧書きがある旨指摘されると、この部分は読んでおらず、読んでいたのは別の部分であると供述を変転させているし、そもそも、文面自体から発言者が容易に特定できるような記事を乙に読ませておきながら、右記事の発言者について捜査官が偽計を行うというのも不自然である。さらに、Tが金の穴埋めをした以上、結果論として犯罪が成立すると告げられたため自白したとの点についても、乙は、当時、そのような解釈は成り立たない旨弁護人や検察官から話を聞いていた旨供述していることに照らして不自然である。

4　捜査官による利益誘導

乙は、自白すればAらを釈放するし、乙も実刑にならない、自白しないと近親者を逮捕するなどと捜査官から告げられ、自白したと公判で述べている。

しかしながら、乙は、自白以前の段階で弁護人と量刑の見通しについて相談し、本件では事実を認めれば実刑になると言われていたとも供述しているのであって、法律の専門家である弁護人からこのような助言を受けていながら、やすやすと捜査官の言葉を信用して自白したというのは不自然であるし、自白してもAらが保釈されなかった点について、乙が不服を申し立てたような形跡もないのであって、利益誘導があったという右供述はにわかに信用できない。また、近親者を逮捕するとの点についても、乙の供述によれば、逮捕の被疑事実として考えていたのは法定費用超過の選挙違反等であったというのであり、実刑になるといわれていた程の重大事案であった乙の事前収賄等に比べると軽微なものであるし、乙は、この点について弁護人に相談したというのであるが、その際も捜査官の言動を脅しと認識し断固頑張っていたというのであるから、これと自白との間に因果関係があるとはいえない。

5　無力感を利用した取調べ

弁護人は、長時間の取調べ、暴行、偽計、利益誘導など様々な事実が乙に無力感を植えつけ、捜査官はこれを利用して取調べを行ったと主張し、乙もこれに沿う供述をしているが、右の各事実に関する乙の公判での供述には、誇張された点や不自然な点があるのは先に検討したとおりであり、その信用性には全

体として疑いがある。そして、乙の各供述調書や前記留置関係簿冊作成報告書及び佐渡賢一の証言等によれば、一旦自白がなされた後も、供述調書中に「内心では借りるつもりだった。」といった表現がなされているなど、乙としてはなお自らの主張を盛り込もうとしていたこと、また逮捕前から弁護士と相談をし、逮捕後も連日またはほぼ１日おきに接見をしていたことが認められ、さらに、弁護士や勾留中の乙を診察した医師に対してはもうろう状態を察知されまいと努力していたなどと述べていることにも照らすと、乙が精神的に追い込まれるほどの無力状態にはなかったと認められる。」

参考判例２　東京高判昭58・6・22判時1085号30頁

【事案の概要：被告人が被疑者として身体拘束を受けている間の捜査官に対する自白の証拠能力を否定した事例】

　「七　Ｔ自白の任意性について

　Ｔ被告人は、６月25日午後から本件の取調べを受けて否認し、同日別件傷害事件で逮捕され、同月27日本件殺人事件で逮捕後、７月１日に一部（傷害のみ）自白をしたが、再び否認に転じ、同月６日午前まで否認し、同日午後から再び自白し、同月17日の最後の自白調書に至る。録取された供述調書の詳細は次の通りである。

【表１】

原審提出分	当審提出分 （ただし供述経過立証のかめのもの）
6・27＜員＞Ｃ　（結城署）　　否認	
	7・1＜員＞Ａ　（結城署）　　一部自白
7・6＜員＞Ａ　（〃）　　　　自白	7・6＜検＞Ｂ　（地検下妻支部）　否認
7・7＜員＞〃　（〃）　　　　〃	
7・8＜員＞〃　（〃）　　　　〃	
7・8＜検＞Ｂ　（〃）　　　　〃	
7・9＜員＞Ａ　（〃）　　　　〃	
	7・13＜員＞Ａ　（結城署）　　　自白
	7・14＜員＞Ａ　（〃）　　　　　自白
7・15＜検＞Ｂ　（結城署）　　自白	
7・17＜検＞〃　（地検下妻支部）　〃	7・17＜員＞Ｃ　（〃）　　　　　自白

　Ｔ被告人は、第１回公判以後再び否認に転じたが、右否認供述の内容は終始一貫しており、当夜は愛人のＧ子方へ泊りに行くつもりで、午後10時半ごろ「チェリー」を出て、本件犯行時刻である午前１時半ごろには、Ｇ子の経営する下館市川島所在飲食店「花」で、Ｎ、Ｉと共に飲酒していて、本件犯行は全

く関知しない、というのである。
　これに反し、Ｔ被告人の自白の内容には後記のような大きな変転がある。
　Ｔ被告人は、警察の取調べについて、連日連夜長時間の取調べを受け、否認供述を受け付けず、取調べ中は片手錠（片方の手に手錠を二つかける）を施され、ひもを机の足につないで動かせないようにし、数時間にわたって手錠のかかっていない方の手をつかんで動かせないようにして、「やったと言ってくれ。」と迫られたり、否認したり黙っていたりすると半日位直立の姿勢をとらせたり、机を押してぶつけたりなどの強制拷問を加えられたほか、「ＫとＭは３人でやったと泣きながら言っているんだ。」「近所の人が何人も見ている。」「川島の連中もＴと会ったという人はいない。」と言うなどの偽計を用い、「警察は調書さえできればいい。」「ひとり言でもいいから言ってくれ。」「作り事でもいいから言ってくれ。」「幹を作れば後は警察の方で枝と葉はうまくつけてやる。」などと言って自白を強要されたため、グロッキーになり、供述内容をそれとなく教えられながら自白を作って行った旨を原審で供述している。更に、当審において、机を叩いて調べられた、Ａ刑事からこづかれるのはしょっ中だった、きいてくれないから黙っているとそういうことが始まる、同刑事が２度声をからしたことがある、などが付加して供述された。
　右取調べ及び自白調書成立過程は、Ｔ被告人作成の上申書（原審で却下されて取り調べられなかったもの）、最終陳述に代る弁論要旨及び控訴趣意書において、一層生々しく、順を追って整理されて如実に記述されているが、その内容は、事実を経験した者のみが持ち得る迫真力に富み、若干の記憶違いなどは免れないとしても、殊更に虚偽を作為して述べたものとは到底思われない。
　６月29日以降Ｔ被告人を取り調べた警察官Ａは、原審及び当審において、当然のことながら右のような自白強制過程を否定するが、片手錠をかけたこと、ＫやＨの供述を真実と考えＴ被告人の供述を虚偽と判断して同被告人を追及したこと、本当のことは一つしかないんだと言って説得したこと、Ｔ被告人が眠そうにしていたので、眠ければ眠気をさませと言って、立たせたことがあること、その後坐れと言っても坐らないで本人の意思で２時間かそこら立っていたこと（以上原審証言）、説得のため「どうだ。」ということで片手を握ったり、時には机を叩いたり、大声を上げて取調べをしたことがあること、Ｔ被告人が「幹を話すからあとはなんでも書いてくれ。」と言ったことがあること（以上当審証言）は、認めているのである。
　そして、当審取調べの結城警察署留置人出入簿によれば、連日連夜長時間にわたる取調べがなされたこと（午前は早い時で９時ごろ、午後は遅い時で10

時40分ごろ）が認められる。
　以上によれば、少なくとも、A刑事らが、連日連夜長時間にわたり、片手錠をかけたままで取調べをしたこと、頭から犯人扱いして、否認も黙秘も受け付けず、真実のことは一つしかないと言って自白するよう追及したこと、時には机を叩いたり、大声を上げて取調べをし、時には自由な方の片手を握ったまま調べたり、数時間直立させたようなこともあること、「幹を作ればあとは警察の方で枝と葉をつけてやる。」などと言って自白を迫ったことは明らかであり、前記のような否認——一部自白—否認—自白という供述経過及び後記のような自白内容の変転を併せ考えると、自白の任意性に関するT被告人の前記供述は信用し得ると考えられるところであって、警察官に対する各自白調書に任意性を認めることは到底できないというべきである。
　検察官に対して何故自白したかの点について、T被告人は、検察官に対して否認し、警察はでたらめである旨訴えたところ、「あんたの場合は第三者がしっかりしているから否認しても持っていかれてしまう。」「もう1回調べ直してもらえ。」と言ってきいてくれない（7・6〈検〉の時であろう）ので、いくら言っても警察官と同じだし、検察官もぐるになっている、警察で調べ直してもらってもまた拷問にかけられると思って、次の調べの時（7・8〈検〉）からみんな認めてしまった旨原審で供述している。
　T被告人の取調べに当り、検察官は、手錠を外させたほかには、警察での取調べの影響を遮断すべく配慮した形跡はない（むしろ、7月8日と15日は、結城署へ行って取調べをしているし、T被告人の供述によれば、取調べの際取調べ警察官らを在席させている。）から、右自白は警察の取調べの影響下になされたものと見るほかなく、任意性を認めることはできない。」

参考判例3　最大判平11・3・24民集53巻3号514頁（第6章参考判例1と同一）

「なお、所論は、憲法38条1項が何人も自己に不利益な供述を強要されない旨を定めていることを根拠に、逮捕、勾留中の被疑者には捜査機関による取調べを受忍する義務はなく、刑訴法198条1項ただし書の規定は、それが逮捕、勾留中の被疑者に対し取調べ受忍義務を定めているとすると違憲であって、被疑者が望むならいつでも取調べを中断しなければならないから、被疑者の取調べは接見交通権の行使を制限する理由にはおよそならないという。しかし、身体の拘束を受けている被疑者に取調べのために出頭し、滞留する義務があると解することが、直ちに被疑者からその意思に反して供述することを拒否する自由を奪うことを意味するものでないことは明らかであるから、この点について

の所論は、前提を欠き、採用することができない。(略)
　所論は、要するに、憲法38条1項は、不利益供述の強要の禁止を実効的に保障するため、身体の拘束を受けている被疑者と弁護人等との接見交通権をも保障していると解されるとし、それを前提に、刑訴法39条3項本文の規定は、憲法38条1項に違反するというのである。
　しかし、憲法38条1項の不利益供述の強要の禁止を実効的に保障するためどのような措置が採られるべきかは、基本的には捜査の実状等を踏まえた上での立法政策の問題に帰するものというべきであり、憲法38条1項の不利益供述の強要の禁止の定めから身体の拘束を受けている被疑者と弁護人等との接見交通権の保障が当然に導き出されるとはいえない。論旨は、独自の見解を前提として違憲をいうものであって、採用することができない。」

● 発展問題

①捜査機関が被疑者取調べを録音・録画しない場合、被疑者の側が取調べの状況を記録する手段はあるか？
②日本の法律家たちが、諸外国ではあまり論じられない「取調べ受忍義務」の有無という問題を意識的に議論するのはなぜか？
③被疑者に供述拒否権があるという原則から、取調べの方法についてどんな帰結が引き出せるか列挙してみなさい。
④それらの帰結を日本の判例・実務は認めているだろうか？もし認めていないとすればその背後にある論理はどんなものだろうか？
⑤上記③で列挙した帰結をアメリカ合衆国の判例は、認めているか？この点についての、日本の判例とアメリカの判例の違いは、どこから生まれているか？

参考判例4　ミランダ対アリゾナ州事件　Miranda v. Arizona, 384 U.S. 463 (1966)

　ウオーレン長官の法廷意見抜粋
　「　Ⅲ　今日、第5修正の特権が刑事裁判手続以外でも適用され、何らかの重要な意味で行動の自由を制約されるすべての場面において、自己負罪を強制されないように個人を保護するものであることに、疑問の余地はない。われわれは、適切な安全装置がない限り、犯罪を疑われあるいは犯罪の訴追を受ける人々に対する身柄拘束下の取調べ手続それ自体に個人の抵抗の意思を弱め供述を強要する強制的圧力が内在するという結論に達した。この圧力を減殺し自己負罪拒否の特権を行使する十分な機会を保障するためには、被疑者は自己の諸権利について十分かつ効果的な告知を受けなければならず、その権利の行使は

十分に尊重されなければならない。

　議会や州がこの特権を保護すべくその創造的な立法権を行使して考案するかもしれない代替的措置をわれわれが予測することは不可能である。したがって、現在行われている取調べ手続に内在する強制について、憲法が特定の解決策への執着を要求していると言うことはできない。この判決は決して憲法の拘束服 (a constitutional straitjacket) を作ろうという訳ではなく、われわれにはそのような意図はない。そうすることは改善への健全な努力を阻害するであろう。われわれは、議会や州が、刑罰法規の実効性を高めつつ個人の権利を擁護するより効果的な方策を探る努力を続けることを奨励するものである。しかしながら、少なくとも訴追を受ける者に彼らの沈黙する権利を知らしめかつその権利を行使する継続的な機会を保障する効果的な他の方法が示されない限りは、以下の安全装置が遵守されなければならないと考える。

　まず第1に、身柄を拘束された者が取調べを受ける場合、初めに彼が黙秘権を有することを明確で疑問の余地のない用語で知らされなければならない。この特権を知らない者に対しては、それを知らしめるために——それは権利行使に関する知的判断を下すのに必要な第1の要件である。——警告を発することが必要である。さらに重要なのは、このような警告が取調べ環境に内在する圧力を克服するのに絶対に必要な条件であるということである。明示的であるか黙示的であるかに拘らず、自白が得られるまで取調べが続けられるとか、犯罪の嫌疑を前にして沈黙すること自体が咎められるべきであり陪審員がそれを知れば災いを招くであろうというような取調べ官の悪意の態度に屈服するのは、知的水準が低い者とか怖ろしく無知な者に限られる訳ではない。さらに、警告は、特権を行使することを選ぶならば取調べ官はそれを了解する用意があることを個人に示さなければならない。

　(略)

　黙秘権の告知は、いかなる供述も法廷において不利益に使用されうるという説明を伴うものでなければならない。この警告は、特権を知らせたうえさらにそれを放棄した結果を知らせるために必要なのである。特権に対する真の理解とその知的な行使は、これらの結果を了解して初めてなしうるのである。のみならず、この警告は個人をして彼が当事者主義のシステム (the adversary system) の一局面に直面しているのだということ——彼の周囲の人々は彼の利益のためだけに行動しているのではないということ——をより鋭敏に気付かせるのに役立つであろう。

　身柄拘束下の取調べをめぐる環境は、単に取調べ官から特権を知らされたに

過ぎない者の意思の上に素早くのしかかってくるであろう。それゆえ、取調べに弁護人を立会わせることは、今日われわれが示したシステムの下で第5修正の特権を保護するために欠くことのできないものである。われわれの狙いは、沈黙と供述との間の個人の選択権が取調べの全過程を通じて侵害されないことを確実にすることにある。やがて取調べを開始するだろう人物から1度警告を受けたからと言って、権利についての知識を最も必要とする人々にとってこの目的を達成させるのに十分ということはできない。取調べ官からの単なる警告だけではこの目的を達成するに不十分である。単なる黙秘権の告知は「常習犯や職業的犯罪者を利するだけである」ということを検察官自身が主張している。全国地方検事協会 (National District Attorneys Association) の法廷の友としての趣意書14頁。弁護人によって予め与えられた助言でさえ、密室の取調べによって容易に打ち敗かされてしまうのである。したがって、第5修正の特権を保護するための弁護人の必要性というのは、取調べの前に弁護人と相談する権利のみならず、被疑者が望むならば取調べの間弁護人を立会わせる権利をも包含するのである。

　取調べに弁護人を立会わせることは、また幾つかの重要な副次的機能を持つ。被疑者が取調べ官に対して供述する途を選んだ場合、弁護人の援助が虚偽の危険性を減殺するのである。弁護士が存在することによって、警察官が自白の強要を行なう蓋然性は減るだろうし、それにも拘らず強要が行なわれたならば弁護人はその事実を法廷で証言することができよう。弁護人の存在は、被疑者が警察に対し十分正確な供述をし、またその供述が検察官によって公判廷に正しく伝えられることを保障する手だてとなろう。

　個人は、取調べの前に予め弁護人を請求しなければならないものではない。そのような請求は弁護士を得る権利を確実にするだろうがしかし、弁護士を請求しなかったからといってその権利を放棄したことにはならない。この判決に示された警告が与えられた後に具体的になされたのでないかぎり、有効な弁護権の放棄があったと解することはできない。自らの権利を知らず、それゆえ自ら請求できない被疑者こそ弁護人を最も必要とする人物である。

　（略）

　したがって、取調べのために拘束された者は、この判決に示されている特権擁護のシステムの下で弁護士と相談しかつ取調べ中彼を同席させる権利を有することを明確に知らされなければならないとわれわれは判示する。黙秘権の告知並びに供述が不利益な証拠として使用されうることの告知と並んで、この告知は取調べの絶対的要件である。個人がこの権利を知っていたことを示すいか

なる状況証拠も、この告知に取って替わりうるものではない。このような告知を通じてのみ、被告人が確実にこの権利を知っていたことを確認しうるのである。

　もしも個人が弁護人の援助を求める意向をいかなる取調べの前にも示したならば、彼が現に弁護人を持っていないかあるいは弁護士を雇う資力がないことを理由にこの要請を無視したり拒否したりすることは許されない。個人の財政的能力はここで問題となる権利の範囲と何らの関係もない。憲法で保障された自己負罪拒否の特権はすべての個人に適用されるのである。この特権を保護するための弁護人の必要性は、裕福な者にも貧乏人にも等しく存在するのである。実際問題として、これらの憲法上の権利が弁護人を雇うことができる者にのみ享受されるとすれば、今日のこの判決の意味は殆どなくなるであろう。過去においてわれわれが扱った自白に関する事件の大多数と同様、本件も弁護人を雇うことのできない者の事件である。捜査官憲は被疑者を貧困から救う義務はないが、しかし彼らは司法運営において貧困を利用してはならない義務を負っているのである。(略)

　そして、取調べを受ける者にこのシステムの下での権利の内容を十分に知らせるためには、弁護士と相談する権利があるというだけでなく、無資力の者は弁護人を選任してもらう権利があるということも告知される必要がある。この付属的告知がなされないならば、弁護人と相談する権利の告知は、単に弁護士が既にいるかあるいはこれを雇う資力があるならば弁護士と相談することができるという趣旨にしばしば理解されてしまうだろう。弁護権の告知は、貧しいもの——最もしばしば取調べを受ける者——に対して、彼もまた弁護人の立会いを求める権利があるのだという知識を与えるような表現でなされるのでなければ、空虚なものになるだろう。黙秘権と弁護権一般の告知とともに、無資力者に対するこの権利の効果的かつ明示的な説明がなされることによって初めて、真実彼が権利行使しうる立場にいることが保障されるのである。

　これらの告知がなされた後の手続は明白である。取調べの前あるいは取調べ中のどの段階であれ、個人が黙秘したい旨をいかなる方法でも示したならば、取調べは中止されなければならない。この時彼は第5修正の特権を行使する意思を表明したことになるのである。特権を援用した後に得られた供述は、程度の差はどうあれ強制の産物以外の何物でもない。質問自体を中止させる権利がないならば、身柄拘束下の取調べという状況は、いったん特権を発動した後も、供述するかどうかの個人の自由な決定を妨げる作用をもつであろう。もしも個人が弁護士を求めると述べたならば、弁護士が現れるまで取調べは中止されな

ければならない。そのとき、個人は弁護士と相談する機会を与えられ、かつその後のいかなる尋問の間にも弁護士を立会わせる機会が与えられなければならない。もしも個人が弁護士を得ることができず、しかし警察に供述する前に弁護士を得たいとの意向を示したならば、警察官は彼の黙秘するという決断を尊重しなければならない。」

● 参考資料

被疑者取調べ適正化のための監督に関する規則（平成20年4月3日国家公安委員会規則第4号）抜粋
（目的）
第1条　この規則は、被疑者取調べの監督に関し必要な事項を定めることにより、被疑者取調べの適正化に資することを目的とする。
（留意事項）
第2条　被疑者取調べの監督は、厳正かつ公平を旨として行わなければならない。
2　被疑者取調べの監督に当たっては、被疑者又は被告人（以下単に「被疑者」という。）その他の関係者の人権に配慮しなければならない。
3　被疑者取調べの監督に当たっては、必要な限度を超えて取調べ警察官その他の関係者の業務に支障を及ぼし、又は犯罪捜査の不当な妨げとならないよう注意しなければならない。
（定義等）
第3条　この規則において、次の各号に掲げる用語の意義は、それぞれ当該各号に定めるところによる。
　① 被疑者取調べ　取調べ室（これに準ずる場所を含む。以下同じ。）において警察官が行う被疑者の取調べをいう。
　② 監督対象行為　被疑者取調べに際し、当該被疑者取調べに携わる警察官が、被疑者に対して行う次に掲げる行為をいう。
　　イ　やむを得ない場合を除き、身体に接触すること。
　　ロ　直接又は間接に有形力を行使すること（イに掲げるものを除く。）。
　　ハ　殊更に不安を覚えさせ、又は困惑させるような言動をすること。
　　ニ　一定の姿勢又は動作をとるよう不当に要求すること。
　　ホ　便宜を供与し、又は供与することを申し出、若しくは約束すること。
　　ヘ　人の尊厳を著しく害するような言動をすること。
2　次のいずれかの場合において、警視総監、道府県警察本部長若しくは方面本部長（以下「警察本部長」という。）又は警察署長の事前の承認を受けないときは、これを監督対象行為とみなしてこの規則の規定を適用する。
　① 午後10時から翌日の午前5時までの間に被疑者取調べを行うとき。
　② 1日につき8時間を超えて被疑者取調べを行うとき。

（確認等）
第6条　取調べ監督官は、取調べ室の外部からの視認、事件指揮簿（犯罪捜査規範第19条第2項に規定する事件指揮簿をいう。）及び取調べ状況報告書（犯罪捜査規範第182条の2第1項に規定する取調べ状況報告書をいう。以下同じ。）の閲覧その他の方法により被疑者取調べの状況の確認を行うものとする。
2　取調べ監督官は、前項の確認を行った場合において、必要があると認めるときは、当該被疑者取調べにかかる捜査主任官に対し、当該確認の結果を通知するとともに、当該確認の結果を明らかにしておかなければならない。
3　取調べ監督官は、第1項の確認を行った際現に監督対象行為があると認める場合には、当該被疑者取調べにかかる捜査主任官に対し、被疑者取調べの中止その他の措置を求めることができる。この場合において、捜査主任官は、速やかに、必要な措置を講ずるものとし、その結果を当該取調べ監督官に通知しなければならない。
4　前項の場合において、捜査主任官が現場にいないとき又は捜査主任官から要請があったときは、取調べ監督官は、自ら被疑者取調べの中止その他の措置を講ずることができる。この場合において、当該措置を講じたときは、速やかに、その旨を捜査主任官に通知しなければならない。

（調査）
第10条　警察本部長は、被疑者取調べについての苦情、前条の報告その他の事情から合理的に判断して被疑者取調べにおいて監督対象行為が行われたと疑うに足りる相当な理由のあるときは、取調べ監督業務担当課の警察官のうちから調査を担当する者（以下「取調べ調査官」という。）を指名して、当該被疑者取調べにおける監督対象行為の有無の調査を行わせなければならない。
2　取調べ調査官は、調査を実施するため必要があると認めるときは、当該調査にかかる被疑者取調べを指揮する警察署長等に対し、説明若しくは資料の提出を求め、又は指定する日時及び場所に当該被疑者取調べにかかる捜査主任官、取調べ警察官その他の警察職員を出頭させ、説明をさせるよう求めることができる。
3　取調べ調査官は、調査が終了した後、速やかに、調査結果報告書（別記様式）を作成し、当該調査結果報告書の内容を警察本部長に報告するとともに、必要があると認めるときは、関係部署に通知しなければならない。

● 参考文献

・宇藤崇「被疑者の取調べ」新・法律学の争点シリーズ『刑事訴訟法の争点』（有斐閣、2013年）
・佐藤隆之「取調べの『可視化』」新・法律学の争点シリーズ『刑事訴訟法の争点』（有斐閣、2013年）
・後藤昭「被疑者・被告人の法的地位」新・法律学の争点シリーズ『刑事訴訟法の争点』（有斐閣、2013年）

第6章

接見交通権と接見指定

後藤 昭

● **本章のねらい**

> 被疑者の弁護人依頼権を理解し、それを現行法がどのように保障しているかを確認する。その上で、被疑者・被告人と弁護人との間の接見交通の権利とそれに対する制約の条件を考える。また、接見交通の秘密はどのように守られるか考える。

● **キーワード**

弁護人依頼権、私選弁護と国選弁護、当番弁護士、接見交通権、接見指定、接見の秘密、接見（等）禁止

● **体系書の関係部分**

池田・前田	宇藤ほか	上口	白取	田口	田宮
41-45、206-212頁	171-185頁	39-45、192-201頁	40-49、194-202頁	131-149頁	30-37頁
福井	松尾（上）	三井（1）	光藤（Ⅰ）	安冨	
49-63、178-193頁	104、120-126頁	148-168頁	112-131頁	25-35、244-255頁	

● **設 例**

　Xは、2013年3月29日午後9時に、業務上横領の被疑事実で令状によって逮捕された。被疑事実の内容は、同僚のYと共謀して勤め先の会社の金200万円を着服横領したというものであった。警察官はXを立川警察署に引致した。立川警察署で司法警察員Kは、Xに被疑事実の要旨と弁護人選任権を告げて、弁解の機会を与えた。Xは、被疑事実を否認した。XはKに対して、「弁護士

を呼んでほしい」と述べた。Kが「知っている弁護士がいるか」と尋ねると、Xは「心当たりの弁護士はいないが、ともかく弁護士と相談したいから呼んでほしい」と答えた。

翌3月30日午前9時に東京弁護士会の当番弁護士Lが、Xと接見するため立川署に来て、Xと接見した。Xは、Lに被疑事実を否定する話をして、助言を求めた。Lは、継続的な弁護が必要な事件であると判断した。しかし、Xに資力がないことなどから、その場では弁護人としての選任は受けず、Xに対して、取調べには黙秘すること、仮に供述調書を作られても署名・押印しないこと、そして勾留請求をされた段階で国選弁護人の選任を請求することを助言した。その後Lは、法テラス（司法支援センター）多摩に対して、裁判官からXの国選弁護人候補の指名依頼を受けたら、すでにXと接見している自分を指名してほしいという希望を伝えた。

検察官Pは、3月31日、裁判官にXの勾留と接見等の禁止決定を請求し、認められた。裁判官は、Xからの国選弁護人選任請求と法テラスからの候補弁護士指名に基づいて、同日LをXの国選弁護人に選任した。

4月1日朝に、LはXと接見した。その後も、ほぼ毎日接見した。

Xに対する取調べが続いたが、Xは黙秘を続けていた。4月4日午前10時に、Lが立川署留置場でXとの接見を申し出ると、留置係警察官Dは、「検察官に確認するから待ってくれ」といった。5分ほどして、DはLに対して、担当検事Pからの電話に出るようにいった。Lが電話に出ると、PはLに「今日は、午後までずっと取調べの予定があるので、接見は今日の午後4時から30分間にして下さい。」といった。Lは、直ちに接見させるようにPと交渉した。しかしPは、上のように接見の日時を指定すると告げた。Lは、当日午後4時から30分間Xと接見した。その際Lは、厳しい取調べを受けているXが、心ならずも被疑事実を認める供述をしてしまうのではないかという不安を感じた。そこで、一切黙秘することと、仮に供述調書を取られても署名・押印はしないことを助言した。

翌5日午前9時に、KはXの取調べを始めた。Kは、Xの態度から、もうすぐ自白が得られるのではないかと感じた。9時30分に、LがXとの接見のため立川警察署へ来た。警察から連絡を受けた検察官Pは、電話でKに捜査の様子をきいた。Kは、「だいぶ柔らかくなってきて、もうすぐ割れそうです。午後3時までは、取調べを続けさせてください」と答えた。PはLと電話で話し合った後、XとLの接見を同日午後3時30分から1時間と指定した。同日午後2時ころ、業務上横領事件について、基本的な事実を認めるXの供述調書が

作られ、XはこれにE署名・押印した。
　同日午後3時30分から、LはXと接見した。そこで、Xは、自白調書に署名したことをLに話した。Lは、「やっていないことを認めてはいけない。今からでも遅くはないから、黙秘しなさい。」といった。また、被害会社からの告訴はYだけを犯人として挙げているところ、警察はYの供述からXを共犯と疑っているらしいという、自分の調査結果を伝えた。この接見のとき、Lは、Xの妻Zから預かった手書きの手紙で「子どもたちは、元気です。真実を曲げないようにがんばってください。」という内容のものを、接見室のアクリル板越しにXに見せた。
　4月6日、Kの取調べに対して、Xは再び黙秘した。Kは、「昨日とは、態度が違うね。<u>弁護士と会って何かいわれたの？</u>」と尋ねた。
　4月8日に至って、Kは、Xが国立市内で起きた放火事件の犯人ではないかという疑いをもった。Kが放火の事実について、Xを取り調べていると、午前10時ころLが立川警察署に来て、接見を申し出た。連絡を受けたPは、接見の時刻を午後1時から1時間と指定した。

● **基本知識の確認**

①憲法と刑事訴訟法は、被疑者が弁護人の援助を受ける権利について、どのように定めているか？
②捜査段階で弁護人が行う活動として、どのようなものがあるか？
③逮捕された被疑者が、弁護人を選任したいと申し出たとき、留置場の係官はどうするべきか。
④弁護人を選任する資力のない被疑者は、弁護人をもつことができるか？
⑤当番弁護士とは何か？当番弁護士として初めて被疑者と接見するために留置場を訪れた弁護士は、被疑者と秘密の接見をすることができるか？
⑥拘置所や留置場の接見室は、ふつう弁護人と被疑者・被告人が直接に物の授受をすることができない構造となっている。その法令上の根拠は何か？
⑦接見指定とは何か？条文上、どんな場合にそれは可能か？接見指定を受けた者がこれを争うためには、どんな法的手段があるか？
⑧接見（等）禁止とは何か？それは接見指定とどのように異なるか？

● **判例についての問い**

①参考判例1は、何を判断した判例か？
②参考判例1は、被疑者、弁護人間の接見交通権と憲法34条の保障との関係

をどのように捉えているか？
③参考判例1は、捜査官による接見の日時などの指定は、どのような場合に、どのようなやり方で許されるとしたか？
④参考判例2は、どのような事案について、どのような判断をしたか？
⑤参考判例2の判断において、逮捕直後の初回の接見申出の事案であったことは、どのような意味をもつか？
⑥参考判例2は、逮捕直後の初回の接見申出に対しては、必ず当日中に接見させなければ違法となると考えているか？
⑦参考判例4は、参考判例3との事案の違いをどのように説明したか？そこから、接見指定の権限が発生する条件について、どのような原則が推論できるか？

● 設例についての問い

①3月29日にXから「弁護士を呼んでほしい」といわれたKは、どうするべきか？
②4月4日のPによる接見指定は、適法か？
③Lの立場から、業務上横領についての4月5日付け自白調書の証拠能力を否定する主張として、どのようなものが考えられるか？
④上の③の主張に対して、検察官の立場から、どのような反論が考えられるか？
⑤4月8日のPによる接見指定は適法か？
⑥4月6日のKによる取調べ中、下線部分の問いは、適切か？
⑦4月5日の接見の際、LがZの手紙をXに見せたことは、適切か？

● 参考判例

参考判例1　最大判平11・3・24民集53巻3号514頁

【事案の概要：原告は、勾留中の被疑者と弁護人との間の接見の日時等を検察官が指定しようとした行為などを違法として国家賠償請求をした。その事件の上告理由として、刑訴法39条3項が憲法違反であると主張した。最高裁判所事務処理規則9条2項後段に拠り、この論点についてだけ、大法廷が判決することになった。】

「一　刑訴法39条3項本文の規定と憲法34条前段
所論は、要するに、身体の拘束を受けている被疑者と弁護人又は弁護人を選任することができる者の依頼により弁護人となろうとする者（以下「弁護人等」

という。）との接見等を検察官、検察事務官又は司法警察職員（以下「捜査機関」という。）が一方的に制限することを認める刑訴法39条3項本文の規定は、憲法34条前段に違反するというのである。

　1　憲法34条前段は、「何人も、理由を直ちに告げられ、且つ、直ちに弁護人に依頼する権利を与へられなければ、抑留又は拘禁されない。」と定める。この弁護人に依頼する権利は、身体の拘束を受けている被疑者が、拘束の原因となっている嫌疑を晴らしたり、人身の自由を回復するための手段を講じたりするなど自己の自由と権利を守るため弁護人から援助を受けられるようにすることを目的とするものである。したがって、右規定は、単に被疑者が弁護人を選任することを官憲が妨害してはならないというにとどまるものではなく、被疑者に対し、弁護人を選任した上で、弁護人に相談し、その助言を受けるなど弁護人から援助を受ける機会を持つことを実質的に保障しているものと解すべきである。

　刑訴法39条1項が、「身体の拘束を受けている被告人又は被疑者は、弁護人又は弁護人を選任することができる者の依頼により弁護人となろうとする者（弁護士でない者にあっては、第31条第2項の許可があった後に限る。）と立会人なくして接見し、又は書類若しくは物の授受をすることができる。」として、被疑者と弁護人等との接見交通権を規定しているのは、憲法34条の右の趣旨にのっとり、身体の拘束を受けている被疑者が弁護人等と相談し、その助言を受けるなど弁護人等から援助を受ける機会を確保する目的で設けられたものであり、その意味で、刑訴法の右規定は、憲法の保障に由来するものであるということができる（最高裁昭和49年（オ）第1088号同53年7月10日第一小法廷判決・民集32巻5号820頁、最高裁昭和58年（オ）第379号、第381号平成3年5月10日第三小法廷判決・民集45巻5号919頁、最高裁昭和61年（オ）第851号平成3年5月31日第二小法廷判決・裁判集民事163号47頁参照）。

　2　もっとも、憲法は、刑罰権の発動ないし刑罰権発動のための捜査権の行使が国家の権能であることを当然の前提とするものであるから、被疑者と弁護人等との接見交通権が憲法の保障に由来するからといって、これが刑罰権ないし捜査権に絶対的に優先するような性質のものということはできない。そして、捜査権を行使するためには、身体を拘束して被疑者を取り調べる必要が生ずることもあるが、憲法はこのような取調べを否定するものではないから、接見交通権の行使と捜査権の行使との間に合理的な調整を図らなければならない。憲法34条は、身体の拘束を受けている被疑者に対して弁護人から援助を受ける機会を持つことを保障するという趣旨が実質的に損なわれない限りにおいて、

法律に右の調整の規定を設けることを否定するものではないというべきである。

3　ところで、刑訴法39条は、前記のように1項において接見交通権を規定する一方、3項本文において、「検察官、検察事務官又は司法警察職員（司法警察員及び司法巡査をいう。以下同じ。）は、捜査のため必要があるときは、公訴の提起前に限り、第1項の接見又は授受に関し、その日時、場所及び時間を指定することができる。」と規定し、接見交通権の行使につき捜査機関が制限を加えることを認めている。この規定は、刑訴法において身体の拘束を受けている被疑者を取り調べることが認められていること（198条1項）、被疑者の身体の拘束については刑訴法上最大でも23日間（内乱罪等に当たる事件については28日間）という厳格な時間的制約があること（203条から205条まで、208条、208条の2参照）などにかんがみ、被疑者の取調べ等の捜査の必要と接見交通権の行使との調整を図る趣旨で置かれたものである。そして、刑訴法39条3項ただし書は、「但し、その指定は、被疑者が防禦の準備をする権利を不当に制限するようなものであってはならない。」と規定し、捜査機関のする右の接見等の日時等の指定は飽くまで必要やむを得ない例外的措置であって、被疑者が防御の準備をする権利を不当に制限することは許されない旨を明らかにしている。

　このような刑訴法39条の立法趣旨、内容に照らすと、捜査機関は、弁護人等から被疑者との接見等の申出があったときは、原則としていつでも接見等の機会を与えなければならないのであり、同条3項本文にいう「捜査のため必要があるとき」とは、右接見等を認めると取調べの中断等により捜査に顕著な支障が生ずる場合に限られ、右要件が具備され、接見等の日時等の指定をする場合には、捜査機関は、弁護人等と協議してできる限り速やかな接見等のための日時等を指定し、被疑者が弁護人等と防御の準備をすることができるような措置を採らなければならないものと解すべきである。そして、弁護人等から接見等の申出を受けた時に、捜査機関が現に被疑者を取調べ中である場合や実況見分、検証等に立ち会わせている場合、また、間近い時に右取調べ等をする確実な予定があって、弁護人等の申出に沿った接見等を認めたのでは、右取調べ等が予定どおり開始できなくなるおそれがある場合などは、原則として右にいう取調べの中断等により捜査に顕著な支障が生ずる場合に当たると解すべきである（前掲昭和53年7月10日第一小法廷判決、前掲平成3年5月10日第三小法廷判決、前掲平成3年5月31日第二小法廷判決参照）。

　なお、所論は、憲法38条1項が何人も自己に不利益な供述を強要されない

旨を定めていることを根拠に、逮捕、勾留中の被疑者には捜査機関による取調べを受忍する義務はなく、刑訴法198条1項ただし書の規定は、それが逮捕、勾留中の被疑者に対し取調べ受忍義務を定めているとすると違憲であって、被疑者が望むならいつでも取調べを中断しなければならないから、被疑者の取調べは接見交通権の行使を制限する理由にはおよそならないという。しかし、身体の拘束を受けている被疑者に取調べのために出頭し、滞留する義務があると解することが、直ちに被疑者からその意思に反して供述することを拒否する自由を奪うことを意味するものでないことは明らかであるから、この点についての所論は、前提を欠き、採用することができない。

4　以上のとおり、刑訴法は、身体の拘束を受けている被疑者を取り調べることを認めているが、被疑者の身体の拘束を最大でも23日間（又は28日間）に制限しているのであり、被疑者の取調べ等の捜査の必要と接見交通権の行使との調整を図る必要があるところ、

㈠刑訴法39条3項本文の予定している接見等の制限は、弁護人等からされた接見等の申出を全面的に拒むことを許すものではなく、単に接見等の日時を弁護人等の申出とは別の日時とするか、接見等の時間を申出より短縮させることができるものにすぎず、同項が接見交通権を制約する程度は低いというべきである。また、前記のとおり、㈡捜査機関において接見等の指定ができるのは、弁護人等から接見等の申出を受けた時に現に捜査機関において被疑者を取調べ中である場合などのように、接見等を認めると取調べの中断等により捜査に顕著な支障が生ずる場合に限られ、しかも、㈢右要件を具備する場合には、捜査機関は、弁護人等と協議してできる限り速やかな接見等のための日時等を指定し、被疑者が弁護人等と防御の準備をすることができるような措置を採らなければならないのである。このような点からみれば、刑訴法39条3項本文の規定は、憲法34条前段の弁護人依頼権の保障の趣旨を実質的に損なうものではないというべきである。

なお、刑訴法39条3項本文が被疑者側と対立する関係にある捜査機関に接見等の指定の権限を付与している点も、刑訴法430条1項及び2項が、捜査機関のした39条3項の処分に不服がある者は、裁判所にその処分の取消し又は変更を請求することができる旨を定め、捜査機関のする接見等の制限に対し、簡易迅速な司法審査の道を開いていることを考慮すると、そのことによって39条3項本文が違憲であるということはできない。

5　以上のとおりであるから、刑訴法39条3項本文の規定は、憲法34条前段に違反するものではない。論旨は採用することができない。

二　刑訴法39条3項本文の規定と憲法37条3項
（略）
　三　刑訴法39条3項本文の規定と憲法38条1項
　所論は、要するに、憲法38条1項は、不利益供述の強要の禁止を実効的に保障するため、身体の拘束を受けている被疑者と弁護人等との接見交通権をも保障していると解されるとし、それを前提に、刑訴法39条3項本文の規定は、憲法38条1項に違反するというのである。
　しかし、憲法38条1項の不利益供述の強要の禁止を実効的に保障するためどのような措置が採られるべきかは、基本的には捜査の実状等を踏まえた上での立法政策の問題に帰するものというべきであり、憲法38条1項の不利益供述の強要の禁止の定めから身体の拘束を受けている被疑者と弁護人等との接見交通権の保障が当然に導き出されるとはいえない。論旨は、独自の見解を前提として違憲をいうものであって、採用することができない。
　四　以上のとおりであるから、刑訴法39条3項本文の規定は、憲法34条前段、37条3項、38条1項に違反するものではないとした原審の判断は正当であり、原判決に所論の違法はなく、本件上告理由第2点の論旨はいずれも理由がない。」

参考判例2　最判平12・6・13民集54巻5号1635頁

「一　本件は、東京都公安条例違反容疑で現行犯逮捕され警察署に引致された被疑者の弁護人となろうとする弁護士が同被疑者との即時の接見を申し出たところ、司法警察職員がこれを拒否して接見の日時を翌日に指定したことについて、右の弁護士及び被疑者がそれぞれ東京都に対して国家賠償法1条1項に基づいて損害賠償を求める事件である。原審の適法に確定した事実関係の概要は、次のとおりである。
　1　上告人Xは、平成2年10月10日午後3時53分ころ、東京都公安条例違反（デモ行進の許可条件違反）の容疑で現行犯逮捕され、午後4時10分ころ、警視庁築地警察署に引致された。築地署の司法警察職員が、午後4時15分ころ上告人Xに犯罪事実の要旨及び弁護人を選任することができる旨を告げ、弁解の機会を与えたところ、同上告人は、救援連絡センターに登録された弁護士を弁護人に選任する旨述べた。
　2　上告人Uは、救援連絡センターの弁護士であり、午後4時25分ころ、築地署に赴き、玄関で警備に当たる警察官らに対し上告人Xの弁護人となろうとする者として接見に来た旨を告げ、上告人Uが署内に入ることを拒否する右

警察官らと押し問答となった。上告人Uは、午後4時35分ころに築地署の玄関口に出て来た捜査主任官のK警備課長に対して、上告人Xとの即時の接見を申し出たところ（以下「本件申出」という。）、同課長は、上告人Uに対し、上告人Xは取調べ中なのでしばらく接見を待ってほしい旨の発言を繰り返し、午後4時40分ころ、いったん署内に引き揚げた。

3　午後4時40分ころ、救援連絡センターから築地署に対し、上告人Xの引致の有無、同センターに登録された弁護士の弁護人選任の有無を確認する趣旨の電話があった。

4　築地署警備課A巡査部長は、午後4時45分ころ、上告人Xの写真撮影に引き続いて、同上告人の取調べを開始した。署内に戻ったK課長は、上告人Xの取調べ状況を確認し、その際、同上告人が救援連絡センターの弁護士を弁護人に選任する意向であることを知った。K課長は、そのころ、留置主任官であるM警務課長と接見等につき協議し、接見させる場合は留置手続後接見室で行うこと、食事時間の前後は戒護体制が手薄になるから接見させないこと、上告人Xを留置した段階で夕食を取らせることを確認した。

5　午後5時ころ、救援連絡センターから築地署に対し、上告人Xについて弁護人の選任の有無を確認し、上告人Uが同署に接見に赴いていることを連絡する趣旨の電話があった。

6　K課長は、午後5時10分ころ、築地署の玄関口において、上告人Uに対し、上告人Xは救援連絡センターの弁護士を弁護人に選任すると言っているから、同センターに電話して上告人Uが同センターの弁護士かどうかを確認する、現在上告人Xは取調べ中であるから接見をしばらく待ってほしい旨述べた。

7　午後5時20分ころ、救援連絡センターから築地署に対し、5と同趣旨の電話があった。また、築地署の係官は、午後5時25分ころ、救援連絡センターに対し、上告人Xが同センターの弁護士を弁護人に選任したいと申し出ている旨電話で伝えたが、その際、上告人Uが同センターの弁護士であることを知った。

8　K課長は、午後5時28分ころ、A巡査部長に対し、上告人Xの取調べを一時中断して留置場において食事をさせた後、再び取調べをするよう指示した。A巡査部長は、上告人Xを留置係の警察官に引き渡し、同上告人は留置場に留置された。その際、A巡査部長は、留置係の警察官に対し、夕食後再度取調べを行う予定であるので夕食が終わったら連絡をしてほしい旨伝えた。

9　午後5時45分ころ3度玄関口に出て来たK課長は、上告人Uが救援連絡センターの弁護士であることは確認できたが、上告人Xは取調べ中なので接

見させることができない、接見の日時を翌日午前10時以降に指定する旨を告げて、署内に引き揚げた。上告人Uは、午後6時ころ、築地署の玄関前から引き揚げた。

10　A巡査部長は、午後6時10分ころ、上告人Xの逮捕現場で実況見分を行っていた捜査員から応援依頼を受け、その補助に赴いた。そのため、上告人Xの夕食が午後6時15分ころ終了したにもかかわらず、同上告人の取調べは行われなかった。A巡査部長は、午後8時ころ実況見分から戻ったが、K課長は、この時点から取調べを開始すれば深夜に及ぶおそれがあると考え、その日の上告人Xの取調べを中止させた。

二　原審は、右事実関係の下において、要旨、次のとおり判断して、上告人らの請求を棄却すべきものとした。

1　上告人UがK課長に本件申出をした午後4時35分ころから同課長が接見の日時等を指定した午後5時45分ころまでの間は、現に上告人Xを取調べ中であるか、又は間近い時に取調べをする確実な予定があって、本件申出に沿った接見を認めたのでは、右取調べが予定どおり開始できなくなるおそれがあり、捜査の中断等により顕著な支障が生じたといえる。したがって、K課長が接見指定をする要件があった。

2　K課長らは、上告人Xにとって必要不可欠ともいうべき夕食を取らせるために必要最小限度の時間に限り取調べを中断したにすぎず、夕食には警察官が立ち会う必要があり、夕食時間帯に同上告人を上告人Uと接見させれば他の留置人に対する戒護が手薄になるという問題もあったから、夕食時間帯に接見させなかったことが違法とはいえない。

3　本件申出は、上告人Xの引致後約25分経過した時点でされていること、本件申出から接見の指定までの間は、同上告人について弁解録取、写真撮影、取調べなどがされていたことからすると、K課長が速やかに接見指定をすべき義務に違反したとはいえない。

4　K課長が接見の指定をした午後5時45分の時点では、夕食後上告人Xを相当時間取り調べる予定があり、同上告人の態度によっては同上告人に実況見分への立会いを求めることも考えられ、場合によっては取調べが留置人の就寝時間に食い込むことも予想されたこと、同課長が接見指定をした時点では、取調べの必要性についての正確な判断が困難であったこと、接見指定がされた当時既に夜間に入っていたことからすると、同課長が接見の日時を夕食の前後に指定せず翌日午前10時に指定したことに違法があるとはいえない。

三　しかしながら、原審の右の判断は是認することができない。その理由は、

次のとおりである。

　1　検察官、検察事務官又は司法警察職員（以下「捜査機関」という。）は、弁護人又は弁護人を選任することができる者の依頼により弁護人となろうとする者（以下「弁護人等」という。）から被疑者との接見又は書類若しくは物の授受（以下「接見等」という。）の申出があったときは、原則としていつでも接見等の機会を与えなければならないのであり、刑訴法39条3項本文にいう「捜査のため必要があるとき」とは、右接見等を認めると取調べの中断等により捜査に顕著な支障が生ずる場合に限られる。そして、弁護人等から接見等の申出を受けた時に、捜査機関が現に被疑者を取調べ中である場合や実況見分、検証等に立ち会わせている場合、また、間近い時に右取調べ等をする確実な予定があって、弁護人等の申出に沿った接見等を認めたのでは、右取調べ等が予定どおり開始できなくなるおそれがある場合などは、原則として右にいう取調べの中断等により捜査に顕著な支障が生ずる場合に当たると解すべきである（前掲平成11年3月24日大法廷判決参照）。

　右のように、弁護人等の申出に沿った接見等を認めたのでは捜査に顕著な支障が生じるときは、捜査機関は、弁護人等と協議の上、接見指定をすることができるのであるが、その場合でも、その指定は、被疑者が防御の準備をする権利を不当に制限するようなものであってはならないのであって（刑訴法39条3項ただし書）、捜査機関は、弁護人等と協議してできる限り速やかな接見等のための日時等を指定し、被疑者が弁護人等と防御の準備をすることができるような措置を採らなければならないものと解すべきである。

　とりわけ、弁護人を選任することができる者の依頼により弁護人となろうとする者と被疑者との逮捕直後の初回の接見は、身体を拘束された被疑者にとっては、弁護人の選任を目的とし、かつ、今後捜査機関の取調べを受けるに当たっての助言を得るための最初の機会であって、直ちに弁護人に依頼する権利を与えられなければ抑留又は拘禁されないとする憲法上の保障の出発点を成すものであるから、これを速やかに行うことが被疑者の防御の準備のために特に重要である。したがって、右のような接見の申出を受けた捜査機関としては、前記の接見指定の要件が具備された場合でも、その指定に当たっては、弁護人となろうとする者と協議して、即時又は近接した時点での接見を認めても接見の時間を指定すれば捜査に顕著な支障が生じるのを避けることが可能かどうかを検討し、これが可能なときは、留置施設の管理運営上支障があるなど特段の事情のない限り、犯罪事実の要旨の告知等被疑者の引致後直ちに行うべきものとされている手続及びそれに引き続く指紋採取、写真撮影等所要の手続を終えた後

において、たとい比較的短時間であっても、時間を指定した上で即時又は近接した時点での接見を認めるようにすべきであり、このような場合に、被疑者の取調べを理由として右時点での接見を拒否するような指定をし、被疑者と弁護人となろうとする者との初回の接見の機会を遅らせることは、被疑者が防御の準備をする権利を不当に制限するものといわなければならない。

　2　これを本件についてみると、原審の確定した前記事実関係によれば、本件申出は、午後4時35分ころから午後5時45分ころまで継続していたものというべきところ、上告人Xについて、午後5時28分ころの夕食開始まで取調べがされ、夕食後も取調べが予定されていたというのであるから、本件申出時において、現に取調べ中か又は間近い時に取調べが確実に予定されていたものと評価することができ、したがって、上告人Uと上告人Xとの自由な接見を認めると、右の取調べに影響し、捜査の中断等による支障が顕著な場合に当るといえないわけではなく、K課長が接見指定をしようとしたこと自体は、直ちに違法と断定することはできない。

　しかしながら、前記事実関係によれば、本件申出は、上告人Xの逮捕直後に同上告人の依頼により弁護人となろうとする上告人Uからされた初めての接見の申出であり、それが弁護人の選任を目的とするものであったことは明らかであって、上告人Xが即時又は近接した時点において短時間でも上告人Uと接見する必要性が大きかったというべきである。しかも、上告人Xは、救援連絡センターの弁護士を選任する意思を明らかにし、同センターの弁護士である上告人Uが現に築地署に赴いて接見の申出をしていたのであるから、比較的短時間取調べを中断し、又は夕食前の取調べの終了を少し早め、若しくは夕食後の取調べの開始を少し遅らせることによって、右目的に応じた合理的な範囲内の時間を確保することができたものと考えられる。

　他方、上告人Xの取調べを担当していたA巡査部長は、同上告人の夕食終了前、逮捕現場での実況見分の応援の依頼を受けて、夕食後の取調べについて他の捜査員の応援を求める等必要な手当てを何らしないまま、にわかに右実況見分の応援に赴き、そのため、夕食終了後も同上告人の取調べは行われず、同巡査部長が築地署に戻った後も、同上告人の取調べは全く行われないまま中止されたというのであって、このような同上告人に対する取調べの経過に照らすと、取調べを短時間中断し、夕食前の取調べの終了を少し早め、又は夕食後の取調べの開始を少し遅らせて、接見時間をやり繰りすることにより、捜査への支障が顕著なものになったとはいえないというべきである。原判決は、上告人Xの態度いかんによっては夕食後同上告人に実況見分への立会いを求める可能性が

あり、場合によっては同上告人の取調べが留置人の就寝時間に食い込む可能性があったことなどを指摘するが、そのような可能性があったというだけでは、現に築地署に赴いて接見を申し出ている上告人Uと上告人Xとの当日の接見を全面的に拒否しなければならないような顕著な捜査上の支障があったとはいえない。

　そして、前記事実関係によれば、午後4時45分ころには上告人Xの写真撮影等の手続が終了して取調べが開始され、K課長は、午後5時ころまでには、上告人Xが救援連絡センターの弁護士を弁護人に選任する意向であることを知っており、同センターからの連絡によって上告人Uが同センターの弁護士であることを容易に確認し得たものということができる。また、K課長は、そのころには、M課長との協議により、上告人Xの取調べを一時中断して夕食を取らせることを予定していたものである。

　そうすると、K課長は、上告人Uが午後4時35分ころから午後5時45分ころまでの間継続して接見の申出をしていたのであるから、午後5時ころ以降、同上告人と協議して希望する接見の時間を聴取するなどし、必要に応じて時間を指定した上、即時に上告人Uを上告人Xに接見させるか、又は、取調べが事実上中断する夕食時間の開始と終了の時刻を見計らい（午後5時45分ころまでには、上告人Xの夕食時間が始まって相当時間が経過していたのであるから、その終了時刻を予測することは可能であったと考えられる。）、夕食前若しくは遅くとも夕食後に接見させるべき義務があったというのが相当である。

　ところが、K課長は、上告人Uと協議する姿勢を示すことなく、午後5時ころ以降も接見指定をしないまま同上告人を待機させた上、午後5時45分ころに至って一方的に接見の日時を翌日に指定したものであり、他に特段の事情のうかがわれない本件においては、右の措置は、上告人Xが防御の準備をする権利を不当に制限したものであって、刑訴法39条3項に違反するものというべきである。そして、右の措置は、上告人Xの速やかに弁護人による援助を受ける権利を侵害し、同時に、上告人Uの弁護人としての円滑な職務の遂行を妨害したものとして、刑訴法上違法であるのみならず、国家賠償法1条1項にいう違法な行為にも当たるといわざるを得ず、これが捜査機関として遵守すべき注意義務に違反するものとして、同課長に過失があることは明らかである。」

参考判例3　最決昭41・7・26刑集20巻6号728頁

　「ところで、職権によって調査すると、千葉中央警察署司法警察員Kは、捜査本部の上司から、本件被告人に対する弁護人接見の場合は検察官の指揮を受

けよとの命を受けており、弁護人Sの接見申入に対し検察官の承諾をうることを求めたこと、検察官Pは、同弁護人の接見時間につき、「1時20分までよい」との指定をしていること、右Kは、本件申立人A、B、C三弁護士の接見申入に対し、検察官の承諾をうることを求めたこと、本件申立人Dの接見が拒否されたのち4日目に、M、I両弁護士が同様被告人に接見の申入をしたところ、右Pは、他に余罪が多数あることから、本件は被告事件としてよりも被疑事件としての重要な特色をもち、被告事件の弁護人は事実上被疑事件の弁護人でもあるとして、接見を拒否したことが、一件記録によって認められる。

してみると、本件検察官および司法警察員は、被告人の弁護人（弁護人となろうとする者についても同じ。）であっても、余罪の関係では被疑者の弁護人であり、したがって、刑訴法39条1項の接見については、なお同条3項の指定権に基づく制約をなしうるものとの解釈のもとに、本件4名の接見を拒否した疑いが濃厚であり、これに反する原決定の判断は、重大な事実誤認の疑いがあるといわなければならない。

およそ、公訴の提起後は、余罪について捜査の必要がある場合であっても、検察官等は、被告事件の弁護人または弁護人となろうとする者に対し、同39条3項の指定権を行使しえないものと解すべきであり、検察官等がそのような権限があるものと誤解して、同条1項の接見等を拒否した場合、その処分に不服がある者は、同430条により準抗告を申し立てうるものと解するのを相当とする。」

参考判例4　最決昭55・4・28刑集34巻3号178頁

「本件抗告の趣意のうち、判例違反をいう点は、所論引用の判例（最高裁昭和41年（し）第39号同年7月26日第三小法廷決定・刑集20巻6号728頁）は、被告人が余罪である被疑事件について逮捕、勾留されていなかった場合に関するもので、余罪である被疑事件について現に勾留されている本件とは事案を異にし適切でなく、その余は、憲法34条、37条3項違反をいう点を含め、実質は刑訴法39条3項の解釈の誤りを主張するものであって、いずれも同法433条の抗告理由にあたらない。

なお、同一人につき被告事件の勾留とその余罪である被疑事件の逮捕、勾留とが競合している場合、検察官等は、被告事件について防禦権の不当な制限にわたらない限り、刑訴法39条3項の接見等の指定権を行使することができるものと解すべきであって、これと同旨の原判断は相当である。」

参考判例 5　最決平元・1・23 判時 1301 号 155 頁

「1　被告人Bの自白調書に関する憲法違反の主張について
　所論は、贈収賄事件に関する被告人Bの自白調書を証拠とするのは憲法 31 条、34 条、38 条に違反するという。そこで検討するに、原判決の認定によれば、昭和 41 年 12 月 2 日当時、同被告人に対しては詐欺被告事件の勾留と恐喝被疑事件の勾留が競合していたが、同日は、担当検察官が余罪である贈収賄の事実を取り調べていたところ、同被告人は、午後 4 時 25 分から 4 時 45 分まで弁護人Aと接見した直後ころ、右贈収賄の事実を自白するに至ったのであり、また、同日以前には、11 月 30 日に弁護人Bと同Aが、12 月 1 日に弁護人Cと同Dがそれぞれ同被告人と接見していたというのである。他方、記録によれば、D弁護人は、12 月 2 日午後 4 時 30 分ころ同被告人との接見を求めたところ、担当検察官が取調中であることを理由にそれを拒んだため接見できず、その後同日午後 8 時 58 分から 50 分間同被告人と接見したことが認められるものの、前記のように、右自白はA弁護人が接見した直後になされたものであるうえ、同日以前には弁護人 4 名が相前後して同被告人と接見し、D弁護人も前日に接見していたのであるから、接見交通権の制限を含めて検討しても、右自白の任意性に疑いがないとした原判断は相当と認められる。したがって、憲法違反をいう所論は、前提を欠き、適法な上告理由に当たらない。」

参考判例 6　福岡高判平 23・7・1 判時 2127 号 9 頁

「当裁判所も、刑訴法 39 条 1 項所定の秘密交通権は、憲法 34 条の保障に由来するものであり、同条にいう『立会人なくして』との文言は、接見に際して捜査機関が立ち会ってはならないということを意味するにとどまらず、弁護人等の固有権として、接見終了後においても、接見内容を知られない権利を保障したものであると解するのが相当であること、他方で、憲法が刑罰権の発動ないし刑罰権発動のための捜査権の行使が国家の権能であることを当然の前提としていることに照らし、被疑者等と弁護人等との接見交通権は、刑罰権ないし捜査権に絶対的に優先するような性質のものとはいえないこと、しかしながら、捜査機関は、刑訴法 39 条 1 項の趣旨を尊重し、被疑者等が有効かつ適切な弁護人等の援助を受ける機会を確保するという同項の趣旨を損なうような接見内容の聴取を控えるべき注意義務を負っているといえ、捜査機関がこれに反して接見内容の聴取を行った場合、捜査機関の接見内容の聴取行為は国賠法上違法となると解すべきであること、また、起訴後も、検察官は、公判において、証

拠調べ請求や被告人質問等の職務行為をするに当たり、被疑者等が有効かつ適切な弁護人等の援助を受ける機会を確保するという同項の趣旨を損なわないようにすべき注意義務を負っており、これに違反して職務行為を行った場合に、当該職務行為は、国賠法上違法となると解すべきであることについては、原判決と同様の見解を有するものである。

しかしながら、原判決が、秘密交通権の保障の限界の具体的適用場面に関して示した判断基準、及び接見交通の一方当事者である被疑者等が自発的に供述した場合にはもはや秘密性の保護の必要性は低減したといえ、その態様によっては接見内容を聴取することが許容される場合もあるとした点については、原判決とは見解を異にするものであり、本件におけるE検事による接見内容の聴取行為等は、国賠法上違法となるものと判断するものである。……」

● 発展問題

①弁護人が被疑者との接見を申し出たのに対して、捜査機関が接見の日時等を指定をする場合、被疑者本人にそれを告知する必要があるか？
②被疑者が検察庁にいるときに、弁護人となろうとする者から速やかに最初の接見をしたいという申出があった。検察官の判断では、接見指定の理由はない。しかし、検察庁には接見室が少なく、2時間後にならないと、接見室が使えない見込みである。検察官は、どう対応するべきか？
③拘置所あるいは留置場の管理者は、勾留中の被疑者あるいは被告人が弁護人との間で発受する信書の内容を確認することができるか？

参考判例7　最判平17・4・19民集59巻3号563頁

「1　本件は、弁護士である被上告人が、上告人に対し、検察官が検察庁の庁舎内における被疑者と被上告人との接見を、その庁舎内には接見室又は接見のための設備のある施設が無いなどとして拒否したことが違法であるとして、国家賠償法1条1項に基づき、慰謝料を請求する事案である。
(略)
(1)被疑者が、検察官による取調べのため、その勾留場所から検察庁に押送され、その庁舎内に滞在している間に弁護人等から接見の申出があった場合には、検察官が現に被疑者を取調べ中である場合や、間近い時に上記取調べ等をする確実な予定があって、弁護人等の申出に沿った接見を認めたのでは、上記取調べ等が予定どおり開始できなくなるおそれがある場合など、捜査に顕著な支障が生ずる場合には、検察官が上記の申出に直ちに応じなかったとしても、これ

を違法ということはできない（最高裁平成5年（オ）第1189号同11年3月24日大法廷判決・民集53巻3号514頁参照）。

　しかしながら、検察庁の庁舎内に被疑者が滞在している場合であっても、弁護人等から接見の申出があった時点で、検察官による取調べが開始されるまでに相当の時間があるとき、又は当日の取調べが既に終了しており、勾留場所等へ押送されるまでに相当の時間があるときなど、これに応じても捜査に顕著な支障が生ずるおそれがない場合には、本来、検察官は、上記の申出に応ずべきものである。もっとも、被疑者と弁護人等との接見には、被疑者の逃亡、罪証の隠滅及び戒護上の支障の発生の防止の観点からの制約があるから、検察庁の庁舎内において、弁護人等と被疑者との立会人なしの接見を認めても、被疑者の逃亡や罪証の隠滅を防止することができ、戒護上の支障が生じないような設備のある部屋等が存在しない場合には、上記の申出を拒否したとしても、これを違法ということはできない。そして、上記の設備のある部屋等とは、接見室等の接見のための専用の設備がある部屋に限られるものではないが、その本来の用途、設備内容等からみて、接見の申出を受けた検察官が、その部屋等を接見のためにも用い得ることを容易に想到することができ、また、その部屋等を接見のために用いても、被疑者の逃亡、罪証の隠滅及び戒護上の支障の発生の防止の観点からの問題が生じないことを容易に判断し得るような部屋等でなければならないものというべきである。

　上記の見地に立って、本件をみるに、前記の事実関係によれば、広島地検の庁舎内には接見のための設備を備えた部屋は無いこと、及び庁舎内の同行室は、本来、警察署の留置場から取調べのために広島地検に押送されてくる被疑者を留置するために設けられた施設であって、その場所で弁護人等と被疑者との接見が行われることが予定されている施設ではなく、その設備面からみても、被上告人からの申出を受けたB検事が、その時点で、その部屋等を接見のために用い得ることを容易に想到することができ、また、その部屋等を接見のために用いても、被疑者の逃亡、罪証の隠滅及び戒護上の支障の発生の防止の観点からの問題が生じないことを容易に判断し得るような部屋等であるとはいえないことが明らかである。

　したがって、広島地検の庁舎内には、弁護人等と被疑者との立会人なしの接見を認めても、被疑者の逃亡や罪証の隠滅を防止することができ、戒護上の支障が生じないような設備のある部屋等は存在しないものというべきであるから、B検事がそのことを理由に被上告人からの接見の申出を拒否したとしても、これを直ちに違法ということはできない。

(2) しかしながら、上記のとおり、刑訴法 39 条所定の接見を認める余地がなく、その拒否が違法でないとしても、同条の趣旨が、接見交通権の行使と被疑者の取調べ等の捜査の必要との合理的な調整を図ろうとするものであること（前記大法廷判決参照）にかんがみると、検察官が上記の設備のある部屋等が存在しないことを理由として接見の申出を拒否したにもかかわらず、弁護人等がなお検察庁の庁舎内における即時の接見を求め、即時に接見をする必要性が認められる場合には、検察官は、例えば立会人の居る部屋での短時間の「接見」などのように、いわゆる秘密交通権が十分に保障されないような態様の短時間の「接見」（以下、便宜「面会接見」という。）であってもよいかどうかという点につき、弁護人等の意向を確かめ、弁護人等がそのような面会接見であっても差し支えないとの意向を示したときは、面会接見ができるように特別の配慮をすべき義務があると解するのが相当である。そうすると、検察官が現に被疑者を取調べ中である場合や、間近い時に取調べをする確実な予定があって弁護人等の申出に沿った接見を認めたのでは取調べが予定どおり開始できなくなるおそれがある場合など、捜査に顕著な支障が生ずる場合は格別、そのような場合ではないのに、検察官が、上記のような即時に接見をする必要性の認められる接見の申出に対し、上記のような特別の配慮をすることを怠り、何らの措置を執らなかったときは、検察官の当該不作為は違法になると解すべきである。」

● 参考文献

- 鯰越溢弘「公的弁護制度」新・法律学の争点シリーズ『刑事訴訟法の争点』（有斐閣、2013 年）
- 加藤克佳「被疑者と弁護人の接見交通」新・法律学の争点シリーズ『刑事訴訟法の争点』（有斐閣、2013 年）
- 後藤昭「接見指定権の原理的問題」『福井厚先生古稀祝賀論文集　改革期の刑事法理論』（法律文化社、2013 年）
- 平野龍一＝松尾浩也編『新実例刑事訴訟法 I』（青林書院、1998 年）189-190 頁〔尾崎道明〕
- 村岡啓一「接見禁止決定下の第三者通信をめぐる刑事弁護人の行為規範」『小田中聡樹先生古稀祝賀論文集上』（日本評論社、2005 年）29 頁
- 蛭田円香「接見等禁止中の被疑者に弁護人は第三者から預かった被疑者宛の手紙を渡すことができるか」別冊判例タイムズ『令状に関する理論と実務 I』（2012 年）229 頁

第7章

捜索・差押え(1)
令状による捜索・差押え

後藤 昭

● **本章のねらい**

典型的な対物的強制処分である捜索・差押えに関する令状主義を理解する。令状による捜索・差押えの手続の基本を確認した上で、令状の記載方法、令状に基づく処分の実施方法、令状によって許される処分の範囲など個別の問題を考える。

● **キーワード**

令状主義、捜索・差押え、捜索差押え許可状、「捜索すべき場所」、「差し押さえるべき物」

● **体系書の関係部分**

池田・前田	宇藤ほか	上口	白取	田口	田宮
172-188頁	107-127頁	138-162頁	124-145頁	86-95頁	100-108頁
福井	松尾(上)	三井(1)	光藤(I)	安冨	
137-159頁	68-74頁	35-49頁	135-152頁	145-183頁	

● **設 例**

警視庁立山警察署のK警部らは、内偵の結果、XとYが一緒に覚せい剤の密売をしているらしいことを知った。また、半年ほど前に立山市内で起きたV殺害事件が、覚せい剤密売の縄張り争いから生じたもので、Xが関与しているのではないかという疑いももった。

Xは、立山市内の賃貸マンション「さくらハイツ」に住んでいる。「さくら

ハイツ」は5階建ての賃貸マンションであり、Ｘの居室はその3階にあった。

Ｋは、ＸがＹと共謀して、覚せい剤を営利目的で譲渡したという被疑事実について、立山簡易裁判所裁判官に捜索差押え許可状を請求し、別紙のような令状の発付を受けた。

2013年4月19日午前10時に、Ｋらは、この令状を携えてＸ方を訪れ、Ｘに令状を呈示して室内の捜索に着手した。Ｋらは、室内で覚せい剤、小分け用の袋、計量器のほか、覚せい剤の仕入れと販売の日付と値段などの記録を印字した書面を発見して、これらを差し押さえた。また、室内にあったパソコンのハードディスク中に上記の仕入れと販売の記録を印字した書面の元となるファイルがあることを発見した。そこで、Ｋらは、警察署から持参した別のＵＳＢメモリーにこのファイルを移動させた上で、そのＵＳＢメモリー(a)を差し押さえた。

この捜索中に、Ｘ宅にトヤマ運輸による宅配便の配達があった。Ｘの部屋の前で待機していた警察官が配達人Ｔの持つその荷物を見ると、差出人はＹだった。その報告を受けたＫは、その荷物を警察へ提出するようＴに求めた。Ｔはトヤマ運輸国立営業所長と携帯電話で相談した上で、「提出できない」と断った。ＴがＸに荷物の配達を告げると、Ｘはドアを開けてＴを玄関の中に入れた。しかし、Ｘは「差出人が私の知らない人だから」という理由で、配達物の受け取りを断った。Ｋは、「それでは、中を確かめる」といって、Ｔの承諾のないまま荷物を取り上げて包みを開けた。中から覚せい剤(b)が発見されたので、Ｋは、これを令状に拠り差し押さえた。

Ｋらがさらに、室内にあった机の引き出しの中を探すと、「しま荒らしＶ山田組？（Ｙ情報）」と書いたメモ(c)があった。Ｋは、これを差し押さえた。

Ｋらは、Ｘ宅の机の引き出しから自動車の鍵を発見した。ＫがＸに「車の所に案内してくれ」というと、Ｘは、「裏の駐車場だ」と答えた。Ｋは、Ｘと共にその駐車場に行った。駐車場は、「さくらハイツ」建物北側の同一敷地内にあった。Ｋがマンションの管理人に尋ねたところ、この駐車場は、同マンションおよび近隣の居住者に月極で賃貸されているものであった。3台駐まっていた乗用車の中の1台をＸが示したので、Ｋが鍵を使ってドアを開け、中を探すと、グローブボックスの中から覚せい剤(d)が発見された。ＫはＸを覚せい剤所持の現行犯人として逮捕すると共に、これを無令状で差し押さえた。

後に、ＸとＹは、業として覚せい剤を譲渡したという麻薬特例法（国際的な協力の下に規制薬物にかかる不正行為を助長する行為等の防止を図るための麻薬および向精神薬取締法等の特例等に関する法律）違反とＶ殺害の共同正犯の

訴因について、起訴された。

● 基本知識の確認

①憲法は、捜索差押えについて、どのような条件を要求しているか？憲法上の「押収」と刑訴法上の「押収」とは、同じ意味か？
②捜索差押え令状は、誰が請求できるか？請求の手続は、どのようなものか？
③捜索差押え令状には、何を記載する必要があるか？
④捜索差押え令状に、「捜索すべき場所」と「差し押さえるべき物」を記載するのは、何のためか？
⑤捜索差押え令状に拠る捜索・差押えに着手するために、捜査官は何をする必要があるか？
⑥場所に対する捜索令状は、当然に、その場に居る人の身体あるいは所持品の捜索を許す効果があるか？
⑦捜索差押えを受けた者が、不服を申し立てるための刑訴法上の手段はあるか？

● 判例についての問い

①参考判例１は、捜索差押え令状の記載方法について、「罪名」、「捜索すべき場所」と「差し押さえるべき物」について、それそれどのような記載を適法としたか？
②参考判例２は、被疑者方居室等を捜索場所とする捜索令状の効果が、どんな物に対しても及ぶとしたか？その根拠は何か？
③参考判例３は、どのような事案で、捜索場所にいた者が持っていたボストンバッグ内の捜索を適法としたか？その根拠は、どのような考え方か？
④参考判例４が、「捜査機関が専ら別罪の証拠に利用する目的で差押え許可状に明示された物を差し押さえることも禁止される」と述べた、根拠はどのような考え方か？

● 設例についての問い

①本件捜索差押え令状の「捜索すべき場所」、「罪名」、「差し押さえるべき物」の記載は、判例に照らして適法か？
②(a)のＵＳＢメモリーの差押えは、適法か？
③令状自体は適法に発付されたものと仮定した上で、(b)の覚せい剤差押えの適法性について、何が問題となるか？

④参考判例2は、(b)の覚せい剤差押えを適法とするための論拠となるか？
⑤参考判例3は、(b)の覚せい剤差押えを適法とするための論拠となるか？
⑥Xの弁護人が、捜索の違法を理由に(b)の覚せい剤の証拠排除を求めた場合、検察官からは、どのような反論が考えられるか？
⑦検察官は、(c)のメモを殺人事件の証拠として取調べ請求した。Xの弁護人がメモの証拠排除を求めるとすれば、主張の要旨はどのようなものか？
⑧上の⑦の弁護人の主張に対する検察官からの反論は、どのようなものか？
⑨Xの弁護人が(d)の覚せい剤の証拠排除を求めるとすれば、主張の要旨はどのようなものか？
⑩上の⑨の弁護人の主張に対する検察官からの反論は、どのようなものか？

● 参考判例

参考判例1　最大決昭33・7・29刑集12巻12号2776頁

【事案の概要：裁判官は、司法警察員からの複数の請求に応じて罪名「地方公務員法違反被疑事件」について、捜索すべき場所を「東京都千代田区神田一ツ橋2丁目9番地教育会館内東京都教職員組合本部」または「同教育会館内日本教職員組合本部」とし、差し押えるべき物件をいずれも、「会議議事録、闘争日誌、指令、通達類、連絡文書、メモその他本件に関係ありと思料せられる一切の文書及び物件とする」各捜索差押許可状を発した。これに基づいて司法警察職員は捜索差押えをした。それに対して、被疑者は令状発付の取消しを求める準抗告をしたが棄却されたので、さらに特別抗告をした。】

「憲法35条は、捜索、押収については、その令状に、捜索する場所及び押収する物を明示することを要求しているにとどまり、その令状が正当な理由に基いて発せられたことを明示することまでは要求していないものと解すべきである。されば、捜索差押許可状に被疑事件の罪名を、適用法条を示して記載することは憲法の要求するところでなく、捜索する場所及び押収する物以外の記載事項はすべて刑訴法の規定するところに委ねられており、刑訴219条1項により右許可状に罪名を記載するに当っては、適用法条まで示す必要はないものと解する。

そして本件許可状における捜索すべき場所の記載は、憲法35条の要求する捜索する場所の明示として欠くところはないと認められ、また、本件許可状に記載された「本件に関係ありと思料せられる一切の文書及び物件」とは、「会議議事録、斗争日誌、指令、通達類、連絡文書、報告書、メモ」と記載された

具体的な例示に附加されたものであって、同許可状に記載された地方公務員法違反被疑事件に関係があり、且つ右例示の物件に準じられるような闘争関係の文書、物件を指すことが明らかであるから、同許可状が物の明示に欠くるところがあるということもできない。」

参考判例2　最決平19・2・8刑集61巻1号1頁

【事案の概要：覚せい剤の証拠能力が争われた事案】

「なお、所論にかんがみ職権で判断する。原判決の認定によれば、警察官が、被告人に対する覚せい剤取締法違反被疑事件につき、捜索場所を被告人方居室等、差し押さえるべき物を覚せい剤等とする捜索差押許可状に基づき、被告人立会いの下に上記居室を捜索中、宅配便の配達員によって被告人あてに配達され、被告人が受領した荷物について、警察官において、これを開封したところ、中から覚せい剤が発見されたため、被告人を覚せい剤所持罪で現行犯逮捕し、逮捕の現場で上記覚せい剤を差し押さえたというのである。所論は、上記許可状の効力は令状呈示後に搬入された物品には及ばない旨主張するが、警察官は、このような荷物についても上記許可状に基づき捜索できるものと解するのが相当であるから、この点に関する原判断は結論において正当である。」

参考判例3　最決平6・9・8刑集46巻8号263頁

【事案の概要：捜索の適法性が、覚せい剤の証拠能力の前提として争われた事案。捜索差押え許可状に書かれた被疑者は被告人の内妻N、捜索場所はNと被告人が住む居室であった。捜索に立ち会った被告人が手にボストンバッグを持っていたので、警察官は再三にわたり右バッグを任意提出するように求めた。しかし、被告人がこれを拒否して右バッグを抱え込んだので、抵抗する被告人の身体を制圧して強制的に右バッグを取り上げて中を捜索し、その中から覚せい剤を発見した。警察官は、被告人を覚せい剤営利目的所持の現行犯人として逮捕し、次いで逮捕に伴う捜索差押えによって覚せい剤、ボストンバッグ等を差し押えた。】

「なお、原判決の是認する第一審判決の認定によれば、京都府中立売警察署の警察官は、被告人の内妻であったNに対する覚せい剤取締法違反被疑事件につき、同女及び被告人が居住するマンションの居室を捜索場所とする捜索差押許可状の発付を受け、平成3年1月23日、右許可状に基づき右居室の捜索を実施したが、その際、同室に居た被告人が携帯するボストンバッグの中を捜索したというのであって、右のような事実関係の下においては、前記捜索差押許可状に基づき被告人が携帯する右ボストンバッグについても捜索できるものと

解するのが相当であるから、これと同旨に出た第一審判決を是認した原判決は正当である。」

参考判例4　最判昭51・11・18判時837号104頁

【事案の概要：被告人は賭博開帳図利の訴因について起訴された。検察官は、賭博開帳についてのメモを証拠として提出した。そのメモは、別の被疑者の恐喝被疑事件のための捜索差押え許可状に基づいて押収されたものであった。そのため、被告人は、その証拠能力を争った。】

「一　第一審裁判所は、「被告人は、㈠昭和46年6月4日ころ、大阪市西成区今池町40番地KことQ方2階において、賭博場を開張し、Aら10名位の賭客を集合させ、引き札、張り札等を使用して俗に手本引と称する賭銭博奕をさせ、同人らから寺銭を徴収して利を図り、㈡同月8日ころ右賭博場において、自ら胴師となり、金銭を賭し、IことPほか8名位の張り客を相手に引き札、張り札等を使用して俗に手本引と称する賭銭博奕をした。」との事実を認定して、被告人を有罪とした。

原裁判所は、被告人の控訴を容れ、第一審判決には判決に影響を及ぼすことが明らかな訴訟手続に関する法令違反があるとして、これを破棄し、被告人を無罪とした。その理由の要旨は、次のとおりである。

㈠第一審判決が証拠として挙示しているメモ写し（司法警察員作成の「暴力団奥島連合組員を主体とした手本引博奕開張の資料入手について復命」と題する書面に添付されているもの。以下「本件メモ写し」という。）の原物であるメモは、いわゆる暴力団である奥島連合奥島組の組員である被告人らが、昭和46年4月24日ころから同年6月17日ころまでの間、連日のように賭博場を開張し、俗にいう手本引博奕をした際、開張日ごとに、寺師や胴師の名前、張り客のうちいわゆる側乗りした者の名前、寺銭その他の計算関係等を記録したものであって、本件とは別の恐喝被疑事件の捜索差押許可状に基づき差し押えられたものであるが、その差押は、同許可状に差押の目的物として記載されていない物に対してされた違法なものである。すなわち、㈣昭和47年2月8日奈良県天理警察署司法警察員は、IことPに対する恐喝被疑事件につき、奈良簡易裁判所に対し捜索差押許可状の発付を請求し、その請求書に、被疑事実の要旨として、「暴力団奥島連合奥島組の若者頭補佐であるP及び同組と親交のあるTが共謀のうえ、右Pにおいて、昭和47年2月2日午前8時ころ、奈良県天理市兵庫町307番地の県会議員M方に赴き、同人に対し『俺とお前の友達のFとは昔からの友人や。Fは今金がなくて生きるか死ぬかの境目や。Fを助

けるために現金 2000 万円をすぐ準備せよ。俺は生命をかけて来た。』と申し向けて所携の拳銃を同人の胸元に突きつけ、さらに『金ができるのかどうか二つに一つの返事や。金ができんのならＦも死ぬやろう。俺も死ぬ。お前も死んでもらう。』と申し向け、右要求に応じなければ射殺する勢を示して脅迫し、よって同日同所で同人から現金 1000 万円の交付を受けてこれを喝取した。」旨を記載していた。㈹同日同簡易裁判所裁判官は、捜索すべき場所を「大阪市南区西櫓町 14 番地奥島連合奥島組事務所及び附属建物一切」、差し押えるべき物を「本件に関係ある、一、暴力団を標章する状、バッチ、メモ等、二、拳銃、ハトロン紙包みの現金、三、銃砲刀剣類等」と記載した捜索差押許可状を発付した。㈧天理警察署及び奈良県警察本部の司法警察職員は、右許可状に基づき、同年２月10日前記奥島組事務所において、同組組長Ｏの立会のもとに、奥島連合名入りの腕章、ハッピ及び組員名簿等とともに本件メモ写しの原物であるメモ 196 枚を差し押えた。㈢同年４月ころ、奈良県警察本部は、右メモ 196 枚の写しを作成し、これを奥島組組員による賭博ないし賭博場開張図利の容疑事実の資料として所轄の大阪府警察本部に送付し、同府警及び大阪地方検察庁において右メモ写しに基づいて捜査を遂げ、同年 10 月 18 日本件公訴が提起されたものであって、右メモ 196 枚中に本件公訴事実の賭博場開張及び賭博を記録した８枚が含まれていたのである。これは、賭博の状況ないし寺銭等の計算関係を記録した賭博特有のメモであることが一見して明らかであり、前記許可状請求書記載の被疑事実から窺われるような恐喝被疑事件に関係があるものとはとうてい認められず、また「暴力団を標章する状、バッチ、メモ等」に該当するものとも考えられないから、その差押は、許可状に差押の目的物として記載されていない物に対してされた違法なものといわざるをえない。

㈡右の違法の程度は、憲法 35 条及び刑訴法 219 条 1 項所定の令状主義に違反するものであるから、決して軽微なものとはいえない。

㈢そのうえ、弁護人は、本件メモ写しの証拠調につき異議を述べていた。

㈣このような証拠を罪証に供することは、刑事訴訟における適正手続を保障した憲法 31 条の趣旨に照らし許されない。

㈤第一審判決の挙示する被告人の司法警察員及び検察官に対する各供述調書の記載は、形式的には本件メモ写しとは独立した自白であるが、内容においてはその説明に過ぎないものと認められるので、これもまた証拠として利用することが許されない。

㈥第一審判決が挙示し又は第一審において取り調べたその余の証拠によっては本件公訴事実を認定することはできない。

二　本件メモ写しの原物であるメモが前記捜索差押許可状の目的物に含まれるかどうかが、上告趣意全体の前提となる論点であるから、まずこの点につき職権により検討すると、右メモが右許可状の目的物に含まれていないのでその差押は違法であったとする原判断は、法令に違反したものというべきである。
　すなわち、右捜索差押許可状には、前記恐喝被疑事件に関係のある「暴力団を標章する状、バッチ、メモ等」が、差し押えるべき物のひとつとして記載されている。この記載物件は、右恐喝被疑事件が暴力団である奥島連合奥島組に所属し又はこれと親交のある被疑者らによりその事実を背景として行われたというものであることを考慮するときは、奥島組の性格、被疑者らと同組との関係、事件の組織的背景などを解明するために必要な証拠として掲げられたものであることが、十分に認められる。そして、本件メモ写しの原物であるメモには、奥島組の組員らによる常習的な賭博場開張の模様が克明に記録されており、これにより被疑者であるＰと同組との関係を知りうるばかりでなく、奥島組の組織内容と暴力団的性格を知ることができ、右被疑事件の証拠となるものであると認められる。してみれば、右メモは前記許可状記載の差押の目的物にあたると解するのが、相当である。
　憲法35条1項及びこれを受けた刑訴法218条1項、219条1項は、差押は差し押えるべき物を明示した令状によらなければすることができない旨を定めているが、その趣旨からすると、令状に明示されていない物の差押が禁止されるばかりでなく、捜査機関が専ら別罪の証拠に利用する目的で差押許可状に明示された物を差し押えることも禁止されるものというべきである。そこで、さらに、この点から本件メモの差押の適法性を検討すると、それは、別罪である賭博被疑事件の直接の証拠となるものではあるが、前記のとおり、同時に恐喝被疑事件の証拠となりうるものであり、奥島連合名入りの腕章・ハッピ、組員名簿等とともに差し押えられているから、同被疑事件に関係のある「暴力団を標章する状、バッチ、メモ等」の一部として差し押えられたものと推認することができ、記録を調査しても、捜査機関が専ら別罪である賭博被疑事件の証拠に利用する目的でこれを差し押えたとみるべき証跡は、存在しない。
　以上の次第であって、右メモの差押には、原判決の指摘するような違法はないものというべきであるから、これと異なる原判決の判断は法令に違反するものというほかなく、その違反は原判決に影響を及ぼしており、これを破棄しなければ著しく正義に反するものと認められる。」

● 発展問題

①参考判例3の事案において、警察官は、ボストンバッグから発見された覚せい剤をすでに所持していた捜索差押え許可状に基づいて差し押さえることができたか？
②参考判例5は、捜索差押え許可状に差し押さえるべき物として記載された物に当たらない物でも差し押さえることができるとしたか？
③設例の(a)USBメモリーの差押えに対して、Xからその取消しを求める準抗告申立は適法か？
④設例で、仮に、駐車場にある車の中を捜索するために別の令状が必要であったとする。その場合、司法警察職員が駐車場に立ち入るためにも別の令状が必要か？
⑤ある駅のコインロッカー内に差し押さえるべき物があると推認できるとき、捜索差押えのためには、ロッカーの番号を特定した令状が必要か？

参考判例5　最決平10・5・1刑集52巻4号275頁

「本件は、自動車登録ファイルに自動車の使用の本拠地について不実の記録をさせ、これを備付けさせたという電磁的公正証書原本不実記録、同供用被疑事実に関して発付された捜索差押許可状に基づき、司法警察職員が申立人からパソコン1台、フロッピーディスク合計108枚等を差し押さえた処分等の取消しが求められている事案である。原決定の認定及び記録によれば、右許可状には、差し押さえるべき物を「組織的犯行であることを明らかにするための磁気記録テープ、光磁気ディスク、フロッピーディスク、パソコン一式」等とする旨の記載があるところ、差し押さえられたパソコン、フロッピーディスク等は、本件の組織的背景及び組織的関与を裏付ける情報が記録されている蓋然性が高いと認められた上、申立人らが記録された情報を瞬時に消去するコンピュータソフトを開発しているとの情報もあったことから、捜索差押えの現場で内容を確認することなく差し押さえられたものである。

令状により差し押さえようとするパソコン、フロッピーディスク等の中に被疑事実に関する情報が記録されている蓋然性が認められる場合において、そのような情報が実際に記録されているかをその場で確認していたのでは記録された情報を損壊される危険があるときは、内容を確認することなしに右パソコン、フロッピーディスク等を差し押さえることが許されるものと解される。したがって、前記のような事実関係の認められる本件において、差押え処分を是認

した原決定は正当である。」

● 参考文献

- 井上正仁「令状主義の意義」新・法律学の争点シリーズ『刑事訴訟法の争点』(有斐閣、2013年)
- 小松本卓「差押差押許可状における捜索場所の特定方法」別冊判例タイムズ『令状に関する理論と実務Ⅱ』(2013年)
- 大野勝則「差押差押許可状における『差し押さえるべき物』の特定方法」別冊判例タイムズ『令状に関する理論と実務Ⅱ』(2013年)
- 平木正洋「場所に対する捜索差押許可状の執行の際その場所に居合わせた者に対する捜索の可否」別冊判例タイムズ『令状に関する理論と実務Ⅱ』(2013年)
- 前田巌「捜索差押許可状執行時における『差し押さえるべき物』に当たるか否かの判断」別冊判例タイムズ『令状に関する理論と実務Ⅱ』(2013年)
- 三上潤「自動車に対する捜索差押」別冊判例タイムズ『令状に関する理論と実務Ⅱ』(2013年)
- 安永武央「コインロッカー・貸金庫など同一場所に複数の保管場所があるものに対する捜索差押許可状の発付と執行の在り方」別冊判例タイムズ『令状に関する理論と実務Ⅱ』(2013年)
- 島伸一『捜索・差押の理論』(信山社、1994年) 171-326頁

捜索差押許可状

被疑者の氏名及び年齢	X　　昭和53年3月15日生まれ　（35歳）
罪　　名	覚せい剤取締法違反
捜索すべき場所、身体又は物	東京都立山市中砂山2丁目5番19棟 さくらハイツ304号X方居室
差し押えるべき物	覚せい剤、覚せい剤小分け用の袋及び容器、計量器 覚せい剤譲渡に関する帳簿及びメモ 覚せい剤譲渡に関する記録を含むと認められる電磁的記憶媒体及びコンピューター その他、本件に関係する物、文書。
請求者の官公職名	立山警察署 　　　司法警察員警部　　K
有効期間	平成25年4月23日まで

　有効期間経過後は、この令状により捜索又は差押えに着手することができない。この場合には、これを当裁判所に返還しなければならない。
　有効期間内であっても、捜索又は差押えの必要がなくなったときは、直ちにこれを当裁判所に返還しなければならない。

被疑者に対する上記被疑事件について、上記のとおり捜索及び差押えをすることを許可する。
　平成25年4月16日
　　　立山簡易裁判所
　　　　　　　　　　　　　　裁判官　村山孝治　㊞

第8章

捜索・差押え(2)
逮捕に伴う無令状の捜索・差押え

緑　大輔

● **本章のねらい**

憲法35条で定められている令状主義の例外の趣旨を理解する。それを前提として、逮捕に伴う無令状の対物的強制処分の趣旨を理解する。その上で、逮捕に伴う無令状の対物的強制処分の限界について、様々な場面を想定して検討する。

● **キーワード**

令状主義の例外、捜索、差押え、逮捕、妨害排除措置・付随的措置、逮捕後の移動・連行、被逮捕者の身体・所持品の捜索、第三者宅での無令状捜索、緊急捜索差押え

● **体系書の関係部分**

池田・前田	宇藤ほか	上口	白取	田口	田宮
188-191頁	127-133頁	163-167頁	148-152頁	94-95頁	109-112頁
福井	松尾（上）	三井（1）	光藤（I）	安冨	
159-164頁	74-76, 96-115頁	50-56頁	153-158頁	172-179頁	

● **設　例**

警察官Kらは、「1人暮らしの女子大学生のXが、居宅で数日に1度の割合で奇声を発している。また、Xを運び屋として、暴力団員がライブハウスに薬物を供給しているようだ。」という通報を受けた。そのため、Xの居宅周辺で張り込んでいたところ、午後8時過ぎに、Xが青ざめた顔で、落ち着かない様

子で周囲を見回しながら居宅から出てきて、走り出した。そこで、警察官Kらは X を追いかけていき、X の自宅から 100 メートルほどの距離の公道上で、X に職務質問をした。X は氏名を答えている途中から震えだしたため、K は X が所持していたカバンの中身を見せるように求めたところ、X は観念したかのようにカバンを開いた。K がカバンの中を確認したところ、紙袋が入っていた。そこで、X の承諾を得て紙袋の中身を確認したところ、白色粉末入りの小袋七つが入っていた。予試験をしたところ、覚せい剤の反応が出たため、K は X を覚せい剤所持の現行犯人として逮捕して、上記白色粉末入り小袋七つを差し押えた。K が X に「これをもって、どこに行くつもりだったんだ」と質問したところ、「自宅にいたら、携帯電話にライブハウス甲にクスリを夜9時までにもってくるよう依頼する電話が来たので、もって行こうとした」と述べた。X のカバンの中には、携帯電話はなかった。

以上の質問等をしている間に、人通りが多い商店街付近の公道であったため、通行人が多数集まり、周囲を取り囲んで様子を見ると共に、X を見つけて「何をやらかしたんだ」と騒ぎ立てる者が現われ、その混雑ゆえに歩道が通行困難となってきた。これによって、X の身体を捜索して所持品等の有無を確認することは難しい状況に陥った。また、X は K に対して、「逮捕されたとはいえ、自宅に戻れるなら、ジャージと T シャツだけの格好なので着替えたい。」と述べた。

そこで、K らは、最寄りの交番でも3キロメートルほどの距離があることもあって、100 メートルほどの距離にある X をその居宅に連行した。X 方居宅に、K らは X の承諾を得て立ち入ったところで、X に対して着衣のポケット等を外側から触れるなどしたが、何も発見できなかった。そこで、K は X に、「携帯電話と、他に覚せい剤はないか」と尋ねた。X は「さっきのクスリ以外はない。携帯電話はどこかに落とした。着替えだけ取ったら、逃げずについて行くから待っていて。」と答えた。しかし、K らは「室内を確認させてもらう。」と告げて、X の居宅の居間と台所を捜索した。その間、X は黙ってその様子を見ていた。その結果、台所の戸棚の奥から注射器および白色粉末入り小袋 10 袋、X の携帯電話、覚せい剤の保管状況と売買金額等を記録したと思われるノートを発見した。白色粉末入り小袋については、白色粉末に予試験をしたところ、いずれも覚せい剤である旨の反応が出たため、いずれも差し押えた。

● 基本知識の確認

①逮捕に伴う捜索・差押えに捜索差押令状を要しないとする、条文上の根拠は

何か。
②令状によらない捜索・差押えが例外として許容されているのはなぜか。
③逮捕に伴う捜索を執行していたところ、逮捕理由となっている被疑事実とは関連のない、別罪の証拠物を発見した。この別罪の証拠物を直ちに差し押えられるか。
④逮捕が不適法であった場合、刑事訴訟法220条1項2号に基づいて行われた差押えも不適法になるか。

● 参考判例についての問い

①参考判例1は、逮捕に伴う無令状捜索・差押えの趣旨をどのように理解しているか。
②参考判例1は、刑訴法220条1項2号の捜索差押えの開始時点で、被疑者が現在している必要がないと解する理由を、どのように説明しているか。仮に、被疑者が帰宅しなかった場合も、本件捜索差押えは適法か。
③参考判例2における被疑者Rの逮捕場所と捜索場所には同一性があるか。参考判例2はどのような論理で、逮捕の現場での捜索だと認めたか。
④参考判例2で差し押えられている大麻たばこ7本は、Rの大麻たばこ所持とは被疑事件を異にする差押えではないか。この点に問題がないとすればなぜか。
⑤参考判例3は、逮捕の現場における捜索、差押えと「同視」することができるとして、Xらの所持品の差押えを適法と判示している。どのような事情を考慮しているか。
⑥参考判例3について、上記⑤の事情を考慮する理由は何か。刑訴法220条1項2号の文言との関係は、どのように説明できるか。
⑦参考判例4が、逮捕に基づく捜索としても違法とした理由は何か。

● 設例についての問い

①本設例で、仮に公道でXを逮捕した後、Xの自宅に立ち寄らずに直ちにXを最寄りの交番に連行し、所持品・身体を捜索した結果、靴の中から注射器を発見した場合、これを差し押えることは適法か。
②本設例で、Xが自ら帰宅したい旨を述べ、捜索時に黙っていた事実は、適法性に影響するか。弁護人、検察官それぞれの立場からの評価を述べよ。
③本設例でX宅において差し押えられた物は、Xの逮捕理由たる被疑事実に関連する証拠物といえるか。

④本設例で差し押えられた物が、Xの覚せい剤取締法違反被告事件（所持・売買）において、証拠として請求された場合、弁護人はどのように主張すべきか。
⑤これに対して、検察官はどのように主張すべきか。
⑥本設例で、Xが逮捕された後、X宅へ徒歩で移動している途中、KがXの衣服のポケットにアイスピックが入っていることに気づいた場合、ポケットに手を入れてアイスピックを取り上げることは許されるか。許されるとすれば、それはどのように法的に説明すべきか。
⑦本設例で、仮にKらが公道上でXを逮捕せずに、職務質問と所持品検査にとどめて（白色粉末入り小袋7袋も保管するにとどめて）、X宅に移動した上で、覚せい剤所持の被疑事実で逮捕した場合、X宅における捜索・差押えは適法か。弁護人、検察官はそれぞれどのような主張をすべきか。

● 参考判例

参考判例1　最大判昭36・6・7刑集15巻6号915頁

【事案の概要：無令状で被疑者宅の捜索を開始後、約20分経過した時点で被疑者が帰宅したため同人を緊急逮捕した事案。】

「職権により調査するに、憲法35条は、同33条の場合には令状によることなくして捜索、押収をすることができるものとしているところ、いわゆる緊急逮捕を認めた刑訴210条の規定が右憲法33条の趣旨に反しないことは、当裁判所の判例（昭和26年（あ）第3953号、同30年12月14日大法廷判決、刑集9巻13号2760頁）とするところである。同35条が右の如く捜索、押収につき令状主義の例外を認めているのは、この場合には、令状によることなくその逮捕に関連して必要な捜索、押収等の強制処分を行なうことを認めても、人権の保障上格別の弊害もなく、且つ、捜査上の便益にも適うことが考慮されたによるものと解されるのであって、刑訴220条が被疑者を緊急逮捕する場合において必要があるときは、逮捕の現場で捜索、差押等をすることができるものとし、且つ、これらの処分をするには令状を必要としない旨を規定するのは、緊急逮捕の場合について憲法35条の趣旨を具体的に明確化したものに外ならない。

もっとも、右刑訴の規定について解明を要するのは、「逮捕する場合において」と「逮捕の現場で」の意義であるが、前者は、単なる時点よりも幅のある逮捕する際をいうのであり、後者は、場所的同一性を意味するにとどまるものと解

するを相当とし、なお、前者の場合は、逮捕との時間的接着を必要とするけれども、逮捕着手時の前後関係は、これを問わないものと解すべきであって、このことは、同条1項1号の規定の趣旨からも窺うことができるのである。従って、例えば、緊急逮捕のため被疑者方に赴いたところ、被疑者がたまたま他出不在であっても、帰宅次第緊急逮捕する態勢の下に捜索、差押がなされ、且つ、これと時間的に接着して逮捕がなされる限り、その捜索、差押は、なお、緊急逮捕する場合その現場でなされたとするのを妨げるものではない。

そして緊急逮捕の現場での捜索、差押は、当該逮捕の原由たる被疑事実に関する証拠物件を収集保全するためになされ、且つ、その目的の範囲内と認められるものである以上、同条1項後段のいわゆる「被疑者を逮捕する場合において必要があるとき」の要件に適合するものと解すべきである。

ところで、本件捜索、差押の経緯に徴すると、麻薬取締官等4名は、昭和30年10月11日午後8時30分頃路上において職務質問により麻薬を所持していたSを現行犯として逮捕し、同人を連行の上麻薬の入手先である被疑者A宅に同人を緊急逮捕すべく午後9時30分頃赴いたところ、同人が他出中であったが、帰宅次第逮捕する態勢にあった麻薬取締官等は、同人宅の捜索を開始し、第一審判決の判示第一の㈠の麻薬の包紙に関係ある雑誌及び同㈡の麻薬を押収し、捜索の殆んど終る頃同人が帰って来たので、午後9時50分頃同人を適式に緊急逮捕すると共に、直ちに裁判官の逮捕状を求める手続をとり、逮捕状が発せられていることが明らかである。

してみると、本件は緊急逮捕の場合であり、また、捜索、差押は、緊急逮捕に先行したとはいえ、時間的にはこれに接着し、場所的にも逮捕の現場と同一であるから、逮捕する際に逮捕の現場でなされたものというに妨げなく、右麻薬の捜索、差押は、緊急逮捕する場合の必要の限度内のものと認められるのであるから、右いずれの点からみても、違憲違法とする理由はないものといわなければならない。

しかるに、原判決は、刑訴220条1項後段の規定によって行なう捜索、差押は、緊急逮捕に着手した後に開始することを要し、緊急逮捕に着手しないで捜索、差押を先に行なうことは許されないとすると共に、緊急逮捕の現場でする捜索、差押であっても、その対象となるべき証拠物件の範囲は、その逮捕の基礎である被疑事実に関するものに限られるべきものであって、他の犯罪に関するものにまで及ばないとし、第一審判決の判示第一の㈡の麻薬は、麻薬取締官等が被疑者Aを緊急逮捕すべく同人宅に赴いたところ、たまたま同人の不在のためその緊急逮捕に着手しないうちに同人宅の捜索を開始して差押えたもので

あり、その捜索、差押が殆んど終る頃になって帰宅した同人を逮捕したことが明らかであるから、かかる捜索、差押は違法といわなければならず、且つ、右被疑者につきその被疑事実とは別の麻薬所持なる余罪の証拠保全のためになされたものと解するのほかなき本件の捜索、差押は、この点においても違法たるを免れないところであって、要するに、本件捜索差押は、同条1項後段の規定に適合せず、且つ、令状によらない違法の捜索、差押であるから、憲法35条に違反するものといわなければならず、かかる違法の手続によって押収された右麻薬及びその捜索差押調書等は、証拠としてこれを利用することは禁止されるものと解すべきものとする。しかし、右は、憲法及び刑訴法の解釈を誤った違法があるものというべく、その違法は、判決に影響を及ぼすことが明らかであるから、原判決は破棄を免れない。

のみならず、第一審判決の判示第一の(二)の事実（昭和30年10月11日被告人宅における麻薬の所持）に関する被告人の自白の補強証拠に供した麻薬取締官作成の昭和30年10月11日付捜索差押調書及び右麻薬を鑑定した厚生技官N作成の昭和30年10月17日付鑑定書は、第一審第1回公判廷において、いずれも被告人及び弁護人がこれを証拠とすることに同意し、異議なく適法な証拠調を経たものであることは、右公判調書の記載によって明らかであるから、右各書面は、捜索、差押手続の違法であったかどうかにかかわらず証拠能力を有するものであって、この点から見ても、これを証拠に採用した第一審判決には、何ら違法を認めることができない。されば原判決は、この点においても違法であって、破棄を免れない。」

参考判例2　東京高判昭44・6・20高刑集22巻3号352頁

【事案の概要：被告人は、米陸軍三等特技兵としてベトナムから日本に向う際、飛行機の中でRと知り会い、同人と共に、1968年2月5日午前4時30分頃、神奈川県横浜市の甲ホテル7階714号室に投宿し同室していた。司法警察員Oらは、同日午後1時頃、氏名不詳者より同署に対し、甲ホテルから出て来た外人2人が大麻らしいものを吸っていたという意味の通報があったため、早速、甲ホテルに赴き、同ホテルで張込みをしていたところ、同日午後3時10分頃、前記Rが外出先から帰って来たので、司法警察員Iらが直ぐ右Rを甲ホテル5階待合所で職務質問し、任意に所持品を検査したところ、同人の所持品の中から大麻たばこ1本を発見したので、直ちに同所で同人を大麻所持の現行犯人として逮捕した。右逮捕後、Rより同司法警察員らに対し甲ホテル7階714号室内にある自己の所持品を携行したいとの申出あったので、同司法警察員らはこれを許すと共に、R

に対し逮捕の現場においては令状によらずとも捜索差押ができるから右714号室を捜索する旨を告げた。その後、同人の要求によりＳＰに連絡し、その到着を待って、前記５階待合所から７階714号室に連行した。同日午後３時45分頃から、同人およびＳＰの立会いの下に、同室者である被告人が外出不在中の右714号室の捜索を開始し、同室居間およびベッドルーム内の所持品については、Ｒに、その所持品を被告人の所持品から区別させたうえ、Ｒのものとして区別されたもののみを捜索した後、引続き同室洗面所内の捜索に移った。同洗面所における所持品については、Ｒにその所持品を被告人の所持品から区別させないで、捜索をしたところ、同日午後４時10分頃同洗面所の棚の上から内容物の入った洗面用具入れバッグを発見した。Ｒからは右洗面用具入れバッグは自分のものではなく被告人の所持品である旨の申出があった。その内容を捜索した結果、被告人の名前の入った書類等のほかに、大麻たばこ７本が入った石けん入れケースが認められたため、司法警察員Ｙにおいて、直ちに被告人所有の右洗面用具入れをその大麻たばこ７本等の内容物と共に差押えて、Ｒに対する捜索を終えた。その後、同日午後５時30分頃、被告人が外出先から帰って来たところを、上記大麻たばこ所持の被疑事実があったため、司法警察員Ｏにおいて、直ちに右714号室で、被告人に対し右洗面用具入れの所有者について職務質問をした。すると、同人がその所有に係るものであることを認めたため、直ぐその場で同人を右の大麻たばこ７本を所持したという容疑によって緊急逮捕した。】

「思うに、刑事訴訟法第220条第１項第２号が、被疑者を逮捕する場合、その現場でなら、令状によらないで、捜索差押をすることができるとしているのは、逮捕の場所には、被疑事実と関連する証拠物が存在する蓋然性が極めて強く、その捜索差押が適法な逮捕に随伴するものである限り、捜索押収令状が発付される要件を殆んど充足しているばかりでなく、逮捕者らの身体の安全を図り、証拠の散逸や破壊を防ぐ急速の必要があるからである。従って、同号にいう「逮捕の現場」の意味は、前示最高裁判所大法廷の判決からも窺われるように、右の如き理由の認められる時間的・場所的且つ合理的な範囲に限られるものと解するのが相当である。

これを右…の大麻たばこ７本に関する捜索押収についてみると、成る程、Ｒの逮捕と……〔大麻たばこ７本の〕捜索押収との間には、既に述べたように、時間的には約35分ないし60分の間隔があり場所的には、……甲ホテル５階の、なかば公開的な待合所と同ホテル７階の、宿泊客にとっては個人の城塞ともいうべき714号室との差異のほかに若干の隔りもあり、また若し同…大麻たばこ７本がＲ独りのものであったとするならば、いくらＲが大麻取締法違反の現行

犯人として逮捕されたとはいえ、否却って逮捕されたればこそ、更らに捜索差押が予想されるというのに、わざわざ自ら司法警察員らを自己の投宿している同714号室に案内したということについては種々の見方があり得るであろうし、なおRが同室の洗面所で司法警察員らに対し同大麻たばこ7本は自分のものではなくて、被告人のものである旨述べていることなどからすると、同たばこに対する捜索押収が果して適法であったか否かについては疑いの余地が全くないわけではないけれども、既に見て来たような本件捜査の端緒、被告人とRとの関係、殊に2人が飛行機の中で知り合い、その後行動を共にし、且つ同室もしていたこと、右のような関係から同たばこについても或いは2人の共同所持ではないかとの疑いもないわけではないこと、Rの逮捕と同たばこの捜索差押との間には時間的、場所的な距りがあるといってもそれはさしたるものではなく、また逮捕後自ら司法警察員らを引続き自己と被告人の投宿している相部屋の右714号室に案内していること、同たばこの捜索差押後被告人も1時間20分ないし1時間45分位のうちには同室に帰って来て本件で緊急逮捕されていることおよび本件が検挙が困難で、罪質もよくない大麻取締法違反の事案であることなどからすると、この大麻たばこ7本の捜索差押をもって、直ちに刑事訴訟法第220条第1項第2号にいう「逮捕の現場」から時間的・場所的且つ合理的な範囲を超えた違法なものであると断定し去ることはできない。また、このように考えることが、前示最高裁判所大法廷の判決の趣旨にも副うものであると解する。」

参考判例3　最決平8・1・29刑集50巻1号1頁（和光大学事件）

【事案の概要：警察官らは被告人3名を凶器準備集合及び傷害の準現行犯人として逮捕したが、そのうち被告人Xは腕に籠手を装着しているのを現認した。しかし、逮捕現場が店舗裏の搬入口であり、逮捕直後で興奮冷めやらぬXの抵抗を抑えて籠手を取り上げるのに適当な場所でなく、逃走を防止するためにXを警察車両に乗せる必要があった上、車内で実力を用いて差し押さえようとするとXが抵抗して更に混乱を生ずるおそれがあった。そのため、500メートル離れた警察署に連行して、これを差し押さえた。Y、Zについては、警察官はバッグ等を所持しているのを現認していた。しかし、逮捕現場が道幅の狭い道路上であり、車両等が通る危険性等もあった上、付近の駐在所で当該所持品の差押えを着手したがYらが抵抗し、更に実力を用いて差押えを実施しようとすると不測の事態を招くおそれがあるとして、やむなく中止し、警察車両で約3キロメートル離れた警察署に連行し、これを差し押さえた。被告人らは逮捕の現場での差押えに該当せ

ず、違法だとして証拠排除を求めて上告した。】

「刑訴法220条1項2号によれば、捜査官は被疑者を逮捕する場合において必要があるときは逮捕の現場で捜索、差押え等の処分をすることができるところ、右の処分が逮捕した被疑者の身体又は所持品に対する捜索、差押えである場合においては、逮捕現場付近の状況に照らし、被疑者の名誉等を害し、被疑者らの抵抗による混乱を生じ、又は現場付近の交通を妨げるおそれがあるといった事情のため、その場で直ちに捜索、差押えを実施することが適当でないときには、速やかに被疑者を捜索、差押えの実施に適する最寄りの場所まで連行した上、これらの処分を実施することも、同号にいう「逮捕の現場」における捜索、差押えと同視することができ、適法な処分と解するのが相当である。

2 これを本件の場合についてみると、原判決の認定によれば、被告人Xが腕に装着していた籠手及び被告人Y、同Zがそれぞれ持っていた所持品（バッグ等）は、いずれも逮捕の時に警察官らがその存在を現認したものの、逮捕後直ちには差し押さえられず、被告人Xの逮捕場所からは約500メートル、被告人Y、同Zの逮捕場所からは約3キロメートルの直線距離がある警視庁町田警察署に各被告人を連行した後に差し押さえられているが、被告人Xが本件により準現行犯逮捕された場所は店舗裏搬入口付近であって、逮捕直後の興奮さめやらぬ同被告人の抵抗を抑えて籠手を取上げるのに適当な場所でなく、逃走を防止するためにも至急同被告人を警察車両に乗せる必要があった上、警察官らは、逮捕後直ちに右車両で同所を出発した後も、車内において実力で籠手を差し押さえようとすると、同被告人が抵抗して更に混乱を生ずるおそれがあったため、そのまま同被告人を右警察署に連行し、約5分を掛けて同署に到着した後間もなくその差押えを実施したというのである。また、被告人Y、同Zが本件により準現行犯逮捕された場所も、道幅の狭い道路上であり、車両が通る危険性等もあった上、警察官らは、右逮捕場所近くの駐在所でいったん同被告人らの前記所持品の差押えに着手し、これを取り上げようとしたが、同被告人らの抵抗を受け、更に実力で差押えを実施しようとすると不測の事態を来すなど、混乱を招くおそれがあるとして、やむなく中止し、その後手配によって来た警察車両に同被告人らを乗せて右警察署に連行し、その後間もなく、逮捕の時点からは約1時間後に、その差押えを実施したというのである。

以上のような本件の事実関係の下では、被告人3名に対する各差押えの手続は、いずれも、逮捕の場で直ちにその実施をすることが適当でなかったため、できる限り速やかに各被告人をその差押えを実施するのに適当な最寄りの場所まで連行した上で行われたものということができ、刑訴法220条1項2号にい

う「逮捕の現場」における差押えと同視することができるから、右各差押えの手続を適法と認めた原判断は、是認することができる。」

参考判例4　福岡高判平5・3・8判タ834号275頁

【事案の概要：警察官数名は、暴力団事務所の組長たる被告人が、覚せい剤を特定ナンバーの車両のトランクに隠しており、本日中に売りさばく予定である旨の情報を入手し、同事務所付近に張り込んでいた。すると、被告人が通報と同一ナンバーの車両にK子とともに乗車・発進し、K子方マンション付近で停車し、同車両のトランク等から荷物を取り出し、K子方に運ぶのを認めた。1時間余り後、警察官らは、被告人が紙袋と携帯電話を抱えて同車のドアを開けようとしたところで職務質問のために声をかけた。すると、被告人は携帯電話を投げ捨て、紙袋を抱えて逃げ出した。被告人は、警察官の停止命令を振り切り、紙袋を隣家の敷地に投げ捨てたが、警察官と衝突し、転倒した。警察官らは、拾ってきた紙袋の中身を被告人に尋ねたが、被告人は応答せず、その時点で雨が降っており紙袋等の汚損も懸念されたことなどから、被告人を促してマンション1階のK子方前踊り場に移動し、K子の承諾を得て室内に入った。そして、同女方台所入口付近において、T警部が、被告人に対し、前記紙袋の中身について質問をしたところ、被告人は、「勝手にしない。しょんなかたい。もう往生した」と言った。そこで、警察官は被告人の承諾があったものと判断して、紙袋内の新聞紙に包まれたポリ袋入りの覚せい剤1袋を取り出した。他方、T警部が、K子に対し、「他に覚せい剤を隠していないか。あったら出しなさい」と告げると、被告人は急に大声で「K子見せんでいいぞ」などと怒鳴ったが、K子が「いいですよ。室内を捜して下さい」と答えたので、警察官らが手分けして同女方を捜索したところ、台所流し台の下に新聞紙に包まれているポリ袋入り覚せい剤2袋が並べて置いてあるのを発見した。そこで、警察官らは、被告人及びK子を、覚せい剤営利目的共同所持の現行犯人として逮捕した。被告人らは、事実誤認のほか、違法収集証拠排除法則の適用を主張して控訴した。】

「…所論は、警察官らによって行われたK子方の捜索は、同女の承諾に基づくものではなく、また、警察官らは、転倒した被告人を押え込んだ時に、実質的に被告人を逮捕したというべきであって、その後被告人をK子方に連行したとしても、同女方は刑訴法220条1項2号にいう「逮捕の現場」に当たらず、同女方の捜索を目して、原判決が判示するように現行犯逮捕に伴う捜索であると解することはできないから、結局、警察官らによる同女方の捜索は違法である旨主張する。

1　そこで、まず、Ｔ警部らによるＫ子方の捜索が、同女の承諾に基づく捜索として適法なものといえるかどうかについて検討するに、関係証拠によれば、Ｔ警部らは、被告人が所持していたペーパーバッグの中から約１キログラムの覚せい剤を発見したものの、事前の情報においては、被告人の所持する覚せい剤の量は５キログラムということであったことから、被告人が更にＫ子方に残りの覚せい剤を隠匿しているのではないかとの疑いを持ち、Ｋ子に対し「他に覚せい剤を隠していないか。あったら出しなさい」と告げたところ、同女から「いいですよ。室内を捜して下さい」との返事を得たので、同女の承諾があったものとして同女方を捜索したことが認められる。ところで、承諾に基づく住居等に対する捜索については、犯罪捜査規範108条が、人の住居等を捜索する必要があるときは、住居主等の任意の承諾が得られると認められる場合においても、捜索許可状の発付を受けて捜索をしなければならない旨規定しているが、住居等の捜索が生活の平穏やプライバシー等を侵害する性質のものであることからすれば、捜索によって法益を侵害される者が完全な自由意思に基づき住居等に対する捜索を承諾したと認められる場合には、これを違法視する必要はないと考えられる。しかし、住居等に対する捜索は法益侵害の程度が高いことからすれば、完全な自由意思による承諾があったかどうかを判断するに当たっては、より慎重な態度が必要であると考えられる。そこで、この点を本件についてみると、確かにＫ子方に対する捜索は、Ｔ警部からの申し出に対し、同女が「いいですよ。室内を捜して下さい」と返事したことを受けて行われたものではあるが、同女は当時20歳前の女性であったこと、また、同女がＴ警部から捜索への承諾を求められる直前には、それまで父親代わりとしてＫ子の面倒を見てくれていた被告人が、数名の警察官らに連れられてＫ子方に来ていた上、被告人が持っていたペーパーバッグの中から覚せい剤も発見されていたこと、しかも、当時被告人と一緒に同女方に入って来た警察官の人数は決して少ない数ではなかった上、その最高責任者であるＴ警部から、「他に覚せい剤を隠していないか。あったら出しなさい」と告げられた上で、Ｋ子方に対する捜索についての承諾を求められていたことを併せ考えると、Ｋ子が同警部の申し出を拒むことは事実上困難な状況にあったと考えざるを得ない。そうすると、Ｋ子としては、同女方にまだ覚せい剤が隠されているのではないかとの警察官らの疑いを晴らす必要があったことや、被告人が「Ｋ子見せんでいいぞ」と怒鳴ってＫ子が捜索を承諾するのを制止したにもかかわらず、同女が「いいですよ」等と返事していることを考慮に入れても、同女の承諾が完全な自由意思による承諾であったと認めるのは困難であって、Ｔ警部らによるＫ子方の捜索が同女

の承諾に基づく適法な捜索であったということはできない。

　2　次に、原判決は、警察官らが、被告人の投げ捨てたペーパーバッグの中から1キログラムの覚せい剤が出てきた時点においては、被告人を右覚せい剤所持の現行犯人として逮捕する要件を具備していたことを理由に、その後のK子方に対する捜索は、刑訴法220条1項に基づく捜索として許される旨判示しているのに対し、所論がその適否を争っているので、この点について検討する。

　所論は、まず、被告人は、○○鳥飼の北側通路西側出入口付近で警察官らに取り押えられた際に実質的に逮捕されたものと考えるべきである旨主張するが、被告人が、同所において数名の警察官から監視された状態に置かれたことは間違いないものの、それは被告人に対する職務質問を続けるために必要なものであり、その直前の被告人の行動からしてやむを得ないものと考えられる上、被告人の身体が既に拘束されたとまでは認められないから、右時点において被告人が逮捕されたとはいえず、所論は採用できない。

　ところで、刑訴法220条1項2号は、司法警察職員らは、被疑者を「現行犯人として逮捕する場合において必要があるときは」「逮捕の現場」で捜索等をすることができる旨規定しているところ、右にいう「逮捕する場合」とは、逮捕との時間的な接着性を要するとはいえ「逮捕する時」という概念よりも広く、被疑者を逮捕する直前及び直後を意味するものと解される。なぜなら、被疑者を逮捕する際には、逮捕の場所に被疑事実に関連する証拠物が存在する蓋然性が強いこと、捜索等が適法な逮捕に伴って行われる限り、捜索差押状が発付される要件をも充足しているのが通例であること、更に、証拠の散逸や破壊を防止する緊急必要もあることから、同条項は令状主義の例外としての捜索等を認めたものと解されるところ、このような状況は、必ずしも被疑者の逮捕に着手した後だけでなく、逮捕に着手する直前においても十分存在し得ると考えられるからである。そうすると、本件においては、S巡査が、被告人の目前においてペーパーバッグを開披し、ポリ袋入り覚せい剤1袋を確認した時点では、被告人を右覚せい剤所持の現行犯人として逮捕する要件が充足されており、実際にも、警察官らは、K子方の捜索をした後とはいえ、被告人を右覚せい剤所持の現行犯人として逮捕しているのであるから、原判決が、警察官らのK子方に対する捜索を同条項の捜索に当たるかどうかの観点から検討したことは正当であると考えられる。しかしながら、同条項にいう「逮捕の現場」は、逮捕した場所との同一性を意味する概念ではあるが、被疑者を逮捕した場所でありさえすれば、常に逮捕に伴う捜索等が許されると解することはできない。すなわち、住居に対する捜索等が生活の平穏やプライバシー等の侵害を伴うものであ

る以上、逮捕に伴う捜索等においても、当然この点に関する配慮が必要であると考えられ、本件のように、職務質問を継続する必要から、被疑者以外の者の住居内に、その居住者の承諾を得た上で場所を移動し、同所で職務質問を実施した後被疑者を逮捕したような場合には、逮捕に基づき捜索できる場所も自ずと限定されると解さざるを得ないのであって、K子方に対する捜索を逮捕に基づく捜索として正当化することはできないというべきである。更に、K子方に対して捜索がなされるに至った経過からすれば、同女方の捜索は、被告人が投げ捨てたペーパーバッグの中から発見された覚せい剤所持の被疑事実に関連する証拠の収集という観点から行われたものではなく、被告人が既に発見された覚せい剤以外にもK子方に覚せい剤を隠匿しているのではないかとの疑いから、専らその発見を目的として実施されていることが明らかである。そして、右二つの覚せい剤の所持が刑法的には一罪を構成するとしても、訴訟法的には別個の事実として考えるべきであって、一方の覚せい剤所持の被疑事実に基づく捜索を利用して、専ら他方の被疑事実の証拠の発見を目的とすることは、令状主義に反し許されないと解すべきである。そうすると、原判決のようにK子方に対する捜索を現行犯逮捕に伴う捜索として正当化することもできないといわざるを得ない。

　3　そうすると、T警部らがK子方に対して行った捜索は、同女の承諾による捜索として適法なものとはいえない上、原判決のように現行犯逮捕に伴う捜索としてその適法性を肯定することができないから、違法であるといわざるを得ない。」

● 発展問題

①逮捕に伴う対物的強制処分の趣旨を、「逮捕現場における証拠隠滅を防止する緊急の必要性があるから」だと理解する場合、被疑者以外の第三者による隠滅の可能性を考慮して、捜索範囲を広げることは許されるか。許されるとすれば、それはどこまでか。

②上記①において、捜索範囲を広げることを許容する場合、「逮捕現場には証拠物が存在する蓋然性が高いから、逮捕に伴う対物的強制処分が無令状で許容される」と解する立場との違いはあるか。

③被疑者を窃盗の被疑事実で逮捕した際に、その場で直ちに当該被疑者の身体を捜索することは許されるか。また、その捜索の結果として、凶器になり得るナイフを発見した場合、これを直ちに差し押えられるか。

④逮捕に着手した後、被疑者が逃走して逮捕を完遂できなかった場合、刑事訴

訟法220条1項2号に基づいて行われた差押えは適法か。また、仮に、直ちに差し押えられないと理解する場合、この場合に捜査官はどのような手段をとることができるか。
⑤「逮捕の現場」とは、被逮捕者の身体そのものを含むと解して、逮捕後の移動先でも被逮捕者の身体を捜索し得るという見解を論評せよ。

● 参考文献

・井上正仁「逮捕に伴う捜索・差押え」新・法律学の争点シリーズ『刑事訴訟法の争点』(有斐閣、2013年) 80頁以下
・川出敏裕「逮捕に伴う無令状捜索・差押え・検証」法学教室197号 (1997年) 36頁以下
・池田公博「身体拘束に伴い無令状で捜索を行い得る範囲」研修721号 (2008年) 3頁以下
・川出敏裕「強制処分の効力について」井上正仁ほか編『三井誠先生古稀祝賀論文集』(有斐閣、2012年) 517頁以下
・緑大輔「逮捕に伴う対物的強制処分」浅田和茂ほか編『村井敏邦先生古稀祝賀・人権の刑事法学』(日本評論社、2011年) 234頁以下

第9章

捜査手段としての会話盗聴
（任意処分と強制処分）

緑　大輔

● 本章のねらい

強制処分法定主義の意味を理解する。そのために、強制処分法定主義の趣旨を理解し、任意処分と強制処分を区別する基準を検討する。その上で、強制処分の諸類型はどのように分別されるべきかを考える。

● キーワード

強制処分法定主義、強制処分、任意処分、令状主義、捜索、差押え、検証、会話傍受、通信傍受、写真撮影、エックス線撮影

● 体系書の関係部分

池田・前田	宇藤ほか	上口	白取	田口	田宮
79-128、172-202頁	34-45、107-169頁	62-92、138-182頁	92-162頁	63-73、100-126頁	74-95頁
福井	松尾（上）	三井（1）	光藤（Ｉ）	安冨	
90-109、137-175頁	35-37、68-83頁	79-91、114-124頁	27-35、135-177頁	39-59、145-220頁	

● 設　例

警察官Kは、電話を用いていわゆる「振込め詐欺」を繰り返している共犯者の1人として、Xの動静を尾行や内定者からの情報提供などを通じて監視し、札幌市内のある賃貸マンションの7階の703号室が拠点であるとの情報を得た。また、703号室に複数の電話機や携帯電話機を常置し、そこから欺罔のための電話を繰り返しているという確度の高い情報を得た。そこで、隣室である702号室が空いていたことを利用して、警察官Kは当該居室を賃借し、Xとそ

の共犯者たちの肉声を録音することにした。

9月11日から9月30日まで、Kら6名の警察官が24時間態勢で交代しながら702号室に詰めて、高性能集音器で録音を実施した。Xたちは室内で会話しているとはいえ、ベランダの窓を開けっ放しにしていることが多く、Kらが702号室のベランダに出ていると、Xたち共犯者間の会話や、耳が遠いと思われる高齢者等にXたちが電話をかけている場合などは、その発話の内容がときには聞こえる状態であった。なお、Xたちの通話の相手方の会話は一切録音されておらず、Kら自身も聴き取れなかった。

Kらは高性能集音器を壁およびベランダに設置して恒常的に作動させ、本件「振込め詐欺」およびその他犯罪に関係すると思料される会話がなされている場合のみ、集音器に接続したデジタルボイスレコーダーに録音することとし、9月13日から22日にかけては「振り込め詐欺」にかかわる会話を録音した。また、9月21日午後9時から翌22日午前10時にかけては、703号室に訪問者Yが現われ、「薬を今度ここに送る。その薬については、うまくお前たちで売りさばいておいてくれ。販売価額の20％を、俺に渡してくれ。」などと話をして、販売先や売上げの配分などについて打合せをしていた。Kらはこれも併せて録音しておいた。

この会話から、9月30日午後5時から7時の間に甲社が703号室に配達する宅配便小包の中に、違法薬物が入っている可能性が高い旨を、警察官Kらは把握した。そこで、Kらは9月30日午前10時に甲社営業所札幌支店に赴き、事情を説明して703号室に配達予定の小包を任意提出してもらい、領置した上でエックス線検査を行ったところ、細かい固形物が均等に詰められている長方形の袋の射影が観察された。そこで、この小包の射影を印刷してこれを疎明資料とし、捜索場所を703号室とし、差押対象物を「覚せい剤、取引メモその他に関係ありと思料する物」として、覚せい剤取締法違反を理由とする捜索差押許可状を裁判官に請求すると共に、小包を直ちに甲社に還付して通常どおり配達するよう求めた。甲社の配達時刻に合わせて、Kらも703号室に赴き、小包が703号室に配達されてXらが受領した後に、直ちに同令状を執行して、覚せい剤等を差し押さえた。

● 基本知識の確認

①捜査機関は、法律で定められた手段以外の方法によって犯罪捜査を行うことができるか。
②強制処分法定主義とはどのような考え方か。根拠条文を挙げて説明せよ。

第9章　捜査手段としての会話盗聴（任意処分と強制処分）

③令状主義とはどのような考え方か。根拠条文を挙げて説明せよ。
④強制処分ではあるが、令状主義が適用されない処分はあるか。強制処分法定主義の妥当する捜査手段と、令状主義が妥当する捜査手段は一致するか。たとえば、領置（221条）はどのような位置づけになるか。
⑤刑事訴訟法に、捜査手段として会話の傍受・盗聴に関する明文規定はあるか。
⑥刑事訴訟法に、写真撮影のように機械により対象物を撮影する処分に関する明文規定はあるか。

● 参考判例についての問い

①参考判例1は、捜査目的で行われた警察官による路上での容ぼうの写真撮影について、任意処分と強制処分のいずれだと考えているか。
②参考判例1と参考判例5は、写真撮影あるいはビデオ撮影の適法性について、同じ判断枠組みか。
③参考判例1と参考判例2は、容ぼうの撮影の適法性について、同じ判断枠組みを適用しているか。
④参考判例2と参考判例3は、強制処分の意義について同じ判断枠組みか。
⑤参考判例3の多数意見と反対意見の結論の違いは、どの点についての理解の相違から生じているのか。参考判例3の多数意見は、電話傍受がなぜ強制処分法定主義に反しないと考えたか。
⑥参考判例5は、領置の適法性について、どのような理由で適法と判断しているか。
⑦参考判例6は「検証許可状によることなくこれを行った本件エックス線検査は、違法であるといわざるを得ない」と判示しているが、このエックス線検査を捜索許可状で行うことは許されるか。
⑧参考判例6において、エックス線検査機器を用いずに、警察官が麻薬探知犬をして、その嗅覚で封緘物の臭いを分別させて内容物を確認する行為は強制処分に該当するか。

● 設例についての問い

①公道や公園等の公共のスペースでの会話を特に機器を用いずに立ち聞きする場合、集音器を用いずにこの会話の録音だけをする場合と、本設例の場合とを比較して、それぞれどのような点が異なるか。その違いは捜査の適否の判断に影響するか。
②本設例における録音は、強制処分に当たるか。

119

③警察官Kは、慎重を期して裁判官の令状を得て録音することはできるか。参考判例3は、室内会話の録音を正当化するために援用できるか。
④本設例における録音データが、Xの詐欺被告事件および覚せい剤取締法違反被告事件において、証拠として請求された場合、弁護人はどのような主張をすべきか。
⑤これに対して、検察官はどのような主張をすべきか。
⑥本設例の録音が、検証令状に基づいて行われた場合、上記④⑤における弁護人・検察官の主張はそれぞれどのようになるか。
⑦本設例の宅配便小包のエックス線検査は適法か。弁護人・検察官ならば、それぞれどのように主張するか。

● 参考判例

参考判例1　最大判昭44・12・24刑集23巻12号1625頁（京都府学連事件）

【事案の概要：公道上でデモ行進をしていた被告人の容ぼう等を捜査機関が写真撮影した行為が適法な公務にあたるか否かが争われた事例。】
　「所論は、本人の意思に反し、かつ裁判官の令状もなくされた本件警察官の写真撮影行為を適法とした原判決の判断は、肖像権すなわち承諾なしに自己の写真を撮影されない権利を保障した憲法13条に違反し、また令状主義を規定した同法35条にも違反すると主張する。
　ところで、憲法13条は、「すべて国民は、個人として尊重される。生命、自由及び幸福追求に対する国民の権利については、公共の福祉に反しない限り、立法その他の国政の上で、最大の尊重を必要とする。」と規定しているのであって、これは、国民の私生活上の自由が、警察権等の国家権力の行使に対しても保護されるべきことを規定しているものということができる。そして、個人の私生活上の自由の一つとして、何人も、その承諾なしに、みだりにその容ぼう・姿態（以下「容ぼう等」という。）を撮影されない自由を有するものというべきである。これを肖像権と称するかどうかは別として、少なくとも、警察官が、正当な理由もないのに、個人の容ぼう等を撮影することは、憲法13条の趣旨に反し、許されないものといわなければならない。しかしながら、個人の有する右自由も、国家権力の行使から無制限に保護されるわけでなく、公共の福祉のため必要のある場合には相当の制限を受けることは同条の規定に照らして明らかである。そして、犯罪を捜査することは、公共の福祉のため警察に与えられた国家作用の一つであり、警察にはこれを遂行すべき責務があるのであるか

ら（警察法2条1項参照）、警察官が犯罪捜査の必要上写真を撮影する際、その対象の中に犯人のみならず第三者である個人の容ぼう等が含まれても、これが許容される場合がありうるものといわなければならない。

そこで、その許容される限度について考察すると、身体の拘束を受けている被疑者の写真撮影を規定した刑訴法218条2項のような場合のほか、次のような場合には、撮影される本人の同意がなく、また裁判官の令状がなくても、警察官による個人の容ぼう等の撮影が許容されるものと解すべきである。すなわち、現に犯罪が行なわれもしくは行なわれたのち間がないと認められる場合であって、しかも証拠保全の必要性および緊急性があり、かつその撮影が一般的に許容される限度をこえない相当な方法をもって行なわれるときである。このような場合に行なわれる警察官による写真撮影は、その対象の中に、犯人の容ぼう等のほか、犯人の身辺または被写体とされた物件の近くにいたためこれを除外できない状況にある第三者である個人の容ぼう等を含むことになっても、憲法13条、35条に違反しないものと解すべきである。

これを本件についてみると、原判決およびその維持した第一審判決の認定するところによれば、昭和37年6月21日に行なわれた本件京都府学生自治会連合主催の集団行進集団示威運動においては、被告人の属する立命館大学学生集団はその先頭集団となり、被告人はその列外最先頭に立って行進していたが、右集団は京都市中京区木屋町通御池下る約30メートルの地点において、先頭より4列ないし5列目位まで7名ないし8名位の縦隊で道路のほぼ中央あたりを行進していたこと、そして、この状況は、京都府公安委員会が付した「行進隊列は4列縦隊とする」という許可条件および京都府中立売警察署長が道路交通法77条に基づいて付した「車道の東側端を進行する」という条件に外形的に違反する状況であったこと、そこで、許可条件違反等の違法状況の視察、採証の職務に従事していた京都府山科警察署勤務の巡査Aは、この状況を現認して、許可条件違反の事実ありと判断し、違法な行進の状態および違反者を確認するため、木屋町通の東側歩道上から前記被告人の属する集団の先頭部分の行進状況を撮影したというのであり、その方法も、行進者に特別な受忍義務を負わせるようなものではなかったというのである。

右事実によれば、A巡査の右写真撮影は、現に犯罪が行なわれていると認められる場合になされたものであって、しかも多数の者が参加し刻々と状況が変化する集団行動の性質からいって、証拠保全の必要性および緊急性が認められ、その方法も一般的に許容される限度をこえない相当なものであったと認められるから、たとえそれが被告人ら集団行進者の同意もなく、その意思に反して行

なわれたとしても、適法な職務執行行為であったといわなければならない。
　そうすると、これを刑法95条1項によって保護されるべき職務行為にあたるとした第一審判決およびこれを是認した原判決の判断には、所論のように、憲法13条、35条に違反する点は認められないから、論旨は理由がない。」

参考判例2　最決昭51・3・16刑集30巻2号187頁

【事案の概要：警察官による有形力の行使が適法な公務の執行にあたるか否かが争われた事例。】

　「なお、所論にかんがみ職権により判断すると、原判決が公務執行妨害罪の成立を認めたのは、次の理由により、これを正当として支持することができる。
　一　原判決が認定した公務執行妨害の事実は、公訴事実と同一であって、「被告人は、昭和48年8月31日午前6時ころ、岐阜市美江寺町2丁目15番地岐阜中警察署通信指令室において、岐阜県警察本部広域機動警察隊中濃方面隊勤務巡査K（当時31年）、同F（当時31年）の両名から、道路交通法違反の被疑者として取調べを受けていたところ、酒酔い運転についての呼気検査を求められた際、職務遂行中の右K巡査の左肩や制服の襟首を右手で掴んで引っ張り、左肩章を引きちぎったうえ、右手拳で同巡査の顔面を1回殴打するなどの暴行を加え、もって同巡査の職務の執行を妨害したものである。」というにある。
　原判決が認定した事件の経過は、㈠被告人は、昭和48年8月31日午前4時10分ころ、岐阜市東栄町2丁目13番地先路上で、酒酔い運転のうえ、道路端に置かれたコンクリート製のごみ箱などに自車を衝突させる物損事故を起し、間もなくパトロールカーで事故現場に到着したK、Fの両巡査から、運転免許証の提示とアルコール保有量検査のための風船への呼気の吹き込みを求められたが、いずれも拒否したので、両巡査は、道路交通法違反の被疑者として取調べるために被告人をパトロールカーで岐阜中警察署へ任意同行し、午前4時30分ころ同署に到着した、㈡被告人は、当日午前1時ころから午前4時ころまでの間にビール大びん1本、日本酒5合ないし6合位を飲酒した後、軽四輪自動車を運転して帰宅の途中に事故を起したもので、その際顔は赤くて酒のにおいが強く、身体がふらつき、言葉も乱暴で、外見上酒に酔っていることがうかがわれた、㈢被告人は、両巡査から警察署内の通信指令室で取調べを受け、運転免許証の提示要求にはすぐに応じたが、呼気検査については、道路交通法の規定に基づくものであることを告げられたうえ再三説得されてもこれに応じず、午前5時30分ころ被告人の父が両巡査の要請で来署して説得したものの聞き入れず、かえって反抗的態度に出たため、父は、説得をあきらめ、母が来

れば警察の要求に従う旨の被告人の返答を得て、自宅に呼びにもどった、㈣両巡査は、なおも説得をしながら、被告人の母の到着を待っていたが、午前6時ころになり、被告人からマッチを貸してほしいといわれて断わったとき、被告人が「マッチを取ってくる。」といいながら急に椅子から立ち上がって出入口の方へ小走りに行きかけたので、K巡査は、被告人が逃げ去るのではないかと思い、被告人の左斜め前に近寄り、「風船をやってからでいいではないか。」といって両手で被告人の左手首を掴んだところ、被告人は、すぐさま同巡査の両手を振り払い、その左肩や制服の襟首を右手で掴んで引っ張り、左肩章を引きちぎったうえ、右手拳で顔面を1回殴打し、同巡査は、その間、両手を前に出して止めようとしていたが、被告人がなおも暴れるので、これを制止しながら、F巡査と2人でこれを元の椅子に腰かけさせ、その直後公務執行妨害罪の現行犯人として逮捕した、㈤被告人がK巡査の両手を振り払った後に加えた一連の暴行は、同巡査から手首を掴まれたことに対する反撃というよりは、新たな攻撃というべきものであった、㈥被告人が頑強に呼気検査を拒否したのは、過去2回にわたり同種事犯で取調べを受けた際の経験などから、時間を引き延して体内に残留するアルコール量の減少を図るためであった、というのである。

　三　第一審判決は、K巡査による右の制止行為は、任意捜査の限界を超え、実質上被告人を逮捕するのと同様の効果を得ようとする強制力の行使であって、違法であるから、公務執行妨害罪にいう公務にあたらないうえ、被告人にとっては急迫不正の侵害であるから、これに対し被告人が右の暴行を加えたことは、行動の自由を実現するためにしたやむをえないものというべきであり、正当防衛として暴行罪も成立しない、と判示した。原判決は、これを誤りとし、K巡査が被告人の左斜め前に立ち、両手でその左手首を掴んだ行為は、その程度もさほど強いものではなかったから、本件による捜査の必要性、緊急性に照らすときは、呼気検査の拒否に対し翻意を促すための説得手段として客観的に相当と認められる実力行使というべきであり、また、その直後にK巡査がとった行動は、被告人の粗暴な振舞を制止するためのものと認められるので、同巡査のこれらの行動は、被告人を逮捕するのと同様の効果を得ようとする強制力の行使にあたるということはできず、かつ、被告人が同巡査の両手を振り払った後に加えた暴行は、反撃ではなくて新たな攻撃と認めるべきであるから、被告人の暴行はすべてこれを正当防衛と評価することができない、と判示した。

　四　原判決の事実認定のもとにおいて法律上問題となるのは、出入口の方へ向った被告人の左斜め前に立ち、両手でその左手首を掴んだK巡査の行為が、任意捜査において許容されるものかどうか、である。

捜査において強制手段を用いることは、法律の根拠規定がある場合に限り許容されるものである。しかしながら、ここにいう強制手段とは、有形力の行使を伴う手段を意味するものではなく、個人の意思を制圧し、身体、住居、財産等に制約を加えて強制的に捜査目的を実現する行為など、特別の根拠規定がなければ許容することが相当でない手段を意味するものであって、右の程度に至らない有形力の行使は、任意捜査においても許容される場合があるといわなければならない。ただ、強制手段にあたらない有形力の行使であっても、何らかの法益を侵害し又は侵害するおそれがあるのであるから、状況のいかんを問わず常に許容されるものと解するのは相当でなく、必要性、緊急性なども考慮したうえ、具体的状況のもとで相当と認められる限度において許容されるものと解すべきである。
　これを本件についてみると、K巡査の前記行為は、呼気検査に応じるよう被告人を説得するために行われたものであり、その程度もさほど強いものではないというのであるから、これをもって性質上当然に逮捕その他の強制手段にあたるものと判断することはできない。また、右の行為は、酒酔い運転の罪の疑いが濃厚な被告人をその同意を得て警察署に任意同行して、被告人の父を呼び呼気検査に応じるよう説得をつづけるうちに、被告人の母が警察署に来ればこれに応じる旨を述べたのでその連絡を被告人の父に依頼して母の来署を待っていたところ、被告人が急に退室しようとしたため、さらに説得のためにとられた抑制の措置であって、その程度もさほど強いものではないというのであるから、これをもって捜査活動として許容される範囲を超えた不相当な行為ということはできず、公務の適法性を否定することができない。したがって、原判決が、右の行為を含めてK巡査の公務の適法性を肯定し、被告人につき公務執行妨害罪の成立を認めたのは、正当というべきである。」

参考判例3　最決平11・12・16刑集53巻9号1327頁

【事案の概要：検証令状による電話の傍受の適否について判断した事例。】
　「一　弁護人S外3名の上告趣意のうち、憲法違反をいう点について
　1　所論は、電話の通話内容を通話当事者双方の同意を得ずに傍受すること（以下「電話傍受」という。）は、本件当時、捜査の手段として法律に定められていない強制処分であるから、それを許可する令状の発付及びこれに基づく電話傍受は、刑訴法197条1項ただし書に規定する強制処分法定主義に反し違法であるのみならず、憲法31条、35条に違反し、ひいては、憲法13条、21条2項に違反すると主張する。

2　電話傍受は、通信の秘密を侵害し、ひいては、個人のプライバシーを侵害する強制処分であるが、一定の要件の下では、捜査の手段として憲法上全く許されないものではないと解すべきであって、このことは所論も認めるところである。そして、重大な犯罪に係る被疑事件について、被疑者が罪を犯したと疑うに足りる十分な理由があり、かつ、当該電話により被疑事実に関連する通話の行われる蓋然性があるとともに、電話傍受以外の方法によってはその罪に関する重要かつ必要な証拠を得ることが著しく困難であるなどの事情が存する場合において、電話傍受により侵害される利益の内容、程度を慎重に考慮した上で、なお電話傍受を行うことが犯罪の捜査上真にやむを得ないと認められるときには、法律の定める手続に従ってこれを行うことも憲法上許されると解するのが相当である。

　3　そこで、本件当時、電話傍受が法律に定められた強制処分の令状により可能であったか否かについて検討すると、電話傍受を直接の目的とした令状は存していなかったけれども、次のような点にかんがみると、前記の一定の要件を満たす場合に、対象の特定に資する適切な記載がある検証許可状により電話傍受を実施することは、本件当時においても法律上許されていたものと解するのが相当である。

　㈠電話傍受は、通話内容を聴覚により認識し、それを記録するという点で、五官の作用によって対象の存否、性質、状態、内容等を認識、保全する検証としての性質をも有するということができる。

　㈡裁判官は、捜査機関から提出される資料により、当該電話傍受が前記の要件を満たすか否かを事前に審査することが可能である。

　㈢検証許可状の「検証すべき場所若しくは物」（刑訴法219条1項）の記載に当たり、傍受すべき通話、傍受の対象となる電話回線、傍受実施の方法及び場所、傍受ができる期間をできる限り限定することにより、傍受対象の特定という要請を相当程度満たすことができる。

　㈣身体検査令状に関する同法218条5項は、その規定する条件の付加が強制処分の範囲、程度を減縮させる方向に作用する点において、身体検査令状以外の検証許可状にもその準用を肯定し得ると解されるから、裁判官は、電話傍受の実施に関し適当と認める条件、例えば、捜査機関以外の第三者を立ち会わせて、対象外と思料される通話内容の傍受を速やかに遮断する措置を採らせなければならない旨を検証の条件として付することができる。

　㈤なお、捜査機関において、電話傍受の実施中、傍受すべき通話に該当するかどうかが明らかでない通話について、その判断に必要な限度で、当該通話の

傍受をすることは、同法129条所定の「必要な処分」に含まれると解し得る。

　もっとも、検証許可状による場合、法律や規則上、通話当事者に対する事後通知の措置や通話当事者からの不服申立ては規定されておらず、その点に問題があることは否定し難いが、電話傍受は、これを行うことが犯罪の捜査上真にやむを得ないと認められる場合に限り、かつ、前述のような手続に従うことによって初めて実施され得ることなどを考慮すると、右の点を理由に検証許可状による電話傍受が許されなかったとまで解するのは相当でない。

　4　これを本件についてみると、原判決及びその是認する第一審判決の認定によれば、本件電話傍受の経緯は、次のとおりである。

　㈠北海道警察旭川方面本部の警察官は、旭川簡易裁判所の裁判官に対し、氏名不詳の被疑者らに対する覚せい剤取締法違反被疑事件について、電話傍受を検証として行うことを許可する旨の検証許可状を請求した。警察官の提出した資料によれば、以下の事情が明らかであった。すなわち、犯罪事実は、営利目的による覚せい剤の譲渡しであり、その嫌疑は明白であった。同犯罪は、暴力団による組織的、継続的な覚せい剤密売の一環として行われたものであって、密売の態様は、暴力団組事務所のあるマンションの居室に設置された電話で客から覚せい剤買受けの注文を受け、その客に一定の場所に赴くよう指示した上、右場所で覚せい剤の譲渡しに及ぶというものであったが、電話受付担当者と譲渡し担当者は別人であり、それらの担当者や両者の具体的連絡方法などを特定するに足りる証拠を収集することができなかった。右居室には2台の電話機が設置されており、1台は覚せい剤買受けの注文を受け付けるための専用電話である可能性が極めて高く、もう1台は受付担当者と譲渡し担当者との間の覚せい剤密売に関する連絡用電話である可能性があった。そのため、右2台に関する電話傍受により得られる証拠は、覚せい剤密売の実態を解明し被疑者らを特定するために重要かつ必要なものであり、他の手段を用いて右目的を達成することは著しく困難であった。

　㈡裁判官は、検証すべき場所及び物を「日本電信電話株式会社旭川支店113サービス担当試験室及び同支店保守管理にかかる同室内の機器」、検証すべき内容を「(前記2台の電話)に発着信される通話内容及び同室内の機器の状況(ただし、覚せい剤取引に関する通話内容に限定する)」、検証の期間を「平成6年7月22日から同月23日までの間(ただし、各日とも午後5時00分から午後11時00分までの間に限る)」、検証の方法を「地方公務員2名を立ち会わせて通話内容を分配器のスピーカーで拡声して聴取するとともに録音する。その際、対象外と思料される通話内容については、スピーカーの音声遮断及び録音中止

のため、立会人をして直ちに分配器の電源スイッチを切断させる。」と記載した検証許可状を発付した。

㈢警察官は、右検証許可状に基づき、右記載の各制限を遵守して、電話傍受を実施した。

右の経緯に照らすと、本件電話傍受は、前記の一定の要件を満たす場合において、対象をできる限り限定し、かつ、適切な条件を付した検証許可状により行われたものと認めることができる。

5　以上のとおり、電話傍受は本件当時捜査の手段として法律上認められていなかったということはできず、また、本件検証許可状による電話傍受は法律の定める手続に従って行われたものと認められる。所論は、右と異なる解釈の下に違憲をいうものであって、その前提を欠くものといわなければならない。」

「裁判官元原利文の反対意見は、次のとおりである。

私は、電話傍受が本件当時捜査の手段として法律上認められていなかった強制処分であり、本件電話傍受により得られた証拠の証拠能力は否定されるべきであるから、これを肯定した原判決は破棄すべきものと考える。以下にその理由を述べる。

一　電話傍受は、憲法21条2項が保障する通信の秘密や、憲法13条に由来するプライバシーの権利に対する重大な制約となる行為であるから、よしんばこれを行うとしても、憲法35条が定める令状主義の規制に服するとともに、憲法31条が求める適正な手続が保障されなければならない。電話傍受は、多数意見のいうとおり、検証としての性質をも有することは否めないところであるが、傍受の対象に犯罪と無関係な通話が混入する可能性は、程度の差はあっても否定することができず、傍受の実施中、傍受すべき通話に該当するか否かを判断するために選別的な聴取を行うことは避けられないものである。多数意見は、そのような選別的な聴取は、刑訴法129条所定の「必要な処分」に含まれると解し得るというが、犯罪に関係のある通話についてのみ検証が許されるとしながら、前段階の付随的な処分にすぎない「必要な処分」に無関係通話の傍受を含めることは、不合理というべきである。電話傍受に不可避的に伴う選別的な聴取は、検証のための「必要な処分」の範囲を超えるものであり、この点で、電話傍受を刑訴法上の検証として行うことには無理があるといわなければならない。

二　電話傍受にあっては、その性質上令状の事前呈示の要件（刑訴法222条1項、110条）を満たすことができないのはやむを得ないところであるが、適正手続の保障の見地から、少なくとも傍受終了後合理的な期間内に処分対象者

に対し処分の内容について告知をすることが必要であるというべきである。また、電話傍受は、情報の押収という側面を有するから、違法な傍受が行われたときは、処分対象者に対し原状回復のための不服申立ての途が保障されていなければならない。ところが、検証については、郵便物等の押収に関する処分対象者への事後通知（同法100条3項）のような規定はなく、また、「押収に関する裁判又は処分」として準抗告の対象とすること（同法429条1項、430条1項、2項）も認められていない。このように事後の告知及び不服申立ての各規定を欠く点で、電話傍受を刑訴法上の検証として行うことは、許されないというべきである。多数意見は、右の点を理由に検証許可状により電話傍受を行うことが許されなかったとまで解するのは相当でないというが、適正手続の保障への配慮が不十分であり、賛同することができない。

三　以上の2点において、電話傍受を刑訴法上の検証として行うことはできないと解され、他に本件当時電話傍受を捜査の手段として許容する法律上の根拠が存したと認めることもできない。そうすると、電話傍受は本件当時捜査の手段として法律上認められていなかったものであり、検証許可状により行われた本件電話傍受は違法であるといわざるを得ない。

そして、右違法は、法律上許容されない令状に基づき強制処分を行ったという点において、令状主義の精神を没却するような重大な違法に当たることが明らかであるから、本件電話傍受により得られた検証調書等の証拠能力は否定されるべきである（最高裁昭和51年(あ)第865号同53年9月7日第一小法廷判決・刑集32巻6号1672頁参照）。よって、右証拠の証拠能力を肯定した原判決は法令に違反し、その違法は判決に影響を及ぼし、原判決を破棄しなければ著しく正義に反するものと認められる。」

参考判例4　東京高判平22・12・8東高時報61巻（刑事）317頁

【事案の概要：住居における会話を捜査機関が録音したことの適否が争われた事例。】

「……関係証拠……によれば、甲16等の作成経緯は以下のとおりと認められる。

ア　捜査官は、捜査の過程で被疑者として浮上した共犯者の1人であるB男の行動確認を実施して、東京都新宿区内のビル5階のマンション一室がA男ら本件各詐欺の実行行為者グループのアジトであると解明し、アジトの1階上の6階の事務所を賃借した（以下、同事務所の外のベランダを「6階ベランダ」という。）。

イ　アジトの外のベランダで、A男（当時は氏名不詳）が何者か（その後被告人と判明）と携帯電話による通話を開始したことから、捜査官は、6階ベランダで、A男の肉声を市販のカセットテープに録音した（以下「本件録音」という。）。しかし、通話の相手方である被告人の声は録音されていない。

ウ　甲114は、A男が本件録音の内容を確認した上で、その内容を記載した上申書であり、甲16は、A男が本件録音の内容の趣旨を説明した検察官調書である。

(2)　以上を前提に検討する。

ア　刑事訴訟法は、通信の当事者のいずれの同意も得ないで電気通信の傍受を行う強制処分については、別に法律（通信傍受法）に定めるところによる旨規定していて（刑事訴訟法222条の2）、「電気通信の傍受」は、検証許可状（同法218条1項）等の同法所定の令状では行えず、通信傍受法所定の下でのみ許されている。

通信傍受法は、「通信」について、「電話その他の電気通信」であって、「その伝送路の全部若しくは一部が有線」「であるもの又はその伝送路に交換設備があるものをいう」とし、「(有線以外の方式で電波その他の電磁波を送り、又は受けるための電気的設備に附属する有線を除く。)」とされていて、伝送路の一部が有線である携帯電話による通信も該当するものと解される。しかし、通信傍受法では、「傍受」について、「現に行われている他人間の通信について、その内容を知るため、当該通信の当事者のいずれの同意も得ないで、これを受けること」とされている。本件録音は、当事者のいずれの同意も得ないで行われたものではあるが、会話の相手がその場に存在せず、発話者（A男）の一方的な発言の内容を録音したものであって、A男の使用する携帯電話と被告人が使用する電話等の間にある通話そのものを受けたものではないから、「傍受」には該当しない。

所論は失当である。

イ　所論は、通信傍受法の対象外の事件について、何ら法的規制の及ばない手段で情報収集をすることが許容されるのであれば、まさに、「潜脱」以外の何ものでもない、等と主張するから、任意捜査としての適法性を争う趣旨に帰するものといえる。

そこで検討すると、〔1〕捜査官は、上記「(1)ア」記載の賃借権に基づいて6階ベランダに立ち入っているから、そのこと自体に違法視すべき点はない。〔2〕A男は、マンション室内ではなく室外のベランダで発話している上、捜査官は、6階ベランダにいて、階下の5階ベランダから聞こえてくるA男の発

話を録音できているから、A男は、それなりに大きな声を出していたといえ、会話の秘密性を保護する態様といえる、電話通話者同士でしか聞こえないようなヒソヒソ話といった通話をしていたわけではないから、プライバシー保護の要請は低いものといえる。そうすると、本件録音は、被録音者の同意を得ていない秘密録音ではあるものの、いまだ任意捜査の範囲を逸脱したものとはいえず、刑事訴訟法上も違法ではない。また、後に指摘したところによれば、A男は、本件録音がされたことについて、事後的にせよ同意したものと解されるから、本件録音の適法性がより裏付けられているといえる。

　ウ　所論は、違法収集証拠の主張適格という点でも問題を含む主張になっているから、補足する。

　本件録音によるプライバシー権等の権利侵害を主張する適格を有するのは、通話内容を録音されていない被告人ではなく、自己の発言を録音されたA男のみと解される。そして、A男は、本件録音の違法性等を主張しておらず、かえって、甲16における同人の供述内容に照らせば、その適法性を前提としていたこと（更には、本件録音がされたことを事後的にせよ同意していたこと）がうかがわれる。そうすると、そうした主張適格を有するA男自身が違法を主張しない以上、被告人が、本件録音に基づいて作成された甲16等が違法収集証拠であるなどと主張することは許されないというべきである。

　この点でも、所論は失当である。

　3　以上によれば、訴訟手続の法令違反の論旨も理由がない。」

参考判例5　最決平20・4・15刑集62巻5号1398頁

【事案の概要：捜査機関が公道上やパチンコ店内における被告人の容ぼう等をビデオ撮影したことの適否が争われた事例。また、公道上のごみ集積場に置かれたごみ袋の中からダウンベスト等を領置したことの適否が争われた事例。】

　「弁護人Tの上告趣意は、単なる法令違反、事実誤認の主張であり、被告人本人の上告趣意のうち、判例違反をいう点は、所論引用の各判例（最高裁昭和40年（あ）第1187号同44年12月24日大法廷判決・刑集23巻12号1625頁、最高裁昭和59年（あ）第1025号同61年2月14日第二小法廷判決・刑集40巻1号48頁）は、所論のいうように、警察官による人の容ぼう等の撮影が、現に犯罪が行われ又は行われた後間がないと認められる場合のほかは許されないという趣旨まで判示したものではないから、前提を欠き、その余は、憲法違反をいう点を含め、実質は単なる法令違反、事実誤認の主張であって、いずれも刑訴法405条の上告理由に当たらない。

なお、所論にかんがみ職権で判断する。
　1　原判決及びその是認する第一審判決の認定によれば、本件捜査経過等に係る事実関係は、以下のとおりである。
　(1)本件は、金品強取の目的で被害者を殺害して、キャッシュカード等を強取し、同カードを用いて現金自動預払機から多額の現金を窃取するなどした強盗殺人、窃盗、窃盗未遂の事案である。
　(2)平成14年11月、被害者が行方不明になったとしてその姉から警察に対し捜索願が出されたが、行方不明となった後に現金自動預払機により被害者の口座から多額の現金が引き出され、あるいは引き出されようとした際の防犯ビデオに写っていた人物が被害者とは別人であったことや、被害者宅から多量の血こんが発見されたことから、被害者が凶悪犯の被害に遭っている可能性があるとして捜査が進められた。
　(3)その過程で、被告人が本件にかかわっている疑いが生じ、警察官は、前記防犯ビデオに写っていた人物と被告人との同一性を判断するため、被告人の容ぼう等をビデオ撮影することとし、同年12月ころ、被告人宅近くに停車した捜査車両の中から、あるいは付近に借りたマンションの部屋から、公道上を歩いている被告人をビデオカメラで撮影した。さらに、警察官は、前記防犯ビデオに写っていた人物がはめていた腕時計と被告人がはめている腕時計との同一性を確認するため、平成15年1月、被告人が遊技していたパチンコ店の店長に依頼し、店内の防犯カメラによって、あるいは警察官が小型カメラを用いて、店内の被告人をビデオ撮影した。
　(4)また、警察官は、被告人及びその妻が自宅付近の公道上にあるごみ集積所に出したごみ袋を回収し、そのごみ袋の中身を警察署内において確認し、前記現金自動預払機の防犯ビデオに写っていた人物が着用していたものと類似するダウンベスト、腕時計等を発見し、これらを領置した。
　(5)前記(3)の各ビデオ撮影による画像が、防犯ビデオに写っていた人物と被告人との同一性を専門家が判断する際の資料とされ、その専門家作成の鑑定書等並びに前記ダウンベスト及び腕時計は、第一審において証拠として取り調べられた。
　2　所論は、警察官による被告人に対する前記各ビデオ撮影は、十分な嫌疑がないにもかかわらず、被告人のプライバシーを侵害して行われた違法な捜査手続であり、また、前記ダウンベスト及び腕時計の各領置手続は、令状もなくその占有を取得し、プライバシーを侵害した違法な捜査手続であるから、前記鑑定書等には証拠能力がないのに、これらを証拠として採用した第一審の訴訟

手続を是認した原判断は違法である旨主張する。

しかしながら、前記事実関係及び記録によれば、捜査機関において被告人が犯人である疑いを持つ合理的な理由が存在していたものと認められ、かつ、前記各ビデオ撮影は、強盗殺人等事件の捜査に関し、防犯ビデオに写っていた人物の容ぼう、体型等と被告人の容ぼう、体型等との同一性の有無という犯人の特定のための重要な判断に必要な証拠資料を入手するため、これに必要な限度において、公道上を歩いている被告人の容ぼう等を撮影し、あるいは不特定多数の客が集まるパチンコ店内において被告人の容ぼう等を撮影したものであり、いずれも、通常、人が他人から容ぼう等を観察されること自体は受忍せざるを得ない場所におけるものである。以上からすれば、これらのビデオ撮影は、捜査目的を達成するため、必要な範囲において、かつ、相当な方法によって行われたものといえ、捜査活動として適法なものというべきである。

ダウンベスト等の領置手続についてみると、被告人及びその妻は、これらを入れたごみ袋を不要物として公道上のごみ集積所に排出し、その占有を放棄していたものであって、排出されたごみについては、通常、そのまま収集されて他人にその内容が見られることはないという期待があるとしても、捜査の必要がある場合には、刑訴法221条により、これを遺留物として領置することができるというべきである。また、市区町村がその処理のためにこれを収集することが予定されているからといっても、それは廃棄物の適正な処理のためのものであるから、これを遺留物として領置することが妨げられるものではない。

したがって、前記各捜査手続が違法であることを理由とする所論は前提を欠き、原判断は正当として是認することができる。」

参考判例6　最決平21・9・28刑集63巻7号868頁

「なお、所論にかんがみ、職権により判断する。

1　原判決及びその是認する第一審判決の認定並びに記録によれば、本件捜査に係る事実関係は、次のとおりである。

すなわち、大阪府警察本部生活安全部所属の警察官らは、かねてから覚せい剤密売の嫌疑で大阪市内の有限会社A（以下「本件会社」という。）に対して内偵捜査を進めていたが、本件会社関係者が東京の暴力団関係者から宅配便により覚せい剤を仕入れている疑いが生じたことから、宅配便業者の営業所に対して、本件会社の事務所に係る宅配便荷物の配達状況について照会等をした。その結果、同事務所には短期間のうちに多数の荷物が届けられており、それらの配送伝票の一部には不審な記載のあること等が判明した。そこで、警察官ら

は、同事務所に配達される予定の宅配便荷物のうち不審なものを借り出してその内容を把握する必要があると考え、上記営業所の長に対し、協力を求めたところ、承諾が得られたので、平成16年5月6日から同年7月2日にかけて、5回にわたり、同事務所に配達される予定の宅配便荷物各1個を同営業所から借り受けた上、関西空港内大阪税関においてエックス線検査を行った。その結果、1回目の検査においては覚せい剤とおぼしき物は発見されなかったが、2回目以降の検査においては、いずれも、細かい固形物が均等に詰められている長方形の袋の射影が観察された（以下、これら5回の検査を「本件エックス線検査」という。）。なお、本件エックス線検査を経た上記各宅配便荷物は、検査後、上記営業所に返還されて通常の運送過程下に戻り、上記事務所に配達された。また、警察官らは、本件エックス線検査について、荷送人や荷受人の承諾を得ていなかった。

　2　所論は、本件エックス線検査は、任意捜査の範囲を超えた違法なものであり、本件において事実認定の用に供された覚せい剤及び覚せい剤原料（以下「本件覚せい剤等」という。）は、同検査により得られた射影の写真に基づき取得した捜索差押許可状により得られたものであるから、違法収集証拠として排除されなければならないと主張する。

　3　そこで、前記の事実関係を前提に検討すると、本件エックス線検査は、荷送人の依頼に基づき宅配便業者の運送過程下にある荷物について、捜査機関が、捜査目的を達成するため、荷送人や荷受人の承諾を得ることなく、これに外部からエックス線を照射して内容物の射影を観察したものであるが、その射影によって荷物の内容物の形状や材質をうかがい知ることができる上、内容物によってはその品目等を相当程度具体的に特定することも可能であって、荷送人や荷受人の内容物に対するプライバシー等を大きく侵害するものであるから、検証としての性質を有する強制処分に当たるものと解される。そして、本件エックス線検査については検証許可状の発付を得ることが可能だったのであって、検証許可状によることなくこれを行った本件エックス線検査は、違法であるといわざるを得ない。」

● 発展問題

①本設例において、Xら共犯者の1人であるZに接触して、Zから捜査機関側の内偵者になる旨の承諾を得た上で、Zに設例のXらの会話を録音させることは許されるか。

②本設例において、Xの動静を監視するために、Xが使用している自動車にX

の承諾を得ずにＧＰＳ装置を取り付け、1時間ごとにXの自動車の位置がわかるように電波を発信させた場合、これを無令状で行うことは許されるか。
③本設例において、仮に会話盗聴について検証令状が発付された場合、Xらがマンションの703号室を不在にしている間に、Kらが無断で同室内に立ち入り、集音器を取り付けることは許されるか。
④刑事訴訟法が明文規定を設けていないような捜査手段がとられた場合、その適否を考える判断枠組みはどのようなものか。
⑤裁判所は、刑事訴訟法が明文では予定していない種類の捜査手法やその執行態様を判例によって適法にすることができるか。できるとすれば、それはどのような場合か。参考判例を手がかりに検討せよ。

参考判例7　最決昭55・10・23刑集34巻5号300頁

「しかしながら、所論にかんがみ、職権をもって調査するに、本件の採尿検査を違法であるとした原判断は、次の理由により法令に違反したというべきである。
　一　原判決の認定した本件採尿検査の経過は、次のとおりである。(1)昭和52年6月28日午前10時ころ、愛知県江南警察署警察官Mらは、被告人を覚せい剤の譲渡しの被疑事実で逮捕した。(2)右Mは、被告人の両腕に存する静脈注射痕様のもの、その言語・態度などに照らし、覚せい剤の自己使用の余罪の嫌疑を抱き、尿の任意提出を再三にわたり求めたが、被告人は拒絶し続けた。(3)翌29日午後4時ころ、同署は、強制採尿もやむなしとして身体検査令状及び鑑定処分許可状の発付を得た。(4)同日夕刻鑑定受託者である医師Oは、強制採尿に着手するに先立ち、被告人に自然排尿の機会を与えたのち、同日午後7時ころ、同署医務室のベッド上において、数人の警察官に身体を押えつけられている被告人から、ゴム製導尿管（カテーテル）を尿道に挿入して約100ＣＣの尿を採取した。(5)被告人は、採尿の開始直前まで採尿を拒否して激しく抵抗したが、開始後はあきらめてさして抵抗しなかった。(6)同署は、同医師から、採取した尿の任意提出を受けてこれを領置し、右尿中の覚せい剤含有の有無等につき愛知県警察本部犯罪科学研究所に対し鑑定の嘱託手続をとった。
　二　尿を任意に提出しない被疑者に対し、強制力を用いてその身体から尿を採取することは、身体に対する侵入行為であるとともに屈辱感等の精神的打撃を与える行為であるが、右採尿につき通常用いられるカテーテルを尿道に挿入して尿を採取する方法は、被採取者に対しある程度の肉体的不快感ないし抵抗感を与えるとはいえ、医師等これに習熟した技能者によって適切に行われる限

り、身体上ないし健康上格別の障害をもたらす危険性は比較的乏しく、仮に障害を起こすことがあっても軽微なものにすぎないと考えられるし、また、右強制採尿が被疑者に与える屈辱感等の精神的打撃は、検証の方法としての身体検査においても同程度の場合がありうるのであるから、被疑者に対する右のような方法による強制採尿が捜査手続上の強制処分として絶対に許されないとすべき理由はなく、被疑事件の重大性、嫌疑の存在、当該証拠の重要性とその取得の必要性、適当な代替手段の不存在等の事情に照らし、犯罪の捜査上真にやむをえないと認められる場合に、最終的手段として、適切な法律上の手続を経てこれを行うことも許されてしかるべきであり、ただ、その実施にあたっては、被疑者の身体の安全とその人格の保護のため十分な配慮が施されるべきものと解するのが相当である。

そこで、右の適切な法律上の手続について考えるのに、体内に存在する尿を犯罪の証拠物として強制的に採取する行為は捜索・差押の性質を有するものとみるべきであるから、捜査機関がこれを実施するには捜索差押令状を必要とすると解すべきである。ただし、右行為は人権の侵害にわたるおそれがある点では、一般の捜索・差押と異なり、検証の方法としての身体検査と共通の性質を有しているので、身体検査令状に関する刑訴法218条5項が右捜索差押令状に準用されるべきであって、令状の記載要件として、強制採尿は医師をして医学的に相当と認められる方法により行わせなければならない旨の条件の記載が不可欠であると解さなければならない。

　三　これを本件についてみるのに、覚せい剤取締法41条の2第1項3号、19条に該当する覚せい剤自己使用の罪は10年以下の懲役刑に処せられる相当重大な犯罪であること、被告人には覚せい剤の自己使用の嫌疑が認められたこと、被告人は犯行を徹底的に否認していたため証拠として被告人の尿を取得する必要性があったこと、被告人は逮捕後尿の任意提出を頑強に拒み続けていたこと、捜査機関は、従来の捜査実務の例に従い、強制採尿のため、裁判官から身体検査令状及び鑑定処分許可状の発付を受けたこと、被告人は逮捕後33時間経過してもなお尿の任意提出を拒み、他に強制採尿に代わる適当な手段は存在しなかったこと、捜査機関はやむなく右身体検査令状及び鑑定処分許可状に基づき、医師に採尿を嘱託し、同医師により適切な医学上の配慮の下に合理的かつ安全な方法によって採尿が実施されたこと、右医師による採尿に対し被告人が激しく抵抗したので数人の警察官が被告人の身体を押えつけたが、右有形力の行使は採尿を安全に実施するにつき必要最小限度のものであったことが認められ、本件強制採尿の過程は、令状の種類及び形式の点については問題があ

るけれども、それ以外の点では、法の要求する前記の要件をすべて充足していることが明らかである。

　令状の種類及び形式の点では、本来は前記の適切な条件を付した捜索差押令状が用いられるべきであるが、本件のように従来の実務の大勢に従い、身体検査令状と鑑定処分許可状の両者を取得している場合には、医師により適当な方法で採尿が実施されている以上、法の実質的な要請は十分充たされており、この点の不一致は技術的な形式的不備であって、本件採尿検査の適法性をそこなうものではない。」

参考判例8　最決平6・9・16刑集48巻6号420頁（会津若松採尿事件）

「なお、所論にかんがみ、職権により判断するに、原判決が被告人から採取された尿に関する鑑定書の証拠能力を認めたのは、次の理由により、結論において正当である。

　一　原判決及びその是認する第一審判決の認定並びに記録によれば、事件の経過は、次のとおりと認められる。
……

　6　午後3時26分ころ、本件現場で指揮を執っていた会津若松警察署K警部が令状請求のため現場を離れ、会津若松簡易裁判所に対し、被告人運転車両及び被告人の身体に対する各捜索差押許可状並びに被告人の尿を医師をして強制採取させるための捜索差押許可状（以下「強制採尿令状」という。）の発付を請求した。午後5時2分ころ、右各令状が発付され、午後5時43分ころから、本件現場において、被告人の身体に対する捜索が被告人の抵抗を排除して執行された。

　7　午後5時45分ころ、同警察署小林安雄巡査部長らが、被告人の両腕をつかみ被告人を警察車両に乗車させた上、強制採尿令状を呈示したが、被告人が興奮して同巡査部長に頭を打ち付けるなど激しく抵抗したため、被告人運転車両に対する捜索差押手続を先行させた。ところが、被告人の興奮状態が続き、なおも暴れて抵抗しようとしたため、同巡査部長らは、午後6時32分ころ、両腕を制圧して被告人を警察車両に乗車させたまま、本件現場を出発し、午後7時10分ころ、同県会津若松市鶴賀町所在の総合会津中央病院に到着した。午後7時40分ころから52分ころまでの間、同病院において、被告人をベッドに寝かせ、医師がカテーテルを使用して被告人の尿を採取した。

　二　以上の経過に即して被告人の尿の鑑定書の証拠能力について検討する。
……

3 次に、強制採尿手続の違法の有無についてみる。

(1)記録によれば、強制採尿令状発付請求に当たっては、職務質問開始から午後1時すぎころまでの被告人の動静を明らかにする資料が疎明資料として提出されたものと推認することができる。

そうすると、本件の強制採尿令状は、被告人を本件現場に留め置く措置が違法とされるほど長期化する前に収集された疎明資料に基づき発付されたものと認められ、その発付手続に違法があるとはいえない。

(2)身柄を拘束されていない被疑者を採尿場所へ任意に同行することが事実上不可能であると認められる場合には、強制採尿令状の効力として、採尿に適する最寄りの場所まで被疑者を連行することができ、その際、必要最小限度の有形力を行使することができるものと解するのが相当である。けだし、そのように解しないと、強制採尿令状の目的を達することができないだけでなく、このような場合に右令状を発付する裁判官は、連行の当否を含めて審査し、右令状を発付したものとみられるからである。その場合、右令状に、被疑者を採尿に適する最寄りの場所まで連行することを許可する旨を記載することができることはもとより、被疑者の所在場所が特定しているため、そこから最も近い特定の採尿場所を指定して、そこまで連行することを許可する旨を記載することができることも、明らかである。

本件において、被告人を任意に採尿に適する場所まで同行することが事実上不可能であったことは、前記のとおりであり、連行のために必要限度を超えて被疑者を拘束したり有形力を加えたものとはみられない。また、前記病院における強制採尿手続にも、違法と目すべき点は見当たらない。

したがって、本件強制採尿手続自体に違法はないというべきである。」

● 参考文献

- 井上正仁『強制捜査と任意捜査』（有斐閣、2006年）2-22頁、44-177頁、
- 井上正仁「強制処分と任意処分」新・法律学の争点シリーズ『刑事訴訟法の争点』（有斐閣、2013年）54頁以下
- 川出敏裕「任意捜査の限界」『小林充先生・佐藤文哉先生古稀祝賀刑事裁判論集 下巻』（判例タイムズ社、2006年）23頁以下
- 川出敏裕「強制処分の効力について」井上正仁ほか編『三井誠先生古稀祝賀論文集』（有斐閣、2012年）517頁以下
- 緑大輔「刑事手続上の対物的処分における権利・利益の帰属と強制処分性」刑法雑誌51巻2号（2012年）17頁以下

第10章

告 訴

角田雄彦

● 本章のねらい

告訴の意義や手続を確認すると共に、告訴が訴訟条件とされている親告罪についての訴追との関係で、告訴の効力に関する諸原則の理解を深める。

● キーワード

告訴、親告罪、告訴期間、告訴不可分の原則、告訴の追完、告発、請求

● 体系書の関係部分

池田・前田	宇藤ほか	上口	白取	田口	田宮
96-98、251-254 頁	47-49 頁	77-80 頁	96-101 頁	66-69、199 頁	52-56、228-229 頁
福井	松尾（上）	三井	光藤（Ⅰ）	安冨	
82-84、253-254 頁	40-41、158-161 頁	（Ⅰ）110-113 頁 （Ⅱ）106-110 頁	36-37、187-189 340-343、358-360 頁	68-82、296-300 頁	

● 設 例

Xは、12歳の少女Vにわいせつ行為をする目的でVを誘拐し、Vにわいせつ行為に及んだというわいせつ目的誘拐、強制わいせつの被疑事実で逮捕・勾留された。検察官がVの実父Uから事情を聞いたところ、Uは、検察官に対し、「娘VがXによる犯行の被害に遭ったことは間違いないと思うが、Vの将来のためにも、Vがわいせつ行為の被害に遭ったことについては、決して事件にして欲しくない」と述べた。これを受けて、検察官は、Uに対し、「しかし、Xを野放しにするのは正義に反します。誘拐についてだけでも起訴して、Xを刑

務所に入れることに協力して下さい」と頼んだ。すると、Uが「Vがわいせつ行為の被害に遭ったことが表沙汰にならないのであれば、Xを誘拐犯人として厳罰にして欲しいし、そのことには協力する」と述べたので、検察官は、Uから、Xが未成年者であるVを誘拐した事実を対象とする告訴状の提出を受けた。

その後、検察官は、Xを被告人として、Vを被害者とするわいせつ目的誘拐罪および強制わいせつ罪の訴因について、公訴提起した。そして、告訴の存在を立証する証拠として、前記のUの告訴状の取調べを請求することを予定していたので、これを含む請求予定証拠をXの弁護人に開示した。

Xの弁護人は、開示されたUの告訴状を閲覧すると、わいせつ目的誘拐罪や強制わいせつ罪を対象として処罰を求める趣旨を含んだものではなかったので、親告罪に関する告訴がなく、訴訟条件を欠いた公訴提起であると主張し、公訴棄却判決を求めるという弁護方針を立てた。

さらに、Xの弁護人は、Uと連絡を取ったところ、Uが検察官と前記のとおりのやり取りをしていたことを確認したので、Uに「私は、未成年の長女Vに対するわいせつ目的誘拐罪や強制わいせつ罪を対象として処罰を求める意思は一切ありませんでした。訴追することを許したのは、Vのわいせつ行為による被害が決して表沙汰とならない未成年者誘拐罪を対象とする限りでのことでした。私を騙した検察官には強い憤りを覚えます」という内容で供述書を作成してもらった。

● 基本知識の確認

① 告訴とは何か。被害届とは、どのように異なるか。
② 告訴をすることができるのは誰か。
③ 告訴をするには、どのような手続が必要か。
④ 親告罪とは何か。一定の犯罪が親告罪とされている趣旨はいかなるものか。全ての親告罪でその趣旨は共通しているか。
⑤ 親告罪の告訴ができる期間について、どのような定めがあるか。期間の原則的な定めに、いくつかの例外が設けられているが、それはなぜか。
⑥ 告訴不可分の原則とは何か。
⑦ 告発や請求とは何か。告訴とは、どのように異なっているか。

● 判例についての問い

① 参考判例1は、告訴や告発が訴訟条件とされている犯罪事件について、強制捜査を開始するには、告訴や告発がすでになされていることを要すると考え

第 10 章 告　訴

ているか。その理由はどのようなものか。任意捜査についてはどうか。
②**参考判例2**は、Aに対する恐喝未遂罪とBに対する恐喝未遂罪の二つの事実が訴因とされている場合、両罪が一所為数法（観念的競合）の関係にあるとしても、Aによる告訴があるだけで、Bによる告訴がない場合には、Bに対する恐喝未遂罪の訴因については訴訟条件を欠くと判断している。この判断は、告訴不可分の原則に反しないか。反しないとすれば、それはなぜか。
③**参考判例3**は、目的が特定されていない誘拐の事実に関してなされた告訴の効力について、(i)わいせつ目的誘拐罪の訴因事実に及ぶとし、さらに、(ii)同罪と牽連犯の関係にある強制わいせつ罪の訴因事実にも及ぶとしている。(i)と(ii)のそれぞれの根拠として、いかなる論理を示しているか。
④**参考判例3**が、事案について、告訴不可分の原則を適用しても「被害者の意思を無視したり、親告罪を設けた立法の趣旨を没却することにはならない」としたのは、正当か。
⑤**参考判例3**の事案で、Xがあえて目的の特定されていない誘拐の事実のみについて告訴したのは、長女にわいせつ行為がなされた事実を伏せるためであった場合にも、結論は異ならないか。
⑥**参考判例4**では、議院証言法6条1項の偽証罪に関する同法8条による議院等の告発についても、いわゆる告訴不可分の原則が及ぶか否かが争点とされている。同原則が及ばないとする上告趣意は、どのような論拠に基づいているか。そのような上告趣意に対し、**参考判例4**は、どのような判断を示したか。
⑦**参考判例4**は、議院証言法6条1項の偽証罪についての同法8条による議院等の告発に関して、議院等の告発意思の具体的な内容が検察官の訴追裁量を厳格に制限すると考えているか。それはなぜか。
⑧**参考判例5**は、親告罪であるのに告訴がなく訴訟条件を欠いた訴因から非親告罪で告訴がなくとも訴訟条件を備えた訴因への訴因変更が認められるとしている。その論拠として、どのようなことを示しているか。
⑨**参考判例5**の事案で、第一審の第2回公判期日において、検察官からAからの告訴が起訴後に得られたとの主張があった場合、裁判所は、その立証を許して、訴因についての訴訟条件欠缺が治癒されたものと扱ってよいか。

● 設例についての問い

①Uは、意思に反した公訴提起がなされたことを理由として、公訴提起後に告訴を取り消すことができるか。

②Uの告訴状では、わいせつ目的誘拐罪や強制わいせつ罪を対象とした告訴の存在は認められないとするXの弁護人の主張に対して、検察官は、どのように反論すべきか。
③「検察官に対する供述調書を作成した際のUには、Vに対するわいせつ目的誘拐罪や強制わいせつ罪を対象として処罰を求める意思が全くなく、Vのわいせつ行為による被害が決して表沙汰とならない範囲で未成年者誘拐罪を訴追することに限って許す意思しかなかった」ことが明らかになった場合、Xの弁護人としては、いかなる主張をするべきか。検察官は、どのように反論するか。

● 参考判例

参考判例1　最決昭35・12・23刑集14巻14号2213頁

【事案の概要：X（被告人）は、Yらとの共謀によるとされる関税法違反の被疑事実で、Yらとともに、逮捕、勾留され、取り調べられた。こうしてXとYらが逮捕・勾留の上で取り調べられた際には、まだ、関税法違反について、税関長からの告発はなかった。その後、関税法違反についての税関長からの告発を受けて、XとYらは、関税法違反及び物品税法違反の罪で起訴された。Xは、第一審で、税関長からの告発前に録取されたYらの供述調書を証拠として、有罪判決を受けた。Xは、告発前に逮捕・勾留されたのは違法であり、その間に録取された供述調書には証拠能力がないと主張して、控訴した。この控訴が退けられたため、Xはさらに上告した。】

「関税法違反または物品税法違反の如き国税犯則事件についての税関長または収税官吏等の告発は単に該違反罪に対する訴追条件にすぎないと同時に、司法警察員は犯罪があると思料するときは犯人および証拠を捜査するものとせられ、検察官は必要と認めるときは自ら犯罪を捜査することができ、しかも捜査については、その目的を達するため必要な取調をすることができ、法律の定めに従い強制の処分をすることもできるのであるから、該違反罪につき税関長等の告発前においても被疑者を逮捕、勾留し、取り調べることができるのであって、その逮捕、勾留または取調が右の告発前になされたからといって、ただそれだけの理由でこれを違法とすべきものではなく、所論の点についての原判示は正当である。」

参考判例2　東京高判昭30・4・23高刑集8巻4号522頁

「一個の行為により、同時に数人を恐喝して財物を交付させようとして遂げなかった所為が、一所為数法にあたる場合において、その罪が、右数人の各告訴を待って論ずべきときは、該所為を起訴した被告事件につき、裁判所は、右数人のうち告訴をしない者に対する部分については、事件の実体について審判することができないものと解すべきところ、記録を調査するに、原判決がその判示犯罪事実〔として〕引用する…起訴状記載の…恐喝未遂の事実が、A及びその娘Bの両名を恐喝の相手方としたものであって、一個の行為で二個の恐喝未遂罪に触れる場合にあたるものと認められること、及び、該恐喝未遂の事実が、被告人と同居していない親族に対する犯罪であって、A及びB両名の各告訴を待ってその罪を論ずべき場合にあたること、並びに該犯罪事実について、Aより告訴のあった事実は認められるけれども、Bから告訴のあった事実が記録上認めえられないことは、いずれも所論指摘のとおりであるから、該恐喝未遂の事実について検察官のした本件起訴はもとより適法であるけれども、原裁判所としては、右起訴にかかる前示恐喝未遂の事実中、告訴のなかった前掲Bに対する恐喝未遂の部分については、訴訟条件を欠くため、事件の実体につき審判することができないものといわなければならない。しかるに…、原裁判所においては、被告人の右恐喝未遂の事実につき、告訴のあったAに対する犯罪事実の部分のみに止まらず、告訴のなかったBに対する部分についてまでも、事件の実体につき審理した結果、有罪の判決をしたものであることが認められるのであるから、原判決には、この点につき審判することのできない事件の実体について審判をした違法があるものといわなければならない。」

参考判例3　東京高判昭45・12・3刑月2巻12号1257頁

「被害者の父親Xの作成した所論の告訴状を調査すると、Xが同告訴状において告訴している事実の内容は、告訴人の長女が昭和45年6月3日午後4時50分木更津市…路上において、犯人から100円やるから学校まで行ってくれといわれ、その犯人の車にのせられ、誘拐されたというものであって、これを本件起訴状記載の公訴事実と照合すると、同公訴事実の第一と被害者も、誘拐にあった日時も、場所も、またその態様も全く同じであり、ただ告訴状においては、犯人が誘拐にあたり意図した目的の点について、触れるところがないけれども、そのことは同公訴事実との間に事実の同一性があると認めることを妨げるものではないから、たとえ告訴状が提出されたのち、犯人が猥褻を目的と

して誘拐したものであることが判明したため、その告訴にかかる事実について猥褻誘拐のもとに公訴が提起されたとしても、さきになされた告訴の効力はのちに起訴されたその公訴事実に及んでいるものと解せられるのである。そして本件の公訴事実に現われているように、強制猥褻の犯行が、猥褻の目的をもって誘い出したその場所において行われている場合には、原判決が…適切に説示をしているように、その猥褻誘拐と強制猥褻とは通常手段、結果の関係にあり、従って刑法第54条第1項後段で規定する牽連犯の関係にあるものと解せられるので、告訴不可分の原則により、前記告訴の効力は強制猥褻の事実にも及んでいるものと考えられるのであり、またそのように考えても、所論のように、被害者の意思を無視したり、親告罪を設けた立法の趣旨を没却することにはならないのである。」

参考判例4　最判平4・9・18刑集46巻6号355頁

「甲社代表取締役であったX（被告人）は、昭和51年2月16日及び同年3月1日、衆議院予算委員会において、甲社における航空機採用の経緯等に関して証人として出頭を求められ、同年6月18日、同委員会からその証人尋問の際偽証したとして告発されたこと、同委員会の告発状には、右両日にされた、Xの前任者であるAと乙社との間に航空機の発注に関するオプションがあったことは知らなかった旨の陳述（以下「Aオプション関係の陳述」という）は摘示されているが、右2月16日にされた、甲社が丙社から正式の契約によらないで現金を受領してこれを簿外資金としたことはない旨の陳述（以下「簿外資金関係の陳述」という）は摘示されていないにもかかわらず、検察官はAオプション関係の陳述のほか簿外資金関係の陳述についても公訴を提起したこと、第一審判決は本件告発の効力は簿外資金関係の陳述についても及ぶものとし、原判決もこれを是認したこと、が認められる。

　所論は、本件偽証罪に関する公訴提起の範囲は告発者の明示の意思に従うのが相当であるところ、本件簿外資金関係の陳述部分については、意識して告発状の記載から除外されたものとみるべきであるから、前記委員会の告発がなく、訴訟条件を欠くものとして公訴を棄却すべきであるのに、これを否定した原判決の見解は、刑訴法上の原則にすぎないいわゆる告発不可分の原則を議院証言法に基づく議院等の告発についてまで適用し、国会の自律権を侵害するものである旨主張する。

　しかしながら、議院証言法6条1項の偽証罪について同法8条による議院等の告発が訴訟条件とされるのは、議院の自律権能を尊重する趣旨に由来するも

のであること（最高裁昭和…24年6月1日大法廷判決・刑集3巻7号901頁参照）を考慮に入れても、議院等の告発が右偽証罪の訴訟条件とされることから直ちに告発の効力の及ぶ範囲についてまで議院等の意思に委ねるべきものと解さなければならないものではない。議院証言法が偽証罪を規定した趣旨等に照らせば、偽証罪として一罪を構成すべき事実の一部について告発を受けた場合にも、右一罪を構成すべき事実のうちどの範囲の事実について公訴を提起するかは、検察官の合理的裁量に委ねられ、議院等の告発意思は、その裁量権行使に当たって考慮されるべきものである。そして、議院証言法6条1項の偽証罪については、一個の宣誓に基づき同一の証人尋問の手続においてされた数個の陳述は一罪を構成するものと解されるから（大審院大正4年…12月6日判決・刑録21輯2068頁、大審院昭和…16年3月8日判決・刑集20巻5号169頁参照）、右の数個の陳述の一部分について議院等の告発がされた場合、一罪を構成する他の陳述部分についても当然に告発の効力が及ぶものと解するのが相当である。」

参考判例5　最決昭29・9・8刑集8巻9号1471頁

【事案の概要：X（被告人）に対する起訴状記載の公訴事実の概要は、「Xは、Yと共謀して、A所有の自転車1台、うるち玄米1俵、男物セル羽織1枚ほか衣類15点を窃取した」というものであった。第一審の第1回公判期日で起訴状記載の公訴事実が朗読されたところ、弁護人から検察官に対して、AはXと6親等の親族にあたるがAの告訴はあるかとの釈明要求があった。これに応えて、検察官は、第2回公判において、AとXが6親等の親族にあたること及びAの告訴がないことを認めた上で、「Xは、Yと共謀し、起訴状記載と同一の日時及び場所において、A所有の自転車1台、うるち玄米1俵及びB所有の男物セル羽織1枚ほか衣類15点を窃取した」というかたちで、Xと親族関係にないBを被害者として追加する訴因変更を請求した。この訴因変更について、弁護人は同意し、第一審裁判所も許可した。第一審裁判所は、B所有の衣類15点の窃取について、Xを有罪とした。】

「本件公訴にかかる窃盗の事実が、刑法244条1項後段〔現2項〕の親告罪であるか否かは、最終的には、裁判所により事実審理の結果をまって、判定さるべきものであり、必ずしも起訴状記載の訴因に拘束されるものではない。従って、本件のように、事実審理の過程において起訴状に記載された訴因事実が前示の親告罪にあたることが明らかになった場合にも、適法な告訴がないからといって、所論のようにその起訴手続を直ちに無効であると断定すべきではない。

尤も、かようについて訴訟条件を欠くことが明らかとなったときは、裁判所は、もはや、この訴因について実体的訴訟関係を進展させることを得ないから、訴訟条件の欠缺が治癒または補正されない以上、その起訴手続は不適法、無効なものとして、公訴棄却の形式的裁判を以って、その訴訟手続を終結せざるを得ないことはいうまでもない（刑訴338条4号）。しかし、本来の訴因が右の如く訴訟条件を欠くからといって、現行法上、それだけで訴因の変更、追加を絶対に許さないとする理由は何ら存しない（親告罪と否とにより、直ちに〔公訴〕事実の同一性を失うものではない）。そして、本件においては、本来の訴因事実の一部について、訴因変更の手続が適法になされているのであって、刑法244条の適用のない新しい訴因事実が裁判所により認定され、確定されたのであるから、その部分に関する限り本件被告事件は、本来、親告罪でなかった訳であり、従ってこの点に関する本件起訴手続は、告訴がなくても、もともと、有効であって無効でなかったことに帰するのである。」

● 発展問題

① 設例において、Xの弁護人がUの供述書を「告訴の不存在」を立証趣旨として取り調べるように請求したとする。裁判所は、採用して取り調べることができるか。

② 参考判例6は、連日なされた2回の併合罪の関係にある強制わいせつ行為が起訴された事案について、2回が連日なされた行為であっても、そのうち1回の行為のみを対象としたと解釈せざるを得ない告訴しか存在しない場合には、その告訴の効力は、1回の行為に対してしか及ばないとしている。これは、告訴不可分の効力を徹底する参考判例3や参考判例4と対比すると、整合性を欠かないか。参考判例2との整合性はどうか。

③ 参考判例6は、告訴状や告訴調書ではなく、Aの検察官に対する供述調書のような書面でも、告訴の存在を立証する証拠として利用できることを前提としているところ、かかる扱いは妥当か。

④ 参考判例6は、告訴能力として要求される能力の程度の捉え方について、どのような対立があると指摘しているか。参考判例6は、どのような立場を採用したものか。

⑤ 参考判例6がAの告訴能力を肯定するにあたって重視したのは、どのような事情か。

⑥ 参考判例6は、結論として、Bによる告訴内容とAによる告訴内容との間に齟齬があったと判断していることになる。このように、複数存在する告訴権

者の間で告訴意思が異なる場合には、どのように扱うこととされているか。
⑦参考判例7は、起訴前にVによる告訴の取消しがあったとする控訴趣意の主位的主張に対して、どのような判断をしたか。それはなぜか。
⑧参考判例7は、親告罪について告訴がある場合でも、その起訴に先立って、告訴取消しの可能性があることを認識した場合、検察官にはどのような配慮義務があるとしているか。

参考判例6　名古屋高金沢支判平24・7・3高刑速報平成24年201頁

「所論の要点は、…起訴状記載の公訴事実第1の1（平成23年6月24日〔の〕当時13歳未満であった被害者A（以下「被害者」という。）に〔対する〕強制わいせつ行為。以下「本件公訴棄却事実」という。）について、原判決は、公訴提起の有効要件である被害者等による告訴が存在しないとして刑事訴訟法338条4号により公訴を棄却したが、被害者の母方祖母であるB作成の告訴状（以下「本件告訴状」という。）をもって告訴がなされているのに、Bの意思を合理的に解釈せず、必要な調査も尽くさないまま、本件告訴状の被害日時の記載を形式的に捉えて前記起訴状記載の公訴事実第1の2についてのみの告訴であるとした事実誤認及び告訴当時10歳11か月の被害者自身の告訴能力を否定した事実誤認の結果、本件公訴棄却事実について親告罪の公訴提起の有効要件である被害者等による告訴がなされていないと誤った判断をした上、刑事訴訟法230条の解釈を誤って公訴を棄却したものであるから破棄されるべきもの、というものと解される…。

1　B作成の本件告訴状が本件公訴棄却事実に対する告訴を含んでいるとの所論について

(1)　本件告訴状における対象事実の範囲

原判決は、その（一部公訴棄却の理由）中において、本件告訴状が告訴の対象とした事実は、その記載内容及びこれと同一日に作成されたBの警察官調書を総合すると、被告人が被害者に対して行った平成23年6月24日及び同月25日の連続した2回の併合罪の関係にある強制わいせつ行為のうちの、本件告訴状に特定されている…公訴事実第1の2（…6月25日〔の〕被害者に〔対する〕強制わいせつ行為）と解され、…本件公訴棄却事実についてまで併せて告訴の意思を表示しているとすることはできないと判示した。

これに対し所論は、本件告訴状の被害を受けた日付の曖昧さ、両被害の日時、場所の近接性、態様の同一性並びに犯行発覚の経緯、Bが告訴するに至った経緯に、Bの…検察官調書を加えて合理的に解釈すれば、同人は前記起訴

状記載の両公訴事実全体について処罰を求めて告訴していると解釈されるのに、本件告訴状の被害日時の記載を形式的に捉えて、…6月25日の被害のみに限定して告訴がなされたものと認定判断した結果、Bの告訴の対象となった事実が、…6月25日の被害事実のみであると誤って認定したものであるという。

　しかしながら、Bが本件告訴状を作成した…日以前に作成されている被害者の警察官調書によれば、既に被害者への…事情聴取等の結果、被告人が、被害者の実母であるCと共謀して、被害者に対する前記起訴状記載の公訴事実第1の1及び2の各強制わいせつ行為に及んだという嫌疑が警察官に発覚するに至っていたものである上、Bの警察官調書によれば、警察官がBに被害者に対する本件被害状況を説明して、親権者であるCの告訴権行使が不可能であることを理由に、Bに告訴状の作成を求めたというのであるから、警察官及びBが被害者に対する前記両事実についての告訴を念頭に置いていたのであれば、本件告訴状に両日の被害について告訴する記載がなされているのが自然であるのに、実際にはあえて…6月25日ころにわいせつ行為を受けたという被害事実に限定して記載がされていることに照らすと、本件告訴状による告訴は、前記起訴状記載第1の2の事実についてのものと解するのが相当であって、本件公訴棄却事実についてまで告訴意思を表示しているとみることはできない。…Bの前記検察官調書には、…本件公訴棄却事実についても改めて被告人の処罰を求める趣旨の記載がされているが、同調書が作成されたのは同事実が起訴された…日より後であることが明らかであって、同調書の記載によって本件公訴棄却事実について公訴提起時に有効な告訴があったとすることはできない。…

2　被害者自身による告訴について

　(1)　…原判決は、検察官の原審における、被害者自身が本件公訴棄却事実の公訴提起前である平成23年8月1日付け検察官調書において、同事実について告訴の意思表示をしているから、同事実の公訴提起は有効であるとの主張に対して、その（一部公訴棄却の理由）中で、被害者が同調書作成当時10歳11か月とまだ幼い年齢であったこと、そもそも捜査機関がBに働きかけて本件告訴状を作成させた経緯及び結局、被害者には告訴状を作成させたり、通常形式の告訴調書を作成したりしていないと認められることなどに照らすと、被害者が告訴能力を有していたことには相当な疑問が残り、被害者による有効な告訴があったとは認め難いと判示して、本件公訴棄却事実について有効な告訴がなされていないことを理由に刑事訴訟法338条4号により

公訴を棄却した。
　(2)　告訴能力制限の趣旨と訴訟行為である告訴能力について
　　被害者による告訴（刑事訴訟法230条）は、犯罪被害にあった事実を捜査機関に申告して、犯人の処罰を求める行為であるが、公訴を有効に提起するための訴訟条件となる親告罪における告訴を有効になすためには、告訴能力を有する被害者等による告訴がなされることが必要とされている。即ち、犯罪捜査等による被害者の精神的被害の拡大を防止し、被害者を保護するために刑事訴追を求めるか否かを専ら被害者等の意思にかからしめることとした親告罪では、告訴は公訴提起を有効ならしめるための訴訟行為であることから、告訴人に有効な告訴をする能力が備えられていることが要求される。その結果、意思表示によって形成される訴訟行為としての告訴を有効になすためには、意思表示を有効になし得る能力が必要とする考え方に基づいて、告訴の結果生じる利害得失を理解する能力を必要とする立場が主張されている。しかしながら、告訴は、上記のとおり、犯罪被害にあった事実を捜査機関に申告して、犯人の処罰を求める行為であって、その効果意思としても、捜査機関に対し、自己の犯罪被害事実を理解し、これを申告して犯人の処罰を求める意思を形成する能力があれば足りると解するのが相当である。知的障害により知的能力が7、8歳程度と認められる成人被害者について告訴能力が肯定されるのは、このような考えの下に理解できるところである。そこで、本件における被害者の告訴能力について、具体的に検討する。
　(3)　前記被告人の処罰を求める意思表示当時の被害者の年齢、学業成績等
　　被害者は、前記検察官調書作成当時10歳11か月の小学5年生であったが、当審において取り調べた、資料入手報告書中の被害者についての「小学校児童指導要録」及び担任教諭の検察官調書によると、在校した当時の被害者の成績は中の上くらいであり、年齢相応の理解力及び判断力を備えていたと認めることができる。
　(4)　被告人の処罰を求める被害者の意思表示の具体的内容
　　被害者は、本件公訴棄却事実を含む被告人による強制わいせつ被害の状況について、検察官及び警察官に対して供述しているところ、その内容は、平成23年6月24日〔及び〕翌25日に〔受けたわいせつ行為の内容を具体的に〕述べるとともに、…被告人に対する死刑を求めたが、検察官からそれはできないと教えられたので重い罰を与えてほしいと述べているのであるから、被害者が両日に被告人から受けた強制わいせつ被害の状況を具体的に供述しつつ、被害感情を抱いて、これに基づいて被告人の処罰を求めていると認めら

れる。
　以上の検討結果によると、被害者が同年8月1日に被告人の処罰を求める意思を検察官に表示した当時、被害者が自己の処罰を求める供述の意味及びその効果を理解しておらず、告訴としての効力が否定されるべき状況にあったと疑われる状況にあったとはいえない。そうすると、本件では、前記のとおり、告訴当時10歳11か月の小学5年生であり、普通の学業成績を上げる知的能力を有した被害者が、被害状況を具体的に申告した上で、その犯人として被告人を特定してその処罰を求める意思を申告していたのであるから、告訴能力としてはこれを備えているというべきである。」

参考判例7　東京高判平21・8・6高刑速平成21年125頁

【事案の概要：原判決は、被害発生日時を2006年8月25日午前5時15分ころ、Vを被害者とする強姦目的での住居侵入及び強姦の事実（本件強姦）について、被告人を懲役3年に処するとした。これに対して被告人側が控訴し、(1)本件強姦について、起訴前である2008年7月24日（以下、2008年については年の記載を省略）昼ころ、告訴をしたVがA警部補に対し告訴を取り消す意思表示をしており、その起訴は親告罪につき告訴を欠くのに行われたものであって違法である（主位的主張）、(2)Vは告訴取消しの意思を有していたにもかかわらず、予定されていた示談成立前に本件起訴がなされたため、告訴の取消しが妨げられたものであり、検察官ないし捜査機関には告訴取消しを妨げてはならない義務及び起訴に際して告訴人に告訴取消しの意思の存否を確認する義務があるところ、本件起訴はこれらの義務に違反した違法なものである（予備的主張）との控訴趣意を主張した。

　控訴趣意に関わる事実経過は、以下のとおりである。

　Vは本件強姦の被害に遭った直後に、警察に被害を届け出ており、以後、犯人の検挙・処罰を求めて捜査に協力し、2年間近くの捜査を経て、DNA鑑定等により、被告人が犯人と特定されるに至り、7月4日に逮捕状が発付された。

　本件強姦については、Vを告訴人、被告人を被告訴人とする同月8日付け告訴状が警察に提出されている。

　被告人は、同日、本件住居侵入、強姦を被疑事実として逮捕され、同月9日、勾留され、同月18日、勾留期間が同月28日まで延長された。

　S弁護士（S弁護人）は、同月9日、被告人の被疑者国選弁護人として選任され、同月14日、被告人の両親の意向を確認した上、Vに対し、示談金として200万円を提示したが、拒絶された。

第10章 告　訴

　担当検察官であるＩ副検事（Ｉ検察官）は、同月18日、Ｖを取り調べて、被害状況を聴取し、同人に対し、今月25日までに起訴する予定なので、告訴取消しの意思が生じたときは連絡するように告げた。この際Ｖは、「被告人と示談をするつもりはない。一生刑務所に入れて欲しい」との峻烈な処罰感情を吐露していた。Ｉ検察官は、同月23日に被告人の取調べをし、本件の捜査を終え、同月24日朝から本件起訴についての内部決裁を求める手続を始めていた。

　同月24日、Ｖは、前に提示された200万円ないしそれ以上の賠償額で示談をして告訴を取り消す意向となり、午前9時50分ころ、電話でその旨をＳ弁護人に伝えた。Ｓ弁護人は、被告人の両親に示談金を用意してもらい、その用意ができたらまた電話をする旨答え、Ｖと午後4時に面会することになった。

　Ｓ弁護人は、上記電話の直後、被告人の両親方に電話をしたが不在であったため、同日午前10時ころ、Ｉ検察官に電話をかけ、Ｖが示談に応じ告訴を取り下げてくれるそうであること、その日にＶに会う予定であること、起訴を待ってほしいことを伝え（待ってもらう期限の話はしていない。）、Ｉ検察官から、本件起訴に関する検察庁内部の決裁手続が進められているが、しばらく待つ旨を聞いた。

　Ｉ検察官は、検察庁内で本件を起訴するための決裁手続を進める一方、Ａ警部補に対し、電話で、Ｖに連絡を取るように指示した。

　同日正午前ころ、Ａ警部補は、Ｉ検察官の指示に従ってＶに電話をし、検察官が今日起訴する予定であり、示談されると困るので、今日は示談しないでほしいなどと言った。これに対し、Ｖは、今日弁護人と会って示談し、今日か明日くらいには告訴を取り下げようと思っていると答えたが、Ａ警部補から、今日だけは示談しないようにと数回繰り返し言われ、これに直ちに応じることはなかったものの、捜査官が事件発生から約2年間も捜査を継続して犯人を逮捕してくれたことへの感謝の気持ちもあって、明確に拒絶することもなく、今日は起訴を待ってほしいとか、起訴は止めてほしいとまで告げることもしなかった。

　Ａ警部補は、上記電話の後、Ｉ検察官に電話をし、今日の示談成立はないと伝えた。

　一方、Ｓ弁護人は、同日正午ころ、被告人の母親とファクシミリ及び電話で連絡を取り、300万円を用意するように伝え、午後1時過ぎころ、同人から、金融機関から250万円の融資を受けられる（ただし、作り話）との連絡を受け、午後2時31分ころ、電話で、Ｖに、250万円を支払えることを伝えるなどした。

　同日午後3時3分ころ、Ｓ弁護人はＩ検察官に電話をし、今日か、遅くとも明日には示談書及び告訴取消書を届けると伝えたが、Ｉ検察官から既に起訴したと言われた。

同日、時刻は不明であるが、I検察官は本件により被告人を起訴していた。】
「(1) 主位的主張については、一般に、告訴をした者が示談をしてその告訴を取り消す場合、示談金の受領を確実なものにするため、それを受領した後か、少なくとも支払時期・方法等が明確になり支払が確実に受けられる状態となった後に告訴を取り消すのが通常であると考えられるところ、7月24日正午前ころにVがA警部補と電話で話した時点では、まだVは示談金の支払を受けていないばかりか、その支払について被告人側からの連絡も受けておらず、そのように支払時期・方法等が不明確な状態のままで告訴を取り消すような特段の事情も認められない。そうすると、その時点でVが告訴を取り消す意思表示をしたとは認められない。

所論は、7月14日の時点で、S弁護人からVに、「被告人側は200万円を支払う。Vは、処罰を求めない意思表示をし、告訴取消手続を行う」という示談契約の申込みがなされ、これに対するVから弁護人への承諾の意思表示が同月24日午前9時50分ころの電話によりなされた、という。しかし、同月14日の上記申込みについて、Vは直ちに拒絶しており、交渉を継続するような話にはなっていないこと、S弁護人は、同月24日午前9時50分ころのVからの電話の後、被告人の母親に300万円（Vの心情を慮って高めにした金額）の指示をしていることからすると、同月14日の上記申込みはVによる拒絶の際に効力が失われたものであり、同月24日午前9時50分ころの電話によりVから新たな申込みがなされ、その際、S弁護人はその新たな申込みに対する承諾はしていないものと解される。所論は採用できない。

主位的主張は理由がない。

(2) 予備的主張については、強姦罪が親告罪とされているのは、その犯罪の性質上、訴追によって被害者の名誉等が害される場合があり、被害者保護を図る必要があるためであること、この趣旨は、告訴権者が告訴する場合と同様に、告訴を取り消す場合も尊重されなければならないこと、告訴は公訴の提起があるまでは取り消すことができる（刑訴法237条1項）反面、その後は取り消しても公訴の効力に影響を与えないと解されていることに照らすと、強姦罪について告訴がある場合でも、検察官には、その起訴に際して告訴取消しの可能性があることへの配慮が求められるといえる。

しかし、現行法の下では検察官に公訴の提起について広範な裁量権が認められていることからすると、検察官は、告訴取消しの可能性が否定できない段階であっても、諸般の事情を考慮した上で、告訴にかかる強姦罪を起訴することが許される場合が少なくないと解されるのであって、その起訴に至る判断が不

合理であって、親告罪における告訴権者の意思を蹂躙したとみられるような場合に限って、その起訴を無効と解する余地があるというべきである。

　これを本件についてみると、Ｉ検察官は、本件起訴当日である 7 月 24 日の午前 10 時ころの電話により、告訴取消しの可能性があることを認識したといえるが、Ａ警部補を通じてＶの意向を聞き、その日に示談が成立して告訴が取り消される可能性はないと判断していること、Ａ警部補とＶとの間の会話は、Ａ警部補の側からみると、若干不明確ながら、Ｖがその日は示談をしない意向であると受け取ることができるものであったこと、前日までに捜査を終え、既に起訴に熟した段階にあり、起訴に向けた決裁手続に入っていたのであり、勾留期間の満期の同月 28 日まで起訴を漫然と待つべきであるとはいえないこと、本件強姦は住居侵入を伴う悪質な態様のもので、しかも計画的なものであって、当罰性が極めて高い犯罪であること、被告人については、その前科の内容からして、同種の再犯のおそれが否定できないこと、Ｖには落ち度は皆無であり、被害が公になることを恐れるような事情はうかがわれないこと、Ｖは被害の直後から警察に捜査を求め、被告人が犯人として特定されるや、間もなく告訴し、担当の警察官や検察官に感謝の念を表すとともに、強い処罰感情を告げていること、Ｖが本件強姦に関し、証人としての出廷を避けようとしていた状況は見受けられないこと（被告人が脅迫文言のうちの重要部分を否認していることは分かっていたし、現に原審において検察官・弁護人双方請求の在廷証人として証言している。）、Ｉ検察官としては、早期にある程度まとまった現金を得たいと思っているのはＶ本人よりもその内夫であり、Ｖは内夫の口出しにより不本意な示談を余儀なくされそうになっているのではないかとの懸念を抱いていたと見受けられること、仮に本件強姦についての告訴の取消しがなされたとしても、本件住居侵入罪についての起訴は可能であると解される上、本件強姦の手段としての脅迫行為を脅迫罪として併せて起訴することも考えられなくはないことなどの諸事情を総合すると、本件起訴については、それを無効とするような裁量権の範囲からの逸脱があるとはいえない。

　所論は、その根拠として、ア　仮にＩ検察官が本件起訴当日の示談成立ひいては告訴取消しはないと認識していたとしても、Ｖに告訴取消しの意思があるか否かを確認すべきであったこと、イ　Ａ警部補がＶに当日の示談をしないように説得した行為は、Ｖの告訴取消しの権利を侵害するおそれのある不当なものであったこと、を挙げる。

　しかし、アについて、親告罪は、いったん告訴がなされれば、それが取り消されない限り、検察官の起訴は妨げられないこととされているから、告訴権者

ないしその代理人から検察官ないし警察官に起訴を待つか取りやめてほしい旨の連絡があった場合はともかく、弁護人から示談のための交渉予定が伝えられただけで、既に捜査を終え起訴を決断している検察官に告訴権者にそれを取り消す意思の有無を確認する義務があるとまでは解されない。また、その義務の存否の点はさておくとしても、I検察官は、A警部補を通じてVの意思を確認しているといえる。

　イについては、VがA警部補からの働きかけを受け入れて当日の告訴取消しを取りやめたわけではないのであるから、その主張する点は結論を左右しない。なお、強姦罪のような親告罪について、捜査官が、告訴を躊躇するVに対し、告訴してくれるように説得することも、既に告訴をしたが、告訴取消しを考えるようになっているVに対し、告訴取消しを思いとどまるように説得することも、過度にわたらない限りは許されるものと解される（特に、本件のように暴力団関係者である内夫の介入が懸念される場合は、説得は当然に許されてよい。）。

　予備的主張も理由がない。」

● 参考文献

・佐藤隆文「犯罪事実の一部の起訴」平野龍一＝松尾浩也編『新実例刑事訴訟法Ⅱ』（青林書院、1998年）16頁

第11章 公訴提起の諸原則

公文孝佳

● 本章のねらい

わが国では、捜査機関でもある検察官が起訴権限を独占しており、その権限に基づき事件が選別され、公訴が提起される。公訴権の行使に関しては、検察官が不適切に権限を行使した場合はどのように処理すべきか、また、起訴裁量の権限に基づき一罪の一部起訴が認められるか、公訴時効といった点などが主として問題となる。

● キーワード

公訴の提起、訴追裁量、不起訴、起訴猶予、起訴独占主義、家庭裁判所送致、起訴便宜主義、起訴法定主義、検察審査会、準起訴手続（付審判）、起訴議決による起訴強制、訴訟条件、公訴権濫用、一罪の一部起訴、公訴時効、移送

● 体系書の関係部分

池田・前田	宇藤ほか	上口	白取	田口	田宮
217-248 頁	193-200 頁	209-237 頁	211-241 頁	155-193 頁	161-177、213-233 頁
福井	松尾	三井（1）	光藤（I）	安冨	
197-209 頁	(上)298 頁、(下)164、342-355 頁	3-112 頁	191-237 頁	259-285 頁	

● 設　例

2012 年年 8 月 11 日、H 市の市長選挙が公示され、X と Y が立候補した。同年 8 月 13 日、Y の秘書である B は自分の母校でもある H 市内にある W 大学の

学生アルバイト支援課に赴き、自身の同窓生でもあるアルバイト斡旋担当職員C女と受付アルバイトの学生Dと面会し、「Yさんの経営するX鉄工所の雑用や選挙事務所のお茶くみや・書類整理・会場設営他でアルバイトをお願いしたい…また、今は選挙で経理関係が厳しくなっているんで、僕が報酬を払うことになっている。」と話したところ、C女は「じゃ後で私を通じてお金をわたせばいいんじゃないの？」と答えた。Bは「じゃあそれでいこう。投票日の数日後に君にお金を渡すことにしよう…時給は1000円、弁当代と、交通費も出す。」と答えた。この1連のやり取りはC女らにより記載される業務日誌中に「B氏来学、Y氏関係の雑用アルバイト依頼」と記述されている。

翌日、Xの選挙スタッフA女もW大学に来て、アルバイトの依頼をしようとしたところ、担当であるC女は休暇を取っており、学生アルバイトのDが対応した。Dに対してA女は「選挙で事務所の補助スタッフが必要なのよ。日当は1日8000円、お弁当も出すし、交通費も出すわ」と話し、Dは通常のアルバイト募集の手続を行った。(この点は、業務日誌中に「Aさん来学、Xさんの選挙事務所のお手伝いバイトを依頼する」という記載で確認できる。)

同日、Dは昨日にも似たような依頼があったことを思い出し、また、それに応募する学生が来ていないことも知っていたので、自分の所属するサークルで二つのアルバイトの独占を考えた。そこでDは所属サークルである「現代政治研究会」の入っている建物に赴き、丁度そこで会合をしていた7名の学生（S_1からS_7）に「選挙関係のいいアルバイトがある。条件はほぼ同じだから、俺を含めたこの8人でやらないか」と持ちかけた。結果、DとS_1からS_3までがYの（以下Yグループとする）、S_4からS_7までがXのところで（以下Xグループとする）アルバイトをすることになった。

選挙期間中、XグループとYグループ共に、アルバイトで行った業務はH駅の広場でのビラ配りであった。なお、この様子は当該アルバイトに参加しなかったサークル員E女により投票の2日前である8月23日の14：00から17：00の時間帯に8ミリビデオで撮影されている。この撮影からは、X陣営のS_4ら4人がビラを通行人に「Xをよろしくお願いします」配り、Y陣営の方ではS_1とS_2らしい後姿の男性がビラの箱を2人で運んでいる姿が映っていた。(映像Ⅰ)

8月25日に行われた選挙ではYが当選し、Xは落選した。8月29日、X陣営のビラ配りを行った学生S_4-S_7の4名はH警察署に任意の出頭を求められた。6名の学生はK警部補から「君たちには公職選挙法221条1項4号の運動員買収の嫌疑がかかっているんだ。すこし話を聞かせてくれ…君らは法律

など知らんかったんだろうから、起訴されることもないだろう。悪いようにはしないから話してくれ」といわれ、警察署の会議室に呼ばれ、捜査員の撮影による8ミリビデオの映像（映像Ⅱ）を見せられた。そこにはH駅でX陣営のビラ配りを行っているS_4-S_7の4名の姿が映っていた。また数十枚の写真も見せられ、P警部補らから写真に写っている人物の確認を求められた。そこにはX陣営の運動に関与したS_4ら4名がビラを配り選挙カーの横のテントでA女から弁当をもらい食べている姿などが映っており、また、同じ場所でビラ配りをしていたはずのS_1、S_2、S_3ら3名も映っていた。もっとも、この3名は、ビラを手にしておらず、Yの名前が書かれた幟の近くにいるだけの情景が撮影されていた。また、捜査機関による前記ビデオカメラの映像（映像Ⅱ）ももっぱらX陣営の撮影のみがなされており、Y陣営のビラ配りの映像については撮影されていなかった。S_4他4名の取調べは、3日間にわたり朝10時から食事休憩の1時間をはさみ午後4時まで行われている。この間、全員が日当を受け取り、ビラ配りをしたことを認めている。

他方、S_4ら4名は「Dの斡旋で僕らはY陣営のアルバイトに加わったんですが、DはS_1たち3名とX陣営の方で、大体ぼくらと同じ場所でビラを配っていました」の供述により、DやS_1以下3名もY陣営でアルバイトでビラ配りをしていたのではという嫌疑を抱いたKらは、全員を呼び出し、それぞれに2時間程度の簡単な事情聴取を行っている。なお、この間、H大学サークル現代政治研究会の顧問教員であるKは、上記映像Ⅰの撮影にあたったE女に命じ、映像Ⅰのデータを捜査機関に任意提出させている。また、アルバイト料の受け渡しについては全員が否定したこと、AからC女へ金員が渡された事実も確認できなかった。なお、H大学はアルバイト斡旋担当の業務日誌を任意に捜査機関に提出している。

その後、XとXの秘書B女は公職選挙法違反（221条1項1号、221条3項）の罪により起訴された。（なお、アルバイトでXのビラ配りを行ったS_4ら4名は、221条1項4号の運動員買収の罪について不起訴となっている。）

※公職選挙法197条の2により、選挙運動のために使用する事務員・選挙運動のために使用される自動車または船舶の上における選挙運動のために使用する者（いわゆるウグイス嬢）および専ら手話通訳のために使用する者・労務者については実費および報酬を支払うことが認められている。他方、街頭でのビラ配りなどの選挙運動者はこれに該当せず、これに食事等の供応を行ったり報酬を支払った場合には、それを行った者は公職選挙法221条1項1号違反となり、また供応を受けたり報酬を受け取ったりした者は同条4号違反となる。

● 基本知識の確認

①捜査を遂げた検察官が行う事件処理には、どのような種類のものがあるか？
②起訴便宜主義とはどのようなものか？また起訴法定主義との違いも説明しなさい。
③現行法上、検察官が公訴の提起の権限を独占するという原則に対する例外としてどのようなものがあるか？
④不当な不起訴を抑制する手段としてどのようなものがあるか。条文を摘示しつつ答えなさい。
⑤訴訟条件とは何か？
⑥起訴猶予とするか起訴するかの判断において、検察官はどのような事項を考慮すべきか？
⑦検察官は、一罪の一部を構成する事実の一部を取り出して起訴することができるか？
⑧公訴権濫用論とはどのような考え方か？

● 判例についての問い

①参考判例1では、公訴の提起に必要な嫌疑の基準をどの程度のものとしているか？
②参考判例2は、公訴権濫用論の適用可能性を認めているか？
③参考判例3を前提とするとき、公訴提起を無効ならしめる「不平等な取扱い」はどのようなものか？この点について、控訴審の判断と最高裁の判断とはどのように異なっているか？
④参考判例6はどのような事案で一罪の一部起訴を適法と認めているか？
⑤参考判例7は結果犯および観念的競合の関係にある数罪の公訴時効の起算点について、どのような考え方を採っているか？

● 設例についての問い

①本件の事実関係においてあなたが弁護人であるとする。不平等起訴の違法という観点から、あなたはどのような主張をすることができるか？
②上記①の主張に対して、あなたが検察官であるとき、本件捜査と起訴の適正性につき、どのような主張をすることができるか？
③あなたが裁判官であれば、本件における公訴の適正性をどう判断するか？

● 参考判例

参考判例1　最判昭53・10・20民集32巻7号1367頁

【事案の概要：X及びYは、鉄道線路をダイナマイトで爆破したとして、①火薬類取締法違反・②窃盗・③爆発物取締罰則等違反・④電車往来危険罪で起訴された。Xは①につき有罪判決を受け、Yもまた②・③・④の罪で有罪判決を受けた。両名とも、それ以外の罪については無罪判決であった。両名とも無罪を争い控訴したが、Yはその間死亡し（公訴棄却、しかし理由中に無実の判断あり）、Xは①につき無罪判決を得た（確定）。その後、Yの遺族とXは、事件の過程に重大な過失があり、そのために無辜の者である両名が起訴されたことにつき、国及び当時の検察官を相手に損害賠償などの請求を行った。】

　「刑事事件において無罪の判決が確定したというだけで直ちに起訴前の逮捕・勾留、公訴の提起・追行、起訴後の勾留が違法となるということはない。けだし、逮捕・勾留はその時点において犯罪の嫌疑について相当な理由があり、かつ、必要性が認められるかぎりは適法であり、公訴の提起は、検察官が裁判所に対して犯罪の成否、刑罰権の存否につき審判を求める意思表示にほかならないのであるから、起訴時あるいは公訴追行時における検察官の心証は、その性質上、判決時における裁判官の心証と異なり、起訴時あるいは公訴追行時における各種の証拠資料を総合勘案して合理的な判断過程により有罪と認められる嫌疑があれば足りるものと解するのが相当であるからである」。

参考判例2　最決昭55・12・17刑集34巻7号672頁（チッソ川本事件）

【事案の概要：水俣病患者であったXらは、補償交渉が進捗していなかったため、直接に社長に面談することを企図し、上京した。社長は2度ほどの面談には応じたが、その後は一切面談を拒否した。また、面談を求めるXらに対して会社側は直接排除を行い、その過程で小競り合いなどが生じていた。それに際して、Xは排除に来た社員に嚙みついたり、殴打するなどしたのであるが、この行為が傷害罪にあたるとして起訴された。

　X側の弁護人は、上記小競り合いに際してはXの仲間たちが、退去を求める従業員多数から暴行を受けていたのに、この者らが不起訴とされていたこともあり、Xを起訴することは著しい差別的起訴であると主張し、公訴棄却の判決を求めた。一審有罪、被告人控訴。

　原審は次のように判示し、一審判決を破棄、公訴を棄却している。「公訴の提起

は検察官の専権に属し、しかも公訴を提起するかどうかは検察官の裁量にゆだねられている。検察官の起訴、不起訴の処分は、刑訴法248条が例示する諸事項を基礎に、種々の政策、理念を考慮してなされる合目的的判断であるから、その権限の行使にあたっては相当広範囲の裁量が予定されている。(中略)裁量による権限の行使である以上、その濫用はあり得るし、場合により権限の濫用が甚だしく、とくに不当な起訴処分によって被告人の法の下の平等の権利をはじめ基本的人権を侵害し、これを是正しなければ著るしく正義に反するとき、右の侵害が刑事事件として係属することによって現実化している以上、裁判所としてもこの状態を黙過することは許されず、当該裁判手続内において司法による救済を図るのが妥当である。従って、公訴権濫用の問題は、刑事司法に内在し、裁判所の権限に属する判断事項というべきで、このことは、検察官の処分も憲法81条の「処分」に該当し、司法による審査、抑制の対象となると解されることからも肯定されよう。検察官の不起訴処分に対しては、準起訴手続や検察審査会の制度があり、これによって不当な不起訴処分は是正されようが、起訴処分に対しては、予審や大陪審の制度もない現行刑訴法のもとでは、直接これを控制する刑事手続上の制度は存しない。従って、公訴権濫用に対する救済の方法は、起訴処分に対する応答の形式を定めた刑訴法329条以下の条文に依拠して決められるが、訴追裁量を著るしく逸脱した公訴の提起は直接には起訴便宜主義を定めた刑訴法248条に違反するものであるから、同法338条4号にいう公訴提起の手続の規定に違反したものとして、同条による公訴棄却の判決がなさるべきであると考える。そこで、以下において、本件が公訴棄却を招来すべき公訴権の濫用にあたるかどうかを検討することとなるが、本件で特有なことは、所論の骨子をなす差別の問題が、同種他事件あるいは同一事件内の被疑者相互の比較というのではなく、公害を契機に対立する当事者、すなわち公害のいわば加害者側と被害者側との間の取扱い上の差別ということであり、そこには今日の社会における宿命的矛盾ともいうべき公害の問題が介在している点に二重の特徴を有している。なお、公訴権濫用の問題は、不当な訴追から被告人を救済することにあるから、検察官において、意図的に、又は、著しい怠慢により、法の下の平等に反する偏頗な公訴の提起がなされたような場合は、右の処分は無効というべきであるけれども、そこには、やはり、検察官の故意又は重大な過失という主観的要素が必要とされることは、いわゆる権利濫用の一般原則から考えて、やむを得ないことであろう。しかし、検察官の公訴提起の処分は、強大、かつ、密行性の公機関が行使する捜査権を背景とするものであるから、かかる主観的要素は、背景となる客観的事実の集積から、これを推認する以外にはなく、かかる客観的外部的事実に照らし、公訴提起の偏頗性が

合理的裁量基準を超え、しかもその程度が、憲法上の平等の原則に牴触する程度に達していると判断される場合には、事実上の推定に基づき、検察官の故意又は重大な過失の存在が証明されたといって妨げない。(中略)原判決のいうとおり、公訴権濫用の存否の判断に検察官の主観的意図も必要であることは、これを肯認すべきであるけれども、かかる主観的要素は、直接これを立証することが不能ないし著しく困難であることは、前述のとおりであり、従って、かかる要素の存在は、背景事実から、これを推認する以外にはなく、かかる客観的外部的事情から推認することが可能以上、これを是認するのでなければ、公訴権濫用の理論は画餅に帰すといっても過言でない。これを本件についてみると、既に詳述したもろもろの事実関係、すなわち、重大かつ広範囲な被害を生ぜしめたチッソの責任につき国家機関による追及の懈怠と遅延、これにひきかえ、被害者側の比較的軽微な刑責追及の迅速さ、それに加えてチッソ従業員の行為に対する不起訴処分等々の諸事実がある以上、当裁判所としては、国家機関の一翼を担っている検察官の故意又は重大な過失が推認されてもやむを得ないと判断する。すなわち、当裁判所は当審において弁護人の請求により、この点を審理するため訴訟的事実関係について資料を追加した結果を綜合して、本件は訴追を猶予することによって社会的に弊害の認むべきものがなく、むしろ訴追することによって国家が加害会社に加担するという誤りをおかすものでその弊害が大きいと考えられ、訴追裁量の濫用に当たる事案であると結論するのである」。

以上に対して、検察官が上告したのが本件である。】

「一　検察官は、現行法制の下では、公訴の提起をするかしないかについて広範な裁量権を認められているのであって、公訴の提起が検察官の裁量権の逸脱によるものであったからといつて直ちに無効となるものでないことは明らかである。たしかに、右裁量権の行使については種々の考慮事項が刑訴法に列挙されていること……、検察官は公益の代表者として公訴権を行使すべきものとされていること……、さらに、刑訴法上の権限は公共の福祉の維持と個人の基本的人権の保障とを全うしつつ誠実にこれを行使すべく濫用にわたってはならないものとされていること……などを総合して考えると、検察官の裁量権の逸脱が公訴の提起を無効ならしめる場合のありうることを否定することはできないが、それはたとえば公訴の提起自体が職務犯罪を構成するような極限的な場合に限られるものというべきである。

　二　いま本件についてみるのに、原判決の認定によれば、本件犯罪事実の違法性及び有責性の評価については被告人に有利に参酌されるべき幾多の事情が存在することが認められるが、犯行そのものの態様はかならずしも軽微なもの

とはいえないのであって、当然に検察官の本件公訴提起を不当とすることはできない。本件公訴提起の相当性について疑いをさしはさましめるのは、むしろ、水俣病公害を惹起したとされるチッソ株式会社の側と被告人を含む患者側との相互のあいだに発生した種々の違法行為につき、警察・検察当局による捜査権ないし公訴権の発動の状況に不公平があったとされる点にあるであろう。原判決も、また、この点を重視しているものと考えられる。しかし、すくなくとも公訴権の発動については、犯罪の軽重のみならず、犯人の一身上の事情、犯罪の情状及び犯罪後の情況等をも考慮しなければならないことは刑訴法248条の規定の示すとおりであって、起訴又は不起訴処分の当不当は、犯罪事実の外面だけによっては断定することができないのである。このような見地からするとき、審判の対象とされていない他の被疑事件についての公訴権の発動の当否を軽々に論定することは許されないのであり、他の被疑事件についての公訴権の発動の状況との対比などを理由にして本件公訴提起が著しく不当であったとする原審の認定判断は、ただちに肯認することができない。まして、本件の事態が公訴提起の無効を結果するような極限的な場合にあたるものとは、原審の認定及び記録に照らしても、とうてい考えられないのである。したがって、本件公訴を棄却すべきものとした原審の判断は失当であって、その違法が判決に影響を及ぼすことは明らかである。

　三　しかしながら、本件については第一審が罰金5万円、1年間刑の執行猶予の判決を言い渡し、これに対して検察官からの控訴の申立はなく、被告人からの控訴に基づき原判決が公訴を棄却したものであるところ、記録に現われた本件のきわめて特異な背景事情に加えて、犯行から今日まですでに長期間が経過し、その間、被告人を含む患者らとチッソ株式会社との間に水俣病被害の補償について全面的な協定が成立して双方の間の紛争は終了し、本件の被害者らにおいても今なお処罰を求める意思を有しているとは思われないこと、また、被告人が右公害によって父親を失い自らも健康を損なう結果を被っていることなどをかれこれ考え合わせると、原判決を破棄して第一審判決の執行猶予付きの罰金刑を復活させなければ著しく正義に反することになるとは考えられず、いまだ刑訴法411条を適用すべきものとは認められない」。

参考判例3　最判昭56・6・26刑集35巻4号426頁（赤碕町選挙違反事件）

【事案の概要：1976年8月28日、鳥取県にある赤碕町にて町長選挙が行われた。その約1か月後、Xは所轄署に自首して出、当選したA町長より供与・饗応を受けた旨を述べた。その後の捜査を経て、検察官は本件事実につき略式命令を請求

し、命令を受けるに至った。この間、本件事実においてXと対抗的関係にあるAに関しては、検察官送致の手続は取られていない。その後、XはAの息子Bより現金3万円などを供与されたことを理由として公職選挙法違反で起訴され、簡裁で罰金12万円の判決を受けた。Xは、本件起訴は自身を殊更に他の者から差別して取り扱う意図のもとでなされた差別的起訴であり、憲法14条違反に反する等として控訴した。これに対して、高裁はXの主張をほぼ容れ、偏頗な捜査が行われたとして、次のように判示した。「憲法14条が「すべて国民は法の下に平等であって、人種、信条、性別、社会的身分又は門地により、政治的、経済的又は社会的関係において、差別されない。」と規定したのは、人格の価値がすべての人間について平等であり、社会的身分等の差異に基づいて、あるいは特権を有し、あるいは特別に不利益な待遇を与えられてはならないとの大原則を示したものであり、合理的な理由なくして差別されないことが、個人の尊厳に立脚する民主的な社会を確立するための不可欠の要件であるとの考慮によるものと解される。従って、平等に法を執行すべき捜査機関が一方に対しては厳格に法を執行しながら、社会的身分の高い他方に対してはことさらに著しく寛容な態度に出るようなことは、右の平等原則に違反するものとして許されないことは明らかである。もとより、本件において被告人は、当初A側の選挙運動に従事し、後にその反対派に転じたものであるから、捜査官が、被告人の自首の動機について留意し、ある程度慎重な態度で捜査に臨むこと、あるいはAが町の要職にあることから、同人に対する捜査をすることの社会的影響を慮って慎重に行動することなどは何ら非難されるべきことではないが、前認定の事実関係によれば、八橋署においては、右の限度を越え、何ら合理的理由がないのに、社会的身分の高いAを被告人に比して有利に取り扱う意図のもとに差別捜査を行ったものであって、このような捜査が前記の平等原則に反することは明白である。本件において、Aに対する捜査が適正に行われたとしても、被告人が起訴されることを免れなかったことは明らかであるけれども、憲法14条の前記の趣旨に照らせば、被告人が他の者よりも不利益に差別された場合と、本件のように被告人よりも他の者が利益に扱われた場合とでは、被告人が差別された点において選ぶところがなく、右両場合とも差別されたこと自体をもって被告人が不利益を蒙ったものと言わなければならない。

　ところで、(1)捜査手続に違法があっても公訴提起そのものが形式上適法になされておれば、右の違法は公訴提起の効力に何ら影響を及ぼすものではないとの考え、あるいは、

　(2)罪を犯した者が他に罪を免れている者の存在を理由に平等原則違反を主張す

ることは、いわゆるクリーンハンドの原則に照らして許されないとの考えがあるので、これらについてここで検討する。

　まず、右(1)のような見解をとると、捜査手続に如何に著しい違法があり、かつ、これを救済する適当な方途が他になくても、このことを無視して被告人に対し有罪の宣告をするほかないことになる。もとより、捜査手続上の違法行為すべてについて、公訴提起された当該被告人に対する刑事事件の手続内でこれに対する救済を図ろうとすることは、裁判所としての職責を逸脱する場合があることに思いを致す必要がある。しかしながら、「刑罰法令を適正に適用実現し、公の秩序を維持することは、刑事訴訟の重要な任務であり、そのためには事案の真相をできる限り明らかにすることが必要であることはいうまでもないところ、……他面において、事案の真相の究明も、個人の基本的人権の保障を全うしつつ、適正な手続のもとでなされなければならないものであり、……証拠物の押収等の手続に、憲法35条及びこれを受けた刑訴法218条1項等の所期する令状主義の精神を没却するような重大な違法があり、これを証拠として許容することが、将来における違法な捜査の抑制の見地からして相当でないと認められる場合においては、その証拠能力は否定されるものと解すべきである。」……として、捜査手続に違法があった場合に、単に違法行為をした当該捜査官個人に対する行政上あるいは民事上の責任を問うだけでなく、刑事訴訟手続内において、法律には直接規定されていない救済方法を採りうる場合があることが、最高裁判所によって示唆されている。また、捜査手続の違法に関してではないが、最高裁判所が「憲法37条1項の保障する迅速な裁判をうける権利は、憲法の保障する基本的な人権の一つであり、右条項は、単に迅速な裁判を一般的に保障するために必要な立法上および司法行政上の措置をとるべきことを要請するにとどまらず、さらに個々の刑事事件について、現実に右の保障に明らかに反し、審理の著しい遅延の結果、迅速な裁判をうける被告人の権利が害せられたと認められる異常な事態が生じた場合には、これに対処すべき具体的規定がなくても、もはや当該被告人に対する手続の続行を許さず、その審理を打ち切るという非常救済手段がとられるべきことをも認めている趣旨の規定であると解する。」（昭和47年12月20日判決刑集26巻10号631頁）と説示しているのは、刑事被告人に関する憲法上の権利保障規定が単にいわゆるプログラム規定にとどまるものではなく、非常救済手段をも認める趣旨の規定であることを明言するものとして、本件の解決にあたっても決して無視することができないところである。このようにみてくると、捜査手続上に憲法の基本的人権の保障規定の趣旨を没却するような重大な違法がある場合には、たとえ公訴提起そのものが形式上適法になされ、かつ、法律にこれに対する直接

の救済規定がなくとも、適正手続の保障を貫徹するため刑事訴訟手続内でその救済を図ることは決して裁判所としての職責を逸脱するものではないというべきである。(中略)

そこで当裁判所は、憲法14条違反の差別捜査に基づいて、差別された一方だけに対して公訴提起した場合にも同法31条の適正手続条項に違反するものであるから、差別の程度、犯罪の軽重等を総合的に考慮して、これを放置することが憲法の人権保障規定の趣旨に照らして容認し難く、他にこれを救済するための適切な方途がない場合には、憲法31条の適正手続の保障を貫徹するため、刑訴法338条4号を準用ないし類推適用して公訴棄却の判決をするのが相当であると考える」。

以上に対して、検察官側が上告した。】

「原判決も、同警察署が、被告人自身について、その思想、信条、社会的身分又は門地などを理由に、一般の場合に比べ捜査上不当に不利益な取扱いをしたとか、刑訴法に違反する捜査をしたなどとは認定しておらず、記録上も右のような違法・不当な捜査がなされたとの疑いはこれをさしはさむべき余地がない。このように、被告人自身に対する警察の捜査が刑訴法にのっとり適正に行われており、被告人が、その思想、信条、社会的身分又は門地などを理由に、一般の場合に比べ捜査上不当に不利益に取り扱われたものでないときは、かりに、原判決の認定するように、当該被疑事実につき被告人と対向的な共犯関係に立つ疑いのある者の一部が、警察段階の捜査において不当に有利な取扱いを受け、事実上刑事訴追を免れるという事実があったとしても（もっとも、本件において、八橋警察署が、原判決認定のように、Aを不当に有利に取り扱う意図のもとに偏頗な捜査をしたとまで断定できるかどうかについては、証拠上疑問なしとしない。）、そのために、被告人自身に対する捜査手続が憲法14条に違反することになるものでないことは、当裁判所の判例（昭和23年10月6日大法廷判決・刑集2巻11号1275頁、昭和23年5月26日大法廷判決・刑集2巻5号517頁、昭和33年3月5日大法廷判決・刑集12巻3号384頁、昭和26年9月14日第二小法廷判決・刑集5巻10号1933頁、昭和30年5月10日第三小法廷判決・刑集9巻6号1006頁、昭和33年10月24日第二小法廷判決・刑集12巻14号3385頁の趣旨に徴して明らかである。なお、原判決によると、本件公訴提起を含む検察段階の措置には、被告人に対する不当な差別や裁量権の逸脱等はなかったというのであるから、これと対向的な共犯関係に立つ疑いのある者の一部が、警察段階の捜査において前記のような不当に有利な取扱いを受けたことがあったとしても、被告人に対する公訴提起の効力が否定される

べきいわれはない（最高裁昭和 55 年 12 月 17 日第一小法廷決定〔**参考判例 2**〕、同昭和 41 年 7 月 21 日第一小法廷判決・刑集 20 巻 6 号 696 頁参照）」。

参考判例 4　最判昭 44・12・5 刑集 23 巻 12 号 1583 頁

【事案の概要：1967 年 5 月 6 日、被告人 X（19 歳 3 か月）はバイクの事故により幼児に傷害を負わせた。X の申告により事故現場近くの派出所による実況見分等が行われ、関係人等の供述調書も作成されている。その後 7 月中旬に本署に一件書類が追達されたのであるが、その後、書類不備を理由とする派出所と本署間の 3 度にわたる書類のやり取りがあり、検察庁に事件が送致されたのは 12 月 15 日であった。ところが年末の事務処理のために受理がさらに翌 1968 年 3 月 15 日まで遅れた。その後、3 月 20 日に被告人が成年に達したのであるが、事件はさらに別の検察庁に移送され、略式命令の請求がなされた。

一審は、警察の捜査が必要やむを得ない限度を超えて時間を費やしたことによって被告人が少年審判を受ける機会を逸した点を指摘し、捜査手続が少年法の理念に反して重大であり、その違法が本件公訴提起をもたらしたのであるから捜査手続の違法は公訴提起を無効ならしめる、として刑訴法 338 条 4 号により公訴棄却した。検察官はこれに対して控訴したのであるが、控訴審は、「公訴の提起には格別違法な点は存しない」としつつ、本件捜査手続については一審と同じ評価を行い、控訴棄却した。

以上に対して検察官が上告を行ったのが本件である。】

「…捜査機構、捜査官の捜査能力、事件の輻輳の程度、被疑事件の難易等の事情に左右されるとはいえ、その捜査にそれ相応の日時を要することはいうまでもなく、捜査に長期の日時を要したため、家庭裁判所に送致して審判を受ける機会が失われたとしても、それのみをもって少年法の趣旨に反し、捜査手続を違法であると速断することのできないことも、また、多言を要しない。

もっとも、捜査官において、家庭裁判所の審判の機会を失わせる意図をもってことさら捜査を遅らせ、あるいは、特段の事情もなくいたずらに事件の処理を放置しそのため手続を設けた制度の趣旨が失われる程度に著しく捜査の遅延をみる等、極めて重大な職務違反が認められる場合においては、捜査官の措置は、制度を設けた趣旨に反するものとして、違法となることがあると解すべきである。

しかし、本件において、原判決の確定した事実関係のもとにおいては、捜査に従事した警察官には、いまだ、前示のごとき極めて重大な職務違反があるとは認めがたいから、その捜査手続は、これを違法とすることはできない。…（中

略）…仮に捜査手続に違法があるとしても、それが必ずしも公訴提起の効力を当然に失わせるものでないことは、検察官の極めて広範な裁量にかかる公訴提起の性質にかんがみ明らかであって、この点に関する原判示は、いまだ首肯するに足りるものではないといわなければならない」。

参考判例5　最決昭59・1・27刑集38巻1号136頁

【事案の概要：甲は、選挙運動者乙に、公職選挙法221条1項1号所定の目的で金銭などを交付したという訴因について起訴された。証拠上、甲、乙にはこの金銭などを買収のために第三者に供与することの共謀があり、かつ乙はそのとおり第三者に供与した疑いが強い。このような供与があれば、交付の罪は供与の罪に吸収されるというのが、判例の立場であった。】

「なお、選挙運動者たる乙に対し、甲が公職選挙法221条1項1号所定の目的をもって金銭等を交付したと認められるときは、たとえ、甲乙間で右金銭等を第三者に供与することの共謀があり乙が右共謀の趣旨に従いこれを第三者に供与した疑いがあったとしても、検察官は、立証の難易等諸般の事情を考慮して、甲を交付罪のみで起訴することが許されるのであって、このような場合、裁判所としては、訴因の制約のもとにおいて、甲についての交付罪の成否を判断すれば足り、訴因として掲げられていない乙との共謀による供与罪の成否につき審理したり、検察官に対し、右供与罪の訴因の追加・変更を促したりする義務はないというべきである。従って、これと同旨の見解のもとに、被告人に対し交付罪の成立を認めた原判断は、正当である。」

参考判例6　東京高判平17・12・26判時1918号122頁

【事案の概要：Xは2004年12月2日から翌2005年2月17日までの間、前後6回にわたり、携帯電話のカメラを使い、15歳であるV女の性交時の姿態や、同女の裸体や一部衣服を付けた姿などを撮影し、フラッシュメモリに記録させた。このことによりXは児童ポルノ製造罪（児童ポルノ法7条3項）により地方裁判所で2005年7月15日に有罪判決を受けた。その対象となったのは以下のものである。

　(1) 2004年12月2日：XとVの性交時の姿態とVの裸体の写真を撮影したこと。
　(2) 2004年12月21日：同上
　(3) 2004年12月23日：同上
　(4) 2005年1月20日：Vの性器にXがふれる写真を撮影したこと
　(5) 2005年1月29日：Vの裸体の写真を撮影したこと。

(6) 2005年2月17日：同上

　他方、Xは2005年3月26日における同女に対する淫行の罪（児童淫行罪；児童福祉法34条1項6号、60条1項；以下事実(7)とする）で家庭裁判所に起訴されていた。（註：平成20年に少年法37条が削除されるまでは児童福祉法60条違反は家庭裁判所の管轄事件であった。）

　Xは如上の(1)から(6)に対する有罪判決について控訴していたのであるが、その控訴審において次のような主張をしていた。「事実(1)-(6)の児童ポルノ製造罪と事実(7)の児童淫行罪は科刑上一罪であるから、これを併合罪として児童ポルノ製造罪について地裁に管轄を認めた原判決には旧少年法37条2項に反し不法に管轄を認めた違法があ」る、「別件淫行罪がすでに家裁に起訴されているのであるから、地裁に対する本件起訴は二重起訴であり、原判決は不法に公訴を受理した違法、被告人から併合審理の利益を奪った違法、合算による不当に重い量刑をしたという点で憲法14条1項違反である」。】

　「本件児童ポルノ製造罪について地方裁判所に起訴された訴因は、〔上記(1)から(6)までの〕前後6回にわたる児童ポルノの製造を内容とするものであり、他方、別件淫行罪について家庭裁判所に起訴された訴因は、〔上記(7)〕を内容とするものであって、これらの両訴因を比較対照してみれば、両訴因が科刑上一罪の関係に立つとは認められないことは明らかである。

　所論は、本件児童ポルノ製造の際の淫行行為をいわばかすがいとして、本件児童ポルノ製造罪と別件淫行罪とが一罪になると主張しているものと解される。ところで、本件児童ポルノ製造罪の一部については、それが児童淫行罪に該当しないと思われるものも含まれるから〔事実(1)及び(4)の各一部、事実(5)(6)〕、それについては、別件淫行罪とのかすがい現象は生じ得ない。他方、本件児童ポルノ製造罪のなかには、それ自体児童淫行罪に該当すると思われるものがある。例えば、性交自体を撮影している場合である〔事実(1)の一部、事実(2)(3)〕。同罪と当該児童ポルノ製造罪とは観念的競合の関係にあり、また、その児童淫行罪と別件淫行罪とは包括的一罪となると解されるから（同一児童に対する複数回の淫行行為は、併合罪ではなく、包括的一罪と解するのが、判例実務の一般である。）、かすがいの現象を認めるのであれば、全体として一罪となり、当該児童ポルノ製造罪については、別件淫行罪と併せて、家庭裁判所に起訴すべきことになる。かすがい現象を承認すべきかどうかは大きな問題であるが、その当否はおくとして、かかる場合でも、検察官がかすがいに当たる児童淫行罪をあえて訴因に掲げないで、当該児童ポルノ製造罪を地方裁判所に、別件淫行罪を家庭裁判所に起訴する合理的な理由があれば、そのような措置も是認でき

るというべきである。一般的に言えば、検察官として、当該児童に対する児童淫行が証拠上明らかに認められるからといって、すべてを起訴すべき義務はないというべきである（最高裁昭和59年1月27日第一小法廷決定・刑集38巻1号136頁、最高裁平成15年4月23日大法廷判決・刑集57巻4号467頁〔**参考判例8**〕）。そして、児童淫行罪が児童ポルノ製造罪に比べて、法定刑の上限はもとより、量刑上の犯情においても格段と重いことは明らかである。そうすると、検察官が児童淫行罪の訴因について、証拠上も確実なものに限るのはもとより、被害児童の心情等をも考慮して、その一部に限定して起訴するのは、合理的であるといわなければならない。また、そのほうが被告人にとっても一般的に有利であるといえる。ただ、そうした場合には、児童ポルノ製造罪と別件淫行罪とが別々の裁判所に起訴されることになるから、所論も強調するように、併合の利益が失われたり、二重評価の危険性が生じて、被告人には必要以上に重罰になる可能性もある。そうすると、裁判所としては、かすがいになる児童淫行罪が起訴されないことにより、必要以上に被告人が量刑上不利益になることは回避すべきである。

　そこで、児童ポルノ製造罪の量刑に当たっては、別件淫行罪との併合の利益を考慮し、かつ、量刑上の二重評価を防ぐような配慮をすべきである。そう解するのであれば、かすがいに当たる児童淫行罪を起訴しない検察官の措置も十分是認することができる。したがって、憲法14条違反の主張を含め、所論はいずれも採用できない」。

参考判例7　最決昭63・2・29刑集42巻2号314頁（水俣病刑事事件）

「2　公訴時効完成の有無について

　一、二審判決の認定によれば、Uの出生は昭和35年8月28日であり、その死亡は昭和48年6月10日であって、出生から死亡までの間に12年9か月という長年月が経過している。しかし、公訴時効の起算点に関する刑訴法235条1項にいう「犯罪行為」とは、刑法各本条所定の結果をも含む趣旨と解するのが相当であるから、Uを被害者とする業務上過失致死罪の公訴時効は、当該犯罪の終了時である同人死亡の時点から進行を開始するのであって、出生時に同人を被害者とする業務上過失傷害罪が成立したか否か、そして、その後同罪の公訴時効期間が経過したか否かは、前記業務上過失致死罪の公訴時効完成の有無を判定するに当たっては、格別の意義を有しないものというべきである。したがって、同人死亡の時点から起算して公訴時効期間が満了する前の昭和51年5月4日に公訴が提起されている前記業務上過失致死罪につき、その公訴時

効の完成を否定した原判断の結論は、正当である。
　次に、本件公訴事実によれば、本件における各死傷の結果発生の時期は、それぞれ昭和34年7月（N死亡）、同年9月（O傷害）、同年11月（F、S死亡）、同年12月（H死亡）、昭和46年12月（I死亡）、昭和48年6月（U死亡）であって、相当の時間的な広がりがあったものとされてはいるが、一、二審判決の認定によれば、これらの結果は、昭和33年9月初旬から昭和35年6月末ころまでの間に行われた継続的な一個の過失行為によって引き起こされたというのである。以上の前提のもとにおいて、原判決は、各罪が観念的競合の関係にある場合において、一つの罪の公訴時効期間内に他の罪の結果が発生するときは、時効的連鎖があるものとし、これらを一体的に観察して公訴時効完成の有無を判定すべきであるが、時効的連鎖が認められないときは、それぞれを分割して各別に公訴時効完成の有無を判定すべきであるとの解釈を示した上、個別的にみて公訴時効が完成していないUを被害者とする業務上過失致死罪との間で時効的連鎖が認められるのは、Iを被害者とする業務上過失致死罪のみであり、右2名を被害者とする各業務上過失致死罪とその余の5名を被害者とする各業務上過失致死傷罪との間には、時効的連鎖が存在しないとして、後者につき公訴時効の完成を肯定する判断を示しているのである。しかし、前記前提のもとにおいても、観念的競合の関係にある各罪の公訴時効完成の有無を判定するに当たっては、その全部を一体として観察すべきものと解するのが相当であるから（最高裁昭和40年（あ）第1318号同41年4月21日第一小法廷判決・刑集20巻4号275頁参照）、Uの死亡時から起算して業務上過失致死罪の公訴時効期間が経過していない以上、本件各業務上過失致死傷罪の全体について、その公訴時効はいまだ完成していないものというべきである。したがって、原判決がU及びIを被害者とする各業務上過失致死罪について公訴時効の完成を否定した点は、その結論において正当であり、他方、右2名以外の5名を被害者とする各業務上過失致死傷罪について公訴時効の完成を肯定した点は、法令の解釈適用を誤ったものであるが、その部分については、第一審判決の理由中において公訴時効完成による免訴の判断が示され、同判決に対しては検察官による控訴の申立がなかったものであって、右部分は、原審当時既に当事者間においては攻防の対象からはずされていたものとみることができるから（最高裁昭和41年（あ）第2101号同46年3月24日大法廷決定・刑集25巻2号293頁、同昭和42年（あ）第582号同47年3月9日第一小法廷判決・刑集26巻2号102頁参照）、結局、原判決の右誤りは、判決に影響を及ぼさない。」

第 11 章　公訴提起の諸原則

● **発展問題**

①参考判例 4 はいかなる事実に着目して違法判断を行っているか。また、参考判例 4 を前提にすると家庭裁判所先議主義は形骸化しないか？
②参考判例 8 における訴因制度についての言及は適切か？
③強姦罪に告訴がない場合、強姦の手段としてなされた暴行行為のみを暴行罪で起訴することはできるか？（参考判例 6 をも参照）
④共犯関係にある者の一方に不起訴処分を約束し、そこで得られた供述等に基づいて共犯者を起訴する場合、不平等起訴の問題は生じないか？（参考判例 3 および第 16 章参考判例 5 を参照。）

参考判例 8　最大判平 15・4・23 刑集 57 巻 4 号 467 頁

【事案の概要：X はある宗教法人 A で代表役員である Y の委任を受けて A 所有の不動産を保管・管理する責任役員であった。1992 年 4 月から同 6 年 6 月にかけて前後 6 回にわたり、A 所有の土地を B 及び C に売却、代金を受領しつつ移転登記を完了して横領したとして業務上横領罪で起訴された。本罪の対象となった取引は、1980 年 4 月 11 日に X の経営する C 商事を債務者とする極度額 2500 万円の根抵当権（①抵当権）がつけられ、1992 年 3 月 31 日同じく C 商事を債務者とする債権額 4300 万円の抵当権（②抵当権）がつけられていた土地甲の B への売却・登記完了であり、C 商事を債務者とする債権額 3 億円相当の抵当権（③抵当権）が設定されている土地乙を D 商事に 1500 万円で売却・登記を完了した、というものである。

　X らは横領の事実そのものを争うとともに、上記土地については、先行する抵当権設定行為の時点で横領罪が成立するのであるから、本件行為は不可罰的事後行為に当たり横領罪は成立しないと主張した。一審は、先行行為たる抵当権設定行為は土地が有する経済的価値のみを害するものでありうるのに対して、後行行為たる売却行為は土地所有権（土地が有する価値の全て）を譲渡する行為であるから、先行行為の違法評価に後行行為の違法評価が包含されつくすとは言えない、として、X を有罪とした。X は本件行為が不可罰的事後行為であるとして控訴したが、控訴審は、「本件では各抵当権設定の経緯等はつまびらかではないところ…少なくとも先行行為についての犯罪成立がすでに取り調べられた証拠により明白に認められるか、若干の追加立証により明白に立証できる確実な見込みがある場合に限って、起訴されている後行行為を不可罰的事後行為と認めるべきものと解されるから、本件の各売却行為を各抵当権設定行為の関係での不可罰的事後行為

ということはできな」い、「仮に本件の各抵当権設定行為が横領罪を構成するものであることが本件の証拠上明らかであるとしても、すでに公訴時効が完成しているのであり、処罰はもはや不可能であるが、先行行為（抵当権設定）が時効の完成などにより横領として処罰できない事情があるときは後行行為（売却行為）それ自体が構成要件を充足していると認められる限り、これを不可罰的事後行為とすることは不合理であ」るとして、控訴棄却した。

以上に対して被告人は判例違反（最判昭和31年6月26日刑集10巻6号74頁：被告人Aが、不動産をBに売却譲渡した後、所有権移転登記を経ていないのを奇貨として、被告人Cに対する債務額にあたる被担保債権として当該不動産に二番抵当権の設定登記をし、その後この二番抵当権の登記を抹消したうえで、代物弁済として被告人Cに対し当該不動産の所有権移転登記をしたことが横領罪にあたるかが問題となった事案。最高裁は大要次のように判示している、「被告人AがCに対して抵当権を設定した場合には委託物横領罪が成立するが、その後当該登記を抹消し、Cに移転登記したとしても、抵当権の抹消は移転登記の準備行為に過ぎないものであり、これをもって直ちに横領罪と認めることはできない」。）を理由に上告した。】

「…委託を受けて他人の不動産を占有する者が、これにほしいままに抵当権を設定してその旨の登記を了した後においても、その不動産は他人の物であり、受託者がこれを占有していることに変わりはなく、受託者が、その後、その不動産につき、ほしいままに売却等による所有権移転行為を行いその旨の登記を了したときは、委託の任務に背いて、その物につき権限がないのに所有者でなければできないような処分をしたものにほかならない。したがって、売却等による所有権移転行為について、横領罪の成立自体は、これを肯定することができるというべきであり、先行の抵当権設定行為が存在することは、後行の所有権移転行為について犯罪の成立自体を妨げる事情にはならないと解するのが相当である。

このように、所有権移転行為について横領罪が成立する以上、先行する抵当権設定行為について横領罪が成立する場合における同罪と後行の所有権移転による横領罪との罪数評価のいかんにかかわらず、検察官は、事案の軽重、立証の難易等諸般の事情を考慮し、先行の抵当権設定行為ではなく、後行の所有権移転行為をとらえて公訴を提起することができるものと解される。また、そのような公訴の提起を受けた裁判所は、所有権移転の点だけを審判の対象とすべきであり、犯罪の成否を決するに当たり、売却に先立って横領罪を構成する抵当権設定行為があったかどうかというような訴因外の事情に立ち入って審理判断すべきものではない。このような場合に、被告人に対し、訴因外の犯罪事実

を主張立証することによって訴因とされている事実について犯罪の成否を争うことを許容することは、訴因外の犯罪事実をめぐって、被告人が犯罪成立の証明を、検察官が犯罪不成立の証明を志向するなど、当事者双方に不自然な訴訟活動を行わせることにもなりかねず、訴因制度を採る訴訟手続の本旨に沿わないものというべきである。

以上の点は、業務上横領罪についても異なるものではない。

そうすると、本件において、被告人が本件土地甲につき本件①・②抵当権を設定し、本件土地乙につき本件③抵当権を設定して、それぞれその旨の登記を了していたことは、その後被告人がこれらの土地を売却してその旨の各登記を了したことを業務上横領罪に問うことの妨げになるものではない。したがって、本件土地甲、乙の売却に係る訴因について業務上横領罪の成立を認め、前記(1)、(2)の各犯罪事実を認定した第一審判決を是認した原判決の結論は、正当である。

以上の次第で、刑訴法410条2項により、本件引用判例を当裁判所の上記見解〔最判昭和31年6月26日刑集10巻6号74頁〕に反する限度で変更し、原判決を維持するのを相当と認める」。

● 参考文献

- 川出敏裕「訴因による裁判所の審理範囲の限定について」『鈴木茂嗣先生古希祝賀論文集（下）』（成文堂、2007年）313頁
- 酒巻匡「公訴の提起(1)・(2)」法学教室371号（2011年）69頁、同372号（2011年）73頁
- 酒巻匡「審理・判決の対象(1)」法学教室375号（2011年）81頁
- 酒巻匡「公訴の追行と訴因(1)」法学教室298号（2005年）65頁
- 渡辺咲子「検察官の訴追裁量」新・法律学の争点シリーズ『刑事訴訟法の争点』（有斐閣、2013年）110頁

第12章

訴因の特定

後藤 昭

● **本章のねらい**

検察官が公訴を提起するために従うべき方式を理解する。その中でも、起訴状の中核的な内容である訴因の記載方法とそれをめぐる問題点を理解する。それを通じて、訴因の機能、訴因の特定が必要とされる理由、訴因の特定が足りているかどうかを判断する方法を考える。

● **キーワード**

起訴状、起訴状一本主義、予断排除原則、公訴事実、訴因、訴因の特定、釈明

● **体系書の関係部分**

池田・前田	宇藤ほか	上口	白取	田口	田宮
231-241頁	201-215頁	233-240頁	241-251頁	200-212頁	177-190頁
福井	松尾（上）	三井（1）	光藤（Ⅰ）	安冨	
209-224頁	170-181頁	136-183頁	222-226、273-297頁	272-277、285-300頁	

● **設 例**

検察官は、被告人Xを次のような強盗殺人の訴因について起訴した。「被告人は、V（当時70歳）に対して負っていた約1,000万円の借金の返済義務を免れたいと考え、平成25年1月から同26年3月ころまでの間に殺意をもって何らかの方法でVを殺害し、その反抗を抑圧して債務の返済を免れることにより、同額に相当する財産上不法の利益を得たものである。」

公判前整理手続において、検察官は、証明予定事実として、概ね次のような

事実を挙げた。①Xは、Vに対して約 1,000 万円の借金があり、その返済を迫られていた。②1 人暮らしをしていたVには、身寄りがなく、相続人はいなかった。③Vは選ばれて町内会長などを務めるなど人望があり、人から恨まれるような事情は見当たらない。④Vは、2013 年 1 月 10 日に、居住している東京都立山市役所を印鑑証明受交付のために訪れたのを最後に、所在が確認できなくなった。⑤Vの自宅には、外から鍵がかかったまま、誰もいなくなった。⑥V宅内を検証した結果、引っ越しをした形跡はなかった。⑦2014 年 8 月に、富士山麓青木ヶ原樹海の深い森のなかで、山菜を採りに来た地元住民がVの死体を発見した。⑧発見時のVの死体は、布の袋に包まれた上、窪地に置かれ、上からビニールシートで覆われ、その上から木の枝などが積み重ねられていた。⑨Vの死体の司法解剖によっても、顕著な外傷の痕跡は発見されず、死因は不明であった。死亡時期は、発見から半年ないし 1 年半前であろうと推定された。⑩Xは、山梨県上九一色村に実家があり、2013 年から 2014 年にかけても、月に数回は車で東京の自宅との間を往復していた。⑪Vの仕事仲間であったZは、同じく仕事仲間であったYから、2014 年 2 月 13 日ころに「1 週間ほど前、Xに頼まれて、青木ヶ原樹海の中に荷物を運ぶのを手伝った。詳しくは聞かなかったが、非常に怪しい感じがする。それでXからは、50 万円もらった。」という話を聞いた。⑫2014 年 2 月末ころ、Yはフィリピンに渡航した。その後の消息は、不明である。⑬X宅の隣に住むWは、2013 年 2 月から 12 月の間に、何度か、X宅内から男のうめき声のような音を聞いた。また、同年 12 月中までは、X宅内に灯りがついているのをときどき見た記憶があるものの、それ以後は灯りがついたのを見ていない。⑭X宅の捜索によって、高級腕時計が発見、押収された。Vが同じ製品番号の時計を購入したことが、販売店の記録にある。

弁護人は、殺害行為の日時、場所、方法を特定しない訴因は不特定であるから、このままでは公訴を棄却するべきであると主張した。検察官はそれには応じないまま、裁判所は、公判前整理手続を終えた。検察官は、第 1 回公判期日の冒頭陳述において、次のように述べた。「XがVを殺害した具体的な日時、場所や方法は判りません。しかし、Zの証言から、時期はおそらく平成 26 年 2 月初めころであることが推測できるでしょう。」

公判で、証人ZとWは、それぞれ上記⑪と⑬に相当する内容を証言した。被告人Xは、犯行への関与を否認し、Yと一緒に青木ヶ原樹海に行ったこともないと供述した。また、腕時計は、2013 年 3 月にV宅から盗み出したものだと主張した。

検察官は論告において、犯行時期は 2014 年 2 月初めであると、改めて主張

第 12 章　訴因の特定

した。」

● 基本知識の確認

①起訴状には、何を書く必要があるか？
②訴因とは何か？それは訴訟においてどんな機能をもつか？
③刑訴法は、訴因の記載方法について、どんな要求をしているか？
④訴因の記載が詳し過ぎると、弊害があるか？
⑤起訴状に罪名・罰条を記載するのは何のためか？
⑥起訴状には、証拠を引用あるいは添付するべきか？

● 判例についての問い

①参考判例1は、訴因を特定する目的をどのように理解しているか？
②参考判例1が、密出国の日時、場所について、不確定な記載を許した理由は何か？
③参考判例2は、どんな訴因について、なぜ特定性があると説明したか？
④覚せい剤の使用は、反復される場合が多く、かつ使用毎に一罪となるという理解が一般的である。それにもかかわらず、参考判例2の事案で、訴因が示す犯罪が他の犯罪とは区別できると考えるのは、なぜか？
⑤参考判例3は、どんな訴因について、なぜ特定性があると説明したか？
⑥参考判例4は、訴因が不特定の場合、裁判所はどうするべきだと考えているか？
⑦参考判例5は、原審はどうするべきだったと述べているか？

● 設例についての問い

①設例の起訴状にある訴因は、特定しているか？
②もし、裁判所が、起訴状の訴因は特定が不十分であると考えたら、裁判所はどうするべきか？
③審理の結果、裁判所は、Xが犯人であって、犯行時期は2014年2月初旬と認定できると考えたとする。裁判所は、どうするべきか？それに対して、検察官は犯行時期を絞り切ることに不安を感じた場合、どのように対応するか？

● 参考判例

参考判例1　最大判昭 37・11・28 刑集 16 巻 11 号 1633 頁（白山丸事件）

【事案の概要：密出国の起訴について、訴因の特定性が争われた事案。】

「なお、本件起訴状記載の公訴事実は、『被告人は、昭和 27 年 4 月頃より同 33 年 6 月下旬までの間に、有効な旅券に出国の証印を受けないで、本邦より本邦外の地域たる中国に出国したものである』というにあって、犯罪の日時を表示するに 6 年余の期間内とし、場所を単に本邦よりとし、その方法につき具体的な表示をしていないことは、所論のとおりである。

しかし、刑訴 256 条 3 項において、公訴事実は訴因を明示してこれを記載しなければならない、訴因を明示するには、できる限り日時、場所及び方法を以て罪となるべき事実を特定してこれをしなければならないと規定する所以のものは、裁判所に対し審判の対象を限定するとともに、被告人に対し防禦の範囲を示すことを目的とするものと解されるところ、犯罪の日時、場所及び方法は、これら事項が、犯罪を構成する要素になっている場合を除き、本来は、罪となるべき事実そのものではなく、ただ訴因を特定する一手段として、できる限り具体的に表示すべきことを要請されているのであるから、犯罪の種類、性質等の如何により、これを詳らかにすることができない特殊事情がある場合には、前記法の目的を害さないかぎりの幅のある表示をしても、その一事のみを以て、罪となるべき事実を特定しない違法があるということはできない。

これを本件についてみるのに、検察官は、本件第一審第 1 回公判においての冒頭陳述において、証拠により証明すべき事実として、㈠昭和 33 年 7 月 8 日被告人は中国から白山丸に乗船し、同月 13 日本邦に帰国した事実、㈡同 27 年 4 月頃まで被告人は水俣市に居住していたが、その後所在が分らなくなった事実及び㈢被告人は出国の証印を受けていなかった事実を挙げており、これによれば検察官は、被告人が昭和 27 年 4 月頃までは本邦に在住していたが、その後所在不明となってから、日時は詳らかでないが中国に向けて不法に出国し、引き続いて本邦外にあり、同 33 年 7 月 8 日白山丸に乗船して帰国したものであるとして、右不法出国の事実を起訴したものとみるべきである。そして、本件密出国のように、本邦をひそかに出国してわが国と未だ国交を回復せず、外交関係を維持していない国に赴いた場合は、その出国の具体的顛末ついてこれを確認することが極めて困難であって、まさに上述の特殊事情のある場合に当るものというべく、たとえその出国の日時、場所及び方法を詳しく具体的に表

示しなくても、起訴状及び右第一審第１回公判の冒頭陳述によって本件公訴が裁判所に対し審判を求めようとする対象は、おのずから明らかであり、被告人の防禦の範囲もおのずから限定されているというべきであるから、被告人の防禦に実質的な障碍を与えるおそれはない。それゆえ、所論刑訴256条3項違反の主張は、採ることを得ない。」

参考判例2　最決昭56・4・25刑集35巻3号116頁

【事案の概要：覚せい剤自己使用の起訴について、訴因の特定性が争われた事案。】

「なお、職権により判断すると、『被告人は、法定の除外事由がないのに、昭和54年9月26日ころから同年10月3日までの間、広島県高田郡吉田町内及びその周辺において、覚せい剤であるフェニルメチルアミノプロパン塩類を含有するもの若干量を自己の身体に注射又は服用して施用し、もって覚せい剤を使用したものである。』との本件公訴事実の記載は、日時、場所の表示にある程度の幅があり、かつ、使用量、使用方法の表示にも明確を欠くところがあるとしても、検察官において起訴当時の証拠に基づきできる限り特定したものである以上、覚せい剤使用罪の訴因の特定に欠けるところはないというべきである。」

参考判例3　最決平14・7・18刑集56巻6号307頁

【事案の概要：傷害致死の起訴について、訴因の特定性が争われた事案】

「なお、所論にかんがみ、原審において検察官が予備的に追加請求して第7回公判期日に許可された第一次予備的訴因の特定について、職権で判断する。

第一次予備的訴因は、『被告人は、単独又はA及びBと共謀の上、平成9年9月30日午後8時30分ころ、福岡市中央区所在のビジネス旅館あさひ2階7号室において、被害者に対し、その頭部等に手段不明の暴行を加え、頭蓋冠、頭蓋底骨折等の傷害を負わせ、よって、そのころ、同所において、頭蓋冠、頭蓋底骨折に基づく外傷性脳障害又は何らかの傷害により死亡させた。』という傷害致死の訴因であり、単独犯と共同正犯のいずれであるかという点については、択一的に訴因変更請求がされたと解されるものである。

原判決によれば、第一次予備的訴因が追加された当時の証拠関係に照らすと、被害者に致死的な暴行が加えられたことは明らかであるものの、暴行態様や傷害の内容、死因等については十分な供述等が得られず、不明瞭な領域が残っていたというのである。そうすると、第一次予備的訴因は、暴行態様、傷害の内容、死因等の表示が概括的なものであるにとどまるが、検察官において、当時

の証拠に基づき、できる限り日時、場所、方法等をもって傷害致死の罪となるべき事実を特定して訴因を明示したものと認められるから、訴因の特定に欠けるところはないというべきである。したがって、これと同旨の原判決の判断は正当である。」

参考判例4　最判昭33・1・23刑集12巻1号34頁

「同第2点は、原判決は昭和25年3月4日の東京高等裁判所の判例に違反すると主張する。なるほど原判決は、所論引用の判例には違反するかどがある。しかし、右判例は、その後同一の12部において改められ、訴因の記載が明確でない場合には、検察官の釈明を求め、もしこれを明確にしないときにこそ、訴因が特定しないものとして公訴を棄却すべきものであると判示するに至った（高裁判例集5巻2号132頁）。そして、刑訴256条の解釈としては、この後の判決の説明を当裁判所においても是認するのである。それ故、判例違反の論旨は理由がない。」

参考判例5　東京高判平6・8・2高刑集47巻2号282頁

【事案の概要：被告人は、覚せい剤の自己使用について、日時、場所について幅のある記載の訴因で起訴され、第一審判決は、日時を2日間に絞り、場所を特定した罪となるべき事実を認定した。】

「……起訴状記載の公訴事実は、『被告人は、法定の除外事由がないのに、平成6年1月上旬ころから同月18日までの間、千葉県内またはその周辺地域において、覚せい剤であるフェニルメチルアミノプロパンを含有する水溶液若干量を自己の身体に注射し、もって覚せい剤を使用した。』というものであるところ、原判決は、これに対して、犯行の日時を、『平成6年1月16日ないし同月17日ころ』、犯行場所を『前記第2記載（千葉市〈地番略〉）のB方』とする他、前記公訴事実と同旨の事実を認定していることが認められる。

　二　ところで、公訴提起にあたって、犯罪の日時、場所等が、詳らかでない場合に、本件程度に公訴事実を概括的に記載することは、それが検察官において、起訴当時の証拠に基づきできる限り特定したものであるときは、訴因の特定に欠けるところはないとして許容されるけれども、証拠上これが判明しているときには、これを具体的に記載すべきものであることは自明の理である。

　これを本件について見ると、（略）〔編注：証拠となった被告人の供述調書では、平成6年1月16日早朝自宅でAに覚せい剤を注射してもらったという趣旨の供述がある。Cの供述調書には、これを裏付ける供述内容があるほか、翌

17日の昼ころにも被告人が覚せい剤を注射しているのを見た旨の供述もある。」

　4　ところで、記録を精査しても、以上の被告人及びCの供述を信用しがたいとする事情は見当たらず、検察官も、同人らの前記供述調書や被告人の供述に基づいて作成された前記捜査報告書を犯行状況、現行再現状況等の立証趣旨で証拠請求しているのであって、原判決も、これをまったく信用しがたいものとは見ていないことは、犯罪の日時、場所を公訴事実とは異なり前記のように認定していることからも窺え、本件は、覚せい剤使用の日時、場所、共謀の有無等が証拠上明らかでない事案とは異なるというべきである。（略）

　三　ところが、検察官は、（略）以上のような証拠に基づき訴因を日時、場所等によって特定することなく、前記のような概括的な記載をもって、被告人を起訴したものであるから、原審としては、検察官に釈明を求め訴因をより具体的に特定させるべきであったといわなければならない。なお、被告人の覚せい剤注射を目撃した旨のCの前記検察官調書中の供述も一概には排斥し得ず、かつ同調書の立証趣旨は前記のとおり『犯行目撃状況等』とされていたのであるから、前記公訴事実の記載につき、検察官として、同女の目撃したとする被告人の覚せい剤使用を起訴したものと見る余地もない訳ではないところ、これと被告人の供述する覚せい剤使用の事実とは社会的事実として両立し得るもので、併合罪の関係にあるから、本件において原審が検察官に釈明を求め訴因を特定識別することの必要性はいっそう強かったというべきである。しかるに、原審はこれをせず、漫然、前記のように概括的で不特定な事実を認定判示したことが明らかであるから、原審は、訴訟手続の法令違反を冒したものというべきであり、これが判決に影響を及ぼすことが明らかである。したがって、所論についての判断を待つまでもなく、原判決は破棄を免れない。」

● **発展問題**

① 設例で審理の結果、裁判所が、Xの犯行は認められるが、その時期は、2013年12月中であると判断したとする。裁判所は、その事実を認定して、有罪判決をすることができるか？
② 強制わいせつ事件で、告訴したVが検察官に「自分の氏名を被告人に知られたくないので、起訴状に書かないでほしい」という希望を述べた。検察官は、Vの氏名を書かずに訴因を示すことができるか？
③ 一般に、被告人Xを共謀共同正犯として起訴する場合、謀議の日時、場所、内容、あるいはXを共同正犯と評価すべき根拠となるXの重要な行為を訴因

に示す必要があるか？
④街頭で寄付金募集を装って、多数の人々から少額の金銭を騙し取ったという詐欺の事案で、被害者を1人も特定しないまま、起訴することができるか？

参考判例6　最判昭58・12・13刑集37巻10号1581頁（よど号ハイジャック事件）

「一　記録に現われた本件訴訟の経過は、おおむね、次のとおりである。

　被告人は、「共産主義者同盟赤軍派に属する被告人が、S、T、Kら十数名と共謀のうえ、昭和45年3月31日午前7時30分すぎころ、富士山上空付近を航行中の日本航空株式会社の定期旅客機（通称「よど」）内において、乗客を装い搭乗していた前記T、Kら9名において、抜身の日本刀を振りかざすなどしてスチュワーデスや乗客らの身体を順次ロープで縛り上げ、さらには石田真二機長らの背後から日本刀、短刀を擬すなどしてその反抗を抑圧し、よって、右石田機長らをして右T、Kらの命ずるままに航行するのやむなきに至らしめて右旅客機を強取し、その際、5名に加療約4日ないし約2週間を要する各傷害を負わせた」などという、強盗致傷、国外移送略取、同移送、監禁の各事実により公訴を提起されたものである。

　ところで、本件においては、公訴事実記載の日時に、共産主義者同盟赤軍派（以下「赤軍派」という。）政治局員Tらによって公訴事実記載の犯行（以下「本件ハイジャック」という。）が実行されたことに争いはなく、また、右犯行当時、被告人が同派政治局議長Sとともに別件のいわゆる大菩薩峠事件（爆発物取締罰則違反）などにより警察に身柄を拘束されていて、右の実行行為に加担していないことも明らかであったため、第一審以来の中心的な争点は、被告人が他の共犯者との間で本件ハイジャックに関する共謀共同正犯の刑責を肯定するに足りるような謀議を遂げたと認められるかどうかの点にあった。

　第一審公判において、検察官は、当初、「共謀の日時は、昭和45年1月7日ころから犯行時までであり、同年3月15日以降は順次共謀である。」「共謀の場所は豊島区駒込2丁目1番14号ホテル愛川、同区駒込2丁目3番4号喫茶店白鳥などである。」と釈明したが（第1回公判）、その後の冒頭陳述（第2回公判）においては、「同年3月12日より同月14日までの間に、前記『白鳥』などにおいて」被告人がS、Tらと本件ハイジャックについての「具体的謀議」を遂げた旨を主張した。右冒頭陳述によると、被告人の属する赤軍派の思想的指導者であるSは、同年1月以降、海外における国際根拠地の設定及びそのための要員の国外脱出の手段としてのハイジャックを思いつき、被告人を含む同派の者に対し、その計画（いわゆるフェニックス作戦）を実現するうえで必要

な武器調達作戦（いわゆるアンタッチャブル作戦）及び資金獲得作戦（いわゆるマフィア作戦）などを命じて実行させていたが、同年3月12日夜にはホテル「愛川」でAに対し千歳飛行場の調査等を命じ、13日昼には喫茶店「カトレア」でフェニックス作戦の参加要員選定のための面接を行ったうえ、被告人に命じて合格者に対する注意事項の伝達をさせるなどしたほか、これと相前後して、13、14の両日、喫茶店「白鳥」などにおいて、T、K及び被告人とともに、ハイジャックについてその時期、手段、方法、実行行為者などを具体的に協議して決定したというのであり、右は、検察官が、本件ハイジャックにつき被告人の刑責を問うために必要な「謀議」の日時を、3月12日から14日までの3日間に限局して主張し、争点の明確化を図ったものと理解される。

　これに対し、被告人・弁護人は、被告人の右謀議への関与を徹底的に争った。そのため、第一審においては、右3日間における被告人及びSらの具体的行動をめぐり、双方の攻撃防禦が尽くされたのであるが、右謀議に関する検察官の立証の中心をなすものは、「3月13日夜喫茶店『白鳥』において、S、Tらからはじめてハイジャックの決意を打ち明けられ、大学ノートに書き込んだメモを見せられて、その具体的方法等に関する説明を受けた。」とする被告人の検察官調書及びほぼこれに照応するSの検察官調書であり、右以外の日及び時間帯の行動に関する証拠の中には、被告人の具体的謀議への関与を端的に窺わせるものが見当らなかったため、右13日夜の被告人の行動、とくに被告人が、その自供するように喫茶店「白鳥」における具体的な協議（以下「第一次協議」という。）に加わったのかどうかという点が最大の争点となり、被告人側は、被告人及びSの各検察官調書の任意性、信用性を極力争う一方、右第一次協議が行われたとされる13日夜のアリバイ（右協議が行われたとされる時間帯に被告人が知人のB方を訪問しており、同所で旧知のCにも会ったとするもの）に力点を置いた主張・立証を展開した。

　第一審裁判所は、本件ハイジャックの謀議成立に至る経過として、12日及び13日昼の行動の点を含め、おおむね、検察官の主張に副う事実関係を認定したほか、13日夜の第一次協議に関する被告人のアリバイの主張を排斥し、被告人が「3月13日および翌14日、喫茶店『白鳥』等において、」S、T及びKと本件ハイジャックの謀議を遂げたものと認めて、被告人に対し「懲役10年（未決勾留日数900日算入）」の有罪判決を言い渡した。なお、検察官も、第59回公判に行われた論告の際には、「3月13、14日の両日、喫茶店『白鳥』など」において、被告人らが具体的謀議を遂げた旨主張するに止まり、12日の謀議については、これを明示的には主張していない。

右判決に対し、被告人側から控訴を申し立てた。原審において、被告人側は、第一審に引き続き、３月13日夜のアリバイを強く主張し、新たな証人や証拠物たる書面によりその立証を補充したところ、原審は、右アリバイの成立を認め、これを否定した第一審判決には事実誤認の違法があるとしたが、同判決の認定した３月13日夜の第一次協議は、実は12日夜に喫茶店『白鳥』において行われたもので、被告人もこれに加わっており、さらに、13日昼及び14日にも被告人を含めた顔ぶれで右協議の続行が行われていると認められるから、右事実誤認は判決に影響を及ぼすものではないと判示した（ただし、原判決は、被告人側の量刑不当の主張を理由ありと認め、第一審判決を破棄して、被告人に対し、改めて「懲役８年、原審未決勾留日数 900 日算入」の刑を言い渡した。）。なお、原審において、検察官は、本件ハイジャックの謀議を自白した被告人及びＳの各検察官調書が信用できるとし、13日夜のアリバイに関する被告人側の証拠の信用性を攻撃したが、第一審判決が謀議の行われた日と認めた３月13、14の両日以外の日（たとえば12日）に謀議が行われた旨の主張は一切しておらず、原審も本件ハイジャックに関する第一次協議の行われた日が13日ではなくて12日ではなかったのかという点につき、当事者双方の注意を喚起するような訴訟指揮は行っていない。

　二　しかして、被告人が所属する赤軍派内部において、昭和 45 年１月以降、海外における国際根拠地の設定及びそのための派遣要員の国外脱出計画が存在し、その手段としてのハイジャックに向けた種々の準備が行われていたこと、被告人が右国外派遣要員の母体とされる「長征軍」の隊長という地位にあり、ハイジャックを実行するうえで必要な資金や武器の獲得計画に重要な役割を果たしたことなどの点については、証拠上第一審判決の認定をおおむね是認することができるが、他方、赤軍派内部において、国外脱出の手段としてのハイジャック計画が現実のものとして具体化してきたのは、３月上旬以降のことであること、被告人は、３月４日から12日まで京都市に居て、同日夜帰京してきたものであり、帰京以前に、Ｓ、Ｔらと本件ハイジャックに関する具体的な話合いをしたことを窺わせる的確な証拠の見当らないことなども、記録上明らかなところである。そして、前記のような訴訟の経過によると、本件において、当事者双方は、被告人に対し本件ハイジャックに関する共同正犯の刑責を負わせることができるかどうかが、一にかかって、被告人が、京都から帰った12日以降逮捕された15日朝までの間にＳ、Ｔら赤軍派最高幹部とともに本件ハイジャックに関する具体的な謀議を遂げたと認めうるか否かによるとの前提のもとに、右謀議成否の判断にあたっては、証拠上本件ハイジャックに関する具

体的な話合いが行われたとされている3月13日の喫茶店「白鳥」における協議（第一次協議）に被告人が加わっていたかどうかの点がとりわけ重要な意味を有するという基本的認識に立って訴訟を追行したことが明らかであり、一、二審裁判所もまた、これと同一の基本的認識に立つものであると認められる。

　ところで、原審は、第一審と異なり、13日夜喫茶店「白鳥」において第一次協議が行われたとされる時間帯における被告人のアリバイの成立を認めながら、同夜の協議は現実には12日夜に同喫茶店において行われたもので、被告人もこれに加わっており、さらに、13日昼、14日にも被告人を含めた顔ぶれで右協議が続行されているとして、被告人に対し本件ハイジャックの共謀共同正犯の成立を肯定したのである。

　しかし、3月12日夜喫茶店「白鳥」及びホテル「愛川」において被告人がS、Tらと顔を合わせた際に、これらの者の間で本件ハイジャックに関する謀議が行われたという事実は、第一審の検察官も最終的には主張せず、第一審判決によっても認定されていないのであり、右12日の謀議が存在したか否かについては、前述のとおり、原審においても検察官が特段の主張・立証を行わず、その結果として被告人・弁護人も何らの防禦活動を行っていないのである。したがって、前述のような基本的認識に立つ原審が、第一審判決の認めた13日夜の第一次協議の存在に疑問をもち、右協議が現実には12日夜に行われたとの事実を認定しようとするのであれば、少なくとも、12日夜の謀議の存否の点を控訴審における争点として顕在化させたうえで十分の審理を遂げる必要があると解されるのであって、このような措置をとることなく、13日夜の第一次協議に関する被告人のアリバイの成立を認めながら、率然として、右第一次協議の日を12日夜であると認めてこれに対する被告人の関与を肯定した原審の訴訟手続は、本件事案の性質、審理の経過等にかんがみると、被告人に対し不意打ちを与え、その防禦権を不当に侵害するものであって違法であるといわなければならない。」

参考判例7　最決平22・3・17刑集64巻2号111頁

「所論にかんがみ、本件詐欺の罪数関係及びその罪となるべき事実の特定方法につき職権で判断する。

　1　本件は、被告人が、難病の子供たちの支援活動を装って、街頭募金の名の下に通行人から金をだまし取ろうと企て、平成16年10月21日ころから同年12月22日ころまでの間、大阪市、堺市、京都市、神戸市、奈良市の各市内及びその周辺部各所の路上において、真実は、募金の名の下に集めた金につい

て経費や人件費等を控除した残金の大半を自己の用途に費消する意思であるのに、これを隠して、虚偽広告等の手段によりアルバイトとして雇用した事情を知らない募金活動員らを上記各場所に配置した上、おおむね午前10時ころから午後9時ころまでの間、募金活動員らに、『幼い命を救おう！』『日本全国で約20万人の子供達が難病と戦っています』『特定非営利団体ＮＰＯ緊急支援グループ』などと大書した立看板を立てさせた上、黄緑の蛍光色ジャンパーを着用させるとともに1箱ずつ募金箱を持たせ、『難病の子供たちを救うために募金に協力をお願いします。』などと連呼させるなどして、不特定多数の通行人に対し、ＮＰＯによる難病の子供たちへの支援を装った募金活動をさせ、寄付金が被告人らの個人的用途に費消されることなく難病の子供たちへの支援金に充てられるものと誤信した多数の通行人に、それぞれ1円から1万円までの現金を寄付させて、多数の通行人から総額約2480万円の現金をだまし取ったという街頭募金詐欺の事案である。

　2　そこで検討すると、本件においては、個々の被害者、被害額は特定できないものの、現に募金に応じた者が多数存在し、それらの者との関係で詐欺罪が成立していることは明らかである。弁護人は、募金に応じた者の動機は様々であり、錯誤に陥っていない者もいる旨主張するが、正当な募金活動であることを前提として実際にこれに応じるきっかけとなった事情をいうにすぎず、被告人の真意を知っていれば募金に応じることはなかったものと推認されるのであり、募金に応じた者が被告人の欺もう行為により錯誤に陥って寄付をしたことに変わりはないというべきである。

　この犯行は、偽装の募金活動を主宰する被告人が、約2か月間にわたり、アルバイトとして雇用した事情を知らない多数の募金活動員を関西一円の通行人の多い場所に配置し、募金の趣旨を立看板で掲示させるとともに、募金箱を持たせて寄付を勧誘する発言を連呼させ、これに応じた通行人から現金をだまし取ったというものであって、個々の被害者ごとに区別して個別に欺もう行為を行うものではなく、不特定多数の通行人一般に対し、一括して、適宜の日、場所において、連日のように、同一内容の定型的な働き掛けを行って寄付を募るという態様のものであり、かつ、被告人の一個の意思、企図に基づき継続して行われた活動であったと認められる。加えて、このような街頭募金においては、これに応じる被害者は、比較的少額の現金を募金箱に投入すると、そのまま名前も告げずに立ち去ってしまうのが通例であり、募金箱に投入された現金は直ちに他の被害者が投入したものと混和して特定性を失うものであって、個々に区別して受領するものではない。以上のような本件街頭募金詐欺の特徴にかん

がみると、これを一体のものと評価して包括一罪と解した原判断は是認できる。そして、その罪となるべき事実は、募金に応じた多数人を被害者とした上、被告人の行った募金の方法、その方法により募金を行った期間、場所及びこれにより得た総金額を摘示することをもってその特定に欠けるところはないというべきである。」

● 参考文献

- 稗田雅洋「訴因の特定」新・法律学の争点シリーズ『刑事訴訟法の争点』（有斐閣、2013年）
- 後藤昭「訴因の記載方法からみた共謀共同正犯論」村井敏邦先生古稀記念論文集『人権の刑事法学』（日本評論社、2011年）
- 亀井源太郎「共謀共同正犯における共謀の概念と刑事手続」刑法雑誌52巻2号(2013年)

第13章

訴因の変更（可能性と必要性）

緑　大輔

● 本章のねらい

訴因変更を理解する。まず、訴因変更制度の趣旨と手続を理解する。その上で、訴因変更が可能なのはどのような場合か、訴因変更が必要となるのはどのような場合かを検討する。

● キーワード

訴因、訴因変更、訴因変更の可否、訴因変更の要否、訴因変更の許否、訴因変更命令、公訴事実の同一性、公訴事実の単一性、一事不再理効、訴因の機能、釈明、争点顕在化措置

● 体系書の関係部分

池田・前田	宇藤ほか	上口	白取	田口	田宮
301-323頁	216-239頁	345-377頁	281-302頁	311-340頁	191-231頁
福井	松尾（上）	三井（1）	光藤（I）	安冨	
225-258頁	260-267頁	184-252頁	297-366頁	300-316頁	

● 設　例

Xは、友人であるYの居宅から覚せい剤0.14グラムが押収されたことを受けて、Yと覚せい剤を共同で所持していた旨の嫌疑がかけられた。Xは覚せい剤取締法違反の被疑事実で逮捕されたが、その際に、警察官Kによる取調べにおいて、Xは非現住建造物等放火事件についても自白した。そこで、Kは非現住建造物放火罪の被疑事実でも逮捕令状を請求し、同事実についても取調べを

行ったが、検察官Pに送致した後、Xは非現住建造物放火罪の被疑事実について否認に転じた。検察官Pは、Xを覚せい剤取締法違反および非現住建造物等放火罪にあたる事実で起訴し、起訴状には以下の通り訴因を記載した。
「被告人は
第1　Yと共謀の上、みだりに、平成25年9月16日午前6時45分ころ、北海道札幌市西区内のY方において、覚せい剤である塩酸フェニルメチルアミノプロパンの結晶約0.14グラムを所持し、
第2　日ごろから交際相手A子と薬物使用をめぐる口論が絶えず厭世感にとらわれていたところ、平成25年9月20日午前9時ころから再び同女と激しい口論となったため、その鬱憤晴らしに、北海道札幌市西区甲町1丁目3番地所在のV所有にかかる鉄骨造スレート葺2階建て倉庫（延床面積約100平方メートル）内において、所携のライターを用いて木屑に点火して同倉庫1階外壁前に置かれていた材木片に着火させて放火し、よって、現に人が住居に使用せず、かつ現に人がいない同倉庫を全焼させて、これを焼損したものである」

　第1の公訴事実について、公判で審理した結果、「9月15日午後10時30分ころ、札幌市西区内の路上に停車した自動車内において、Yと覚せい剤を共同で所持していた。車内でYが所持していた覚せい剤の一部を使用した。残った覚せい剤は、YがZに売却した。しかし、Yは全部売るのはもったいないと感じて、少しだけYが自宅に保管していた。」という経緯であることが判明した。そこで、検察官Pは、第1の公訴事実として記載されていた訴因について、(a)「被告人は、Yと共謀の上、みだりに、平成25年9月15日午後10時30分ころ、札幌市西区内の路上に停車した自動車内において、覚せい剤である塩酸フェニルメチルアミノプロパンの結晶4グラムを所持したものである」という内容に変更する旨を請求した。

　第2の公訴事実について、被告人・弁護人は本件火災はタバコの不始末による失火によるものであり、非現住建造物等放火罪は成立しない旨を主張した。裁判所は、証拠調べの結果、被告人は着火時にタバコを吸っていたものの、タバコの火の不始末による失火ではなく、タバコを用いて故意に点火したという心証を抱いた。そこで、(b)裁判所は、特に訴因変更を促す等の措置をとることなく、判決において「被告人は自らが吸っていたタバコを用いて、所持していた新聞紙に点火して同倉庫1階外壁前に置かれていた材木片に着火させて放火した」という事実を認定し、第2の公訴事実について被告人Xに有罪を言い渡した。

第13章　訴因の変更（可能性と必要性）

● 基本知識の確認

①訴因変更の条文上の根拠を答えなさい。検察官は、どのような場面で訴因を変更したいと考えるか。また、訴因変更制度はなぜ設けられているのか。

②訴因変更を行うためには、どのような手続を踏む必要があるか。

③訴因変更が認められることによって、各当事者にどのような利益・不利益があり得るか。

④公訴事実の同一性とはどのような場面で用いられる概念か。また、公訴事実の単一性、狭義の同一性とは、どのような場面において用いられる概念か。

⑤公訴事実の同一性に欠ける訴因への変更請求が誤って許可され、判決が言い渡された場合、その手続違法はどのような控訴理由を構成するか。

⑥訴因変更命令の条文上の根拠はどこにあるか。また、訴因変更命令に形成力はあるか。

⑦縮小認定とは何か。縮小認定では訴因変更が不要とされるのはなぜか。

● 参考判例についての問い

①参考判例1は、どのような事案か。また、公訴事実の同一性の有無をどのような基準で判断しているか。

②参考判例2は、どのような事案か。両訴因が「両立しない関係にあると認められる」として公訴事実の同一性を認めているが、なぜ両立しないと判断しているのか。

③参考判例1および参考判例2は、両訴因が「両立しない」関係にあるか否かに触れている。ここにいう「両立しない」とは、どのような意味か。たとえば、被告人が脅迫罪で起訴されたところ、同日同時刻に別の場所で窃盗をしていた事実が判明した場合、脅迫の訴因から窃盗の訴因に変更することはできるか。

④参考判例1および参考判例2において、両訴因が「両立しない」関係にあることと、「基本的事実関係において同一である」ことは、どのような関係にあるか。

⑤参考判例3の事案で、訴因変更を許可した場合、被告人にどのような不利益が生じ得るか。また、他に訴因変更を不許可としている理由はあるか。

⑥参考判例4と異なり、参考判例5が「訴因変更を命じまたはこれを積極的に促すなどの措置に出るまでの義務を有するものではない」としたのはなぜか。

⑦参考判例6は、どのような事案か。また、訴因変更が必要とされるか否かに

ついて、どのような基準を判示しているか。
⑧参考判例6の事案では、共同正犯における実行行為者についての事実が変動している。共同正犯の実行行為者の特定は訴因の記載に不可欠か。不可欠ではないとすれば、実行行為者を訴因中で明示することが望ましいのはなぜか。
⑨参考判例6について、本件で訴因変更が必要とされなかったのはなぜか。
⑩参考判例7の事案で、控訴審はどのような訴因を前提として、どのような「罪となるべき事実」を認定しているか。参考判例7においては、参考判例6と異なり訴因変更が必要とされたのはなぜか。

● 設例についての問い

①下線部(a)について、弁護人は訴因変更を認めるべきではないと考えた。裁判所に、どのような意見を述べるべきか。
②上記①に対して、検察官はどのような意見を述べるべきか。
③下線部(b)の事実が判決中に認定されたことについて、弁護人は控訴趣意書でどのような主張をすべきか。
④上記③に対して、検察官はどのような主張をすべきか。
⑤下線部(b)について、仮に、放火の実行行為者が、被告人Xだけではなく訴外のAも関与していたとの心証を裁判所が抱いた場合、訴因変更をすることなく、Aと共謀の上でXとAが共にライターを用いて木屑に点火した事実を認定することは許されるか。
⑥下線部(b)について、仮に、「Xが所携のライターの火の不始末で木屑に点火させてしまったが、Xは点火したことに気づいており、消火すべき義務があったにもかかわらず、同倉庫を燃やしてしまおうと考えて漫然とこれを放置し、火勢が増すのに任せて材木片に着火させて放火した」という心証を裁判所が抱いた場合、訴因変更をすることなく事実を認定して有罪判決を言い渡すことはできるか。

● 参考判例

参考判例1　最決昭53・3・6刑集32巻2号218頁

【事案の概要：枉法（加重）収賄の訴因に贈賄の予備的訴因を追加することが認められた事例。】
「所論にかんがみ、職権により判断するに、「被告人甲は、公務員乙と共謀のうえ、乙の職務上の不正行為に対する謝礼の趣旨で、丙から賄賂を収受した」

という枉法収賄の訴因と、「被告人甲は、丙と共謀のうえ、右と同じ趣旨で、公務員乙に対して賄賂を供与した」という贈賄の訴因とは、収受したとされる賄賂と供与したとされる賄賂との間に事実上の共通性がある場合には、両立しない関係にあり、かつ、一連の同一事象に対する法的評価を異にするに過ぎないものであって、基本的事実関係においては同一であるということができる。したがって、右の二つの訴因の間に公訴事実の同一性を認めた原判断は、正当である。」

参考判例2　最決昭63・10・25 刑集42巻8号1100頁

【事案の概要：覚せい剤の使用日時・場所・方法にかかわる訴因事実の変更が認められた事例。】

「なお、所論にかんがみ職権により判断すると、本件昭和60年11月8日付起訴状記載の訴因は、「被告人は、『Aちゃん』ことB某と共謀の上、法定の除外事由がないのに、昭和60年10月26日午後5時30分ころ、栃木県芳賀郡a町b番地の被告人方において、右Bをして自己の左腕部に覚せい剤であるフェニルメチルアミノプロパン約0.04グラムを含有する水溶液約0.25ミリリットルを注射させ、もって、覚せい剤を使用した」というものであり、また、検察官が第一審裁判所において変更を請求した訴因は、「被告人は、法定の除外事由がないのに、昭和60年10月26日午後6時30分ころ、茨城県下館市a番地のb所在スナック『C』店舗内において、覚せい剤であるフェニルメチルアミノプロパン約0.04グラムを含有する水溶液約0.25ミリリットルを自己の左腕部に注射し、もって、覚せい剤を使用した」というものである。そして、記録によれば、検察官は、昭和60年10月28日に任意提出された被告人の尿中から覚せい剤が検出されたことと捜査段階での被告人の供述に基づき、前記起訴状記載の訴因のとおりに覚せい剤の使用日時、場所、方法等を特定して本件公訴を提起したが、その後被告人がその使用時間、場所、方法に関する供述を変更し、これが信用できると考えたことから、新供述にそって訴因の変更を請求するに至ったというのである。そうすると、両訴因は、その間に覚せい剤の使用時間、場所、方法において多少の差異があるものの、いずれも被告人の尿中から検出された同一覚せい剤の使用行為に関するものであって、事実上の共通性があり、両立しない関係にあると認められるから、基本的事実関係において同一であるということができる。したがって、右両訴因間に公訴事実の同一性を認めた原判断は正当である。」

参考判例 3　福岡高那覇支判昭 51・4・5 判タ 345 号 321 頁

【事案の概要：被告人は、1971 年 12 月 8 日に、「被告人はかねてより警察権力に反感を抱いていたものであるが、氏名不詳の者数名の者と共謀の上、1971 年 11 月 10 日午後 5 時 50 分頃、浦添市……交叉点道路上に於いて警備の任に当っていた琉球警察警備部隊第四大隊第二中隊第二小隊所属巡査部長 Y（当 49 年）を殺害せんと企て、同人を捕捉し角材、旗竿で殴打し、足蹴し顔面を踏みつけた上、火炎瓶を投げつけ焼く等の暴行を加え、よって右警察官を前記日時頃、前記場所に於いて、脳挫傷、蜘蛛膜下出血等により死亡させて殺害したものである。」という公訴事実により、殺人罪（刑法 199 条）で起訴された。公判において、被告人・弁護人は公訴事実を全面的に争った。第 1 回公判期日から約 2 年 6 か月を経た第 18 回公判期日において、検察官は、第 1 回公判期日における被告人の具体的な実行行為の釈明内容であった、「炎の中から炎に包まれている Y の肩をつかまえてひきずり出し、顔を 2 度踏みつけ脇腹を 1 度蹴った行為である」としたその頭に、「Y の腰部附近を足げにし、路上に転倒させたうえ」と追加する等と述べた。これに対し、裁判長がその追加訂正を許さず、検察官は上記内容を訴因変更として申し立てた。裁判長は、本件審理が長期にわたっており、結審段階にきていることを挙げて、その撤回を勧告したが、検察官が応じなかったため、本件が結審段階にあることを理由に右訴因の変更を許可しないと告知して第 20 回公判期日で結審した。原裁判所は、傷害致死罪で有罪を言い渡したが、検察官・被告人双方が控訴し、検察官が訴因の追加的変更請求を不許可とした原審の措置が刑訴法 312 条に違反すると主張した。控訴審は、検察官の控訴を棄却するとともに、原判決を破棄自判し、無罪とした。】

「……刑訴法 312 条 1 項は、「裁判所は検察官の請求があるときは、公訴事実の同一性を害しない限度において、起訴状に記載された訴因又は罰条の追加、撤回又は変更を許さなければならない。」と定め、一般に、右請求は、検察官の責任と権限においてなされるべく、裁判所の介入すべきことではないとされ、ここに刑事訴訟の当事者主義的構造のあらわれがみられると解されている。そしてその赴くところは、公訴事実の同一性を害しない限り、検察官は、一度撤回した訴因を再び追加することすら、原則として禁ぜられるものではないとの裁判例も示されている。しかしながら、およそ例外を全く許さない原則はないのであって、同条 4 項に、「裁判所は訴因又は罰条の追加又は変更により被告人の防禦に実質的な不利益を生ずる虞があると認めるときは、被告人又は弁護人の請求により、決定で被告人に充分な防禦の準備をさせるため必要な期間公

判手続を停止しなければならない。」と定めていることにかんがみると、右検察官の権限といえども、被告人の防禦に実質的な不利益を生ぜしめないこととの適正な釣合いの上に成り立っていることが明らかであって、もし、被告人の右不利益を生ずるおそれが著しく、延いて当事者主義の基本原理であり、かつ、裁判の生命ともいうべき公平を損うおそれが顕著な場合には、裁判所は、公判手続の停止措置にとどまらず、検察官の請求そのものを許さないことが、例外として認められると解するのが相当である。しかして、ここにいう被告人の防禦に実質的な不利益のなかには、憲法上の要請でもある迅速な裁判をうけ得ないことからくる被告人の不安定な地位の継続による精神的物質的な消耗をも考慮に入れるべきである。

(4)このような観点に立って本件を案ずるに、検察官の前記訴因変更の請求は、成程公訴事実の同一性を害しない限度ではあるが、……検察官が弁護人の求釈明によって自ら明瞭に訴因から除外することを確認した事実をあらためて復活させるに等しく（本件においてはこの事実即ち前記足蹴り行為が訴因にのぼせられるにおいては、被告人にとっては、本件殺人の点につきあらたな防禦範囲の拡大を強いられるのみならず、暴行、傷害、傷害致死等の実行行為としても独立に評価され、処断される危険にさらされることに留意すべきである）、しかも約２年６箇月の攻防を経て一貫して維持してきた訴因、即ち本件問題の行為が殺害行為そのものであるとの事実の証明が成り立ち難い情勢となった結審段階のことであってみれば、そうしてまた、被告人としては、右足蹴り行為につき、それまで明確に審判の対象から外され、従って防禦の範囲外の事実として何ら防禦活動らしい活動をしてこなかったことの反面、右問題の行為が、殺害行為どころか救助行為としての消火行為であるとの一貫した主張がようやく成功したかにみえる段階であったことをも考えあわせてみれば、それはまさに、不意打ちであるのみならず、誠実な訴訟上の権利の行使（刑訴規則１条２項）とは言い難いうえに、右事実をあらたに争点とするにおいては、たとえば、Y新聞掲載の写真の撮影者等の証人喚問、フィルムの提出命令等の事態が十分予想され、被告人としても、これらに対するあらたな防禦活動が必然的に要請され、裁判所もまた十分にその機会を与えなければならないから、訴訟はなお相当期間継続するものと考えられ、迅速裁判の趣旨（刑訴規則１条１項）に反して被告人をながく不安定な地位に置くことによって、被告人の防禦に実質的な著しい下利益を生ぜしめ、延いて公平な裁判の保障を損うおそれが顕著であるといわなければならない。

以上審案したところによってみれば、原審裁判所が、検察官の前記訴因の変

更を許さなかったことは、さきに示した例外的な場合に該当して結局相当というべく、刑訴法312条1項の解釈適用を誤ったものとすることはできず、訴訟手続の法令違反は存しない。論旨は理由がない。」

参考判例4　最決昭43・11・26刑集22巻12号1352頁

【事案の概要：第一審裁判所に訴因変更を促し又は命令する義務があったと判示した事例。】

「裁判所は、原則として、自らすすんで検察官に対し、訴因変更手続を促しまたはこれを命ずべき義務はないのである（昭和30年（あ）第3376号、同33年5月20日第三小法廷判決、刑集12巻7号1416頁参照）が、本件のように、起訴状に記載された殺人の訴因についてはその犯意に関する証明が充分でないため無罪とするほかなくても、審理の経過にかんがみ、これを重過失致死の訴因に変更すれば有罪であることが証拠上明らかであり、しかも、その罪が重過失によって人命を奪うという相当重大なものであるような場合には、例外的に、検察官に対し、訴因変更手続を促しまたはこれを命ずべき義務があるものと解するのが相当である。したがって原判決が、本件のような事案のもとで、裁判所が検察官の意向を単に打診したにとどまり、積極的に訴因変更手続を促しまたはこれを命ずることなく、殺人の訴因のみについて審理し、ただちに被告人を無罪とした第一審判決には審理不尽の違法があるとしてこれを破棄し、あらためて、原審で予備的に追加された重過失致死の訴因について自判し、被告人を有罪としたことは、違法とはいえない。」

参考判例5　最判昭58・9・6刑集37巻7号930頁

【事案の概要：被告人Ｓは、①1968年9月4日午前5時20分ころ～6時15分ころに、数十人の学生らと共謀の上、東京地裁執行官および警察官の各職務を妨害したとの事実（甲事実）、②同日午前5時30分ころ～午前5時50分過ぎころに、X_1～X_5の5名の者とともに警察官らの職務の執行を妨害し、その際に警察官18名に対して頸椎骨折・同捻挫等の傷害を負わせ、警察官1名に対しては死亡するに至らしめたとの事実（乙事実）で起訴された。検察官は第1回公判期日の冒頭に、乙事実の訴因は午前5時29分ころ、現場共謀による実行正犯の趣旨である旨と、甲事実と乙事実は犯意と共謀を異にする別個の犯罪である旨を釈明した。第一審裁判所は、乙事実について、共謀の態様が現場共謀に先立つ事前共謀に基づく犯行の訴因に変更するならば、犯罪の成立を肯定する余地がありうると考え、第54回公判において、甲・乙両事実の関係および乙事実の共謀の時期・

場所に関する検察官の従前の主張を変更する意思はないかとの求釈明をした。しかし、検察官はその意思はない旨明確かつ断定的な釈明をしたため、第一審裁判所はそれ以上進んで検察官に訴因変更命令を出したり、積極的に訴因変更を促したりすることなく、被告人Sに対して、甲事実について有罪、乙事実について一部無罪とした。また、X₁～X₃は乙事実について一部有罪、X₄・X₅は乙事実につき全部無罪とした。これに対して、検察官は第一審裁判所に訴因変更を命じた上で審理を行うべきだったと主張して控訴し、控訴審はこの主張を容れて第一審判決を破棄した。これに対して、被告人が上告した。】

「思うに、まず、被告人Sを除くその余の被告人らに対する関係では、前記のような審理の経過にかんがみ、乙事実の現場共謀に基づく犯行の訴因につき事前共謀に基づく犯行を認定するには訴因変更の手続が必要であるとした原判断は相当である。そこで、進んで、第一審裁判所には検察官に対し訴因変更を命ずる等の原判示の義務があったか否かの点につき検討すると、第一審において右被告人らが無罪とされた乙事実又はその一部が警察官1名に対する傷害致死を含む重大な罪にかかるものであり、また、同事実に関する現場共謀の訴因を事前共謀の訴因に変更することにより右被告人らに対し右無罪とされた事実について共謀共同正犯としての罪責を問いうる余地のあることは原判示のとおりであるにしても、記録に現われた前示の経緯、とくに、本件においては、検察官は、約8年半に及ぶ第一審の審理の全過程を通じ一貫して乙事実はいわゆる現場共謀に基づく犯行であって事前共謀に基づく甲事実の犯行とは別個のものであるとの主張をしていたのみならず、審理の最終段階における裁判長の求釈明に対しても従前の主張を変更する意思はない旨確かつ断定的な釈明をしていたこと、第一審における右被告人らの防禦活動は右検察官の主張を前提としてなされたことなどのほか、本件においては、乙事実の犯行の現場にいたことの証拠がない者に対しては、甲事実における主謀者と目される者を含め、いずれも乙事実につき公訴を提起されておらず、右被告人らに対してのみ乙事実全部につき共謀共同正犯としての罪責を問うときは右被告人らと他の者との間で著しい処分上の不均衡が生ずることが明らかであること、本件事案の性質・内容及び右被告人らの本件犯行への関与の程度など記録上明らかな諸般の事情に照らして考察すると、第一審裁判所としては、検察官に対し前記のような求釈明によって事実上訴因変更を促したことによりその訴訟法上の義務を尽くしたものというべきであり、さらに進んで、検察官に対し、訴因変更を命じ又はこれを積極的に促すなどの措置に出るまでの義務を有するものではないと解するのが相当である。

そうすると、これと異り、第一審裁判所に右のような訴因変更を命じ又はこれを積極的に促す義務があることを前提として第一審の訴訟手続には審理を尽くさなかった違法があると認めた原判決には、訴因変更命令義務に関する法律の解釈適用を誤った違法があるというべきであり、右違法は判決に影響を及ぼし、原判決を破棄しなければ著しく正義に反するものと認める。」

参考判例6　最決平13・4・11刑集55巻3号127頁

【事案の概要：共謀共同正犯の訴因中で実行行為者にかかわる記載の変更は必要ないと判断された事例。】

「本件のうち殺人事件についてみると、その公訴事実は、当初、「被告人は、Nと共謀の上、昭和63年7月24日ころ、青森市……所在の産業廃棄物最終処分場付近道路に停車中の普通乗用自動車内において、Hに対し、殺意をもってその頸部をベルト様のもので絞めつけ、そのころ窒息死させて殺害した」というものであったが、被告人がNとの共謀の存在と実行行為への関与を否定して、無罪を主張したことから、その点に関する証拠調べが実施されたところ、検察官が第一審係属中に訴因変更を請求したことにより、「被告人は、Nと共謀の上、前同日午後8時ころから午後9時30分ころまでの間、青森市……所在の共済会館付近から前記最終処分場に至るまでの間の道路に停車中の普通乗用自動車内において、殺意をもって、被告人が、Hの頸部を絞めつけるなどし、同所付近で窒息死させて殺害した」旨の事実に変更された。この事実につき、第一審裁判所は、審理の結果、「被告人は、Nと共謀の上、前同日午後8時ころから翌25日未明までの間に、青森市内又はその周辺に停車中の自動車内において、N又は被告人あるいはその両名において、扼殺、絞殺又はこれに類する方法でHを殺害した」旨の事実を認定し、罪となるべき事実としてその旨判示した。

まず、以上のような判示が殺人罪に関する罪となるべき事実の判示として十分であるかについて検討する。上記判示は、殺害の日時・場所・方法が概括的なものであるほか、実行行為者が「N又は被告人あるいはその両名」という択一的なものであるにとどまるが、その事件が被告人とNの2名の共謀による犯行であるというのであるから、この程度の判示であっても、殺人罪の構成要件に該当すべき具体的事実を、それが構成要件に該当するかどうかを判定するに足りる程度に具体的に明らかにしているものというべきであって、罪となるべき事実の判示として不十分とはいえないものと解される。

次に、実行行為者につき第一審判決が訴因変更手続を経ずに訴因と異なる認定をしたことに違法はないかについて検討する。訴因と認定事実とを対比する

と、前記のとおり、犯行の態様と結果に実質的な差異がない上、共謀をした共犯者の範囲にも変わりはなく、そのうちのだれが実行行為者であるかという点が異なるのみである。そもそも、殺人罪の共同正犯の訴因としては、その実行行為者がだれであるかが明示されていないからといって、それだけで直ちに訴因の記載として罪となるべき事実の特定に欠けるものとはいえないと考えられるから、訴因において実行行為者が明示された場合にそれと異なる認定をするとしても、審判対象の画定という見地からは、訴因変更が必要となるとはいえないものと解される。とはいえ、実行行為者がだれであるかは、一般的に、被告人の防御にとって重要な事項であるから、当該訴因の成否について争いがある場合等においては、争点の明確化などのため、検察官において実行行為者を明示するのが望ましいということができ、検察官が訴因においてその実行行為者の明示をした以上、判決においてそれと実質的に異なる認定をするには、原則として、訴因変更手続を要するものと解するのが相当である。しかしながら、実行行為者の明示は、前記のとおり訴因の記載として不可欠な事項ではないから、少なくとも、被告人の防御の具体的な状況等の審理の経過に照らし、被告人に不意打ちを与えるものではないと認められ、かつ、判決で認定される事実が訴因に記載された事実と比べて被告人にとってより不利益であるとはいえない場合には、例外的に、訴因変更手続を経ることなく訴因と異なる実行行為者を認定することも違法ではないものと解すべきである。

　そこで、本件について検討すると、記録によれば、次のことが認められる。第一審公判においては、当初から、被告人とＮとの間で被害者を殺害する旨の共謀が事前に成立していたか、両名のうち殺害行為を行った者がだれかという点が主要な争点となり、多数回の公判を重ねて証拠調べが行われた。その間、被告人は、Ｎとの共謀も実行行為への関与も否定したが、Ｎは、被告人との共謀を認めて被告人が実行行為を担当した旨証言し、被告人とＮの両名で実行行為を行った旨の被告人の捜査段階における自白調書も取り調べられた。弁護人は、Ｎの証言及び被告人の自白調書の信用性等を争い、特に、Ｎの証言については、自己の責任を被告人に転嫁しようとするものであるなどと主張した。審理の結果、第一審裁判所は、被告人とＮとの間で事前に共謀が成立していたと認め、その点では被告人の主張を排斥したものの、実行行為者については、被告人の主張を一部容れ、検察官の主張した被告人のみが実行行為者である旨を認定するに足りないとし、その結果、実行行為者がＮのみである可能性を含む前記のような択一的認定をするにとどめた。以上によれば、第一審判決の認定は、被告人に不意打ちを与えるものとはいえず、かつ、訴因に比べて被告人に

とってより不利益なものとはいえないから、実行行為者につき変更後の訴因で特定された者と異なる認定をするに当たって、更に訴因変更手続を経なかったことが違法であるとはいえない。

　したがって、罪となるべき事実の判示に理由不備の違法はなく、訴因変更を経ることなく実行行為者につき択一的認定をしたことに訴訟手続の法令違反はないとした原判決の判断は、いずれも正当である。」

参考判例7　最決平 24・2・29 刑集 66 巻 4 号 589 頁

【事案の概要：現住建造物等放火の事案で訴因変更が必要と判断された事例。】

　「本件公訴事実は、要旨、「被告人は、借金苦等からガス自殺をしようとして、平成 20 年 12 月 27 日午後 6 時 10 分頃から同日午後 7 時 30 分頃までの間、長崎市内に所在するAらが現に住居に使用する木造スレート葺 2 階建ての当時の被告人方……1 階台所において、戸を閉めて同台所を密閉させた上、同台所に設置されたガス元栓とグリル付ガステーブル（以下「本件ガスコンロ」という。）を接続しているガスホースを取り外し、同元栓を開栓して可燃性混合気体であるＰ13Ａ都市ガスを流出させて同台所に同ガスを充満させたが、同ガスに一酸化炭素が含まれておらず自殺できなかったため、同台所に充満した同ガスに引火、爆発させて爆死しようと企て、同日午後 7 時 30 分頃、同ガスに引火させれば爆発し、同被告人方が焼損するとともにその周辺の居宅に延焼し得ることを認識しながら、本件ガスコンロの点火スイッチを作動させて点火し、同ガスに引火、爆発させて火を放ち、よって、上記Aらが現に住居に使用する同被告人方を全焼させて焼損させるとともに、Bらが現に住居として使用する木造スレート葺 2 階建て居宅……の軒桁等約 8.6 平方メートル等を焼損させたものである」というものである。第一審判決は、被告人が上記ガスに引火、爆発させた方法について、訴因の範囲内で、被告人が点火スイッチを頭部で押し込み、作動させて点火したと認定した。しかし、原判決は、このような被告人の行為を認定することはできないとして第一審判決を破棄し、訴因変更手続を経ずに、上記ガスに引火、爆発させた方法を特定することなく、被告人が「何らかの方法により」上記ガスに引火、爆発させたと認定した。

　2　所論は、原判決が訴因変更手続を経ずに上記ガスに引火、爆発させた方法について訴因と異なる認定をしたことは違法であると主張する。

　そこで検討するに、被告人が上記ガスに引火、爆発させた方法は、本件現住建造物等放火罪の実行行為の内容をなすものであって、一般的に被告人の防御にとって重要な事項であるから、判決において訴因と実質的に異なる認定をす

るには、原則として、訴因変更手続を要するが、例外的に、被告人の防御の具体的な状況等の審理の経過に照らし、被告人に不意打ちを与えず、かつ、判決で認定される事実が訴因に記載された事実と比べて被告人にとってより不利益であるとはいえない場合には、訴因変更手続を経ることなく訴因と異なる実行行為を認定することも違法ではないと解される（最高裁平成11年(あ)第423号同13年4月11日第三小法廷決定・刑集55巻3号127頁参照）。

　原審において訴因変更手続が行われていないことは前記のとおりであるから、本件が上記の例外的に訴因と異なる実行行為を認定し得る場合であるか否かについて検討する。第一審及び原審において、検察官は、上記ガスに引火、爆発した原因が本件ガスコンロの点火スイッチの作動による点火にあるとした上で、被告人が同スイッチを作動させて点火し、上記ガスに引火、爆発させたと主張し、これに対して被告人は、故意に同スイッチを作動させて点火したことはなく、また、上記ガスに引火、爆発した原因は、上記台所に置かれていた冷蔵庫の部品から出る火花その他の火源にある可能性があると主張していた。そして、検察官は、上記ガスに引火、爆発した原因が同スイッチを作動させた行為以外の行為であるとした場合の被告人の刑事責任に関する予備的な主張は行っておらず、裁判所も、そのような行為の具体的可能性やその場合の被告人の刑事責任の有無、内容に関し、求釈明や証拠調べにおける発問等はしていなかったものである。このような審理の経過に照らせば、原判決が、同スイッチを作動させた行為以外の行為により引火、爆発させた具体的可能性等について何ら審理することなく「何らかの方法により」引火、爆発させたと認定したことは、引火、爆発させた行為についての本件審理における攻防の範囲を越えて無限定な認定をした点において被告人に不意打ちを与えるものといわざるを得ない。そうすると、原判決が訴因変更手続を経ずに上記認定をしたことには違法があるものといわざるを得ない。

　3　しかしながら、訴因と原判決の認定事実を比較すると、犯行の日時、場所、目的物、生じた焼損の結果において同一である上、放火の実行行為についても、上記台所に充満したガスに引火、爆発させて火を放ったという点では同一であって、同ガスに引火、爆発させた方法が異なるにすぎない。そして、引火、爆発時に被告人が1人で台所にいたことは明らかであることからすれば、引火、爆発させた方法が、本件ガスコンロの点火スイッチを作動させて点火する方法である場合とそれをも含め具体的に想定し得る「何らかの方法」である場合とで、被告人の防御は相当程度共通し、上記訴因の下で現実に行われた防御と著しく異なってくることはないものと認められるから、原判決の認定が被

201

告人に与えた防御上の不利益の程度は大きいとまではいえない。のみならず、原判決は被告人が意図的な行為により引火、爆発させたと認定している一方、本件ガスコンロの点火スイッチの作動以外の着火原因の存在を特にうかがわせるような証拠は見当たらないことからすれば、訴因の範囲内で実行行為を認定することも可能であったと認められるから、原審において更に審理を尽くさせる必要性が高いともいえない。また、原判決の刑の量定も是認することができる。そうすると、上記の違法をもって、いまだ原判決を破棄しなければ著しく正義に反するものとは認められない。」

● 発展問題

①参考判例2において、変更後の訴因のとおりの事実が認定されて有罪が確定した。その後、同人は変更前の訴因の時刻・場所と変更後の訴因の時刻・場所の両方で覚せい剤を使用していたことが明らかになった場合、変更前の訴因の使用行為について、検察官は改めて起訴できるか。

②訴因の補正とは何か。

③訴因変更の必要があったにもかかわらず、訴因と異なる事実を認定したとき、その手続違法はどのような控訴理由を構成するか。

④参考判例7は、原審が訴因変更をしなかったことを違法と判断しつつも、「原審において更に審理を尽くさせる必要性が高いともいえない。また、原判決の刑の量定も是認することができる」と判示している。それはなぜか。

⑤参考判例8の事案は、参考判例6の判断枠組みの下では、どのように判断されることになるか。

⑥参考判例9が過失の態様を認定するにあたって、訴因変更手続を経ることを要しないと判断したのはなぜか。「補充訂正したにとどまる」とはどのような意味か。

⑦危険運転致死罪（自動車運転死傷処罰法2条各号のいずれかにあたる行為）の訴因のままで、自動車運転過失致死罪（自動車運転死傷処罰法5条）にあたる事実を認定することは許されるか。

⑧強姦致傷被告事件を審理した結果、裁判所は、強姦行為の事実については証明十分との心証を得たが、致傷の事実については存否いずれとも確信を得られなかった。この場合、(1) 公訴提起時にすでに被害者Yから強姦罪の告訴があった場合に縮小認定は可能か。(2) 公訴提起時に被害者Yから告訴がなかった場合に、致傷事実が真偽不明と判明した段階で告訴を得て実体審判をすることは可能か。(3) 最後まで被害者Yから告訴が得られなかった場合、

裁判所はどのような判断をすべきか。

参考判例8　最判昭46・6・22刑集25巻4号588頁

「所論にかんがみ職権をもって調査すると、記録によれば、本件起訴状記載の公訴事実第一は、「被告人は、自動車の運転業務に従事しているものであるが、昭和42年10月2日午後3時35分頃普通乗用自動車を運転し、江見町方面から天津方面に向って進行し、千葉県安房郡鴨川町……路上に差し掛った際、前方交差点の停止信号で自車前方を同方向に向って一時停止中のK（当34年）運転の普通乗用自動車の後方約0.75米の地点に一時停止中前車の先行車の発進するのを見て自車も発進しようとしたものであるが、かゝる場合自動車運転者としては前車の動静に十分注意し、かつ発進に当ってはハンドル、ブレーキ等を確実に操作し、もって事故の発生を未然に防止すべき業務上の注意義務があるのに、前車の前の車両が発進したのを見て自車を発進させるべくアクセルとクラッチペダルを踏んだ際当時雨天で濡れた靴をよく拭かずに履いていたため足を滑らせてクラッチペダルから左足を踏みはずした過失により自車を暴進させ未だ停止中の前車後部に自車を追突させ、因って前記Kに全治約2週間を要する鞭打ち症、同車に同乗していたL（当44年）に全治約3週間を要する鞭打ち症の各傷害を負わせた。」旨の事実であったところ、第一審は、訴因変更の手続を経ないで、罪となるべき事実の第一として「被告人は、自動車の運転業務に従事している者であるが、昭和42年10月2日午後3時35分頃普通乗用自動車を運転し、江見町方面から天津方面に向って進行し、安房郡鴨川町横渚……路上に差しかかった際、自車の前に数台の自動車が1列になって一時停止して前方交差点の信号が進行になるのを待っていたのであるが、この様な場合はハンドル、ブレーキ等を確実に操作し事故の発生を未然に防止すべき業務上の注意義務があるのに、これを怠り、ブレーキをかけるのを遅れた過失により自車をその直前に一時停止中のK（当34年）運転の普通乗用自動車に追突させ、よって、右Kに対し全治2週間を要する鞭打ち症の、同車の助手席に同乗していたL（当44年）に対し全治約3週間を要する鞭打ち症の各傷害を負わせた。」旨の事実を認定判示した。

そして、原審弁護人が、本件においては起訴事実と認定事実との間で被告人の過失の態様に関する記載が全く相異なるから訴因変更の手続を必要とする旨の主張をしたのに対し、原判決は、その差は同一の社会的事実につき同一の業務上注意義務のある場合における被告人の過失の具体的行為の差異に過ぎず、本件においてはこのような事実関係の変更により被告人の防禦に何ら実質的不

利益を生じたものとは認められないから、第一審が訴因変更の手続を経ないで訴因と異なる事実を認定したことは何ら不法ではない旨の判断を示して、原審弁護人の前記主張をしりぞけ、第一審判決を維持しているのである。

しかしながら、前述のように、本件起訴状に訴因として明示された被告人の過失は、濡れた靴をよく拭かずに履いていたため、一時停止の状態から発進するにあたりアクセルとクラッチペダルを踏んだ際足を滑らせてクラッチペダルから左足を踏みはずした過失であるとされているのに対し、第一審判決に判示された被告人の過失は、交差点前で一時停止中の他車の後に進行接近する際ブレーキをかけるのを遅れた過失であるとされているのであって、両者は明らかに過失の態様を異にしており、このように、起訴状に訴因として明示された態様の過失を認めず、それとは別の態様の過失を認定するには、被告人に防禦の機会を与えるため訴因の変更手続を要するものといわなければならない。

してみれば、第一審がこの手続をとらないで判決したことは違法であり、これを是認した原判決には法令の解釈を誤った違法がある。そして、この違法は判決に影響を及ぼすことが明らかであり、これを破棄しなければいちじるしく正義に反するものといわなければならない。」

参考判例9　最決平15・2・20判時1820号149頁

【事案の概要：被告人が普通乗用自動車を運転中、対向車との衝突事故を起こして、同乗者3名を負傷させた業務上過失傷害被告事件において、第一審は被告人を無罪としたが、控訴審は第一審判決を破棄して、控訴審で変更された訴因について有罪と認定した。その際に、被告人の過失の態様について、検察官の当初の訴因と控訴審判決における認定事実の間に違いがあり、第一審裁判所は検察官に対して訴因変更を促し又はこれを命ずる義務があったのに、そうしないまま直ちに無罪判決をしたのに判決に影響を及ぼすべき審理不尽の違法であることを破棄の理由とした。これに対して、被告人が上告した。】

「原判決が認定した過失は、被告人が「進路前方を注視せず、ハンドルを右方向に転把して進行した」というものであるが、これは、被告人が「進路前方を注視せず、進路の安全を確認しなかった」という検察官の当初の訴因における過失の態様を補充訂正したにとどまるものであって、これを認定するためには、必ずしも訴因変更の手続を経ることを要するものではないというべきである。したがって、上記の過失を認定するためには訴因変更の手続を要するとの前提に立って、第一審裁判所には、検察官に対し訴因変更を促し又はこれを命ずる義務があり、これをすることなく直ちに無罪の判決をしたことに、判決に

影響を及ぼすべき審理不尽の違法があるとした原判決の判断は、法令の解釈を誤ったものといわざるを得ない。しかしながら、記録によれば、原判決は、第一審判決に事実誤認があると判断した限りにおいては正当であり、この事実誤認は判決に影響を及ぼすものと解するのが相当であって、いずれにせよ第一審判決は破棄を免れないものというべきである。したがって、原判決に法令違反はあるものの、原判決が第一審判決を破棄して有罪判決を言い渡した結論自体は正当であって、原判決を破棄しなければ著しく正義に反するとは認められない。」

● 参考文献

- 植村立郎「公訴事実の同一性」新・法律学の争点シリーズ『刑事訴訟法の争点』（有斐閣、2013年）122頁以下
- 岩瀬徹「訴因変更の要否」新・法律学の争点シリーズ『刑事訴訟法の争点』（有斐閣、2013年）120頁以下
- 香城敏麿「訴因制度の構造」同『刑事訴訟法の構造』（信山社、2005年）261-355頁
- 大澤裕「公訴事実の単一性と同一性(上)(下)」法学教室270号（2003年）56頁以下、同272号（2003年）85頁以下
- 川出敏裕「訴因の機能」刑事法ジャーナル6号（2007年）120頁以下
- 川出敏裕「訴因の構造と機能」法曹時報66巻1号（2014年）1頁以下
- 加藤克佳「訴因変更の要否と判例法理」三井誠ほか編『鈴木茂嗣先生古稀祝賀論文集・下巻』（成文堂、2007年）337頁以下
- 堀江慎司「訴因変更の要否について」井上正仁ほか編『三井誠先生古稀祝賀論文集』（有斐閣、2012年）585頁以下
- 長沼範良＝池田修「覚せい剤使用罪と訴因の特定」法学教室322号（2007年）88頁以下
- 大澤裕＝植村立郎「共同正犯の訴因と訴因変更の要否」法学教室324号（2007年）80頁以下

第14章

保 釈

角田雄彦

● **本章のねらい**

> 被告人勾留について、被疑者勾留との対比を含め、その特徴を理解すると共に、被告人勾留のみで認められている保釈制度に関する理解を深める。

● **キーワード**

被告人勾留、求令状起訴、権利保釈、裁量保釈、義務的保釈、没取

● **体系書の関係部分**

池田・前田	宇藤ほか	上口	白取	田口	田宮
270-275頁	286-288頁	264-269頁	256-260、263-268頁	257-261頁	253-260頁
福井	松尾（上）	三井（Ⅱ）	光藤（Ⅱ）	安冨	
301-309頁	205-212、276-278頁	313-339頁	40-51頁	327-343頁	

● **設 例**

> 弁護士Bは、被告人Xに対する強盗致傷被告事件の国選弁護人に選任された。公訴事実は、「Xは、Yと共謀の上、Yにおいて窃盗を実行したところ、被害店舗従業員に発見されたため、逮捕を免れるため、同人に暴行を加え、よって、同人に傷害を負わせた」という趣旨のものであった。Bが同事件について勾留されているXに接見すると、Xは、Bに対し、「自分は、大学3年生で、Yが盗みに入ったとされているチケットショップでアルバイト店員をしていた。大学の同級生であるYから自分がアルバイトをしているチケットショップの店内の様子を聞かれたので、教えただけで、Yが盗みを働こうとしていることなど

知らなかった。身体拘束されてからもう1か月近くになるので、とにかく早く外に出して欲しい」と訴えた。また、Bは、裁判所から、本件については、裁判員裁判対象事件なので、公判前整理手続に付する旨の連絡を受けた。Bは、Xの保釈を請求する準備を進めることにした。

● 基本知識の確認

①被疑者勾留と被告人勾留との異同について説明しなさい。
②被告人勾留の裁判を行う主体は、どのように定められているか。
③被告人勾留の期間は、どのように定められているか。
④被疑者勾留されている被疑者が、勾留の理由とされた被疑事実と同一の事件について公訴提起されると、身体拘束はどうなるか。略式命令請求の場合と公判請求の場合とで異なるか。
⑤④について、理由とされた被疑事実とは異なる事件について公訴提起された場合はどうか。
⑥④について、逮捕されている被疑者が公訴提起された場合はどうか。
⑦被告人勾留が取り消されなくても効力を失うのはどのような場合か。
⑧保釈とは、どのような制度か。
⑨保釈制度はなぜ認められているのか。
⑩権利保釈（必要的保釈）、裁量保釈（職権保釈）、義務的保釈とは、それぞれ、どのような意味か。
⑪保釈の手続の概略を説明せよ。
⑫保釈の取消しとは、どのような制度か。保釈は、どのような事由によって取り消されるのか。保釈が取り消されると生じる効果はどのようなものか。
⑬保釈が取り消されなくても効力を失うのはどのような場合か。保釈が効力を失うと、どのような効果を生じるか。

● 判例についての問い

①参考判例1および参考判例2が、起訴前の被疑事実と起訴された公訴事実との間の同一性を問題にしているのはなぜか。
②参考判例1および参考判例2によれば、被疑事実と公訴事実との間に同一性が認められるか否かは、どのような基準に基づいて判断されるか。
③参考判例3が未決勾留期間の長さを問題にしたのは、どのような理由に基づいているか。
④参考判例4が被告人の保釈を許可したのは、どのような理由に基づいている

第14章　保釈

⑤参考判例5が被告人の保釈を許可したのは、どのような理由に基づいているか。事件が公判前整理手続を経ていることや裁判員裁判で審理される予定であることは、判断にどのような影響を及ぼしているか。
⑥参考判例6が「公訴事実とされた犯罪事実の性質等に照らせば、所論が指摘するような問題点もないとはいえない」としているのは、どのような趣旨であると考えられるか。
⑦参考判例7が被告人の保釈を許可したのは、どのような理由に基づいているか。

● 設例についての問い

①Xの保釈を請求するにあたって、Bは、どのような準備をするべきか。X側で準備してもらうべきことはないか。
②Bは、保釈が許可されるべきことを訴えるためには、どのような主張を展開するべきか。Xが公訴事実を否定していること、本件が公判前整理手続に付されることや裁判員裁判対象事件であることは、主張すべき内容に影響を及ぼすか。
③検察官は、Bの主張に対して、どのような反論を展開してくることが考えられるか。これに対してBがなすべき再反論の内容も検討しなさい。
④Bが保釈請求をしてから、実際にXが釈放されるに至るまでには、どのような手続を経ることになるか。
⑤保釈請求が却下された場合、Bとしては、どのような対応をするべきか。
⑥Xは、親族や知人などからの援助を受けても、保釈のための資金として、10万円程度しか準備できないといっている。このような場合、Xが保釈によって身体拘束からの解放を受けることは不可能なのか。

● 参考判例

参考判例1　最判昭26・7・6民集5巻8号474頁

【事案の概要：少年であったXは、1951年1月20日、恐喝被疑事件につき、富山家庭裁判所裁判官が少年法43条1項に基づいて観護措置の裁判をしたことにより発せられた観護状（少年法44条2項）により富山少年保護鑑別所に収容された。その後、前記被疑事実について、恐喝保護事件として事件送致を受けた富山家庭裁判所は、昭和26年1月29日、少年法20条に基づき、同事件を富山地

方検察庁検察官に送致する旨の決定をした。これにより、Xについての観護措置は、少年法45条1項4号に基づいて、勾留とみなされるに至り、同月30日から、Xの勾留場所は富山刑務所拘置監となった。次いで、富山地方検察庁検察官は、Xを勾留したまま、同年2月7日、富山地方裁判所に対し、Xに対する暴行被告事件の公訴を提起した。そのため、Xは、継続して富山刑務所拘置監に勾留されていた。これに対し、Xの弁護人は、身体拘束中に公訴提起されているとしても、富山家庭裁判所による検察官送致決定に基づいて勾留とみなされるに至った観護措置の基礎とされた犯罪事実と公訴提起された暴行被告事件の公訴事実との間に事件の同一性は認められない以上、勾留とみなされる観護措置は、富山地方検察庁検察官が富山家庭裁判所から事件送致を受けた昭和26年1月29日の10日後である同年2月7日には効力を失っているから、Xの身体拘束を継続する理由はないとして、人身保護請求により、Xの釈放を求めた。この請求を受けた富山地方裁判所は、観護措置の基礎とされた恐喝の被疑事実と公訴提起された暴行の公訴事実との間に事件の同一性を認め、勾留とみなされる観護措置が公訴提起によって被告人勾留に切り替わったものとし、Xの身体拘束に理由があるものとして、人身保護請求を棄却した。これを不服としたXの弁護人が上告した。】

　「論旨は本件被拘束者Xに対する観護状には「被疑者は…昭和26年1月10日午後6時頃富山市南富山駅車庫詰所〔へ〕売薬要談帰途中の…Vを無理に連れ込み同人が着用していた茶色冬オーバを「脱げ、脱がねば殴るぞ」と言い乍ら近くにあった丸鉄棒で後頭部を殴打し暴行を加へ相手を極度に畏怖せしめた上、同人の茶色冬オーバー時価3千円相当を喝取したものである」と記載されているところ起訴状には「被告人（X）は昭和26年1月10日午後5時過頃富山市堀川立山線南冨山駅詰所において…Vに対し矢庭に右手拳又はストーブ用鉄棒（約1尺5寸位）等により交々頭部、背部等を殴打し更に右に引続き前記同人を80米位離れた…被告人自宅入口玄関先迄引摺込み右手拳で数回殴打した上台所にあった庖丁を取上げその背部で同人の頭部を1回殴打した上被告人自宅前小川に突き落す等暴行を加えたものである」と記載しあり両者を彼此対照するとき、犯罪の日時、場所、行為等を異にするものであるとなし右観護状に基き拘留〔原文ママ〕を継続することは違法であるというにある。

　しかし犯罪事実の日時、場所、方法等に多少の相違がありまた罪名が異なっても基本的な事実関係が同一であるとみられる場合には犯罪事実は同一性を失わないものといわなければならない。ところで所論の観護状には暴行を手段とする恐喝の被疑事実が記載され所論の起訴状には暴行の公訴事実が記載されているのであるが起訴状記載の暴行は前記観護状記載の暴行と日時場所が近接し

かつ同一被害者に加えられたものであって、結局同一機会になされた同一の暴行であることが明かで前記観護状記載の被疑事実と起訴状記載の公訴事実とは基本的事案関係が同一であると認められるのである。そして原審認定の事実によれば本件観護状は少年法45条4号前段により勾留状と同一の効力を有しかつ前記公訴は所定の10日の期間内に提起されたことが明白であって、しかも刑訴208条1項の公訴は勾留した事件と同一である以上、たとい勾留状記載の罪名と異なってもさしつかえないものと解すべきであるから本件観護状の効力は公訴提起の日から刑訴60条2項所定の期間中存続するものというべきである。論旨は右と異なる見解で原判決を非難するもので理由がない。」

参考判例2　最判昭29・12・14刑集8巻13号2142頁

【原判決（東京高判昭28・6・29刑集8巻13号2145頁）の判示内容
　「起訴前の被疑事実と起訴後の事実はその同一性を喪失している。単に、同一事実に対する法的評価の相違ではないから容疑のない事実に基いて被告人を勾留し審理しているもので違法である」とした控訴趣意に対し、「記録によれば、被告人に対する勾留状に記載した被疑事実は、まさに、所論のごとき脅迫の事実ではあるが、該脅迫の事実たるや、実は、起訴にかかる昭和28年2月4日頃、被告人が大宮税務署において同署長S及び同署税務課長TをしてAに対する酒類小売の免許処分をなさしめるため脅迫を加えたという、公務執行妨害の事実と基本的事実関係を同一とするものであるから、右勾留状をもって違法とするわけにはいかない」と判示した。】

　「本件勾留状記載の罪名（脅迫…）と起訴状記載の罪名（公務執行妨害…）及び原判決の是認した第一審判決が認定した判示第二事実に適用した罰条（刑法95条1項、2項）とが異っていても、原判決が説明しているように、両者に記載されている犯罪事実は同一性があると認めることができるから、右勾留状は違法であるということはできない…。」

参考判例3　最決平14・6・5集刑281号517頁、判時1786号160頁

　「訴訟経過にかんがみ、未決勾留日数の本刑算入の点について職権で判断する。
　1　本件は、被告人が朝の通勤電車内で女子高校生にいわゆる痴漢行為をしたという平成13年東京都条例第96号による改正前の公衆に著しく迷惑をかける暴力的不良行為等の防止に関する条例（昭和37年東京都条例第103号）違反の事案である。

2　記録によれば、以下の事実が認められる。
(1)　被告人は、平成12年6月27日、本件で現行犯逮捕された後、同月29日に勾留され、勾留期間を延長された上、同年7月14日、勾留のまま東京簡易裁判所に本件により起訴された。
(2)　同月27日に本件起訴状の謄本が被告人に送達され、同年8月4日に国選弁護人が選任され、同年9月5日、勾留期間更新決定がされた。同月13日に行われた第1回公判期日において、被告人は、公訴事実については身に覚えがないと陳述し、弁護人も、被告人は無罪であると主張し、検察官が取調べを請求した書証のうち同意があったものの取調べ等が行われた。
(3)　同日、弁護人が被告人の勾留の執行停止を申し立てたが、裁判所は、職権を発動せず、同月26日に弁護人が被告人の保釈を請求したところ、裁判所は、同月29日の第2回公判期日において被害者等の証人尋問が終了した後、保釈を許可し、同日、被告人は釈放された。
(4)　東京簡易裁判所は、同年12月15日、被告人に対し、罰金5万円、労役場留置（金5000円を1日に換算）、訴訟費用一部負担の有罪判決を言い渡し、被告人は、これを不服として控訴を申し立て、事実誤認の主張をしたが、控訴審の東京高等裁判所は、平成13年5月17日、控訴棄却の判決を言い渡した。
3　改正前の前記条例による本罪の法定刑は5万円以下の罰金又は拘留若しくは科料というものであった。ところが、被告人の未決勾留期間は93日間、起訴後の勾留期間に限っても78日間に及んでいるのであり、前記の審理経過に照らすと、このような法定刑の軽微な事件について、身柄拘束の不必要な長期化を避けるための配慮が十分であったとはいえない上、上記未決勾留期間のすべてが本件の審理にとって通常必要な期間であったとも認め難い。そうすると、第一審判決が未決勾留日数を本刑に全く算入しなかったのは、刑法21条の趣旨に照らして問題があり、刑の量定に関する判断を誤ったものといわざるを得ないが、未決勾留日数の算入に関する判断は、本来判決裁判所の裁量にかかるものであることなどにかんがみると、上記第一審判決を是認した原判決を破棄しなければ著しく正義に反するとまでは認められない。」

参考判例4　最決平17・3・9集刑287号203頁

「本件公訴事実は、「被告人は、Aと共謀の上、みだりに、平成17年1月10日、東京都中野区ａｂ丁目ｃ番ｄ号先路上において、大麻を含有する樹脂状固形物約1.153グラムを所持した。」というにあるが、一件記録によれば、上記大麻

を所持していて現行犯逮捕されたAは、被告人との共謀による所持である旨を供述し、被告人自身も、勾留質問、検察官の弁解録取の際には犯行の概略を認めて調書に署名指印したこと、被告人は、これまでに前科前歴がなく、家族と同居し、芸術大学を目指して受験勉強中であり、現在、大学入学試験の期日が目前に迫っていること等の事情が存在する。

　以上のような本件事案の性質、その証拠関係、被告人の身上経歴、生活状況などに照らすと、保釈請求を却下した原々審の裁判及びこれを是認した原決定には、裁量の範囲を逸脱し、刑訴法90条の解釈適用を誤った違法があり、これを取り消さなければ著しく正義に反するものと認められる。

　よって、刑訴法411条1号を準用して原決定及び本件保釈請求却下決定を取り消し、同法434条、426条2項により更に裁判して保釈を許可する…。」

参考判例5　東京地決平22・6・22判時2091号122頁

「一　本件公訴事実の要旨は、被告人が、①平成19年5月28日午後4時40分ころ、東京都〇〇区内にあるビルのエレベーター内で、帰宅途中であった当時16歳の男性に対し、その顔面等をげん骨で殴るなどして同人に傷害を負わせた、②(I)平成19年8月3日午後1時ころ、同区内の公園で、当時19歳の被害者に対し、その顔面を刃物様のものを持った右げん骨で1回殴りつけて、同人に傷害を負わせ、(II)その際、同人が所有する現金等在中の財布1個を窃取した、③平成21年6月6日午後10時50分ころ、同区内のマンションのエントランス内において、帰宅途中であった当時21歳の被害者に対し、金品強奪の目的で、同人の手提げバッグを背後から引っ張った上、刃物様のもので同人の右前胸部を1回突き刺したものの、同人に抵抗されたため、前記バッグを強奪することができず、その際、前記暴行により同人に傷害を負わせたというものである。

　二　本件の公判前整理手続等の進行状況をみると、本件は、平成21年9月4日に①事件が起訴され、同年10月6日に②事件が起訴された後、平成22年2月5日に裁判員対象事件である③事件が起訴されている（ただし、③事件は、平成21年7月下旬に一旦同事件の事実を被疑事実として逮捕勾留された後、処分保留のまま釈放されたが、被告人の身体自体は①事件の逮捕等により拘束が継続され、その後の補充捜査を経て平成22年2月5日に最終的に起訴に至ったものである。）。①、②事件は平成21年中に合議決定及び公判前整理手続に付する決定がなされたが、③事件の追起訴を待った上、その後、③事件と併合されて公判前整理手続が進められ、同手続において、弁護人は、①事件につい

ては事実を認め、②、③事件については犯人性を争った。そして、平成22年6月14日の第9回公判前整理手続期日までの間に、数次にわたる検察官の証明予定事実の主張、弁護人の主張予定事実の主張、双方の証拠開示に関する応酬と証拠整理が繰り返され、概ね審理計画が定まり、7月20日から8日間にわたる公判期日の指定と、裁判員候補者の選定手続が行われ、公判前整理手続も間もなく終了する予定であることが認められる。

　三　刑事訴訟法89条各号の該当性についてみると、まず、①事件については、被告人及び弁護人が、公判前整理手続において、公訴事実は争わない旨の予定主張を明示していること、本件犯行状況を録画した動画が残っていること等から、罪証隠滅のおそれがあるとは認められない。

　②事件については、被告人及び弁護人は、公判前整理手続において、被告人が犯人であることを争う旨の予定主張を明示しているところ、検察官の主張は、現場の遺留物と被告人との結び付き、被告人のノートに本件に関連する記載が残っていること、被害者が被告人を識別したこと等の間接事実を総合評価する構造となっている。そして、検察官の立証は、既に保全されている物、これらに関する科学的知見及び捜査官や発見者の供述並びに被害者の識別供述が中心になるところ、捜査官や発見者との関係では、被告人に面識がないこと等に照らして、被告人が実効的な罪証隠滅行為をなし得るとは考えにくいが、被害者との関係では、被告人が被害者と接触して事実と異なる供述をするよう働きかける可能性がなお残っていると考えられる。したがって、②事件については、被害者との関係でなお罪証隠滅のおそれがあると認められる。

　③事件については、強盗致傷事件であり、刑事訴訟法89条1号に該当する。被告人及び弁護人は、公判前整理手続において、被告人が犯人であることを争う旨の予定主張を明示しているところ、検察官の主張は、現場の遺留物及び被害品と被告人との結び付きや被害者の供述する犯人の特徴と被告人との結び付き等の間接事実を総合評価する構造であること、したがって、検察官の立証は、既に保全されている物、これらに関する科学的知見及び捜査官の供述並びに被害者の目撃供述が中心となること、被害者の供述する犯人の特徴は概括的なものにとどまり、被告人が被害者に対して事実と異なる供述をするよう働き掛けるとは考え難く、このことは公判前整理手続がまもなく終了する現時点において、より働き掛けが考え難い状況となっていること等に照らすと、現時点では、被告人が実効的な罪証隠滅行為をなし得るとは考えにくく、具体的な罪証隠滅のおそれがあるとは認められない。

　四　次に、裁量保釈の当否についてみると、上記のとおり、公判前整理手続

がまもなく終了する現時点において、①及び③事件については、罪証隠滅の具体的なおそれがあるとは認められない。また、②事件については、被害者との関係で罪証隠滅のおそれは認められるが、その程度が強いとまでは認められない。そして、被告人の両親が被告人の身元を引き受ける旨約束しているところ、被告人は、保釈後、自宅で○○店を営む父親、母親、祖母と同居することになり、保釈期間中の手厚い監督体制も見込まれる。被告人は前記のとおりの経緯で既に約11か月にわたりその身体を拘束されたままであり、その期間が長くなっている。さらに、本件は、いずれも裁判官と裁判員の合議体によって、本年7月20日から8日間にわたり、土曜日と日曜日を除く連日開廷で審理される予定であるところ、このような連日開廷に対応した効果的な弁護活動を行うためには、被告人と弁護人が即時かつ緊密に打合せを行う必要がある。

　もとより、①事件における被告人の挙動等に照らすと、被告人の粗暴性がうかがわれることから、裁量によって被告人を保釈するのも相当ではないようにも考えられたが、弁護人が疎明するとおり、被告人は、平成20年秋ころを転機として、このような性向が改善された様子がうかがわれることから、被告人の性格が裁量による保釈を妨げる事情になるとも認められない（なお、検察官は、この点について反論する資料を提出しているが、この資料によっても、被告人の粗暴性が改善されていないとまではいえないと思料する。）。また、検察官は、予定している証人らが、被告人を畏怖している旨強調するが、被告人が具体的に証人等を威迫するおそれがあるとは認められない。そうすると、裁量により被告人の保釈を認めなかった原裁判は、相当とは認められない。」

参考判例6　最決平22・7・2集刑301号1頁、判時2091号114頁

【事案の概要：参考判例5の決定に対して、検察官が、罪証隠滅のおそれの高さや、被告人の粗暴性、両親の監督能力等についての認定・評価の誤り、保釈が証人に与える不安感、裁判員裁判の進行への影響などを理由に、裁量保釈が相当でないとして、特別抗告した。】

　「裁量により保釈を許可した原決定には、本件勾留に係る公訴事実とされた犯罪事実の性質等に照らせば、所論が指摘するような問題点もないとはいえないが、いまだ刑訴法411条を準用すべきものとまでは認められない。」

参考判例7　最決平24・10・26集刑308号481頁

　「本件公訴事実の要旨は、「被告人が、平成22年10月、路上で、当時12歳の女児に対し、いきなりその背後から抱きつき、着衣の上から左乳房を右手で

触って押さえつけるなどのわいせつな行為をした」というものである。一件記録によれば、被告人には刑訴法89条3号及び4号に該当する事由があると認められ、常習性も強い事案であると考えられるが、被告人は、本件公訴事実について捜査段階から認める供述をしており、弁護人も本件公訴事実を争わない予定であるとしていること、被告人は、本件の起訴に先立ち、平成22年7月から平成24年5月までの本件と同種の5件の強制わいせつ事件（以下「先行事件」という。）でも起訴されているところ、本件は、それらの事件の間に行われた事案であること、被告人は、先行事件の公判で、先行事件全てにつき公訴事実を認めており、検察官請求証拠についても全て同意をして、その取調べが終了していること、本件の原々審が被告人の保釈を許可したのと同日付けで、先行事件の公判裁判所も先行事件につき保証金額を各75万円（合計375万円）と定めて被告人の保釈を許可する決定をしていること（なお、各保釈許可決定に対する検察官の抗告はいずれも棄却され、確定している。）、被告人に対する追起訴は今後予定されていないこと、被告人の両親らが被告人の身柄を引き受け、公判期日への出頭確保及び日常生活の監督を誓約していること、被告人は、釈放後は本件犯行場所からは離れた父親の単身赴任先に母親と共に転居し、両親と同居して生活する予定であること、被告人は、現在勾留先で受けている臨床心理士のカウンセリングを釈放後も受け続ける意向を示していること、これまでに前科前歴がないこと等の事情がある。

　以上のような本件事案の性質や証拠関係、先行事件の審理経過、被告人の身上等に照らすと、保証金額を75万円とし、本件の被害者及びその関係者との接触禁止などの条件を付した上で被告人の保釈を許可した原々審の裁判は、その裁量の範囲を逸脱したものとはいえず、不当ともいえないから、これを取り消して保釈請求を却下した原決定には、刑訴法90条の解釈適用を誤った違法があり、これが決定に影響を及ぼし、原決定を取り消さなければ著しく正義に反するものと認められる。」

● **発展問題**

①保釈が許可とされるか否かにおいて、被告人が公訴事実を認めているか、争っているかは、どのような影響を有するか。

②権利保釈除外事由として、被告人の逃亡のおそれを追加する法改正をすることは、憲法あるいは国際人権法違反となるか。そもそも、現行法が「被告人が罪証を隠滅すると疑うに足りる相当な理由がある」ことを権利保釈除外事由とする一方で、「被告人が逃亡し又は逃亡すると疑うに足りる相当な理由

がある」ことを権利保釈除外事由としていないのは、なぜか。
③参考判例8は、法344条が無罪推定原則に反するか否かについて、どのように考えているか。

参考判例8　大阪高決平元・5・17判時1333号158頁

「本件異議申立の趣旨及び理由は、弁護人…作成の異議申立書記載のとおりであるから、これを引用するが、その理由の要旨は、原裁判所は、弁護人の平成元年4月24日付保釈請求に対し、刑訴法344条に則り、単に、本件保釈の請求は相当でない、としてこれを却下したが、我国は、…「市民的及び政治的権利に関する国際規約」を批准している…ところ、右国際規約第3部第9条3は「刑事上の罪に問われて逮捕され又は抑留された者は、裁判官又は司法権を行使することが法律によって認められている他の官憲の面前に速やかに連れて行かれるものとし、妥当な期間内に裁判を受ける権利又は釈放される権利を有する。裁判に付される者を抑留することが原則であってはならず、釈放に当たっては、裁判その他の司法上の手続のすべての段階における出頭及び必要な場合における判決の執行のための出頭が保証されることを条件とすることができる。」と規定している。右規定後段は裁判前の者、裁判中の者については抑留しないことを原則とし、ただ釈放するに当たっては司法上の手続のために出頭が保証されることを条件とすることができると定めたものであり、従って右規定に照らすと、禁錮以上の刑に処する判決の言渡しの前後で被告人の保釈請求に差異をつけ、権利保釈を否定した刑訴法344条の規定は、右国際規約第9条3に違反している。そして批准された条約の効力が法形式としての法律のそれより上位にあることは憲法98条2項の法意に徴し明らかであるから、右規約の前示条項に反する刑訴法344条の規定は無効であるのに、右条項の解釈を誤った結果弁護人の本件保釈請求を却下した原決定は、我国が締結した条約及び確立された国際法規の誠実遵守を規定した憲法98条2項に違反し、刑訴法405条1号に該当する違法があるといわなければならない、というのである。
そこで検討するのに、我国が…「市民的及び政治的権利に関する国際規約」を批准し…、〔同条約が〕発効したこと、同規約第3部第9条3に所論のような規定があること、条約が国内法上法形式としての「法律」より上位の効力を有する法規であることは所論指摘のとおりである。しかしながら、右規約の前示条項は「裁判に付される者を抑留することが原則であってはならず、」と規定するにとどまり、合理的な理由がある場合においてもその例外を許さないものではない。一審で禁錮以上の刑に処する判決の宣告を受けた者には無罪の推

定がなく、所論のいうように、裁判が確定するまでは執行猶予の可能性があるとしても、判決前より逃亡のおそれが強まり、刑の執行のために身柄を確保する必要性が増大することは明らかであるから、刑訴法344条が「禁錮以上の刑に処する判決の宣告があった後は、…第89条の規定は、これを適用しない。」と規定し、裁量保釈の途を残しながら権利保釈を認めなかったことには合理的理由があり、右規約の前示条項に違反しているとはいえない。

　以上の次第で刑訴法344条が同条項に違反し、刑訴法405条1号に該当する違法があるとする本件異議の申立は理由がない。」

● **参考文献**

- 三好幹夫「保釈の運用」松尾浩也＝岩瀬徹編『実例刑事訴訟法Ⅱ』（青林書院、2012年）67頁

第15章 公判前整理手続

角田雄彦

● 本章のねらい

公判前・期日間整理手続の概要を確認すると共に、証拠開示制度の詳細、整理手続を経た公判における特則の内容について理解を深める。

● キーワード

公判前・期日間整理手続、証明予定事実記載書面、類型証拠開示、主張明示、主張（争点）関連証拠開示

● 体系書の関係部分

池田・前田	宇藤ほか	上口	白取	田口	田宮
260-268頁	290-297頁	269-286頁	269-280頁	261-283頁	—
福井	松尾	三井	光藤（Ⅱ）	安冨	
278-295頁	—	—	26-40頁	320-326, 343-363頁	

● 設 例

　Xは、Vから、ちょっかいを出され、肩を小突かれたことに激高し、持っていたナイフでVの右腕に切り付けて傷害を負わせたとして、傷害罪で起訴された。Xは、同事件について勾留されているところ、接見に訪れた国選弁護人Bに対し、「Vにナイフで攻撃を加えたことは間違いないものの、それは先に屈強なVから執拗に殴りかかられたのに対して反撃したものであって、正当防衛に当たるはずだ」と述べた。
　これを聞いて、Bは、本件が事実関係に重大な争いのある事件であると考え、

本件を公判前整理手続に付すべきであるという意見書を受訴裁判所に提出したところ、受訴裁判所は、本件を公判前整理手続に付する旨の決定をした。

公判前整理手続において、検察官は、Xが防衛のためではなく、Vに激高してナイフで切り付けたという事実主張を含んだ証明予定事実記載書面を提出し、この事実主張に対応した証拠書類として、XがVに切り付ける場面を目撃したWの供述を検察官が録取した書面（Wの検察官調書）および「Vと喧嘩になり、かっとなって、ナイフで切り付けた」とするXの供述を警察官が録取した書面（Xの警察官調書）の証拠調べを請求した。

Bは、法316条の15に基づき、Wの供述を警察官が録取した書面（Wの警察官調書）を開示するように検察官に求めた。これに対し、検察官は、Wの警察官調書については、仮に法316条の15の定める類型に該当するとしても、証拠請求したWの検察官調書の内容とは関連性がない事項しか記載されていないので、開示の必要性がないとした。

また、Bは、公判期日においてすることを予定している主張として、「Xの警察官調書は、警察官の強圧的な取調べや利益誘導の結果として録取されたものであって、任意性を欠く供述を録取したものとして、証拠能力を有しない」との主張を明示し、検察官に対し、この主張に関連する証拠として、警察官がXを取り調べていた際にメモをとっていたノート（本件ノート）の開示を請求した。これに対し、検察官は、「本件ノートは、検察官手持ち証拠には含まれていないし、そもそも、警察官が備忘録として記載していたメモの集積に過ぎない本件ノートのようなものは開示対象となる証拠には該当しない」として、開示しなかった。

● 基本知識の確認

①起訴状の提出から第1回公判期日までの間に、裁判所はどのような準備をする必要があるか。
②公判前整理手続は何のために行われるか。
③公判前整理手続に付されるのは、どんな事件か。
④公判前整理手続は、どのように進むか。
⑤公判前整理手続の導入によって設けられた証拠開示制度は、どのようなものか。
⑥公判前整理手続が導入される以前（また、公判前整理手続に付されていない事件）においては、検察官手持ち証拠の被告人側に対する開示は、どのように行われていた（いる）か。

⑦公判前整理手続に付された事件については、公判手続にどのような特則が適用されるか。
⑧期日間整理手続とは、どのようなものか。

● 判例についての問い

①**参考判例1**は、検察官手持ち証拠の弁護人に対する証拠開示について、裁判所がどのような法的根拠で関与できるとしているのか。いかなる基準のもとで、いかなる時点であれば、認められるとしているか。

②**参考判例2、参考判例3および参考判例4**は、いずれも、刑訴法316条の26第1項の証拠開示命令の対象となる証拠について、必ずしも検察官が現に保管している証拠に限られず、「当該事件の捜査の過程で作成され、または入手した書面等であって、公務員が職務上現に保管し、かつ、検察官において入手が容易なもの」を含むと考えている。これらの**参考判例**は、どのような理由に基づいて、そのように考えたのか。

③**参考判例2**は、警察官が被疑者の取調べを行った場合に犯罪捜査規範13条により作成し保管しておくべきとされる備忘録については、証拠開示の対象となり得るとしている。こうした考えは、原原決定とはどのように異なっているか。**参考判例2**がこのように考える論拠はどのようなものか。また、**参考判例2**は、こうした備忘録が証拠開示命令の対象となるのは、どのような場合であると考えているか。

④**参考判例3**は、「警察官が私費で購入して仕事に利用していたもの」で、捜査が終結した後には「自宅に持ち帰っていた」「大学ノート」であっても、そのうち、「Aの取調べに関する記載部分」については、証拠開示命令の対象となるとした。ノートの購入資金の出所や保管場所は結論に影響を及ぼさないのか。

⑤**参考判例3**の宮川裁判官補足意見と甲斐中裁判官反対意見とでは、主張関連証拠開示請求が認められるために要求される「主張と対象証拠との間の関連性」の程度について、どのような見解の対立があるか。

⑥**参考判例4**は、「本件メモは…証拠開示命令の対象となる備忘録に該当する可能性があることは否定することができない」として、本件メモが実際には「証拠開示命令の対象となる備忘録」に該当しない余地があることを認めながら、原原審が本件メモの開示を命じたことは相当であると判断している。このような判断はどのような論理に基づいているか。

● 設例についての問い

①Bとして、本件を公判前整理手続に付する必要があるか否かを判断するにあたっては、どのような事項を考慮する必要があるか。事件が公判前整理手続に付されると、弁護活動との関係で、どのようなメリット・デメリットが生じるのかを意識しながら、検討しなさい。他方、検察官としては、どのように考えるか。

②裁判所は、事件を公判前整理手続に付するべきか否かを判断するにあたって、どのような事情を重視するべきか。

③Bは、Wの警察官調書が法316条の15第1項各号のいずれの類型に該当するものとして、開示請求をするべきか。また、Bは、Wの警察官調書が同項柱書の要件に該当することをどのように主張するべきか。

④Wの警察官調書の開示を拒む検察官の主張に対して、Bとしては、どのように反論するべきか。そうしたBによる反論に対し、検察官としては、どのように再反論することが考えられるか。

⑤Bは、本件ノートの開示請求において、法316条の20第1項の要件に該当することをどのように主張するべきか。

⑥本件ノートの開示を拒む検察官の主張に対して、Bとしては、どのように反論するべきか。そうしたBによる反論に対し、検察官としては、どのように再反論することが考えられるか。

⑦Vは、本件公判で公訴事実に沿う証言をした数日後、X・V共通の知人であるYがV宅を訪れた際に、Yから、本件について「本当はVが悪いのではないか」といわれて、激高し、Yの顔面を手拳で十数回にわたって殴打してYに重傷を負わせ、傷害の被疑事実で逮捕された。この事実を知ったBは、本件で、立証趣旨を「Vは、粗暴な人物であって、Xにも執拗な加害に及んだと認められること」として、Yの証人尋問を請求した。これに対し、検察官は、公判前整理手続において請求することができなかった「やむを得ない事由」がないとして、採用に異議を述べている。Bとしては、どのように再反論するべきか。

● 参考判例

参考判例1　最決昭44・4・25刑集23巻4号248頁

「裁判所は、その訴訟上の地位にかんがみ、法規の明文ないし訴訟の基本構

造に違背しないかぎり、適切な裁量により公正な訴訟指揮を行ない、訴訟の合目的的進行をはかるべき権限と職責を有するものであるから、本件のように証拠調の段階に入った後、弁護人から、具体的必要性を示して、一定の証拠を弁護人に閲覧させるよう検察官に命ぜられたい旨の申出がなされた場合、事案の性質、審理の状況、閲覧を求める証拠の種類および内容、閲覧の時期、程度および方法、その他諸般の事情を勘案し、その閲覧が被告人の防禦のため特に重要であり、かつこれにより罪証隠滅、証人威迫等の弊害を招来するおそれがなく、相当と認めるときは、その訴訟指揮権に基づき、検察官に対し、その所持する証拠を弁護人に閲覧させるよう命ずることができるものと解すべきである。」

参考判例2　最決平19・12・25刑集61巻9号895頁

「1　記録によれば、本件の経過は次のとおりである。

(1)　被告人は、平成19年2月5日、更に同年3月5日、偽造通貨行使の事実で東京地方裁判所に起訴され、これらの弁論は併合された。

同月16日、上記被告事件の第1回公判期日が開かれた。被告人は、罪状認否において、手元にあった旧1万円札を共犯者とされる者に渡したことはあるが、それが偽札とは思っていなかったなどと陳述した。事件は期日間整理手続に付され、公判期日は追って指定とされた。

(2)　検察官は、「犯行動機、犯行に至る経緯等」を立証趣旨として、被告人の供述書、警察官に対する供述調書各1通を証拠請求した。

弁護人は、上記証拠を不同意とし、任意性を争い、公判期日においてすることを予定している主張として、警察官による自白を強要する威嚇的取調べ、利益提示による自白の誘引等を明示した。弁護人は、上記主張に関連する証拠として、刑訴法316条の20第1項に基づき、「被告人に係る警察官の取調メモ（手控え）・取調小票・調書案・備忘録等」の開示を請求した（以下「本件開示請求」という。）。

本件開示請求に対し、検察官は、請求に係る取調べメモ等は、本件証拠中には存在せず、取調べメモ等は、一般に証拠開示の対象となる証拠に該当しないと回答した。

検察官は、平成19年8月29日の第9回期日間整理手続において、「被告人の取調状況等」を立証趣旨として、上記被告人の供述書、警察官に対する供述調書作成時の取調官であるとともに、後記被告人の警察官に対する供述調書5通作成時の取調官でもあるK警部補を証人請求し、また、同年9月12日の第

223

11回期日間整理手続において、「犯行状況等」を立証趣旨として、新たに被告人の警察官に対する供述調書5通を証拠請求した。弁護人は、上記供述調書5通を不同意とし、任意性を争った。

(3) 平成19年10月9日、弁護人は、刑訴法316条の26第1項に基づき、本件開示請求に係る証拠の開示命令を請求した。

原々審である東京地方裁判所は、上記証拠開示命令の請求について、請求に係るメモ等は本件一件捜査記録中に存在しないものと認められ、仮に捜査官がこのようなメモ等を私的に作成し、所持していたとしても、それらは、その作成者が取調べの際に必要に応じて供述の要点を備忘のために書き留め、供述調書作成の準備として用いられるなどした個人的な手控えのたぐいであると考えられるから、その性質上そもそも開示の対象となる証拠に該当しないとして、請求を棄却した（原々決定）。

これに対し弁護人が即時抗告をした。

原審である東京高等裁判所は、その審理を行うに当たり必要であるとして、検察官に対し、本件開示請求に係る証拠の存否を明らかにするとともに、その開示による弊害を具体的に主張するよう求めたが、検察官は、証拠開示の対象となる証拠は検察官が現に保管する一件捜査記録中にある証拠に限られ、同記録中には本件開示請求に係る取調べメモ等は存在せず、したがって、その余の事項について釈明の必要はないと回答した。原審は、刑訴法316条の20により検察官が開示義務を負う証拠の範囲は、原則として検察官の手持ち証拠に限られるというべきであるが、検察官が容易に入手することができ、かつ、弁護人が入手することが困難な証拠であって、弁護人の主張との関連性の程度及び証明力が高く、被告人の防御の準備のために開示の必要性が認められ、これを開示することによって具体的な弊害が生じるおそれがない証拠が具体的に存在すると認められる場合には、これは、いわば検察官が保管すべき証拠というべきであるから、検察官の手持ち証拠に準じ、これについても証拠開示の対象となると解すべきところ、取調べメモ（手控え）、備忘録等は、犯罪捜査規範により警察官に作成及び保存が義務付けられている以上、裁判所としては、検察官が本件開示請求に係る取調べメモ（手控え）、備忘録等の存否を明らかにしようとしないという事情によってその存否が不明な場合には、これが存在することを前提とせざるを得ず、本件において、被告人の取調べに係るK警部補が作成した取調べメモ（手控え）、備忘録等が、検察官が容易に入手することができ、かつ、弁護人が入手することが困難な証拠であって、弁護人の主張との関連性の程度及び証明力が高く、被告人の防御の準備のために開示の必要性が

認められる証拠に該当することは明らかというべきであり、また、このような取調べメモ（手控え）、備忘録等を開示することにより一般的に弊害があるとは考えにくいところ、本件における具体的な弊害についても検察官から何ら主張が行われていないのであるから、これがあると認めることもできないとして、原々決定を変更し、検察官に対し、「被告人の取調べに係るK警部補作成の取調べメモ（手控え）、備忘録等」の開示を命じた（原決定）。

これに対し検察官が特別抗告をした。

2　所論は、原決定は、広島高等裁判所平成18年…8月25日決定、名古屋高等裁判所平成19年…5月25日決定に相反する判断をしたという。

確かに、所論引用の判例は、刑訴法316条の26第1項の証拠開示命令の対象は、検察官が現に保管している一件捜査記録や証拠物に限られる旨の判断を示したものと解され、したがって、検察官が現に保管している証拠以外の証拠も上記証拠開示命令の対象となるものとし、本件開示請求に係る取調べメモ等の開示を認めた原決定は、所論引用の判例と相反する判断をしたものというべきである。

3(1)　そこで検討すると、公判前整理手続及び期日間整理手続における証拠開示制度は、争点整理と証拠調べを有効かつ効率的に行うためのものであり、このような証拠開示制度の趣旨にかんがみれば、刑訴法316条の26第1項の証拠開示命令の対象となる証拠は、必ずしも検察官が現に保管している証拠に限られず、当該事件の捜査の過程で作成され、又は入手した書面等であって、公務員が職務上現に保管し、かつ、検察官において入手が容易なものを含むと解するのが相当である。

(2)　公務員がその職務の過程で作成するメモについては、専ら自己が使用するために作成したもので、他に見せたり提出することを全く想定していないものがあることは所論のとおりであり、これを証拠開示命令の対象とするのが相当でないことも所論のとおりである。しかしながら、犯罪捜査規範13条は、「警察官は、捜査を行うに当り、当該事件の公判の審理に証人として出頭する場合を考慮し、および将来の捜査に資するため、その経過その他参考となるべき事項を明細に記録しておかなければならない。」と規定しており、警察官が被疑者の取調べを行った場合には、同条により備忘録を作成し、これを保管しておくべきものとしているのであるから、取調警察官が、同条に基づき作成した備忘録であって、取調べの経過その他参考となるべき事項が記録され、捜査機関において保管されている書面は、個人的メモの域を超え、捜査関係の公文書ということができる。これに該当する備忘録につ

いては、当該事件の公判審理において、当該取調べ状況に関する証拠調べが行われる場合には、証拠開示の対象となり得るものと解するのが相当である。
(3) 原決定は、備忘録の証拠開示について、その必要性・相当性について具体的な判断をしていないが、これは、原審が備忘録も開示の対象となり得ることを前提に、検察官にその存否を明らかにし、開示による弊害についても具体的に主張するよう求めたのに対し、検察官が、そもそも備忘録は開示の対象とならないとの見解の下に、その求めに応じなかったことによるものであり、このような経過にかんがみると、原審の措置をもって違法ということはできない。

なお、原決定は、主文において「被告人の取調べに係るK警部補作成の取調べメモ（手控え）、備忘録等」の開示を命じているが、これは取調官であるKが、犯罪捜査規範13条の規定に基づき、被告人の取調べについてその供述内容や取調べの状況等を記録した備忘録であって、捜査機関において保管中のものの開示を命じたものと解することができ、このように解すれば原決定を是認することができる。

4 以上の次第で、所論引用の判例を変更し、原決定を維持するのを相当と認めるから、所論の判例違反は、結局、原決定取消しの理由にならない。」

参考判例3　最決平20・9・30刑集62巻8号2753頁

「1 記録によれば、本件の経過は次のとおりである。
(1) 被告人は、強盗致傷等の罪で起訴されたが、この強盗致傷の行為（以下「本件犯行」という。）に関与したことを否認している。
(2) 上記被告事件の公判前整理手続で、検察官は、被告人の知人であるA（以下「A」という。）の証人尋問を請求し、これが採用されたことから、準備のためAに事実の確認を行ったところ、Aは、検察官に対し、被告人がAに対し本件犯行への関与を自認する言動をした旨の供述を行うに至った。

Aについては、捜査段階でB警察官（以下「B警察官」という。）が取調べを行い、供述調書を作成していたが、上記の供述は、この警察官調書には記載のないもの（以下、Aの上記の供述を「新規供述」という。）であった。

そこで、検察官は、この新規供述について検察官調書を作成し、その証拠調べを請求し、新規供述に沿う内容を証明予定事実として主張した。
(3) 弁護人は、この新規供述に関する検察官調書あるいはAの予定証言の信用性を争う旨の主張をし、その主張に関連する証拠として、「B警察官が、Aの取調べについて、その供述内容等を記録し、捜査機関において保管中の

大学ノートのうち、Aの取調べに関する記載部分」(以下「本件メモ」という。)の証拠開示命令を請求した。

(4) 本件大学ノートは、B警察官が私費で購入して仕事に利用していたもので、B警察官は、自己が担当ないし関与した事件に関する取調べの経過その他の参考事項をその都度メモとしてこれに記載しており、勤務していた新宿警察署の当番編成表をもこれにちょう付するなどしていた。

本件メモは、B警察官がAの取調べを行う前ないしは取調べの際に作成したものであり、B警察官は、記憶喚起のために本件メモを使用して、Aの警察官調書を作成した。

なお、B警察官は、本件大学ノートを新宿警察署の自己の机の引き出し内に保管し、練馬警察署に転勤した後は自宅に持ち帰っていたが、本件事件に関連して検察官から問い合わせがあったことから、これを練馬警察署に持って行き、自己の机の引き出しの中に入れて保管していた。

(5) 原々審である東京地方裁判所は、本件メモの提示を受けた上で、その証拠開示を命じたため、その命令の適否が争われている。

2 以上の経過からすると、本件メモは、B警察官が、警察官としての職務を執行するに際して、その職務の執行のために作成したものであり、その意味で公的な性質を有するものであって、職務上保管しているものというべきである。したがって、本件メモは、本件犯行の捜査の過程で作成され、公務員が職務上現に保管し、かつ、検察官において入手が容易なものに該当する。また、Aの供述の信用性判断については、当然、同人が従前の取調べで新規供述に係る事項についてどのように述べていたかが問題にされることになるから、Aの新規供述に関する検察官調書あるいは予定証言の信用性を争う旨の弁護人の主張と本件メモの記載の間には、一定の関連性を認めることができ、弁護人が、その主張に関連する証拠として、本件メモの証拠開示を求める必要性もこれを肯認することができないではない。さらに、本件メモの上記のような性質やその記載内容等からすると、これを開示することによって特段の弊害が生ずるおそれがあるものとも認められない。

そうすると、捜査機関において保管されている本件メモの証拠開示を命じた原々決定を是認した原判断は、結論において正当として是認できるものというべきである。

よって、刑訴法434条、426条1項により、裁判官甲斐中辰夫の反対意見があるほか、裁判官全員一致の意見で、主文のとおり決定する。なお、裁判官宮川光治の補足意見がある。

裁判官宮川光治の補足意見は、次のとおりである。
　私が多数意見に同調するのは、次の理由からである。
　原決定及び原々決定は、いずれも、本件メモが証拠開示命令の対象となるか否かの判断において、まず犯罪捜査規範13条に基づき作成した備忘録（以下「13条書面」という。）に当たるか否かを検討し、本件メモは13条書面に該当すると判断している。しかしながら、本件メモが、広く、「本件犯行の捜査の過程で作成され、公務員が職務上現に保管し、かつ、検察官において入手が容易なものに該当する」か否かを問題とすることが適切である。そして、そのような書面であると判断した後、刑訴法316条の20第1項に規定する主張との関連性の程度、必要性の程度、弊害の内容及び程度について判断することとなる。
　そして、主張との関連性の程度、必要性の程度、弊害の内容及び程度の判断については、原決定が「弁護人に既に開示された証拠を見ていない裁判所が限られた資料からその内容の必要性や相当性を否定するには慎重であるべきであって、弁護人の観点からする検討の余地を与えることも重要である」と述べていることは相当である。
　なお、主張と開示の請求に係る証拠との関連性については、本件弁護人は、新規供述に沿う事実を否定し、新規供述に関する検察官調書あるいはＡの予定証言の信用性を争う旨の主張をした上で、それを判断するためには、本件メモにより、Ｂ警察官によるＡの取調べの際のやり取り等を明らかにし、供述の変遷状況等を明確にすることが必要であると述べている。被告人の取調べ状況を争点とする場合とは異なって、Ｂ警察官によるＡの取調べ状況とその際のＡの供述内容を裏付ける根拠は、Ａの協力が得られない以上、具体的に明らかにしようがない本件では、関連性についての主張は上記の程度でもやむを得ないと考える。
　裁判官甲斐中辰夫の反対意見は、次のとおりである。
　私は、原決定が、本件メモは「被告人側の主張との関連性」及び「必要性」があるものと認めた点において、明らかに刑訴法316条の20の解釈を誤り著しく正義に反すると認めるので、原決定を破棄し、証拠開示命令請求を棄却するべきものと考える。その理由は、以下のとおりである。
　本件メモは、刑訴法316条の20にいう主張関連証拠として開示請求がなされているところ、弁護人が、上記の開示請求をする際には、同条2項2号により刑訴法316条の17第1項の主張と開示の請求に係る証拠との関連性を明らかにしなければならない。そして、同項による「証明予定事実その他の公判期日においてすることを予定している事実上及び法律上の主張」の明示義務は、

争点の明確化と審理計画の策定のために課せられるものであり、可能な限り具体的な主張であることが求められている。

ところで、取調べメモを証拠開示請求する場合には、取調べ状況やその際に作成された調書の信用性を争点とするべきところ、本件においては、弁護人は、新規供述に沿う事実を否定し、新規供述に関する検察官調書あるいはＡの予定証言を争う旨の主張をしたものの、Ｂ警察官のＡに対する取調べ状況やその際の供述内容の信用性については争点とせず、一切主張していない。したがって、本件メモの開示請求の前提となる事実上の主張を具体的にしておらず、少なくとも本件メモとの関連性を明らかにしていないものといわざるを得ない。

さらに、開示の必要性についても、原決定は、「Ａ証人が従前の取調べでどのように述べていたかは重要な争点となるから、…その（本件メモ）記載が新たな角度から意味をもってくる可能性は否定できず…」として本件メモの開示の必要性があるものと判断している。

しかし、本件では、検察官はＡのＢ警察官に対する供述調書を開示済みであり、弁護人も、同調書に新規供述に関する事項についての記載がないことは争っていないのである。したがって、Ａが従前の取調べでどのように述べていたかが重要な争点とはなり得ない。あえていえば、Ａ証人が新規供述に関する事項について、警察官と調書外で何らかのやり取りがあり、それが本件メモに記載されていることが仮定的な可能性としては考えられないでもなく、原決定の「新たな角度から意味をもってくる可能性」とは、そのことをいうものとも解される。しかし、原決定は、本件メモを検討の上、自ら「本件メモ自体は、その内容からして証拠価値に乏しいものともいえる」としているのであるから、上記のような可能性はおよそ考え難いところである。

さらに、一般に取調べメモの開示請求をする場合は、当該取調べ担当官の証人請求がなされた上で行うものであるが、本件ではＢ警察官の証人申請がなされておらず、警察官調書作成の際の取調べメモのみが開示請求されているのであり、その請求の方法からしても必要性は乏しいものといわざるを得ない。

私は、主張関連証拠の関連性、必要性等の判断については、法律審たる当審は原則として事実審の判断を尊重すべきものと考えるが、双方の主張の明示義務は争点整理のために重要であり、関連性、必要性等の判断は具体的に検討されるべきことが法律上予定されているので、そのような観点から、本件については、多数意見に反対するものである。」

参考判例4　最決平20・6・25刑集62巻6号1886頁

「所論は、原々決定が開示を命じた「本件保護状況ないし採尿状況に関する記載のある警察官A作成のメモ」（以下「本件メモ」という。）は、同警察官が私費で購入してしてだれからも指示されることなく心覚えのために使用しているノートに記載されたものであって、個人的メモであり、最高裁平成19年…12月25日第三小法廷決定・刑集61巻9号895頁〔**参考判例2**〕にいう証拠開示の対象となる備忘録には当たらないから、その開示を命じた原々決定を是認した原決定は違法であると主張する。

しかしながら、犯罪捜査に当たった警察官が犯罪捜査規範13条に基づき作成した備忘録であって、捜査の経過その他参考となるべき事項が記録され、捜査機関において保管されている書面は、当該事件の公判審理において、当該捜査状況に関する証拠調べが行われる場合、証拠開示の対象となり得るものと解するのが相当である（前記第三小法廷決定参照）。そして、警察官が捜査の過程で作成し保管するメモが証拠開示命令の対象となるものであるか否かの判断は、裁判所が行うべきものであるから、裁判所は、その判断をするために必要があると認めるときは、検察官に対し、同メモの提示を命ずることができるというべきである。これを本件について見るに、本件メモは、本件捜査等の過程で作成されたもので警察官によって保管されているというのであるから、証拠開示命令の対象となる備忘録に該当する可能性があることは否定することができないのであり、原々審が検察官に対し本件メモの提示を命じたことは相当である。検察官がこの提示命令に応じなかった本件事実関係の下においては、本件メモの開示を命じた原々決定は、違法ということはできない。したがって、本件メモの開示を命じた原々決定を是認した原決定は結論において相当である。」

● **発展問題**

①設例で、Xが公判前整理手続期日に出席し、ナイフでVの腕に切り付けたことを認める趣旨の発言をした場合、裁判所は、その発言を後の公判で証拠として採用することはできるか。

②**参考判例5**は、法328条による弾劾証拠の取調べ請求については、公判前整理手続終結後の請求であっても、法316条の32第1項の「やむを得ない事由」が認められるとしている。その論拠はどのようなものか。

③**参考判例6**は、公判前整理手続終結後の公判審理中の訴因変更請求の可否に

ついて、どのような考え方を示したか。
④参考判例6は、当該事案での訴因変更請求が「充実した争点整理や審理計画の策定がされた趣旨を没却するような」ものか否かを判断するにあたって、どのような事情を重視しているか。

参考判例5　名古屋高判平20・6・5判タ1275号342頁

「論旨は、要するに、原審裁判所が、〔弁護人の請求にかかるA及びBの捜査段階における各供述調書等の〕弾劾証拠請求についてこれを却下し、また、刑事訴訟法316条の32第2項に基づく職権証拠調べも行わなかったことは、同法316条の32第1項所定の「やむを得ない事由」及び同条2項の解釈を誤った訴訟手続の法令違反があ〔る〕というのである。

1 …原判決は、弾劾証拠の取調請求を却下したことに関し、「弁護人は、公判前整理手続において類型証拠の開示請求により得たA及びBの各捜査段階の供述調書に基づいて、証人尋問で十分尋問しており（供述内容の変遷について、検察官も特段争っていない。）、この証拠をさらに弾劾証拠として取り調べる必要性はもはやないことは明らかである。」との理由を説示しているが、原審第7回公判調書に引用された証拠等関係カードによれば、原審裁判所は、弾劾証拠請求を却下した理由として、「審理経過に照らすと、本件においては弁護人らがA及びBの各証言を弾劾する機会は十分にあったというべきであり、このような場合に、当然のごとく証人尋問終了後に証人の捜査段階での供述調書を弾劾証拠として請求してこれを取り調べることは、充実した公判審理を継続的、計画的かつ迅速に行うという公判前整理手続が設けられた趣旨（刑事訴訟法316条の2第1項）に反するものというべきであり、刑事訴訟法316条の32第1項の「やむを得ない事由」があるということはできない。したがって、弁護人らの各証拠調請求は、いずれも必要性もないので、却下を免れない。」と述べていることが認められる。そうすると、原審裁判所は、前記弾劾証拠請求について、①「取調べの必要性もない。」との判断をするとともに、②同法316条の32第1項の「やむを得ない事由」があるということはできないとの判断をしていることが認められる。

2 まず、上記②の判断の当否について検討すると、所論がいうように、同法328条による弾劾証拠は、条文上「公判準備又は公判期日における被告人、証人その他の者の供述の証明力を争うため」のものとされているから、証人尋問が終了しておらず、弾劾の対象となる公判供述が存在しない段階においては、同条の要件該当性を判断することはできないのであって、証人尋問終了以前の

取調請求を当事者に要求することは相当ではない。
　そうすると、同条による弾劾証拠の取調請求については、同法316条の32第1項の「やむを得ない事由」があるものと解すべきであって、原審裁判所がその証拠決定において、「やむを得ない事由があるということはできない。」としたことは、法律の解釈を誤ったものというべきである。」

参考判例6　東京高判平20・11・18判タ1301号307頁

　「論旨は、要するに、本件における公判前整理手続の経過及び公判の審理状況、検察官の訴訟活動等に照らすと、検察官立証が終了して被告人質問に入る直前の段階となった原審第4回公判期日終了後に検察官がした訴因変更請求は、権利の濫用に該当して許されないのに、これを許可した原審には判決に影響を及ぼすことが明らかな訴訟手続の法令違反がある、というのである。
………
　〔本件の〕審理経過等を踏まえて、本件の訴因変更請求が許されるかどうかを検討する。
　公判前整理手続は、当事者双方が公判においてする予定の主張を明らかにし、その証明に用いる証拠の取調べを請求し、証拠を開示し、必要に応じて主張を追加、変更するなどして、事件の争点を明らかにし、証拠を整理することによって、充実した公判の審理を継続的、計画的かつ迅速に行うことができるようにするための制度である。このような公判前整理手続の制度趣旨に照らすと、公判前整理手続を経た後の公判においては、充実した争点整理や審理計画の策定がされた趣旨を没却するような訴因変更請求は許されないものと解される。
　これを本件についてみると、公判前整理手続において確認された争点は、「被告人が、本件交通事故を引き起こして逃走した犯人であるかどうか」という点であり、本件交通事故を起こした犯人ないし被告人に業務上の注意義務違反があったかどうかという点については、弁護人において何ら具体的な主張をしていなかった。なお、弁護人は、公判前整理手続の過程において、被害者が自損事故により自ら転倒して死亡した旨を主張予定書面に記載しているものの、被害者運転の原動機付自転車（以下「被害者車両」という。）と本件交通事故を起こした自動車（以下「犯行車両」という。）が接触するという本件交通事故が発生していることを前提に、犯行車両の運転者に業務上の注意義務違反がなかった旨を具体的に主張するものではない。公訴事実の内容である過失を基礎付ける具体的事実、結果を予見して回避する義務の存在、当該義務に違反した具体的事実等に対して、弁護人において具体的な反論をしない限り、争点化さ

れないのであって、実際にも争点とはなっていない。公判前整理手続における応訴態度からみる限り、本件交通事故が発生していることが認定されるのであれば、犯行車両の運転者に公訴事実記載の過失が認められるであろうということを暗黙のうちに前提にしていたと解さざるを得ない。検察官が訴因変更請求後に新たに請求した実況見分調書２通は、公判前整理手続において、当初請求したものの、追って撤回した証拠であって、業務上の注意義務違反の有無が争点とならなかったために、そのような整理がされたものと考えられる。

　ところが、公判において、本件交通事故の目撃者等の証拠調べをしてみると、本件交通事故の態様が、訴因変更前の公訴事実が前提としていたものとは異なることが明らかとなったため、検察官は、原審の指摘を受け、前記のとおり、訴因変更請求をした。

　そして、その段階でその訴因変更請求を許可したとしても、証拠関係は、大半が既にされた証拠調べの結果に基づくものであって、訴因変更に伴って追加的に必要とされる証拠調べは、検察官立証については前記のとおり極めて限られており、被告人の防御権を考慮して認められた弁護側立証を含めても、１期日で終了し得る程度であった。

　以上によれば、本件は、公判前整理手続では争点とされていなかった事項に関し、公判で証人尋問等を行った結果明らかとなった事実関係に基づいて、訴因を変更する必要が生じたものであり、仮に検察官の訴因変更請求を許可したとしても、必要となる追加的証拠調べはかなり限定されていて、審理計画を大幅に変更しなければならなくなるようなものではなかったということができる。

　そうすると、本件の訴因変更請求は、公判前整理手続における充実した争点整理や審理計画の策定という趣旨を没却するようなものとはいえないし、権利濫用にも当たらないというべきである。検察官の本件の訴因変更請求を許可した原審には、判決に影響を及ぼすことが明らかな訴訟手続の法令違反は認められない。」

● 参考文献

・緑大輔「公判前整理手続」『刑事訴訟法入門』（日本評論社、2012 年）199 頁
・後藤昭「公判前整理手続」法学教室 376 号（2012 年）22 頁
・稗田雅洋「公判前整理手続と訴因変更命令」松尾浩也＝岩瀬徹編『実例刑事訴訟法Ⅱ』（青林書院、2012 年）49 頁
・平木正洋「公判前整理手続の運営」松尾浩也＝岩瀬徹編『実例刑事訴訟法Ⅱ』（青林書院、

2012年）82頁
- 近藤宏子「公判前整理手続における主張明示義務」松尾浩也＝岩瀬徹編『実例刑事訴訟法Ⅱ』（青林書院、2012年）97頁
- 後藤昭「公判前整理手続をめぐる二つの検討課題」自由と正義57巻9号（2006年）91頁

第16章

合意による事件処理

公文孝佳

● **本章のねらい**

即決裁判手続、略式命令など刑事手続の効率化のための簡易な事件処理の形態を理解する。これらの手続形態は、被告人が一定の権利を放棄することを前提としている。そこからさらに進んで、当事者間の明示的な合意による事件処理の可能性について考える。

● **キーワード**

簡易公判手続、即決裁判手続、有罪の陳述、適正な証明、略式命令、通常略式、在庁略式、三者即日処理方式、伝聞法則、刑事免責

● **体系書の関係部分**

池田・前田	宇藤ほか	上口	白取	田口	田宮
229、258、361-365頁	469-477頁	331-337頁	219-220、312頁	212-218、296頁	408-414頁

福井	松尾	三井（Ⅱ）	光藤（Ⅱ）	安冨
399-406頁	（上）298、（下）293-306頁	347、374-381頁	229-232頁	598-602、632-636頁

● **設 例**

R市においては暴力団G組とH会の抗争がかねてより多発していたところ、H会の幹部であるVが、2013年9月30日23：00過ぎ、繁華街であるE町にあるクラブで射殺されるに至った。

R警察署のK警部らはVの射殺事件を捜査していたところ、「V射殺はG組の若頭Bが命じ、鉄砲玉のAにやらせた」、「Aは舎弟になったばかりのXに車

を運転させ、現場に向かった」という内容の情報を得た。しかし、射殺の実行犯と見られるAは海外に逃亡して所在が分からなかった。

　KらはXの身柄を押さえたらV射殺事件の背景について情報を得ることができると考え、Xの身柄を捜索した。そうしたところ、2013年11月4日の午前3時ごろ、R市T町近くの繁華街で酒に酔い酩酊状態となったXが大学生Sを殴り、臨場した警察官に傷害の現行犯で逮捕されるに至った。この情報を得たKは、自らがXの取調べにあたり、取調べに際し、「Vの事件の時にお前はAの運転手をやったんじゃないのか。」といったところ、Xの顔色が変わったのでKはここでXからV事件につき有力な情報を得られると確信した。

　Kは「おいX。AをVのところまで運んだお前は、共犯か少なくとも殺人幇助になるな。ま、普通なら間違いなく実刑だわな…だが、お前みたいなチンピラ1人挙げたところでどうしようもない。命令を下したのは若頭のBだと俺たちは踏んでいる。そのあたりを話してくれれば、幇助は見逃してやるし、今回の事件も執行猶予が付くようにしてやれんでもない…お前には傷害の前科もあるしな。こっちのほうでも普通なら実刑を覚悟せにゃいかんだろうな」とXに話した。

　Xは「本当に執行猶予にしてくれますか。」とKに何度も尋ね、Kも「検事さんに送検するときに口添えしてやる。」と話した。

　XはSに対する傷害行為も認める供述をした。また、V殺害に関して、若頭Bが拳銃と実包をAに手渡し、自分に対しては車を運転するように命じたこと、凶器である拳銃を埋めた場所を供述するに至った。Xの供述等に基づき、BによるV殺害事件もまた立件されるに至った。

　11月5日午後2時にXの身柄は送検され、検察官Pの取調べを受けることになった。この際、PはKからの意見も参照しつつ、本件傷害事件を即決裁判手続によって処理することを考え、Xに本手続について説明をすると共に、弁護人の選任をXが裁判官に請求することができる旨をも説明した。XはPの説明に従いつつ、R簡易裁判所裁判官に国選弁護人の請求を行った。11月6日午後10時、Xが身柄を拘束されているR警察署に弁護士Lが現れ、接見を求めた。Lもまた、即決裁判手続についての説明を行い、Xはそれに同意する旨を繰り返した。検察官Pは、弁護人Lに対して、XがV殺害事件について知っていることをすべて正しく供述し、証言することも約束するなら、V殺害事件については責任を問わないし、本件傷害事件についても裁判所には執行猶予判決を求める予定であることを話した。LはこれをXに伝え、Xは了解した。Xは検察官Pに対して、Sに対する傷害を認める供述をして、調書に署名・押印

した。また、V殺害事件についてもK警部に話したのと同様の供述をして、調書に署名・押印した。
　その後、検察官PはXのSに対する傷害罪につき起訴して、即決裁判手続を請求した。

● 基本知識の確認

①有罪の答弁とはどのような制度か。日本法はその制度を採用しているか？
②即決裁判、簡易公判手続、略式手続は、それぞれどのようなものか？
③即決裁判手続の対象となる事件、科刑にはどのような制限が加えられているか？
④即決裁判手続を申し立てるのは誰か？また、その際考慮すべき事情はどのようなものか？
⑤即決裁判手続では、証拠能力の制限が通常の公判手続と異なるか？
⑥即決裁判手続において上訴の制限はあるか？条文を示して答えなさい。
⑦略式命令はいつの時点で誰が請求するか？また請求時にはどのような書面が作成・提出されるか？
⑧略式命令の対象となる事件、科刑にはどのような制限が加えられているか？

● 判例についての問い

①参考判例1は、簡易公判手続における有罪の陳述について、どの程度の事実まで陳述することを求めているか？また、判例がそのように考えたのはどのような理由からと考えられるか？更に、当該事件の第一審裁判所はどのような対応をとるべきであったと考えられるか？
②参考判例2を前提とする場合、被告人は検察官が提出しようとする伝聞証拠の採用を止めることができるか？
③参考判例3はどのような根拠で、即決裁判手続における控訴の制限を合憲としているか？
④参考判例4は刑事免責をどのようなものと理解しているか？そのような刑事免責が日本法の下でも可能だと考えているか？

● 設例についての問い

①あなたが弁護人であるとする。即決裁判手続事件を受任し防御活動を行う場合の注意点としては、一般的にどのようなものが考えられるか？
②第1回公判期日の罪状認否でXが「ひどく酒に酔っていましたので、被害者

を殴ったかどうかは十分に覚えていません。でも、目撃した人もいるし、現行犯逮捕されたのだから間違いないと思います。だから事実は争いません。」という旨の陳述を行ったとする。これは即決裁判手続における「有罪の陳述」に該当するか？裁判所はこの場合にどのような対応をすればよいか？
③Bの有罪立証に協力することを理由に、Xに対してV殺害への関与について訴追せず、Sに対する傷害についても即決裁判手続を請求する検察官の事件処理は適切か？
④本問において、審理の過程でXのP検事に対する自白調書が証拠調べ請求された。その際、Xが「実はK警部とP検察官に取引をもちかけられて、Vの事件を見逃してやるということで、傷害事件については罪を認めたんです。」と供述して、自白調書の証拠採用に反対した。自白に至る経過についてXが語ったとおりの事実が認められるとき、裁判所はこの自白調書を採用してよいか？

● 参考判例

参考判例1　大阪高判昭29・12・14裁特1巻12号611頁

【事案の概要：ヒロポン中毒の被告人Xは、時計などを盗んだとして起訴された者であるが、冒頭手続においてXは「本件のような悪いことをするつもりはなかったが、犯行当時、自分は麻薬中毒に煩悶し、自分でも判断がつかぬくらいであった。時計をつかんで帰ったのか盗んだのかもわからない」、「(公訴)事実その通りです、何か刑事上の処分を受けなければならないと思います」と述べていた。その後、被告人は簡易公判手続による審理を受け、有罪判決が下った。被告人側控訴。】

「…簡易公判手続を開始するための前提要件である被告人の有罪の陳述とは、訴因に記載せられた事実を全部認めるというだけでは足らないのであって、それ以上に違法性阻却または責任阻却の事由となる事実の不存在をも認めることが必要である。もっとも後者の点については、常に積極的に明示的な陳述を必要とするという訳ではないが、裁判所としては特に注意して被告人の真意を釈明することを怠ってはならない。本件においても、被告人が「何か刑事上の処分を受けなければならないと思います」と述べていることは、犯罪の成立を阻却する事由の不存在をも認めたように解せられるが、素人の被告人のかかる法律的な判断の陳述を文字通りに受け取ってよいかどうかについては十分に慎重でなければならない(刑訴規則197条の2)。本件においては前に掲げたように、被告人は責任阻却の事由を主張しているようにも見える。この点に関する弁護

人の原審における弁護活動も低調の憾みを免れないが、裁判所としては、被告人の真意が結局において自己の刑事責任を否認する趣旨かどうかを釈明する必要があるものと考えられる。勿論、斯様な供述があったからといって、常にその弁解が真実であるとは限らないこというまでもないけれども、いやしくも犯行当時は心神喪失の状態にあったことを主張する趣旨であるならば、弁解の真否を問うことなく、簡易公判手続の前提要件を欠くことになる。（中略）原審裁判所がこの点に関する訴訟の指揮を誤りそのまま簡易公判手続を進めて判決の言渡をしたのは、訴訟手続の法令の違反が判決に影響を及ぼすこと明らかである場合に該当する…」

参考判例2　最決昭30・7・7刑集9巻9号1863頁

【事案の概要：簡易公判手続の決定があった事案で、公判調書の記載として、検察官提出の書証につき被告人側の同意の記載がなく、単に「決定取調済」とのみ記載されていた。一審・控訴審とも有罪。被告人側は、本件書証の証拠能力は刑訴法326条による同意又は同法327条による合意を要件とするところ、一審ではそれが行われておらず、原審でもまたこの点について取り調べずに判決を下しているとして、上告した。】

「所論の証拠は、刑訴291条の2の決定のあった本件において検察官から提出された証拠であって、被告人又は弁護人が証拠とすることに異議を述べなかったことが記録上明らかであるから、被告人又は弁護人の同意なくとも証拠調をなし且つこれに証拠能力を認めて事実認定の資料に供しても差し支えないものであること同法320条2項の規定により明白である」。

参考判例3　最判平21・7・14刑集63巻6号623頁

【事案の概要：被告人Xは職場で業務に使用するパソコンを自宅に持ち帰り横領したとして起訴された。Xは取調べに際して被疑事実を認めたこともあり、即決裁判手続がとられ、一審有罪。なお、Xは私選弁護人を選任していた。Xは、新たな弁護人を選任し、本件パソコンが不要決定されると誤認しており、この意味で本件は事実の錯誤により故意が阻却される可能性があった事例であり、即決裁判手続の対象たる明白な事件ではなく、また、執行猶予の宣告を必要的とする本制度は虚偽自白の温床ともなりうるもので憲法38条2項に反するとして控訴したが、控訴棄却された。X側は控訴を制限する即決裁判手続は憲法32条に反するとして上告した。】

「所論は、即決裁判手続において事実誤認を理由とする控訴を制限する刑訴

法403条の2第1項は、裁判を受ける権利を侵害し、憲法32条に違反する旨主張する。
　しかしながら、審級制度については、憲法81条に規定するところを除いては、憲法はこれを法律の定めるところにゆだねており、事件の類型によって一般の事件と異なる上訴制限を定めても、それが合理的な理由に基づくものであれば憲法32条に違反するものではないとするのが当裁判所の判例とするところである。（中略）
　そこで即決裁判手続について見るに、同手続は、争いがなく明白かつ軽微であると認められた事件について、簡略な手続によって証拠調べを行い、原則として即日判決を言い渡すものとするなど、簡易かつ迅速に公判の審理及び裁判を行うことにより、手続の合理化、効率化を図るものである。そして、同手続による判決に対し、犯罪事実の誤認を理由とする上訴ができるものとすると、そのような上訴に備えて、必要以上に証拠調べが行われることになりかねず、同手続の趣旨が損なわれるおそれがある。他方、即決裁判手続により審判するためには、被告人の訴因についての有罪の陳述（刑訴法350条の8）と、同手続によることについての被告人及び弁護人の同意とが必要であり（同法350条の2第2項、4項、350条の6、350条の8第1号、2号）、この陳述及び同意は、判決の言渡しまではいつでも撤回することができる（同法350条の11第1項1号、2号）。したがって、即決裁判手続によることは、被告人の自由意思による選択に基づくものであるということができる。また、被告人は、手続の過程を通して、即決裁判手続に同意するか否かにつき弁護人の助言を得る機会が保障されている（同法350条の3、350条の4、350条の9）。加えて、即決裁判手続による判決では、懲役又は禁錮の実刑を科すことができないものとされている（同法350条の14）。
　刑訴法403条の2第1項は、上記のような即決裁判手続の制度を実効あらしめるため、被告人に対する手続保障と科刑の制限を前提に、同手続による判決において示された罪となるべき事実の誤認を理由とする控訴の申立てを制限しているものと解されるから、同規定については、相応の合理的な理由があるというべきである」。
　なお、本判決には以下のような田原裁判官の補足意見が付されている。「即決裁判手続は、法廷意見にて判示するように、被告人の自由意思による選択によってなされるものであり、刑事訴訟法は、被告人の意思の確認につき書面化を求め（350条の2第2項、第3項）、また、必要的弁護事件とする（350条の9）と共に、弁護人の同意を必要とする（350条の2第4項、350条の6）等、

その意思確認につき慎重な手続を定めている。
　本件では、記録上、弁護人は、被疑者段階で選任され、また、公訴提起の前日付で被告人及び弁護人の即決裁判手続によって公訴を提起することについての同意書が提出されているのであって、訴訟手続上、全く瑕疵は存しない。
　それにも拘わらず、本件で、控訴、上告までなされているということは、被疑者段階並びに一審公判手続の過程において、被告人が即決裁判手続の制度について十分な理解をしていなかったことを示すものであって、一審弁護人と被告人間の意思疎通が十分でなかったことを窺わせるものであり、本件においても上告趣意書において、種々主張がなされている。
　刑事訴訟法は、弁護人が被疑者（被告人）に対して、弁護活動の一環として、即決裁判手続の意義及びその内容について、適切な助言がなされていることを前提として制度を組み立てているのであり、弁護人の弁護活動の内容如何についてまで、公判手続で立ち入ることは、法が想定していないところである。
　言うまでもないことであるが、弁護人が被疑者（被告人）との意思疎通に十全を期し、本件の如き上訴が提起されることがないことを願うものである」。

参考判例4　最大判平7・2・22刑集49巻2号1頁（ロッキード事件丸紅ルート判決）

【事実の概要：いわゆるロッキード事件（外為法違反・贈賄・議院証言法違反等被告事件）において、検察官は、収賄側のロッキード社幹部Wの証言が必要であるとして、東京地裁裁判官に刑訴法226条による証人尋問を請求した。裁判官は、証言拒否も予想されることであるとして、あらかじめ東京地検検事正による不起訴宣明書を得たうえで、カリフォルニア州中央地区連邦地方裁判所に国際司法共助として証人Wの証人尋問を嘱託した。しかしながら、同地方裁判所での証人尋問の際、証人側が刑事免責の効力について異議を唱えたため、同地裁の裁判官は「Wが日本国内で起訴されない旨を明確にした日本国最高裁判所のオーダーまたはルールが提出されるまでは、証人尋問調書を日本側に渡してはならない」と決定した。そこで、日本側では、検事総長が先に提出した宣明書の内容を確認したうえで、将来にわたり公訴を提起しない旨の宣明書を最高裁に提出した。その後、最高裁は、この検事総長によりされた宣明書の内容を確認する旨の宣明書をさらに発し、結果、嘱託尋問調書が日本側に渡された。本件書面は一審において証拠調べ請求され、取調べされている。一審・控訴審ともに有罪、被告人Xは本件の嘱託尋問調書の証拠採用・取調は憲法31条、37条、38条に反するとして上告した。】

　「「事実の認定は、証拠による」（刑訴法317条）とされているところ、その

証拠は、刑訴法の証拠能力に関する諸規定のほか、「刑事事件につき、公共の福祉の維持と個人の基本的人権の保障とを全うしつつ、事案の真相を明らかにし、刑罰法令を適正且つ迅速に適用実現することを目的とする」(同法1条) 刑訴法全体の精神に照らし、事実認定の証拠とすることが許容されるものでなければならない。本件嘱託証人尋問調書についても、右の観点から検討する必要がある。

　刑事免責の制度は、自己負罪拒否特権に基づく証言拒否権の行使により犯罪事実の立証に必要な供述を獲得することができないという事態に対処するため、共犯等の関係にある者のうちの一部の者に対して刑事免責を付与することによって自己負罪拒否特権を失わせて供述を強制し、その供述を他の者の有罪を立証する証拠としようとする制度であって、本件証人尋問が嘱託されたアメリカ合衆国においては、一定の許容範囲、手続要件の下に採用され、制定法上確立した制度として機能しているものである。

　我が国の憲法が、その刑事手続等に関する諸規定に照らし、このような制度の導入を否定しているものとまでは解されないが、刑訴法は、この制度に関する規定を置いていない。この制度は、前記のような合目的的な制度として機能する反面、犯罪に関係のある者の利害に直接関係し、刑事手続上重要な事項に影響を及ぼす制度であるところからすれば、これを採用するかどうかは、これを必要とする事情の有無、公正な刑事手続の観点からの当否、国民の法感情からみて公正感に合致するかどうかなどの事情を慎重に考慮して決定されるべきものであり、これを採用するのであれば、その対象範囲、手続要件、効果等を明文をもって規定すべきものと解される。しかし、我が国の刑訴法は、この制度に関する規定を置いていないのであるから、結局、この制度を採用していないものというべきであり、刑事免責を付与して得られた供述を事実認定の証拠とすることは、許容されないものといわざるを得ない。

　このことは、本件のように国際司法共助の過程で右制度を利用して獲得された証拠についても、全く同様であって、これを別異に解すべき理由はない。けだし、国際司法共助によって獲得された証拠であっても、それが我が国の刑事裁判上事実認定の証拠とすることができるかどうかは、我が国の刑訴法等の関係法令にのっとって決せられるべきものであって、我が国の刑訴法が刑事免責制度を採用していない前示のような趣旨にかんがみると、国際司法共助によって獲得された証拠であるからといって、これを事実認定の証拠とすることは許容されないものといわざるを得ないからである。

　以上を要するに、我が国の刑訴法は、刑事免責の制度を採用しておらず、刑

事免責を付与して獲得された供述を事実認定の証拠とすることを許容していないものと解すべきである以上、本件嘱託証人尋問調書については、その証拠能力を否定すべきものと解するのが相当である」。

参考判例5　最判昭41・7・1刑集20巻6号537頁

【事案の概要：収賄被告事件で、自白の証拠能力が争われた。】

「論旨は、原判決が、被告人の司法警察員および検察官に対する各供述調書の任意性の有無について、被告人に賄賂を贈ったYの弁護人である弁護士Oが、「昭和36年8月28日岡山地方検察庁において本件の担当検察官であるM検事に面談した際、被告人のため陳弁したところ、同検事より、被告人が見えすいた虚構の弁解をやめて素直に金品収受の犯意を自供して改悛の情を示せば、検挙前金品をそのまま返還しているとのことであるから起訴猶予処分も十分考えられる案件である旨内意を打ち明けられ、且つ被告人に対し無益な否認をやめ卒直に真相を自供するよう勧告したらどうかという趣旨の示唆を受けたので、被告人の弁護人である弁護士Kを伴って児島警察署へ赴き留置中の被告人に面接し、『検事は君が見えすいた嘘を言っていると思っているが、改悛の情を示せば起訴猶予にしてやると言っているから、真実貰ったものなら正直に述べたがよい。馬鹿なことを言って身体を損ねるより、早く言うて楽にした方がよかろう。』と勧告したところ、被告人は、同弁護士の言を信じ起訴猶予になることを期待した結果、その後の取調べ即ち同日第2回目の取調べから順次金品を貰い受ける意図のあったことおよび金銭の使途等について自白するに至ったものである。」旨の事実を認定したうえ、「自白の動機が右のような原因によるものとしても、捜査官の取調べそれ自体に違法が認められない本件においては、前記各供述調書の任意性を否定することはできない。」と判示したのが、所論引用の昭和29年3月10日福岡高等裁判所判例（高裁刑事判決特報26号71頁）に相反するというのである。

よって案ずるに、右福岡高等裁判所の判決は、所論の点について、「検察官の不起訴処分に附する旨の約束に基く自白は任意になされたものでない疑のある自白と解すべきでこれを任意になされたものと解することは到底是認し得ない。従って、かかる自白を採って以て罪証に供することは採証則に違反するものといわなければならない。」と判示しているのであるから、原判決は、右福岡高等裁判所の判例と相反する判断をしたこととなり、刑訴法405条3号後段に規定する、最高裁判所の判例がない場合に控訴裁判所である高等裁判所の判例と相反する判断をしたことに当るものといわなければならない。そして、本

件のように、被疑者が、起訴不起訴の決定権をもつ検察官の、自白をすれば起訴猶予にする旨のことばを信じ、起訴猶予になることを期待してした自白は、任意性に疑いがあるものとして、証拠能力を欠くものと解するのが相当である。」

● 発展問題

①略式手続は憲法37条規定の公開裁判を受ける権利や証人審問権を、被告人が任意に放棄することが前提となる制度である。そのために、いわゆる身代わり犯人や成りすましの事例を防止しがたいという指摘や、本来は起訴猶予となる事例が略式手続で処理されているのではないかという指摘もある。被告人の防御権保障という観点から本制度の改正を考えるとすれば、どのような改正が考えられるか？

②設例で、検察官はBをV殺害の共謀共同正犯として起訴した。Bは犯行への関与を否定して、検察官はXの証人尋問を求めた。Xは法廷で、Bの関与について設例にあるような内容を証言した。Bの弁護人の反対尋問に答えて、Xは「P検事との間で、真実を証言するなら、V殺害について刑事責任を問わないという約束がある」と供述した。参考判例4は、Xの証言の証拠能力を否定する根拠となるか？

● 参考文献

・池田公博「取引的刑事司法」新・法律学の争点シリーズ『刑事訴訟法の争点』（有斐閣、2013年）36頁
・池田公博「共犯者の供述による立証」『三井誠先生古希祝賀論文集』（有斐閣、2012年）630頁
・池田公博「新たな捜査手続——いわゆる『司法取引』との関係を中心に」ジュリスト1370号（2009年）93頁
・佐々木一夫「即決裁判手続」松尾浩也＝岩瀬徹編『実例刑事訴訟法Ⅱ』（青林書院、2012年）315頁
・福島至「略式手続・即決裁判手続」新・法律学の争点シリーズ『刑事訴訟法の争点』（有斐閣、2013年）192頁

第17章 弁護人の役割

角田雄彦

● 本章のねらい

公判段階における弁護人の役割を確認すると共に、必要的弁護制度の趣旨に関する理解を深め、必要的弁護の例外を許容することが認められるかを検討する。

● キーワード

必要的弁護制度、私選弁護人、国選弁護人、誠実義務

● 体系書の関係部分

池田・前田	宇藤ほか	上口	白取	田口	田宮
41-45、281-282頁	171-175、280-281頁	39-48、289-290頁	40-49、260-263頁	235-242頁	30-36、273-276頁
福井	松尾（上）	三井（Ⅱ）	光藤（Ⅰ）	安冨	
49-63、313頁	194-199、230-237頁	395-415頁	257-271頁	25-35、363-367頁	

● 設 例

Xは、警察官から職務質問を受けたことを契機に、警察官に尿を任意提出したところ、その尿から合成麻薬MDMAの成分が検出されたとのことで、麻薬および向精神薬取締法違反（自己施用〔法定刑は10年以下の懲役〕）の被疑事実により、通常逮捕され、勾留された。弁護士AがXの被疑者国選弁護人に選任された。Xは、接見に訪れたAに対し、「麻薬を使った覚えはない。職務質問を受ける直前にいた飲食店で飲み物にMDMAを混ぜられたに違いない。その飲み物を飲んだ後で気持ちが悪くなり、吐き出したので」と弁解を述べた。

245

これを聞いたAがXに前科関係を尋ねると、Xは、覚せい剤取締法違反（自己使用）の前科が3犯あることを明かした。これを聞いたAは、Xに対し、「やっていないのなら、取調べに対しても、そう言い張りなさい」と助言するだけで、接見を終え、帰っていった。Xは、Aに強い不信感を抱いた。その後、AがXとの接見に訪れることなく、Xは、麻薬および向精神薬取締法違反（自己施用）の公訴事実で起訴された。起訴によって自動的にXの被告人国選弁護人となったAは、Xに接見し、検察官から開示された取調べ請求予定証拠を見る限り、否認しても勝算は非常に低いと述べた。Xは、Aに対し、Xの弁解の裏付けのために飲食店の調査などをして欲しいと依頼したものの、Aは、本当にXが無実であるならば、検察官の取調べ請求証拠を不同意として、出廷した証人の証言を弾劾するだけで十分であるという趣旨の説明をして、依頼には応じなかった。

　第1回公判期日を迎えて、Xは、起訴状朗読後の意見陳述の際に、「尿から検出されたMDMAは自分で使ったものではなく、他人に飲まされたものである」と述べた。続けて意見陳述の機会を与えられたAは、「被告人は、MDMAを他人に飲まされたと主張しているものの、この主張を裏付ける証拠はなく、弁護人としては、被告人の無罪を主張するものではなく、被告人に有利な情状を考慮して刑の執行猶予を付した判決を求める」旨を述べた。これを聞いたXは、「A弁護士は、自分の無実を証明するつもりがないので、解任して欲しい」と申し立てた。これを聞いた裁判所は、その期日をその時点で終了した上で、Aから事情を聞くこととした。Aは、裁判所に対し、「Xの弁解は信じ難い。刑の執行猶予を求めるのがXにとって最善の弁護であると考える」と述べた。しかし、裁判所は、Xから「Aが弁護人では、裁判を続けることはできない」とする手紙が立て続けに3通送られてきたこともあって、Aを国選弁護人としたままで、公判を円滑に進行させることは困難であると考え、Aを国選弁護人から解任し、新たにB弁護士を国選弁護人に選任した。

　Bは、選任を受けると、直ちにXと接見したものの、Xから公訴事実を争いたいとの意向を聞くと、「自分は無罪判決を勝ち取ったことはない。日本では、無罪率は0.1％以下だ。一生懸命頑張るが、無罪判決を勝ち取れる保証はない」と説明した。これを聞いたXは、Bに対しても、強い不信感を抱き、「あなたとでは裁判を闘えません。もう来ないで結構です」と言い、その後のBとの接見を拒否するようになった。その上で、Xは、週刊誌上でC弁護士が無罪判決を沢山勝ち取っていることを知り、裁判所に対し、「なぜ、また、いい加減な弁護士をつけるのですか。こんなことでは裁判に出るわけには行きません。無

第 17 章　弁護人の役割

罪を勝ち取ることで有名なC弁護士のような弁護士を選任してくれない限り、出廷はしません」という手紙を立て続けに 10 通送付してきた。

そうしたなかで開かれた第 2 回公判期日では、Xは、出廷を拒否して法廷に現れず、Bは、一旦は法廷に現れたものの、「Xとは接見もできず、信頼関係を構築できないので、国選弁護人を辞任したい」と述べ、裁判所による在廷命令を無視して退廷した。

● 基本知識の確認

①公訴提起後における弁護人の役割はどのようなものか。弁護人が行うことのできる訴訟行為としてどのようなものがあるか。
②必要的弁護事件とは何か。
③必要的弁護事件における公判審理以外で、弁護人の立会いが必要的とされている刑事訴訟手続には、どのようなものがあるか。
④公訴提起後の私選弁護人の選任について、選任権者、選任方式はどのように定められているか。
⑤公訴提起後に国選弁護人が選任されるのは、どのような場合か。
⑥国選弁護人に選任された弁護士は、自ら辞任することで、弁護人の地位を失うか。

● 判例についての問い

①参考判例 1 は、判決宣告期日について、必要的弁護事件であっても弁護人の立会いが必要的ではないとする根拠として、必要的弁護制度の趣旨をどのようにとらえているか。
②参考判例 2 は、被告人による国選弁護人の再選任請求に裁判所が応ずる義務を負っていなかったとしているところ、その根拠をどのように考えているか。
③参考判例 3 と参考判例 4 とでは、必要的弁護制度の趣旨のとらえ方に違いはあるか。参考判例 1 とではどうか。
④参考判例 3 は、どのような要件を充たしていれば、法 289 条 1 項の例外が認められるとしているか。そのように考えている理由は、どのようなものか。
⑤参考判例 4 は、〔第一次〕第一審第 26 回公判期日に弁護人不出頭のまま実質審理を行った訴訟手続が法 289 条に違反したものであったと判断しているところ、その理由として、〔第一次〕第一審で最後に選任された国選弁護人が辞任を申し出ただけで裁判所から解任されておらず、弁護人の地位にあったことを重視している。このように、国選弁護人の地位が存続していた

ことを重視したのはなぜか。
⑥参考判例4は、必要的弁護事件において、法286条の2や法341条を類推適用して弁護人不在で実質審理することを認める余地はないとしている。この考えは、どのような理由に基づくものか。この点について、参考判例3は、どのように考えているか。それは、どのような理由によっているか。
⑦参考判例5は、弁護人が、最終弁論で被告人と異なる主張をすることについて、どのように考えているか。

● 設例についての問い

①A弁護士によるXへの対応に問題はないか。あるとすれば、どのような点か。参考判例5の上田裁判官補足意見は、A弁護士の対応を正当化する根拠となるか。
②B弁護士によるXへの対応に問題はないか。あるとすれば、どのような点か。
③裁判所は、Xによる新たな国選弁護人の選任請求に対して、どのように対応するべきか。
④裁判所は、Bによる辞任申出に対して、どのように対応するべきか。
⑤裁判所は、Bが退廷した後、第2回公判期日をどのように進行させるべきか。その後の期日進行についてはどうか。

● 参考判例

参考判例1　最判昭30・1・11刑集9巻1号8頁

「いわゆる必要弁護事件を定めた刑訴289条は、旧刑訴334条1項但書のように明文をもって判決宣告の場合を除外していないけれども、旧法が云々の「事件ニ付テハ弁護人ナクシテ開廷スルコトヲ得ス」と規定していたのを、刑訴289条1項は、云々の「事件を審理する場合には、弁護人がなければ開廷することはできない」と書き改めたのであるから、判決宣告のためのみに開く公判廷には必ずしも弁護人の立会を必要とした趣旨でないと解すべきこと、旧法と同様である。けだし、被告人が弁護人を選任するのは主として公判における弁論のためであり、公判の審理においてよく攻撃防禦の方法を講じ被告人の利益を保護するために外ならないのであるが、判決宣告の公判期日は、すでに攻撃防禦の方法が尽され弁論が終結した後の期日であるから、弁護人にその期日を通知して出頭の機会を供するかぎり、必ずしもその立会を要するものと解しなくとも被告人の権利保護に欠けるところはないからである。」

参考判例2　最判昭54・7・24刑集33巻5号416頁

【事案の概要：兇器準備集合、威力業務妨害、公務執行妨害の罪名について起訴された本件被告人らは、10名の私選弁護人を選任した上で、一つの合議部が関係被告人全員の事件を担当して弁論の併合・分離をくり返す方式を主張していた。しかし、数か部にグループ別に配点されることになり、被告人bら10名のc大学学生を被告人とするグループ（以下「Aグループ」という。）と、被告人dら10名を被告人とするその他のグループ（以下「Bグループ」という。）が東京地方裁判所刑事第6部（第一審）に配点された。

　第一審は、A・B両グループについて、1970年3月27日を第1回公判期日と指定したところ、その期日の直前である同月18日に私選弁護人は全員辞任し、被告人らは、第1回公判期日の当日に国選弁護人の選任を請求したので、第一審は、同期日には人定質問を行うにとどめ、以後の手続は続行することにした。

　第一審は、Aグループについては、同年4月23日にX弁護士ら3名の弁護士を国選弁護人に選任し、弁護人の請求を容れ第2回公判を同年7月15日に開き、以後審理を続行し、同年11月4日の第5回公判までの間にAグループのみに関連する検察側の立証を終わらせた。他方、Bグループについては、同年4月23日にY弁護士ら3名の弁護士を国選弁護人に選任し、弁護人の請求を容れ第2回公判を同年7月22日に開き、以後審理を続行し、同年11月6日の第5回公判までの間にBグループのみに関連する検察側の立証を終わらせた。そして、弁護人及び被告人らの希望を考慮し、同年12月16日の第6回公判においてA・B両グループを併合して審理する旨の決定をし、以後審理を続けた。

　ところが、6名の国選弁護人は、1971年5月26日の第10回公判の開廷前に突如書面により辞意を表明してきたので、第一審は、辞意を表明するに至った事情に関し事実の取調をしたところ、次のような事実が明らかになった。すなわち、被告人らは、国選弁護人らとの打合せの席上、弁護人の弁護活動を誹ぼう罵倒する発言をしたほか、定刻をはるかに超えたため退席しようとした弁護人に対し、口々にののしりながら、服をつかんで引き戻す暴行に及んだうえ、弁護人らを罵倒し続けるなど、著しい非礼をかさねた。そのため国選弁護人6名は、もはや被告人らには誠実に弁護人の弁護を受ける気持がないものと考えるに至った。

　上記の事実が認められたため、第一審は、同年6月4日国選弁護人の辞意を容れ全員を解任した。これに対し、被告人らは、国選弁護人の再選任を請求したので、第一審は、同月9日の第11回公判において、被告人の一人一人に対し、以後は前記のような行為をしないことを確約することができるかどうかを尋ね、ひき続

き判事室に被告人らを個別に呼んで調査を行おうとしたが、被告人らは全員これを拒否した。そこで、第一審は、翌6月10日の第12回公判において国選弁護人の再選任請求を却下した。

その後、被告人らから3回にわたり国選弁護人の再選任請求がされた。第一審は、同年7月1日の第14回公判において、被告人らが前記のような行為をくり返さないことを確約できるかどうかを確めたところ、被告人らは「無条件で弁護人を選任するのが裁判所の義務である。」などといってこれに答えることを拒否した。第一審は、さらに慎重を期し、さらに確認の機会を設けるべく、7月19日までに裁判所に出頭するよう書面によって被告人に連絡したが、被告人らは連署した書面でこれを拒否した。同年8月23日の第15回公判においても、被告人らは同様の主張をくり返すだけであった。第一審は、国選弁護人再選任請求をすべて却下して審理を進めた。

被告人らは、第一審においては、法廷闘争という名のもとに権利行使に藉口してそれまでの主張を固執し、裁判長の訴訟指揮に服さず、そのため裁判所は、退廷命令ないし拘束命令を再三再四発することを余儀なくされている状況であった。】

「被告人らは国選弁護人を通じて権利擁護のため正当な防禦活動を行う意思がないことを自らの行動によって表明したものと評価すべきであり、そのため裁判所は、国選弁護人を解任せざるを得なかったものであり、しかも、被告人らは、その後も一体となって右のような状況を維持存続させたものというべきであるから、被告人らの本件各国選弁護人の再選任請求は、誠実な権利の行使とはほど遠いものというべきであり、このような場合には、形式的な国選弁護人選任請求があっても、裁判所としてはこれに応ずる義務を負わないものと、解するのが相当である。

ところで、訴訟法上の権利は誠実にこれを行使し濫用してはならないものであることは刑事訴訟規則1条2項の明定するところであり、被告人がその権利を濫用するときは、それが憲法に規定されている権利を行使する形をとるものであっても、その効力を認めないことができるものであることは、当裁判所の判例の趣旨とするところであるから…、第一審が被告人らの国選弁護人の再選任請求を却下したのは相当である。このように解釈しても、被告人が改めて誠実に国選弁護人の選任を請求すれば裁判所はその選任をすることになるのであり、なんら被告人の国選弁護人選任請求権の正当な行使を実質的に制限するものではない。したがって、第一審の右措置が憲法37条3項に違反するものでないことは右判例の趣旨に照らして明らかである。

………

　なお、国選弁護人は、裁判所が解任しない限りその地位を失うものではなく、したがって、国選弁護人が辞任の申出をした場合であっても、裁判所が辞任の申出について正当な理由があると認めて解任しない限り、弁護人の地位を失うものではないというべきであるから、辞任の申出を受けた裁判所は、国選弁護人を解任すべき事由の有無を判断するに必要な限度において、相当と認める方法により、事実の取調をすることができるもの、と解するのが相当である。」

参考判例3　最決平7・3・27刑集49巻3号525頁

「差戻し後の第二次第一審の審理手続が刑訴法289条1項に違反するとの主張について、職権をもって判断する。
　一　差戻し後の第二次第一審判決及び原判決（第二次控訴審判決）並びに記録によれば、本件審理の経過は、次のとおりである。
　　1　差戻し前の第一次第一審の経過
　　　〔省略（**参考判例4参照**）〕
　　2　第一次控訴審の経過
　　　大阪高等裁判所…は、第一次第一審が弁護人の立会いがないまま実質審理をした点に違法があるとして、第一次第一審判決を破棄し、事件を原審である大津地方裁判所に差し戻した（第一次控訴審判決）〔**参考判例4参照**〕。
　　3　差戻し後の第二次第一審の経過
　　(1)　差戻しを受けた大津地方裁判所において、昭和57年10月から昭和59年2月までの間、16回の公判期日が開かれたが、被告人は、昭和58年10月保釈取消しにより収監されるまで、裁判所からの送達書類の受取りを拒否し、郵送された書類は開封しないまま返送するなどして、公判期日に出頭せずに、疎明資料のない公判期日変更請求を繰り返し、収監された後も、公判期日に3回出頭した以外は、出廷拒否を重ねたほか、裁判官忌避申立て（12回）及び管轄移転の請求（2回）を繰り返した。
　　(2)　当初の国選弁護人2名は、いずれも第1回公判期日に出頭したものの、その後は、本件の紛糾の原因が裁判所にあるなどとする意見書等を提出したまま公判期日に出頭せず、辞任届を提出したため、裁判所が滋賀弁護士会に刑訴規則303条2項による処置請求をした結果、同弁護士会は、会長であるK弁護士及びE弁護士を推薦した。裁判所は、当初の国選弁護人2名を解任して、K、E両弁護士を国選弁護人に選任した。
　　(3)　新たな国選弁護人の選任を知った被告人は、昭和58年7月15日、

K弁護人の自宅に押し掛け、その妻子に対し、約4時間にわたり、「おやじが法廷に出ないように言っておけ。」と要求するなどし、同年9月18日には、その妻に対し電話で、「裁判になれば、わしの家族も不幸になるが、おまえのところの家族の両手がそのままあると思っていたら大間違いやぞ。」などと脅迫し、同日午後10時半ころには、同弁護人の自宅に押し掛けて、その胸倉をつかまえ、「今日はケリをつけたるから外へ出ろ。」などと言って、同弁護人を外へ連れ出した上、翌日午前1時ころまで、右電話によるのと同様の脅迫を行い、心配して駆けつけたE弁護人に対しても、同日午前2時半ころまで同様の脅迫を続けた。さらに、被告人は、同月21日にも、両弁護人に対し、同様の脅迫行為を繰り返したため、K弁護人は、裁判所に対し、被告人による脅迫を理由として辞任を決意した旨の上申書を提出し、同月22日以降の公判期日には出頭しなかった。

(4) 他方、被告人は、同年10月20日、保釈を取り消されて収監された後、私選弁護人2名を選任した。このうち1名は、第一次第一審において国選弁護人に選任されたが、被告人との信頼関係欠如を理由に辞任届を提出して、同審第26回公判期日に出頭しなかった者であり、また、他の1名は、差戻し後の第二次第一審の当初の国選弁護人であり、前記のとおり、公判期日への不出頭を重ねた上、辞任届を提出した者である。

(5) 第7回ないし第9回各公判期日には、被告人及び前記私選弁護人の1名又は2名が出頭したが、第9回公判期日には、出頭した私選弁護人2名のうち1名が病気治療を理由に途中退廷し、他の1名及び被告人が当日の審理打切りを強く要求したため、裁判所は、被告人らの強い要望に従って次回期日を追って指定にした。その後の期日の打合せにおいて、私選弁護人両名は、被告人を納得させるためには保釈すべきであると主張したほか、2箇月先の期日指定を要求したり、被告人の承知しない期日指定には応じられないとする態度を示したが、裁判所は、同年12月27日に、翌59年1月11日から2月9日までの間に9回の公判期日を一括して指定した。

(6) 昭和59年1月11日の第10回公判期日において、被告人が出廷を拒否したため、裁判所が刑訴法286条の2の規定に基づいて開廷したところ、私選弁護人両名は、公判期日の一括指定に抗議して、裁判官の忌避を申し立てた上（簡易却下された。）裁判官の在廷命令を無視して退廷した。裁判所は、国選のE弁護人に電話で出頭を要請したが、同弁護人がこれに応じなかったため、弁護人が在廷しないまま当日に予定されていた公判手

続の更新を行った。その後、裁判所は、公判期日ごとに、被告人及び各弁護人に対し、前回の公判調書の写しを送付し、当日には電話で出頭を要請したが、いずれも出頭しないまま、第12回公判期日までに、公判手続の更新を終えた。第13回公判期日には、被告人質問を予定し、事前に被告人及び各弁護人にもその旨を通知していたが、被告人及び各弁護人がいずれも出頭しなかったため、同期日には開廷することができなかった。

(7) 第14回公判期日の直前に、E弁護人は、不出頭届を提出して、被告人が行った同弁護人やその家族に対する脅迫による不安を訴えた。また、同公判期日に出頭した私選弁護人両名は、被告人の身上調査回答書及び前科調書が取り調べられた後に、公判調書の記載の正確性に対する異議申立て及び裁判官忌避申立てを行い（簡易却下された。）、さらに、被害者の再尋問の請求等を検討中であるとして第15回以降の公判期日指定の取消しを求めたが、裁判所が証人としては既に採用され取調べ未了の被告人の妻だけを取り調べる意向を表明したことから、裁判官の在廷命令を無視して退廷した。

(8) その後も、裁判所は、各公判期日ごとに、各弁護人に対し、前回の公判調書の写しを送付し、審理の経過を通知するなどしたほか、公判期日の当日にも電話で出頭を要請したが、被告人及び各弁護人の出頭が得られないまま、第15回公判期日において、不出頭の証人（被告人の妻）の採用を取り消して同証人の取調べ請求を却下した後、検察官が論告求刑を行い、第16回公判期日において、懲役1年6月の有罪判決を宣告した。

二　以上の経過に即して、第二次第一審における審理手続の適否について判断する。

1　刑訴法289条に規定するいわゆる必要的弁護制度は、被告人の防御の利益を擁護するとともに、公判審理の適正を期し、ひいては国家刑罰権の公正な行使を確保するための制度である（最高裁昭和23年…10月30日第二小法廷判決・刑集2巻11号1435頁）。

2　被告人は、第二次第一審において、本件が必要的弁護事件であって、審理を行うには弁護人の立会いが必要であることを熟知しながら、前記のように、弁護人を公判期日へ出頭させないなど、種々の手段を用いて、本件公判審理の進行を阻止しようとしたものであり、私選弁護人両名は、このような被告人の意図や目的を十分知りながら、裁判所による公判期日の指定に応ぜず、被告人の意向に沿った対応に終始し、裁判所が公判期日を一括して指定するや、公判期日への不出頭あるいは在廷命令を無視した退廷を繰り返し、

裁判所からの再三にわたる出頭要請にも応じなかったものである。さらに、裁判所が弁護人出頭確保のため弁護士会の推薦に基づき順次選任した同会会長を含む国選弁護人も、被告人の意向に従って、あるいは、被告人の弁護人本人やその家族に対する暴行ないし脅迫によって、いずれも公判期日に出頭しなくなったものである。そして、このような被告人の言動あるいは被告人の意向に沿った弁護人らの対応によって、多数回にわたり実質審理が阻止され、弁護人の立会いの下に公判期日を開くことが事実上不可能になったものであることは明らかである。

3　このように、裁判所が弁護人出頭確保のための方策を尽したにもかかわらず、被告人が、弁護人の公判期日への出頭を妨げるなど、弁護人が在しての公判審理ができない事態を生じさせ、かつ、その事態を解消することが極めて困難な場合には、当該公判期日については、刑訴法289条1項の適用がないものと解するのが相当である。けだし、このような場合、被告人は、もはや必要的弁護制度による保護を受け得ないものというべきであるばかりでなく、実効ある弁護活動も期待できず、このような事態は、被告人の防御の利益の擁護のみならず、適正かつ迅速に公判審理を実現することをも目的とする刑訴法の本来想定しないところだからである。

三　そうすると、差戻し後の第二次第一審が弁護人の立会いのないまま実質審理を行ったのは、刑訴法289条1項に違反するものではないとした原判断は、正当として是認することができる。」

参考判例4　大阪高判昭56・12・15判時1037号140頁（参考判例3の第一次控訴審）

「刑事訴訟法289条の定める必要的弁護制度は、被告人の利益を擁護するとともに、公判審理の適正を期し、もって国家刑罰権の公正な行使を確保するため、一定の重罪事件について、被告人に弁護人による介護を受ける権利の放棄を認めず、これを強制する制度であり、被告人に弁護人がないか、もしくは弁護人が公判期日に出頭しない場合には、たとい被告人が拒否しても裁判所は弁護人を付さなければならず、選任された弁護人は弁護を尽すべき義務がある。…記録によれば、原審弁護人が原審第26回公判期日に出頭しなかったのは、被告人に出頭を阻止され、あるいは同弁護人が被告人と結託して訴訟の進行阻止を企図したものでもなく、被告人の基本的立場と相容れない行動をとることが弁護人としての信義に反して許されず、被告人と弁護人との信頼関係が欠如し、被告人が弁護人の辞任を要求しているような状態では弁護人としての任務を果たせず、かかる事態は国選弁護人を辞任すべき正当の理由がある場合にあ

たり、かつ国選弁護人は辞任届を裁判所に提出することによって当然にその地位を離れるとの独自の法律的見解に基づくものであったことが認められる。もし原審弁護人の右見解が正しいとするならば、本件のごとき場合において刑事訴訟法289条を墨守することは、原判決の危惧するとおり、被告人の裁判拒否を容認する結果となりかねず、そのような事態はとうてい法の容認し得ないところであるから、いきおい刑事訴訟法289条の例外を認める法理を求めなければならないであろう。しかし国選弁護人の解任は裁判所の権限であり、国選弁護人が辞任の申出をした場合であっても、裁判所が辞任の申出について正当な理由があると認めて解任しない限り弁護人はその地位を失うものでないことは、昭和54年7月24日最高裁判所第三小法廷判決の示すところであり、原判決もこれを是認するとおりである。本件において原審第26回公判期日当時国選弁護人〔両名〕はいずれも原裁判所に辞任届を提出していたが、原裁判所は、両弁護人の辞任の申出には正当な理由がないとしてこれを解任しておらず、したがって両弁護人ともいまだ弁護人の地位にあったことは記録に明らかである、そして本件訴訟の経緯に徴すれば、被告人の両弁護人に対する解任要求は、まさに恣意的・専断的忌避というべきものであり、原判決も「もはや誰が国選介護人として就任するも被告人の意に満たない結果となっている」と指摘するとおり、右両弁護人を解任して新たに別の弁護人を選任しても意味のない状況にあったと認められるから、被告人の原審弁護人に対する不当な言動にもかかわらず、同弁護人の辞任の申出には正当な理由があるとはいえないとして同弁護人を解任せず、同弁護人が、辞任を申出て、以後の公判期日への不出頭の意思を表明したのに対し、本件が必要的弁護事件であることにもかんがみ、態度を改め公判期日に出頭して弁護を尽すよう求めた原裁判所の措置は正当である。そうだとすれば、原審弁護人は、いかに被告人からいわれなき非難、誹謗を加えて辞任を要求され、弁護人としで弁護活動をすること自体が被告人の意に沿わないことであったとしても、公判期日に出頭して可能な弁護を尽すべき義務があったというべきである。単に被告人の協力が得られないだけでなく、被告人からあからさまに不信頼を表明され、いわれなき非難、誹謗を浴びせられているような状態では、被告人の信頼と協力のもとに行われる弁護活動と同じ程度のものは、もとより期待すべくもないが、弁護人は、被告人の正当な利益の擁護者であって、被告人の主観的利益の単なる代介者ではないのであるから、被告人の主張、要求するところが不当なもので、それに固執することが被告人に不利益な結果をもたらすと考えられ、その旨被告人を説得しても被告人がこれを聞き入れないような場合には、被告人の意思に拘束されず、被告人の

正当な利益を擁護するため独自の弁護活動を行うことが要求されているというべきである。訴訟手続に理解がなく、あるいは性格の偏りが強く、自己の不当な主張、要求に固執するような被告人にこそ弁護人による弁護はより一層必要であり、被告人の協力が得られず、かえって被告人が弁護人を拒否している場合においても、被告人の正当な利益を擁護するため可能な限りの弁護を尽すことこそ刑事被告人に実質的に有効な弁護を保証するゆえんであり、それが一面において審理の適正を期し、国家刑罰権の公正な行使を確保するゆえんでもあって、必要的弁護制度を設けた趣旨は、まさにここにある。被告人が拒否しても弁護人による弁護を強制する必要的弁護制度を設けながら、選任された弁護人が弁護を尽さないことについて被告人に帰責事由がある場合には、弁護人による弁護を与えなくてよいとするのは背理である。被告人の言動がいかに不当なものであろうとも、弁護人が出頭して弁護を尽す限り、被告人の不当な言動によって、原判決のいう裁判権の正常な活動が阻害され、裁判制度が否定される結果になることはなく、それが可能である限り、弁護人の不出頭について被告人に帰責事由があるからといって、刑事訴訟法289条の例外を認める根拠とはなり得ない。本件において原審弁護人が辞任の申出をして公判期日に出頭しなかったのは、被告人の不当な態度、要求に由来するものではあるが、直接的には必要的弁護制度並びに国選弁護人制度についての同弁護人の誤った理解に基因するものであって、被告人の言動にもかかわらず、同弁護人が公判期日に出頭して弁護を尽すことを妨げる事情はなかったのであるから、同弁護人さえ右の誤解を正し、その義務を尽せば、原判決が危惧するような結果を招来するおそれはなく、被告人の態度、要求がいかに不当なものであり、判決がいうように、審理拒否、訴訟遅延を企図するものと評価され、同弁護人の辞任申出、不出頭について被告人に帰責事由があるとしても、そのことは必要的弁護制度の例外を認めるべき根拠とはならない。また必要的弁護制度の趣旨、被告人と弁護人の訴訟における地位役割の相異に徴し、かかる場合に弁護人について刑事訴訟法286条の2、あるいは同法341条の類推適用を論ずる余地は存しない。そうすると、原審第26回公判期日に弁護人不出頭のまま実質審理を行った原裁判所の訴訟手続は、刑事訴訟法289条に違反し、その違反は判決に影響を及ぼすことが明らかであるから、この点で原判決は破棄を免れない。」

参考判例5　最決平17・11・29刑集59巻9号1847頁

「1　記録によれば、第一審の審理経過等について、次の事実が認められる。
(1)　本件公訴事実は、要旨、被告人は、A、Bらと共謀の上、①営利の目的

で、帰宅途中の被害者を車両内に無理矢理押し込み、群馬県内の山中まで連行し（営利略取・逮捕・監禁）、②殺意をもって、ロープで被害者の頸部を絞め付け、けん銃で弾丸1発を発射してその身体に命中させ、同人を殺害し（殺人）、③その死体を断がいから投棄して遺棄した（死体遺棄）というものである。

(2) 被告人は、第1回公判期日から第5回公判期日までの間、上記公訴事実②に対し、被告人が自ら被害者の頸部に巻かれたロープの一端を引っ張った事実はあるが、その際殺意はなく、共犯者らと殺害について共謀もしていなかった旨の主張、供述をしていたが、論告、弁論が予定されていた第6回公判期日の冒頭において、前記各公訴事実の犯行場所に関する訴因変更手続がなされた際、従前の供述を翻し、公訴事実①の犯行態様の一部を否認するとともに、同②、③については全面的に否認する旨主張した。そこで、弁護人（国選）は、裁判所に次回期日に被告人質問を行いたい旨を申し出て、これが入れられ、第7回公判期日に被告人質問が実施された。同被告人質問の中で、被告人は、公訴事実①について前記否認の主張に沿う供述をするとともに、同②、③については、「共犯者2名と共に現場に赴いたが、自分も共犯者も被害者にロープを使った事実はない。自分は共犯者の1人が被害者にけん銃を向けて撃ち、被害者ががけ下に落ちていったのを見ただけである。」旨供述した。

(3) 第8回公判期日に、論告が行われ、これに引き続き弁護人による最終弁論が行われた。同弁論は、罪体に関する主張と情状に関する主張から成るが、前者の要旨は次のとおりである。「（被告人の全面否認について）被告人は、殺人と死体遺棄について、捜査段階において、Aが被害者の頸部に巻いたロープの一端を被告人が力一杯引っ張ったこと、Aに言われて遺体をBと2人でがけ下に落としたことを認める供述をしている。この供述の任意性については、明らかに問題がない。供述内容も、生々しく、かつ、具体的、詳細に供述されており、不自然と思われる事実もなく、十分信用できる。公判においても、被告人は、殺意は否認し、殺害の前に「殺害を薄々察知していた。」旨の検察官の冒頭陳述に強く反発したが、ロープを引っ張った行為自体は否認せず、自らの殺害行為加担について、検察官や裁判長に対して、他に方法があったら教えてもらいたいとまで供述している。そこで、弁護人は、殺人及び死体遺棄について、被告人がAにだまされ、ら致の意思で殺害現場まで行ったもので、ロープを引っ張る直前まで殺意はなく、かつ、殺害行為はけん銃を所持しているAに強要されたものであることを強調し、被告人が償いとして犯行全部をありのまま詳述し、自ら供述の場所で遺体発見を切望している事実の強調を弁護方針とした。しかし、被告人は、第6回公判期日において、突然、殺人と死体遺棄を

全面否認し、第7回公判期日の被告人質問において、その旨供述した。立場上詳述は避けるが、被告人がBをかばって自らなしていない殺害行為等を認めていたとの被告人の供述には明らかに無理がある。多弁な被告人に、無実を訴える言葉の一つもなかった。殺人、死体遺棄の重大犯罪であるから、弁護人としては、一般的には被告人に同調して全面否認の弁護をすべきである。しかし、公判の最終段階で初めて否認した本件の場合、被告人に同調して上記力説すべき弁護方針を主張せず、撤回することは、弁護人の任務放棄であると思われる。ところで、被告人は、上記最終段階の公判において、殺害現場においてAがけん銃を1発発砲したとの捜査段階からの供述を否定し、発砲したのはBであるかのような供述をしている。B自身は、ロープでの首絞めを多少手伝ったと述べているだけであるが、他方で、犯行後、ノイローゼとなり、警察署に出頭するなどし、公判でも被害者の妻に土下座して謝罪をするなどしており、その落差が不自然であった。Bが発砲者なら、Bの言動は殺人者の苦悩として十分理解でき、不自然なことはない。Aから殺人行為に加担するように陥れられたうらみがある被告人が、Aに不満のあったBに持ちかけて、捜査段階では発砲者をAとする虚偽の供述をはかったものと思われる。被告人の第7回公判期日における供述を十分ご検討願いたい。

（被告人の殺意の有無について）被告人はロープを引っ張ったことは認めつつ、殺意を否認しており、殺意を認める弁護人との主張の違いは確かに大きい。しかし、被告人は、捜査段階ですべてありのままに供述したことを強調しており、被害者殺害時の供述は生々しいものである。以上の被告人が認め、供述しているようなロープを力一杯引っ張った事実について、弁護人が法的評価、裁判所の認定として被告人に殺意なしとは到底言えない。他方、被告人は、上記事実は事実として、ロープを引く瞬間まで殺意は全くなく、後記のとおりロープを引いたのは極めて不本意なことであって、どうしようもなかったことから、自ら明確な殺意は終始持たなかったことを、心情として「殺意なし」と強調しているものである。被告人が、法的に、裁判所の評価として殺意ありと認定されることを強く否定しているとまで弁護人は思っておらず、殺意について、これを否定する被告人と認める弁護人との間に、乱暴な主張のようであるが、実質的には差異がないと思っている。

（被告人の殺意発生時期について）被告人には、ロープを引っ張った瞬間まで全く殺意はなかった。被告人に、ら致当時殺意がなかったことは証拠上明らかである。被告人は、殺害現場に至る車中において、前部座席にいたAとB間のひそひそ話し等でBが殺意を抱くに至ったことについては後部座席にいて全

く知らず、かつ、Aがけん銃を準備、持参していたことも全く知らなかった。また、殺害現場においても、被告人の捜査段階の供述から、被告人に殺意がなかったことは明らかである。Bの供述調書には、被告人が事前に殺害を知り、容認していたとみられるような供述があるが、同供述は、被告人の供述と対比すると、一部、不正確ないしいい加減と思われる部分がある。また、検察官の冒頭陳述は、被害者をら致した後、「被告人らはロープ１本を準備した」としているが、被告人がロープの準備に関与した証拠はない。

　（殺人および死体遺棄の場所）訴因変更後の「群馬県高崎市若しくはその周辺の山中又は同県群馬郡榛名町周辺の山中」については、警察が相当徹底的に捜索しても、被害者の遺体はおろか殺人等現場も発見、特定できていないのであるから、上記場所で証明が十分とは到底言えない。

　（その他）遺体が発見されておらず、殺害現場も特定されていないが、被害者の死亡について、弁護人には証拠上疑問がない。しかし、死因については、遺体が発見されておらず、被告人も引っ張ったロープにより絞殺されたのか、ロープの引っ張りではいまだ仮死状態ではなかったのかとの疑問はある。さらに、Bが発射したけん銃により白ワイシャツ姿の被害者が血染めになった、出血したとの供述がないことにも、疑問がある。仮に、ロープもけん銃も直接の死因ではなかったとしても、直後に仮死状態の被害者を山中のがけ下に放置したのであるから、被告人らの行為と被害者の死亡には疑問の余地のない因果関係がある。」

　(4)　上記最終弁論に引き続き、被告人の最終意見陳述がなされたが、その中で、被告人は、殺人、死体遺棄の公訴事実を否認する点については明確には述べず、むしろ、「被害者には、自分でやっちゃったことですから、どんなことをしても一生重荷を背負って墓の中まで持っていかなきゃならないものだというふうに思っています。誠に悪いことをしたと思っております。」などと述べ、弁護人の最終弁論に対する不服は述べていない。

　(5)　第一審判決は、最終弁論の内容には、被告人の第６回公判期日以降の供述に関し裁判所に慎重な検討を求めるとする部分があり、これが第一次的な主張であると解されるとし、また、第７回公判期日の被告人質問で弁護人が被告人の言い分を引き出す質問を粘り強く行っている旨を指摘した上、弁護人の一連の訴訟活動、審理経過、被告人の第６回公判期日以降の供述に信用性がないことなどを総合考慮すれば、本件訴訟手続において、被告人の防御権あるいは弁護人選任権が侵害されたとまで評価できる事情はない旨を判示した。

　2　所論は、本件最終弁論は、被告人の第６回公判期日以降の供述を前提と

せず、第5回公判期日までの供述を前提として有罪の主張をするものであるのに、裁判所は、弁護人に更に弁論を尽くさせるなどせず、この主張を放置して結審しているから、第一審の訴訟手続は、被告人の防御権ないし弁護人選任権を侵害する違法なものである旨主張する。

　そこで検討すると、なるほど、殺人、死体遺棄の公訴事実について全面的に否認する被告人の第6回公判期日以降の主張、供述と本件最終弁論の基調となる主張には大きな隔たりがみられる。しかし、弁護人は、被告人が捜査段階から被害者の頸部に巻かれたロープの一端を引っ張った旨を具体的、詳細に述べ、第一審公判の終盤に至るまでその供述を維持していたことなどの証拠関係、審理経過を踏まえた上で、その中で被告人に最大限有利な認定がなされることを企図した主張をしたものとみることができる。また、弁護人は、被告人が供述を翻した後の第7回公判期日の供述も信用性の高い部分を含むものであって、十分検討してもらいたい旨を述べたり、被害者の死体が発見されていないという本件の証拠関係に由来する事実認定上の問題点を指摘するなどもしている。なお、被告人本人も、最終意見陳述の段階では、殺人、死体遺棄の公訴事実を否認する点について明確に述べないという態度を取っている上、本件最終弁論に対する不服を述べていない。

　以上によれば、第一審の訴訟手続に法令違反があるとは認められない。
………

　裁判官上田豊三の補足意見は、次のとおりである。
　…刑事訴訟法が規定する弁護人の個々の訴訟行為の内容や、そこから導かれる訴訟上の役割、立場等からすれば、弁護人は、被告人の利益のために訴訟活動を行うべき誠実義務を負うと解される。したがって、弁護人が、最終弁論において、被告人が無罪を主張するのに対して有罪の主張をしたり、被告人の主張に比してその刑事責任を重くする方向の主張をした場合には、前記義務に違反し、被告人の防御権ないし実質的な意味での弁護人選任権を侵害するものとして、それ自体が違法とされ、あるいは、それ自体は違法とされなくともそのような主張を放置して結審した裁判所の訴訟手続が違法とされることがあり得ることは否定し難いと思われる。

　しかし、弁護人は、他方で、法律専門家（刑訴法31条1項）ないし裁判所の許可を受けた者（同条2項）として、真実発見を使命とする刑事裁判制度の一翼を担う立場をも有しているものである。また、何をもって被告人の利益とみなすかについては微妙な点もあり、この点についての判断は、第一次的に弁護人にゆだねられると解するのが相当である。さらに、最終弁論は、弁護人の

意見表明の手続であって、その主張が、実体判断において裁判所を拘束する性質を有するものではない。

　このような点を考慮すると、前記のような違法があるとされるのは、当該主張が、専ら被告人を糾弾する目的でされたとみられるなど、当事者主義の訴訟構造の下において検察官と対峙し被告人を防御すべき弁護人の基本的立場と相いれないような場合に限られると解するのが相当である。

　本件最終弁論は、証拠関係、審理経過、弁論内容の全体等からみて、被告人の利益を実質的に図る意図があるものと認められ、弁護人の前記基本的立場と相いれないようなものではなく、前記のような違法がないことは明らかというべきである。」

● 発展問題

①設例において、XがA弁護士を国選弁護人から解任するように求めた際に、替わりにC弁護士を特定して選任するように求めていたとする。裁判所は、こうしたXの意向をどのように扱うべきか。
②法改正によって必要的弁護制度を廃止することは、憲法に違反するか。
③必要的弁護事件で、私選弁護人が出廷拒否を繰り返して審理が進行しない場合、裁判所は、国選弁護人を選任して審理を進行させることはできるか。

● 参考文献

・八木正一「必要的弁護事件と弁護人の不在」平野龍一＝松尾浩也編『新実例刑事訴訟法Ⅱ』（青林書院、1998年）224頁
・高田昭正「必要的弁護制度の意義」松尾浩也＝井上正仁編『刑事訴訟法の争点〔第3版〕』（有斐閣、2002年）144頁
・岡慎一「弁護人の義務」松尾浩也＝岩瀬徹編『実例刑事訴訟法Ⅱ』（青林書院、2012年）212頁
・笠井治「依頼者の意思と専門家裁量」後藤昭ほか編『実務体系　現在の刑事弁護　第2巻　刑事弁護の現代的課題』（第一法規、2013年）33頁

第18章

証拠の関連性

緑　大輔

● **本章のねらい**

　証拠の関連性を理解する。まず、証拠裁判主義や証拠法にかかわる諸概念の意味を理解する。その上で、証拠の関連性の意味や問題となる場面を意識し、証拠の関連性が否定されるとすれば、それはどのような場合かを検討する。

● **キーワード**

証拠裁判主義、証拠能力、関連性（自然的関連性、法律的関連性）、悪性格証拠、同種前科、類似事実、直接証拠、間接証拠、間接事実、要証事実、科学的証拠、ＤＮＡ型鑑定、臭気選別試験、ポリグラフ検査、筆跡鑑定、声紋鑑定

● **体系書の関係部分**

池田・前田	宇藤ほか	上口	白取	田口	田宮
376-395、474-478 頁	319-341 頁	378-400 頁	317-326、334-370 頁	341-346、356-373 頁	283-293、309-333 頁
福井	松尾（上）	三井（Ⅱ）	光藤（Ⅰ）	安冨	
334-337、345-352 頁	1-21、25-32、101-117 頁	1-45、133-272 頁	95-113、133-150 頁	439-462 頁	

● **設　例**

　被告人Ｘは、住居侵入、窃盗19件の公訴事実で起訴された。
　起訴された19件は併合審理されたが、いずれも2013年12月21日から2014年5月8日までの間に、東京都世田谷区内および神奈川県川崎市内において発生した窃盗事件であり、いずれも鉄道関係物品や鉄道模型のコレクター

の居宅に侵入し、鉄道関係物品や鉄道模型とその他の金銭・物品が窃取された事案であった。被告人Xは罪状認否において、上記19件のうち3件については住居侵入、窃盗の事実を認める一方で、16件については否認した。

なお、被告人Xには、2006年12月15日から2007年1月15日までの間の住居侵入、窃盗8件の罪により懲役刑に処された前科があり、それらはいずれも鉄道関係物品、鉄道模型と金品が窃取されたという犯罪事実であった。

被告人Xの前科事実ならびに今回認めている3件については、いずれも神奈川県川崎市内で発生した事件であり、①侵入先を決めるに当たっては鉄道雑誌ないし鉄道模型雑誌を確認し、下見するなど何らかの方法により鉄道関係の物品や模型の存在を確認し、②主な目的は希少性の高い鉄道関係物品や高価な鉄道模型を入手することにあり、それ以外には金銭が窃取されているものの、金銭の窃取は付随的な目的であり、③家人が留守にしている間に、玄関鍵のシリンダー錠をピッキング等の手段により解錠し、それが困難な場合には窓ガラスを割って侵入するという共通した特徴を有していた。また、今回認めている3件は、2013年12月21日から25日までに起きた窃盗事件であった。

被告人Xが否認している16件のうち、9件は、高価な鉄道模型と共に、金銭ではなく美術品や食品が窃取されており、侵入方法は家人が睡眠中に玄関鍵のシリンダー錠を何らかの方法により解錠するというものであり、いずれも東京都世田谷区内で2014年1月2日から1月15日までに起きていた。また、残る7件は、家人が留守にしている間に、玄関鍵のシリンダー錠をピッキング等の手段により解錠し、あるいは窓ガラスを割って侵入し、大量生産されている鉄道関係物品を窃取している事案であり、東京都世田谷区または神奈川県川崎市内において2014年4月28日から2014年5月8日までに起きていた。

検察官は、立証趣旨をすべての公訴事実についての「犯行の動機」として、(a)被告人宅から押収された鉄道雑誌・鉄道模型雑誌1200冊の目録、(b)心理テストや問診の結果、被告人は他の成人と正常なコミュニケーションをとることができず、かつ被告人には偏執的ともいうべき鉄道に対するこだわりがあり、反社会性の強い人格障害が認められるという精神科医の鑑定書の証拠調べを請求した。また、立証趣旨を被告人Xが否認している16件についての犯人性として、(c)被告人Xの上記前科事実にかかる前刑判決書謄本および供述調書、(d)被告人Xが認めている（併合審理中の）3件の住居侵入・窃盗事件に関する自白調書の証拠調べを請求した。

第 18 章　証拠の関連性

● 基本知識の確認

①証拠裁判主義とはどのような考え方か。その意義を説明せよ。
②刑訴法 317 条の定めがあるにもかかわらず、証拠によらずに認定できる事実はあるか。
③証拠能力、証明力とはどのような意味か。
④厳格な証明、自由な証明とはどのような意味か。また、厳格な証明の対象となるのはどのような事実か。
⑤関連性とはどのような考え方か。
⑥主要事実、間接事実とは何か。直接証拠、間接証拠とは何か。
⑦科学的証拠とは、どのような証拠か。

● 参考判例についての問い

①参考判例1は、何が争点となっている事案だったか。また、前科が存在することが、どのような事実を証明しているか。
②参考判例2で関連性の有無が問題となったのは、どのような証拠か。また、原判決は前刑放火の事実から、そのような推論を経て、どのような事実を認定しているか。
③参考判例2は、控訴審判決の推論過程のどの部分にどのような問題があると判示しているか。また、参考判例2によれば、犯人性を立証するために前科を用いることができるのは、どのような場合か。
④参考判例3で関連性の有無が問題となったのは、どのような事実か。また、原判決の推論過程のどの部分に問題があると判示しているか。参考判例2と参考判例3は同様の判断枠組みか。
⑤参考判例3の補足意見は、類似事実を用いるために必要とされる「顕著な特徴」について、たとえばどのような場合に「ある程度の幅をもって考えることは、必ずしも否定されない」としているか。
⑥参考判例4は、どのような推論過程で被告人の犯人性を導いているか。
⑦参考判例5は、DNA型鑑定をどのような事実を証明するために用いている事案か。また、どのような理由でDNA型鑑定の証拠能力を認めているか。その判示内容は、証拠の関連性との関係ではどのように位置づけられるか。
⑧参考判例5で示されている「科学的原理が理論的正確性を有し」という理由は、科学的証拠全般に対して必要か。参考判例6と参考判例5は、同じ判断枠組みとして説明できるか。

● 設例についての問い

①弁護人は、下線部(a)の検察官の証拠調べ請求に対して、どのような意見を述べるべきか。ただし、伝聞性については考えなくてよい（以下②～⑧も同様とする）。

②これに対して、検察官はどのような意見を述べるべきか。

③弁護人は、下線部(b)の検察官の証拠調べ請求に対して、どのような意見を述べるべきか。

④これに対して、検察官はどのような意見を述べるべきか。

⑤弁護人は、下線部(c)の検察官の証拠調べ請求に対して、どのような意見を述べるべきか。

⑥これに対して、検察官はどのような意見を述べるべきか。

⑦弁護人は、下線部(d)の検察官の証拠調べ請求に対して、どのような意見を述べるべきか。

⑧これに対して、検察官はどのような意見を述べるべきか。

● 参考判例

参考判例1　最決昭41・11・22 刑集20巻9号1035頁

【事案の概要：生活費に窮した被告人Ｘが、社会福祉のための募金という名の下に寄附金を集めて、自らの生活費に充当しようと企て、実際は社会福祉事業に使用する意思も能力もないのにかかわらず、Ｖに対して「身よりのない老人に対する福祉促進趣意書」と題する書面を提示した上、「恵まれない人の援護をしておりますので寄附をお願い致します」などといって欺き、Ｖをして上述の福祉事業に有意義に使用されるものと誤信させた上、即時同所において、Ｖより寄附金名下に現金1000円の交付をうけてこれを騙取するなど、202回にわたり合計20万1500円を騙取したとして、第一審において詐欺罪で有罪とされた。被告人は控訴したが、控訴審は、「昭和38年9月19日神戸地方裁判所尼崎支部で本件と同様手段による詐欺罪に因り懲役刑に処せられ現在なおその刑執行猶予期間中の身であり、本件行為もその態様に照し詐欺罪を構成するものであることの認識があったと思われる」等の事情から、被告人に犯意がなかったとはいえないとして棄却した。これに対して、被告人側が上告した。】

「……上告趣意第一は、判例違反をいうが、所論引用の判例は、すべて事案を異にし本件に適切でなく、その余は、単なる訴訟法違反の主張であり（犯罪

の客観的要素が他の証拠によって認められる本件事案の下において、被告人の詐欺の故意の如き犯罪の主観的要素を、被告人の同種前科の内容によって認定した原判決に所論の違法は認められない）、同第二は、事実誤認の主張であって、いずれも刑訴法 405 条の上告理由に当らない。」

参考判例 2　最決平 24・9・7 刑集 66 巻 9 号 907 頁

【事案の概要：被告人の犯人性を立証する趣旨で用いられる前刑判決書謄本の証拠能力の有無が争われた事例。】

「1　原判決の認定及び記録によれば、本件訴訟の経過等は、次のとおりである。

(1)本件各公訴事実は、「被告人は、平成 21 年 9 月 8 日午前 6 時 30 分頃から同日午前 11 時 50 分頃までの間、金品窃取の目的で、東京都葛飾区（以下省略）B 荘 C 号室 D 方縁側掃き出し窓のガラスを割り、クレセント錠を解錠して侵入した上、同所において、1　同人所有の現金 1000 円及びカップ麺 1 個（時価約 100 円相当）を窃取し、2　同人ほか 1 名が現に住居に使用する前記 B 荘……に放火しようと考え、B 荘 C 号室内にあった石油ストーブ内の灯油を同室内のカーペット上に撒布した上、何らかの方法で点火して火を放ち、同室内の床面等に燃え移らせ、よって、現に人が住居に使用している B 荘 C 号室の一部を焼損……した。」という住居侵入、窃盗、現住建造物等放火の事実（以下、それぞれ「本件住居侵入」、「本件窃盗」、「本件放火」という。）及び北海道釧路市内における住居侵入及び窃盗の事実（以下「釧路事件」という。）からなるものである。

(2)被告人は、第一審の公判前整理手続において、本件住居侵入及び本件窃盗並びに釧路事件については争わない旨述べたが、本件放火については、何者かが上記 B 荘 C 号室に侵入して放火したことは争わないものの、被告人が行ったものではないと主張した。

(3)被告人は、平成 3 年 4 月 7 日から平成 4 年 5 月 10 日までの間に 15 件の窃盗を、同年 3 月 29 日から同年 6 月 13 日までの間に 11 件の現住建造物等放火（未遂を含む。以下「前刑放火」という。）を行ったなどの罪により、平成 6 年 4 月 13 日、懲役 8 月及び懲役 15 年（前刑放火を全て含む。）に処せられた前科を有する。

検察官は、公判前整理手続において、被告人は窃盗に及んだが欲するような金品が得られなかったことに立腹して放火に及ぶという前刑放火と同様の動機に基づいて本件放火に及んだものであり、かつ、前刑放火と本件放火はいずれ

も特殊な手段方法でなされたものであると主張し、この事実を証明するため、上記前科に係る判決書謄本（以下「前刑判決書謄本」という。）、上記前科の捜査段階で作成された前刑放火に関する被告人の供述調書謄本15通、本件の捜査段階で作成された前刑放火の動機等に関する被告人の供述調書1通（以下これらを併せて「本件前科証拠」という。）、本件放火の現場の状況及びその犯行の特殊性等に関する警察官証人1名の取調べを請求した。

第一審裁判所は、前刑判決書謄本を情状の立証に限定して採用したものの、本件放火の事実を立証するための証拠として本件前科証拠は全て「関連性なし」として却下し、また、上記警察官証人を「必要性なし」として却下した。

第一審判決は、被告人が本件放火の犯人であると認定するにはなお合理的な疑問が残るとして、本件住居侵入及び本件窃盗並びに釧路事件についてのみ有罪とした。

(4)これに対し検察官が控訴した。控訴趣意は、本件前科証拠及び上記警察官証人は、いずれも本件放火の犯罪を立証する証拠として関連性を有し、取調べの必要性があったにもかかわらず、これらを却下した第一審裁判所の措置は訴訟手続の法令違反に該当し、その結果被告人を本件放火の犯人と認定しなかったのは事実誤認に当たるというものである。

原判決は、本件前科証拠のうち、前刑判決書謄本の取調べ請求を却下した第一審裁判所の措置、並びに上記前科の捜査段階で作成された被告人の供述調書謄本15通及び本件捜査段階で作成された前刑放火の動機等に関する被告人の供述調書1通について、本件放火との関連性がある部分を特定しないまま、その全てを却下した第一審裁判所の措置には、判決に影響を及ぼすことが明らかな訴訟手続の法令違反があるとして、第一審判決を破棄し、事件を東京地方裁判所に差戻した。

2　原判決の理由の概略は、次のとおりである。

前刑放火11件の動機は、いずれも窃盗を試みて欲するような金品が得られなかったことに対する腹立ちを解消することにあり、上記11件のうち10件は、いずれも侵入した居室内において、また残り1件は、侵入しようとした住居に向けて放火したものであり、うち7件は、犯行現場付近にあったストーブ内の灯油を撒布したものである。被告人には、このような放火に至る契機、手段、方法において上記のような特徴的な行動傾向が固着化していたものと認められる。被告人は、本件放火と接着した時間帯に放火場所である居室に侵入して窃盗を行ったことを認めているところ、その窃取した金品が被告人を満足させるものではなかったと思料され、前刑放火と同様の犯行に至る契機があると認め

第18章　証拠の関連性

られる上、犯行の手段方法も共通しており、いずれも特徴的な類似性があると認められ、被告人が本件放火の犯人であることを証明する証拠として関連性がある。したがって、本件前科証拠のうち、これらの点に関するもの、すなわち前刑判決書謄本並びに上記前科の捜査段階で作成された被告人の供述調書謄本15通及び本件の捜査段階で作成された前刑放火の動機等に関する被告人の供述調書1通のうち本件放火と特徴的な類似性のある犯行に至る契機、犯行の手段方法に関する部分はいずれも関連性が認められ、証拠として採用すべきであったものというべきであり、上記各供述調書について関連性が認められる部分を特定できるような審理を行わずに本件前科証拠を全て却下した第一審裁判所の措置は違法である。そして、被告人が、本件放火と接着した時間帯に放火場所である居室に侵入して窃盗を行ったことが認められる本件では、上記の違法は判決に影響を及ぼすことが明らかな訴訟手続の法令違反に当たる。

　3　しかしながら、原判決の上記判断は是認することができない。その理由は、次のとおりである。

　(1)前科も一つの事実であり、前科証拠は、一般的には犯罪事実について、様々な面で証拠としての価値（自然的関連性）を有している。反面、前科、特に同種前科については、被告人の犯罪性向といった実証的根拠の乏しい人格評価につながりやすく、そのために事実認定を誤らせるおそれがあり、また、これを回避し、同種前科の証明力を合理的な推論の範囲に限定するため、当事者が前科の内容に立ち入った攻撃防御を行う必要が生じるなど、その取調べに付随して争点が拡散するおそれもある。したがって、前科証拠は、単に証拠としての価値があるかどうか、言い換えれば自然的関連性があるかどうかのみによって証拠能力の有無が決せられるものではなく、前科証拠によって証明しようとする事実について、実証的根拠の乏しい人格評価によって誤った事実認定に至るおそれがないと認められるときに初めて証拠とすることが許されると解するべきである。本件のように、前科証拠を被告人と犯人の同一性の証明に用いる場合についていうならば、前科に係る犯罪事実が顕著な特徴を有し、かつ、それが起訴に係る犯罪事実と相当程度類似することから、それ自体で両者の犯人が同一であることを合理的に推認させるようなものであって、初めて証拠として採用できるものというべきである。

　前刑放火は、原判決の指摘するとおり、11件全てが窃盗を試みて欲するような金品が得られなかったことに対する鬱憤を解消するためになされたものであること、うち10件は侵入した室内において、残り1件は侵入しようとした居室に向けてなされたものであるが、いずれも灯油を撒布して行われたもので

あることなどが認められる。本件放火の態様は、室内で石油ストーブの灯油をカーペットに散布して火を放ったという犯行である。原判決は、これらの事実に加え、被告人が本件放火の最大でも5時間20分という時間内に上記の放火現場に侵入し、500円硬貨2枚とカップ麺1個を窃取したことを認めていることからすれば、上記の各前科と同様の状況に置かれた被告人が、同様の動機のもとに放火の意思を生じ、上記のとおりの手段、方法で犯行に及んだものと推認することができるので、関連性を認めるに十分であるという。しかしながら、窃盗の目的で住居に侵入し、期待したほどの財物が窃取できなかったために放火に及ぶということが、放火の動機として特に際だった特徴を有するものとはいえないし、また、侵入した居室内に石油ストーブの灯油を撒いて火を放つという態様もさほど特殊なものとはいえず、これらの類似点が持つ、本件放火の犯行が被告人によるものであると推認させる力は、さほど強いものとは考えられない。

　原判決は、上記のとおり、窃盗から放火の犯行に至る契機の点及び放火の態様の点について、前刑放火における行動傾向が固着化していると判示している。固着化しているという認定がいかなる事態を指しているのか必ずしも明らかではないが、単に前刑放火と本件放火との間に強い類似性があるというにとどまらず、他に選択の余地がないほどに強固に習慣化していること、あるいは被告人の性格の中に根付いていることを指したものではないかと解され、その結果前刑放火と本件放火がともに被告人によるものと推認できると述べるもののようである。しかし、単に反復累行しているという事実をもってそのように認定することができないことは明らかであり、以下に述べる事実に照らしても、被告人がこのような強固な犯罪傾向を有していると認めることはできず、実証的根拠の乏しい人格評価による認定というほかない。

　すなわち、前刑放火は、間に服役期間を挟み、いずれも本件放火の17年前の犯行であって、被告人がその間前刑当時と同様の犯罪傾向を有していたと推認することには疑問があるといわなければならない。加えて、被告人は、本件放火の前後の約1か月間に合計31件の窃盗（未遂を含む。以下同じ。）に及んだ旨上申している。上申の内容はいずれも具体的であるが、これらの窃盗については、公訴も提起されていない上、その中には被告人が十分な金品を得ていないとみられるものが多数あるにもかかわらず、これらの窃盗と接着した時間、場所で放火があったという事実はうかがわれず、本件についてのみ被告人の放火の犯罪傾向が発現したと解することは困難である。

　(2)上記のとおり、被告人は、本件放火に近接した時点に、その現場で窃盗に

及び、十分な金品を得るに至らなかったという点において、前刑放火の際と類似した状況にあり、また、放火の態様にも類似性はあるが、本件前科証拠を本件放火の犯人が被告人であることの立証に用いることは、帰するところ、前刑放火の事実から被告人に対して放火を行う犯罪性向があるという人格的評価を加え、これをもとに被告人が本件放火に及んだという合理性に乏しい推論をすることに等しく、このような立証は許されないものというほかはない。

　したがって、本件放火の犯罪事実を立証するための本件前科証拠の取調べ請求を全て却下した第一審裁判所の措置は正当であり、これについて判決に影響を及ぼすことが明らかな訴訟手続の法令違反に当たるとした原判断には刑訴法379条の解釈適用を誤った違法がある。この違法が判決に影響を及ぼすことは明らかであり、原判決を破棄しなければ著しく正義に反するものと認められる。

　よって、刑訴法411条1号により原判決を破棄し、同法413条本文に従い、本件を原裁判所である東京高等裁判所に差し戻すこととし、裁判官全員一致の意見で、主文のとおり判決する。

参考判例3　最決平25・2・20判タ1387号104頁

【事案の概要：被告人の犯人性を立証する趣旨で用いられる前科事実の証拠能力の有無が争われた事例。】

「1　原判決は、事実誤認の控訴趣意を排斥するに当たり、被告人の前科（昭和47年9月から同48年9月までの間の窃盗13件、同未遂1件、現住建造物等放火1件、同未遂2件等の罪により懲役6年に処せられた前科及び平成2年3月から同年12月までの間の住居侵入、窃盗10件、住居侵入、窃盗、現住建造物等放火2件、住居侵入未遂1件の罪により懲役9年に処せられた前科）に係る犯罪事実並びに被告人が自認している第一審判決判示第1ないし第9及び第19の住居侵入、窃盗の各事実等から、被告人には、ア　住居侵入、窃盗の動機について、いわゆる色情盗という特殊な性癖が、イ　住居侵入、窃盗の手口及び態様について、〔1〕侵入先を決めるに当たって下見をするなど何らかの方法により女性の居住者がいるという情報を得る、〔2〕主な目的は女性用の物を入手することにあり、それ以外の金品を盗むことは付随的な目的である、〔3〕家人の留守中に窓ガラスを割るなどして侵入するという特徴が、ウ　現住建造物等放火について、女性用の物を窃取した際に、被告人本人にも十分に説明できないような、女性に対する独特の複雑な感情を抱いて、室内に火を放ったり石油を撒いたりするという極めて特異な犯罪傾向がそれぞれ認められるとした。そして、上記アないしウの特徴等が、第一審判決判示第10ないし第

15、第18及び第20の住居侵入、窃盗又は同未遂、現住建造物等放火の各事実に一致するとし、このことが上記各事実の犯人が被告人であることの間接事実の一つとなるとした。

2　しかし、上記原判断は是認することができない。その理由は、次のとおりである。

(1)前科証拠を被告人と犯人の同一性の証明に用いようとする場合は、前科に係る犯罪事実が顕著な特徴を有し、かつ、その特徴が証明の対象である犯罪事実と相当程度類似することから、それ自体で両者の犯人が同一であることを合理的に推認させるようなものであって、初めて証拠として採用できるところ（最高裁平成23年（あ）第670号同24年9月7日第二小法廷判決・裁判所時報第1563号6頁参照）、このことは、前科以外の被告人の他の犯罪事実の証拠を被告人と犯人の同一性の証明に用いようとする場合にも同様に当てはまると解すべきである。そうすると、前科に係る犯罪事実や被告人の他の犯罪事実を被告人と犯人の同一性の間接事実とすることは、これらの犯罪事実が顕著な特徴を有し、かつ、その特徴が証明対象の犯罪事実と相当程度類似していない限りは、被告人に対してこれらの犯罪事実と同種の犯罪を行う犯罪性向があるという実証的根拠に乏しい人格評価を加え、これをもとに犯人が被告人であるという合理性に乏しい推論をすることに等しく、許されないというべきである。

(2)これを本件についてみるに、原判決指摘アの色情盗という性癖はさほど特殊なものとはいえないし、同イの、あらかじめ下見をするなどして侵入先の情報を得る、女性用の物の入手を主な目的とする、留守宅に窓ガラスを割るなどして侵入するという手口及び態様も、同様にさほど特殊なものではなく、これらは、単独ではもちろん、総合しても顕著な特徴とはいえないから、犯人が被告人であることの間接事実とすることは許されないというべきである。また、原判決指摘ウの「特異な犯罪傾向」については、原判決のいう「女性用の物を窃取した際に、被告人本人にも十分に説明できないような、女性に対する複雑な感情を抱いて、室内に火を放ったり石油を撒いたりする」という行動傾向は、前科に係る犯罪事実等に照らしても曖昧なものであり、「特異な犯罪傾向」ということは困難である上、そもそも、このような犯罪性向を犯人が被告人であることの間接事実とすることは、被告人に対して実証的根拠の乏しい人格的評価を加え、これをもとに犯人が被告人であるという合理性に乏しい推論をすることにほかならず（前掲最高裁平成24年9月7日判決参照）、許されないというべきである。

(3)したがって、原判決が、上記前科に係る犯罪事実並びに第一審判決判示第

1ないし第9及び第19の各事実にみられる上記アないしウの特徴が第一審判決判示第10ないし第15、第18及び第20の各事実に一致することを上記各事実の犯人が被告人であることの間接事実の一つとしたことは違法であり、原判決には法令違反がある。

　3　しかしながら、上記間接事実を除外しても、その余の証拠によれば、第一審判決の各犯罪事実の認定について事実誤認はないとした原判断は是認することができるから、原判決の上記法令違反は、判決に影響を及ぼすものではない。

　よって、刑訴法414条、386条1項3号、181条1項ただし書、刑法21条により、裁判官全員一致の意見で、主文のとおり決定する。なお、裁判官金築誠志の補足意見がある。

　裁判官金築誠志の補足意見は、次のとおりである。

　私は、原判決が、被告人の前科に係る犯罪事実並びに第一審判決判示第1ないし第9及び第19の各事実をもって、同第10ないし第15、第18及び第20の各事実の犯人が被告人であることの間接事実の一つとしたことを違法であるとする本決定に賛成するものであるが、本決定が、前科以外の被告人の他の犯罪事実の証拠を被告人と犯人の同一性の証明に用いようとする場合にも、法廷意見が引用する平成24年9月7日第二小法廷判決の法理が同様に当てはまるとしていることなどについて、本件事案に即してみるとき、留意すべき点があるように思うので、私見を付加しておくこととしたい。

　1　本件起訴事実は、平成16年8月から同17年8月までの間に、岡山市内において、合計20件の住居侵入・窃盗・同未遂・現住建造物等放火の犯行に及んだというものであるが、……原判決は、被告人の認める上記各事実と、法廷意見記載の前科から、被告人の犯行の動機、手口等を認定し、第10ないし第15、第18及び第20の各事実の犯人が被告人であることの間接事実の一つとしているのであるが、色情盗という性癖、犯行の手口・態様が、さほど特殊なものとはいえないことは、法廷意見の述べるとおりである。また、原判決は、前科等から、被告人は、「女性用の物を窃取した際に、被告人本人にも十分に説明できないような、女性に対する独特の複雑な感情を抱いて、室内に火を放ったり石油を撒いたりするという極めて特異な犯罪傾向」があるとし、これも上記犯人性の間接事実としている。しかし、昭和48年の3件の現住建造物等放火では、目的とする盗みができなかったことに立腹したという上記とは全く異なる動機が認定されており、平成2年の2件の放火については、性倒錯傾向が放火の動機に幾分か関係を持つという原判示に通じる認定がされているが、同

年に被告人が行った住居侵入・窃盗で女性用下着を窃取したにもかかわらず、放火に至っていないものが他に 6 件ある。したがって、被告人に上記のような犯罪傾向があると、軽々に断定することはできないと考える。さらに、窃取した物に女性用の物が含まれているからといって、その後に行われた放火の動機が、上記のようなものであると直ちに推認することはできないのであって（ちなみに、認めている第 16 及び第 17 の 2 件の放火について、被告人は、その動機を「指紋を消すため」と供述している。）、第 18 において灯油を撒いた動機がストーカー的な気持であった旨の検察官に対する供述があるものの、争いのある本件各放火を通じて、その動機が原判示のようなものであったと認定できるだけの証拠があることはうかがわれない（放火の犯人が被告人であることが確定された場合には、その動機が原判示のようなものであるとの逆の推認をすることは可能であろうが。）。そうすると、法廷意見の指摘する点もさることながら、上記の原判断については、そもそも、動機の共通性という、犯人性の間接事実とするための前提を欠いているように思う。

　2　(1)このように、原判断は是認できないのであるが、上記のように、原判決は、間接事実となるべき被告人の他の犯罪事実として、現住建造物等放火の含まれる事実を挙げていないところ、本件において、被告人の他の犯罪事実が犯人性を認めるための間接事実として許容できるか否かという点で、より検討を要するのは、併合審理されている現住建造物等放火の各事実についてであると思われる。すなわち、現住建造物等放火の含まれる 10 件の事実のうち、第 16 と第 17 については、盗品の一部について否認しているものの、放火を含め、犯人であることを認めており、第 18 については、盗品の一部を除き、住居侵入・窃盗の限度では認めているので、結局、被告人が、全面的に犯人ではないとして争っているのは、第 10 ないし第 15 及び第 20 の 7 件ということになるが、このうち、第 15 を除く 6 件においては、原判決が引用する第一審判決が詳細に説示するとおり、被告人方から盗品が発見されていることなどの証拠により、住居侵入・窃盗の犯人が被告人であることは明らかである。第 15 について、第一審判決は、同犯行は、窓の錠付近のガラスを割って屋内に侵入して物色し、その後物色した部屋の押し入れに放火するという犯行態様が、他の事件とよく類似していることに加え、窃盗に入った家で室内に放火するとの犯罪類型は決して一般的なものとはいえず、むしろ特殊な手口であることや、後記の同種前科の存在も、犯人性を認める証拠としているところ、この判断は上記第二小法廷判決の示した証拠としての許容基準からして疑問を免れないのであるが、これを除いても、第一審判決が援用する粘着テープ等の物的証拠により、被告人

を第15の住居侵入・窃盗の犯人と認めることが可能というべきである。

残る問題は、争いのある8件の放火の犯人が被告人と認められるかどうかである。第18については、窃盗の犯行後、室内に灯油を撒いたという重要な不利益事実の承認があるが、その余の7件については、同種前科及び犯行態様の類似した多数の事実が起訴されていることを別とすれば、放火の犯行と被告人とを結び付ける証拠は、ほぼ、住居侵入・窃盗の犯行との場所的同一性と時間的近接性のみといってよい。

(2)前科に関し、原判決が放火の動機として認定するところが間接事実となり得ないものであることについては、前記のとおりであるが、住居侵入・窃盗の際に侵入先の室内において放火を行ったという同種前科の存在自体を、本件放火の犯人が被告人であることの間接事実とすることも、上記第二小法廷判決の法理に照らし、許されないと解すべきである。前科は、被告人の人格評価を低下させ、ひいて犯人性の認定に影響を及ぼすおそれの否定できない証拠であり、同種前科であれば特にそのおそれは強い。犯行の手口、態様等に、顕著な特徴がある場合でなければ、犯人性に関する証拠として許容されるべきでなく、ただ単に、前に同じような犯罪を犯した者であるから、今回の件も犯人ではないかとの推論をすることは、許されるべきではない。窃盗犯人が犯行場所に放火するという犯罪類型は、しばしば見られるものではないとしても、特に珍しいというほどのものではないから、犯人の特定に強く結び付く程度の顕著な特徴とはいえない。

(3)それでは、本件において併合審理された類似事実についても、同様に考えるべきであろうか。本件起訴に係る10件の現住建造物等放火は、約4か月の短期間に連続的に犯されたものであるが、いずれの犯行においても、放火が実行されたと推認される時以前、最大限約10時間の幅の時間内に、被告人が、放火された住居に侵入し、放火された室内で金品を盗みあるいは盗もうとしたという事実が認められる。このうち2件は、放火についても被告人は自認しており、上記時間の幅が10時間の1件については、室内に灯油を撒いたことを認めている。このような事実関係において、仮に、争いのある放火が、被告人の関与なしに他の者によって犯されたとするならば、それは極めて確率の低い偶然の事態が発生したことを承認することになろう。本件のような事案について、各放火事件の犯人性は、あくまで、それぞれの事件に関する証拠のみで別個独立に認定すべきであるとすることは、不自然であり、類似する多数の犯行を総合的に評価することは許されるべきであろう。

上記10件の放火の中には、上記の時間の幅が1時間20分、2時間といった

275

時間的近接性の極めて高い事件もあり、こうした事件については、その事実だけで被告人が放火の犯人であることを推認することに、あまり疑問はないであろう。しかし、どの程度の時間の幅まで、近接性の原理のみで犯人性を推認できるかは、微妙な問題であって、その際に、類似事実の存在は、一つの補強的な証拠になり得ると考えられる。本件のような事案においては、そうした認定の当否を審理することが必要であり、証拠として許容される場合があるのであって、それが、併合審理をする意義の一つであると考える。

(4)もっとも、本件においては、上記のような総合的認定という観点のほかに、被告人の認めている2件の住居侵入・窃盗・現住建造物等放火を、他の8件の住居侵入・窃盗・現住建造物等放火の犯人が被告人であることの間接事実とすることができるのかという観点もある。この観点については、他の類似犯罪事実をもって被告人の犯罪傾向を認定し、これを犯人性の間接証拠とするという点で、上記第二小法廷判決が戒める人格的評価に基づく推論という要素を含んでいることは否定できない。したがって、基本的には、同判決が示した法理に従うべきであろうが、この法理が、自然的関連性のある証拠の使用を、不当な予断・偏見のおそれや合理的な根拠に乏しい認定に陥る危険を防止する見地から、政策的考慮に基づいて制限するものであることに鑑みれば、「顕著な特徴」という例外の要件について、事案により、ある程度の幅をもって考えることは、必ずしも否定されないのではないだろうか。

上記第二小法廷の事案が、窃盗の件数は31件の多数に上るのに、放火は1件にとどまるのに対し、本件は、20件のうちの半数において放火が起訴され、しかも約4か月という短期間に多数の類似犯罪事実が連続的に犯されたというものであって、事案に重要な差異がある。また、前述のように、本件においては、被告人が上記多数の住居侵入・窃盗の犯人であることは、他の証拠によって立証されており、その犯人と放火犯人との同一性という、限局された範囲における推認であることも、考慮すべき点といえよう。さらに、併合審理される類似事実については、前科についてみられる、その存在自体で人格的評価を低下させる危険性や、同判決が指摘する争点拡散のおそれは、考え難い。これらの点を総合的に考慮すれば、本件において「顕著な特徴」という要件が満たされていると解する余地もあるのではないかと思う。

3　いずれにしても、本決定は、あくまで原判決における証拠の使用方法を違法と判断したものであって、上記2に述べた点についてまで判断したものではない。事案の内容から、本決定の射程距離に疑義が生じるおそれなきにしもあらずと危惧し、念のため付言する次第である。

参考判例 4　最決昭 57・5・25 判時 1046 号 15 頁（千葉大チフス事件）

【事案の概要：チフス菌による感染が自然感染か人為感染かが争われた事例。】

「四　次に、第一審判決が本件起訴事実のうちのチフス菌による事件（原判示第 4 の堀内方事件を除く。）について自然感染の疑いがあるとしているのに対し、原判決はこれらをすべて被告人の犯行による人為感染であるとしているので、以下、この点について判断する。

　1　右事件のうちには、千葉大学のバナナ（原判示第 10 事実）、焼蛤（同第 7 事実）、みかん（同第 12 事実）及び三島病院のバリウーム（同第 12 事実）、舌圧子（同第 13 事実）各事件のように、その周辺に腸チフス患者又はその疑いのある者が発生している事例があるが、そのうち、千葉大学の場合は、罹患を疑われる者及び菌陽性者が被告人の勤務していた第 1 内科の医師にだけ集中的に多発し、しかも、右菌陽性者の大部分がほとんど無症状であったことから、伝染病学的にみて自然流行の可能性は考えられない場合であり（第一審公判調書中の証人 F の供述部分及び原審の同証人に対する尋問調書）、また、三島病院の場合も、当該患者の発生当時、赤痢、腸チフスの発生防止のため消毒を続けていたのに、被告人が当時執務していた内科の関係者にだけ腸チフス患者が続発していること（第一審公判調書中証人 M の供述部分）からして、これを自然流行とみることには疑問がある場合である。

　2　S 方事件（原判示第 6 事実）と三島バナナ事件（同第 9 事実）については、S 方事件は小田原市で、三島バナナ事件はその翌日三島市で、いずれも被告人からバナナをもらって食べた者が全員（全員喫食の事実については原判決の認定を支持することができる。）ほぼ同時に発病した事件である。当時両市に腸チフスの流行のなかったことは記録上明らかであり、また、腸チフスの発生率は極めて低いのであるから、相隔った両市において、なんらの脈絡なく 12 名の者がほとんど同時に発病する蓋然性は極めて小さいといえる。そうすると、右両事件はいずれも人為感染によるものであることは推認するについて両者は相互に補強しあう関係にあると原判決が判断したことは、相当と認められる。

　3　本件 11 のチフス菌による事件のうち、被害者から菌が検出され鑑定の行われた 9 事件については、その菌のファージ型がいずれも D 2 型であり（もっとも、第一審判決のいうとおり、D 2 型の発生頻度は、チフス菌の各型のうちで最も高いが、それにしても、全体の発症からみれば、その約 5 分の 1 の頻度に過ぎない。）、薬剤感受性値もいずれも一致しているのであって、このことは、

右9件が自然流行として起こりうる可能性がほとんどないことを意味するものである。しかも、これらが被告人の保存培養していた菌のそれとも一致していることは、被告人の保存培養していた菌が右各犯行に使用された蓋然性が高いことを示すものである。そうすると、原判決が右ファージ型及び薬剤感受性値が一致した事実をもって極めて重視すべきものであるとしたことは相当である。

　4　本件チフス菌による事件の被害者は、同一家族又は同一職場に極めて高い率をもって集中的に発生し、しかも、発病が各事件ごとに全員同時期であることからして順次感染の可能性は否定されるというべきである。

　以上の次第であるから、本件チフス菌による事件が自然感染によるものであることを否定し、人為感染によるものであると認定した原審の判断は、首肯することができるのである。

…（中略）…

　六　次に、第一審判決は、本件について納得すべき動機のないことを無罪の大きな理由とし、これに対し原判決は、被告人が異常性格者であったことを本件犯行の重要な原因として挙げ、これといった格別の動機のないことこそ本件犯行の特徴であるとしている。

　この点については、各般の証拠に基づいて被告人を異常性格者であると認定した原審の判断は相当であり、この観点から被告人の本件所為をみれば、自己の研究室の同僚、診療を担当した患者、あるいは親戚の者など自己の生活圏の中にあって接触する機会の多かった者に対し格別の動機なく無差別に犯行に及んだことも首肯することができるものというべきである。特に、第一審判決が堀内方事件につき、「被告人の故意の犯行と推測する条件はかなりそろっている。」としながら、これにつき無罪とした第一の理由として、動機が全く不明であることを挙げている点は、通常の人格者を判断の基礎にすえ、本件のような重大な犯罪を犯すについては必ずやそれ相応の動機がなければならないとの前提のもとに、かかる動機の立証のないことなどから直ちに被告人の犯行自体を否定したもので、とうてい支持することができないものといわなければならない。

　なお、原判決は、犯行の原因が存在することを推測させる事実として被告人が異常性格者であることを挙げたに過ぎないから、これから犯罪事実を推認したという所論の非難はあたらない。」

第 18 章 証拠の関連性

参考判例 5　最決平 12・7・17 刑集 54 巻 6 号 550 頁（足利事件）

【事案の概要：4 歳の女児が行方不明になった後に、W 川河川敷の草むらで遺棄された同児の死体が発見され、付近の川底に棄てられていた同児の下着に精液が付着していることが判明した。警察は、被告人 X が棄てた精液の付着したティッシュペーパーを領置し、これと上記下着を警察庁科学警察研究所に送付して鑑定を嘱託したところ、両者に付着した精液の血液型と DNA 型に一致している部位があり、その出現頻度は 1000 分の 1.2 である旨の鑑定結果が出た。X は自白し、逮捕・起訴されたが、第一審の途中から否認し、その後自白に転じたものの、最終的に犯行を否認した。弁護人は、鑑定結果の証拠能力を争い、無罪を主張して控訴・上告した。なお、本件は有罪判決確定後に、X 側が再審請求を行った。宇都宮地裁は請求を棄却したものの、即時抗告審たる東京高裁は、DNA 型の再鑑定を行う旨を決定し、その鑑定結果において上記下着の精液の付着箇所またはその近くから抽出された DNA は、X とは異なる DNA 型であることが判明し、再審開始が決定された（東京高決平成 21・6・23 判時 2057 号 168 頁）。再審公判において宇都宮地裁は確定判決で証拠とされていた DNA 型鑑定について、「その技術を習得した者により、科学的に信頼される方法で行われた」と認めるには疑いが残るとして、その証拠能力を否定した。そのうえで被告人に無罪を言い渡した（宇都宮地判平 22・3・26 判時 2084 号 157 頁）。】

「所論にかんがみ、職権で判断する。

記録を精査しても、被告人が犯人であるとした原判決に、事実誤認、法令違反があるとは認められない。なお、本件で証拠の一つとして採用されたいわゆる MCT 118 DNA 型鑑定は、その科学的原理が理論的正確性を有し、具体的な実施の方法も、その技術を習得した者により、科学的に信頼される方法で行われたと認められる。したがって、右鑑定の証拠価値については、その後の科学技術の発展により新たに解明された事項等も加味して慎重に検討されるべきであるが、なお、これを証拠として用いることが許されるとした原判断は相当である。」

参考判例 6　最決昭 62・3・3 刑集 41 巻 2 号 60 頁

【事案の概要：警察犬による臭気選別の結果を有罪認定のための証拠として用いることの是非が争われた事例。】

「なお、所論にかんがみ、警察犬による本件各臭気選別の結果を有罪認定の用に供した原判決の当否について検討するに、記録によると、右の各臭気選別

は、右選別につき専門的な知識と経験を有する指導手が、臭気選別能力が優れ、選別時において体調等も良好でその能力がよく保持されている警察犬を使用して実施したものであるとともに、臭気の採取、保管の過程や臭気選別の方法に不適切な点のないことが認められるから、本件各臭気選別の結果を有罪認定の用に供しうるとした原判断は正当である（右の各臭気選別の経過及び結果を記載した本件各報告書は、右選別に立ち会った司法警察員らが臭気選別の経過と結果を正確に記載したものであることが、右司法警察員らの証言によって明らかであるから、刑訴法321条3項により証拠能力が付与されるものと解するのが相当である。）。」

● **発展問題**

①証拠の真正性・同一性が疑われる場合（たとえば、覚せい剤使用事犯で被告人から採取した尿に、第三者の尿が混入していることが疑われる場合）、弁護人はどのような主張をすべきか。「関連性」概念と関係はあるか。

②ＤＮＡ型鑑定において、鑑定人が意図的に鑑定資料をすべて消費するなどして、追試を行えなくなった場合、当該鑑定結果に証拠能力を認めるべきか。やむを得ず全量を消費する場合とで違いはあるか。

③日本では、裁判所が、(1)争点の拡散に伴う訴訟の遅延するおそれがあることや(2)重複的な立証であることを理由に証拠調べ請求を却下する場合、それは証拠調べの必要性がないことを理由とする場合が多い。これに対して、アメリカの連邦証拠規則は(1)(2)の事情をどのような枠組みで判断することを想定しているか。

④参考判例2はアメリカ連邦証拠規則の理解と類似していると評価できるか。本設例の(a)〜(d)の各証拠は、アメリカの連邦証拠規則の下では証拠能力を認められるか。

● **参考資料**

アメリカ合衆国連邦証拠規則
規則401　関連性のある証拠の判定
　以下の場合にあたるときに、証拠に関連性がある。
　(a)当該証拠がない場合と比べて、ある事実が存在する蓋然性を高める、あるいは低める傾向を有するもので、かつ
　(b)その事実が当該訴訟の帰趨に影響するものであるとき
規則403　偏見、混乱、時間の浪費その他の理由による、関連性のある証拠の排除

裁判所は、当該証拠の証明力が、以下に掲げる一つ以上の弊害よりも実質的に劣るときには、その関連性ある証拠を排除することができる。すなわち、不公正な偏見、争点の混乱、陪審に与える誤解の議論によって、または不当な遅延、時間の浪費、若しくは重複証拠の不必要な提示。

規則404　犯罪行為ないし他の行為についての性格証拠
(a)性格証拠は
  (1)性格証拠は許容されない。人の性格又は性向に関する証拠は、個別の機会にその人物がその性向に沿って行動したことを証明するために用いることはできない。
  (2)刑事事件においては、被告人または被害者について、以下の例外が適用される。
    (A)被告人は、自身の性向に関する証拠は許容される。また、もしその証拠が採用された場合には、検察官がそれに反駁するための証拠は許容される。
    (B)規則412における制限の下で、被告人は犯罪被害者の性格特性に関する証拠を提出することができ、それが採用された場合には、検察官がそれに反駁するための証拠又は被告人に同様の性格特性があることを示す証拠を提出することができる。
    (C)殺人事件においては、検察官は被害者が最初に攻撃をしたという証拠に反駁するために、被害者が温和な性格だったことを示す証拠を提出することができる。
  (3)証人に対する例外。規則607、608、609に従い、証人の性格に関する証拠は許容される。
(b)他の犯罪行為・不正その他の行為
  (1)他の犯罪行為・不正その他の行為の存在を証明する証拠を、当該事件においてその者が自らの性格に沿って行動したことを立証する目的で、その者の性格を証明するために用いることは許容されない。
  (2)許容される用法：この証拠は、動機、機会、意図、予備、計画、知識、同一性の証明、過誤の不存在、偶然の不存在などを証明するためであれば、許容されうる。刑事事件において被告人から要求がある場合には、検察官は
    (A)検察官が公判において取調べを請求する予定である、上記のような証拠すべてについて、全体的な特徴を合理的な方法で告知しなければならない。また、

(B)これらのことを公判前にしなければならない。但し、やむを得ない事由があり、公判前に告知できなかったことを裁判所が許容した場合には、公判中でも足りる。

● 参考文献

- 園原敏彦「証拠の関連性」松尾浩也ほか編『実例刑事訴訟法Ⅲ』(青林書院、2012 年) 118 頁以下
- 成瀬剛「類似事実による立証」新・法律学の争点シリーズ『刑事訴訟法の争点』(有斐閣、2013 年) 154 頁以下
- 長沼範良＝園原敏彦「類似事実の立証」法学教室 338 号 (2008 年) 71 頁以下
- 田淵浩二「科学的証拠の証拠能力」新・法律学の争点シリーズ『刑事訴訟法の争点』(有斐閣、2013 年) 156 頁以下
- 井上正仁「科学的証拠の証拠能力(1)(2)」研修 560 号 (1995 年) 3 頁以下、同 562 号 (1995 年) 6 頁以下
- 徳永光「科学的証拠の証拠能力」浅田和茂ほか編『村井敏邦先生古稀祝賀・人権の刑事法学』(日本評論社、2011 年) 596 頁以下
- 長沼範良「科学的証拠の許容性」『内藤謙先生古稀祝賀・刑事法学の現代的状況』(有斐閣、1994 年) 457 頁以下
- 成瀬剛「科学的証拠の許容性(1)～(5・完)」法学協会雑誌 130 巻 1 号 (2014 年) 1 頁以下～同 130 巻 5 号 (2014 年) 1 頁以下

第19章 伝聞証拠の概念と同意

後藤 昭

● **本章のねらい**

　伝聞証拠禁止原則の意味を理解する。そのために、まず供述証拠の特性と伝聞証拠の概念を理解する。それによって、伝聞・非伝聞の区別ができるようになる。その上で、供述証拠の中でも特色のある「現在の心理状態の供述」をめぐる議論を理解する。加えて、伝聞証拠の採用に対する当事者の同意の要件を考える。

● **キーワード**

供述、供述証拠と非供述証拠、伝聞証拠、要証事実、立証趣旨、伝聞証拠禁止原則、反対尋問、直接主義、現在の心理状態の供述、非伝聞と伝聞例外、伝聞証拠に対する同意、同意書面と合意書面

● **体系書の関係部分**

池田・前田	宇藤ほか	上口	白取	田口	田宮
380-381, 417-429 頁	342-356, 374-377 頁	413-424, 459-463 頁	394-402, 415-420 頁	396-402, 421-422 頁	363-373, 392-394 頁
福井	松尾（下）	三井	光藤（I）	安冨	
370-374, 384-387 頁	27-30, 55-57, 66-68, 70-74 頁	―	201-213, 243-249 頁	505-512, 546-552 頁	

● **設　例**

　被告人ＸとＹは共謀の上、2012年4月4日夜に、Ａ方に押し入って同人とその妻Ｂにナイフを突き付けて脅迫し、同人等の反抗を抑圧して、Ａ所有の現金95万円を奪ったという強盗の訴因について起訴され、併合審理を受けてい

る。Xは、犯行への関与を否定している。Yは、自分はXに無理に頼まれて、A宅へ行くときと逃走の際にXを車に乗せて運んだだけだと主張し、弁護人はYの罪責は幇助犯に止まると主張している。

Aは、2013年5月21日の公判期日に、証人として次のような供述をした。
「私が見た強盗犯人は、Xでした。Yは見ませんでした。(a)Xは私にナイフを突き付けながら、『もう1人の仲間が、銃をもって外で見張っている。お前たちが逃げようとしたら撃ち殺す』といいました」。これに対してXとYの弁護人は、いずれも「異議あり。伝聞供述です。」と述べた。

Bは、2013年2月に脳梗塞のため入院し、現在は言葉による意思疎通がほとんどできない状態にある。検察官は、(b)Bが2012年10月10日に書いた日記帳で、「強盗から目の前にナイフを突き付けられたことを思い出すと、今でもとても怖い」という記載のあるものの取調べを求めた。その立証趣旨は、「被害の状況」とされている。Xの弁護人は、これに対して、「不同意」の意見を述べた。検察官は、「日記帳の存在自体を立証する趣旨だから、伝聞証拠ではない」と反論した。

他にも検察官が請求した証拠の中に、次のものがあった。
(c)Yの司法警察員に対する供述調書で、職場の同僚としてXと知り合った経緯とその後の友人としての付き合いを述べているもの。立証趣旨は「XとYの交際の経緯」とされている。それに対して、XとYの弁護人は、いずれも「採用に同意する」と意見を述べた。

(d)司法警察員がX宅の捜索差押えによって、机の引き出から発見して押収したという1枚のメモ。紙は同じ引き出しにあったレポート用紙の綴りと同じ様式である。そこには、Aの名前とA宅の住所が書いてある。その下に、「車の運転→Y」と書いてある。請求に対して、Xの弁護人は「不同意」、Yの弁護人は「同意する」と、意見を述べた。

公判廷で、Yは検察官からの被告人質問に答えて、次のような供述をした。
「事件の1週間ほど前に、Xの自宅に呼ばれました。(e)Xは私に、『Aは自宅の金庫に金を貯め込んでいるから、一緒にいただこう。お前は車の運転をするだけでいい。取った金の3分の1はお前にやる。』ともちかけてきました。」これに対して、Xの弁護人は、「異議あり。伝聞供述です。」と述べた。

続く、検察官の質問に対して、Yは次のように答えた。「私は、Xの誘いを一旦は断りました。しかし、さらに強く求められ、Xに金を借りていたので、断りきれず、車の運転を承知しました。でも、取った金の分け前はもらいませんでした。その後Xへの借金は、全部払いました。」検察官が(d)のメモを示して、

第 19 章　伝聞証拠の概念と同意

見覚えがあるかと問うた。Ｙは、「これはＸが私に車の運転を承知させたとき、私の目の前で書いたものです。」と述べた。
　検察官は、(f)司法警察員のＹに対する取調べを録音・録画したＤＶＤの取調べを請求した。その中ではＹは、Ｘを車に乗せてＡ宅に行ったこと、Ｘの犯行中Ａ宅そばの路上に駐車して外の様子を見張っていたこと、そしてＸを乗せて帰ったことに加えて、事件後30万円をＸから受け取ったことを述べている。ＸおよびＹの弁護人は、いずれもこの証拠調べ請求に対して「不同意」の意見を述べた。

● 基本知識の確認

①供述とは何か？
②供述証拠とは何か？
③伝聞証拠の証拠能力に関する基本条文はどれか？伝聞証拠とは何か？
④伝聞証拠は、どんな形で法廷に現れるか？
⑤法は、なぜ伝聞証拠を原則として禁止しているか？
⑥法廷外で行われた発言あるいは法廷外で作られた書面が、伝聞証拠とならないのはどのような場合か？例を挙げて答えなさい。
⑦「現在の心理状態の供述」とは何か？それが、伝聞証拠禁止の対象にならないという説は、どんな理由に拠るか？
⑧非伝聞と伝聞例外の違いは何か？
⑨当事者が伝聞証拠の採用に同意すると、どんな効果があるか？
⑩条文上、伝聞証拠の採用に同意できるのは、誰か？
⑪同意書面と合意書面は、どう違うか？

● 判例についての問い

①参考判例1は、どんな事案で、何が上告審での主要な争点になっているか？
②参考判例1は、Ｗの証言が伝聞証拠になるか否かについて、どのように判断しているか？そのように判断した理由は何か？
③参考判例2が、Ｗの証言を伝聞証拠だとしたのは、なぜか？Ｗの証言に現れるＶの発言を現在の心理状態の供述とみることはできるか？
④参考判例3が、Ｘの発言を内容とする他の者の供述を伝聞証拠ではないとしたのは、なぜか？その根拠は、現在の心理状態の供述論か？
⑤参考判例4が、犯行計画メモは伝聞法則の「適用例外」になるとした理由は何か？

⑥参考判例6、7、8を総合すると、検察官が請求した伝聞証拠を裁判所が弁護人の同意意見だけで採用してよい場合と、被告人本人の意見を確かめるべき場合とは、どのように区別できるか？

● 設例についての問い

①(a)のA証言に対する弁護人らの異議に対して、検察官はどう反論したらよいか？
②(b)の日記帳の証拠能力について、検察官の反論（下線部分）は、適切か？
③現在の心理状態の供述は伝聞証拠として禁じられないという理論によって、裁判所は、(b)の日記帳をXの罪責に関する証拠として採用できるか？それ以外の根拠で、これを採用できるか？
④裁判所は、(d)のメモをXの罪責に関する証拠として採用してよいか？
⑤(e)のY供述に対する弁護人の異議に対して、検察官はどう反論するべきか？
⑥(f)のDVDは、伝聞証拠か？裁判所は、これをYの罪責の証拠として採用してよいか？
⑦もし、A宅での強盗の計画についてX宅でXとYが話し合った会話をYが録音していたとする。その記録をXの罪責の証拠として利用するのは、伝聞証拠になるか？
⑧裁判所は、(c)のY供述調書をXの罪責に関する証拠として採用してよいか？その可否を判断するために、設例についてさらに必要な情報があるか？

● 参考判例

参考判例1　最大判昭44・6・25刑集23巻7号975頁（夕刊和歌山時事事件）

「所論にかんがみ職権をもって検討すると、原判決が維持した第一審判示事実の要旨は、「被告人は、その発行する昭和38年2月18日付『夕刊和歌山時事』に、『吸血鬼Sの罪業』と題し、TことS本人または同人の指示のもとに同人経営の和歌山特だね新聞の記者が和歌山市役所土木部の某課長に向かって『出すものを出せば目をつむってやるんだが、チビリくさるのでやったるんや』と聞こえよがしの捨てせりふを吐いたうえ、今度は上層の某主幹に向かって『しかし魚心あれば水心ということもある、どうだ、お前にも汚職の疑いがあるが、一つ席を変えて一杯やりながら話をつけるか』と凄んだ旨の記事を掲載、頒布し、もって公然事実を摘示して右Sの名誉を毀損した。」というのであり、第一審判決は、右の認定事実に刑法230条1項を適用し、被告人に対し有罪の言

渡しをした。

　そして、原審弁護人が「被告人は証明可能な程度の資料、根拠をもって事実を真実と確信したから、被告人には名誉毀損の故意が阻却され、犯罪は成立しない。」旨を主張したのに対し、原判決は、「被告人の摘示した事実につき真実であることの証明がない以上、被告人において真実であると誤信していたとしても、故意を阻却せず、名誉毀損罪の刑責を免れることができないことは、すでに最高裁判所の判例（昭和 34 年 5 月 7 日第一小法廷判決、刑集 13 巻 5 号 641 頁）の趣旨とするところである」と判示して、右主張を排斥し、被告人が真実であると誤信したことにつき相当の理由があったとしても名誉毀損の罪責を免れえない旨を明らかにしている。

　しかし、刑法 230 条ノ 2 の規定は、人格権としての個人の名誉の保護と、憲法 21 条による正当な言論の保障との調和をはかったものというべきであり、これら両者間の調和と均衡を考慮するならば、たとい刑法 230 条ノ 2 第 1 項にいう事実が真実であることの証明がない場合でも、行為者がその事実を真実であると誤信し、その誤信したことについて、確実な資料、根拠に照らし相当の理由があるときは、犯罪の故意がなく、名誉毀損の罪は成立しないものと解するのが相当である。これと異なり、右のような誤信があったとしても、およそ事実が真実であることの証明がない以上名誉毀損の罪責を免れることがないとした当裁判所の前記判例（昭和 33 年（あ）第 2698 号同 34 年 5 月 7 日第一小法廷判決、刑集 13 巻 5 号 641 頁）は、これを変更すべきものと認める。したがって、原判決の前記判断は法令の解釈適用を誤ったものといわなければならない。

　ところで、前記認定事実に相応する公訴事実に関し、被告人側の申請にかかる証人 W が同公訴事実の記事内容に関する情報を和歌山市役所の職員から聞きこみこれを被告人に提供した旨を証言したのに対し、これが伝聞証拠であることを理由に検察官から異議の申立があり、第一審はこれを認め、異議のあった部分全部につきこれを排除する旨の決定をし、その結果、被告人は、右公訴事実につき、いまだ右記事の内容が真実であることの証明がなく、また、被告人が真実であると信ずるにつき相当の理由があったと認めることはできないものとして、前記有罪判決を受けるに至っており、原判決も、右の結論を支持していることが明らかである。

　しかし、第一審において、弁護人が「本件は、その動機、目的において公益をはかるためにやむなくされたものであり、刑法 230 条ノ 2 の適用によって、当然無罪たるべきものである。」旨の意見を述べたうえ、前記公訴事実につき証人 W を申請し、第一審が、立証趣旨になんらの制限を加えることなく、同証

人を採用している等記録にあらわれた本件の経過からみれば、W証人の立証趣旨は、被告人が本件記事内容を真実であると誤信したことにつき相当の理由があったことをも含むものと解するのが相当である。

してみれば、前記Wの証言中第一審が証拠排除の決定をした前記部分は、本件記事内容が真実であるかどうかの点については伝聞証拠であるが、被告人が本件記事内容を真実であると誤信したことにつき相当の理由があったかどうかの点については伝聞証拠とはいえないから、第一審は、伝聞証拠の意義に関する法令の解釈を誤り、排除してはならない証拠を排除した違法があり、これを是認した原判決には法令の解釈を誤り審理不尽に陥った違法があるものといわなければならない。」

参考判例2 最判昭30・12・9刑集9巻13号2699頁（強姦致死・詐欺被告事件）

【事案の概要：被告人Xは、Vに対する強姦致死の訴因について起訴され、犯人ではないと主張した。第一審は有罪判決となり、被告人が控訴して事実誤認を主張した。控訴審判決は、Wの証言から、被告人が、「かねてVと情を通じたいとの野心をもっていた」ことを認定し、それを一つの根拠として、被告人が犯人であると認定した。弁護人が上告趣意書に引用した記録によればWの証言は、次のような内容であった。「Vが『自分は米子の方で勤めているが厭になった』というので私はどうしてかと問うたところVは『Xにつけられていけない』といい、何処から出て来るかと尋ねると『大きな松と小さい松との境目少し下の方に下った処米川土手のコンクリートの石段がありその石段より少し上の方草叢や木が生えた新開川の方から出て来た。それで自分はおそろしく飛んで帰った』といっていました。」「その他に聞いたことはないか」「月日は判然と憶えませんがVは私に『Xという人はどういう人か』と尋ねるので、私は目の大きい歯は金歯の顔は長い大きい人だというとVは『あの人はすかんわ、いやらしいことばかりするんだ』といっていました。」弁護人は、これを証拠能力のない伝聞証拠による認定であると主張した。】

「さらに、第一審判決は、被告人は『かねてVと情を通じたいとの野心をもっていた』ことを本件犯行の動機として掲げ、その証拠として証人Wの証言を対応させていることは明らかである。そして原判決は、同証言は『Vが、同女に対する被告人の野心にもとずく異常な言動に対し、嫌悪の感情を有する旨告白した事実に関するものであり、これを目して伝聞証拠であるとするのは当らない』と説示するけれども、同証言が右要証事実（犯行自体の間接事実たる動機の認定）との関係において伝聞証拠であることは明らかである。従って右供述

に証拠能力を認めるためには刑訴324条2項、321条1項3号に則り、その必要性並びに信用性の情況保障について調査するを要する。殊に本件にあっては、証人WはVの死の前日まで情交関係があり且つ本件犯罪の被疑者として取調べを受けた事実あるにかんがみ、右供述の信用性については慎重な調査を期すべきもので、これを伝聞証拠でないとして当然証拠能力を認める原判決は伝聞証拠法則を誤り、引いて事実認定に影響を及ぼすものといわなければならない。」

参考判例3　最判昭38・10・17刑集17巻10号1795頁（白鳥事件上告審）

【事案の概要：被告人Xは、Aら他の者たちと札幌市警察本部警備課長白鳥一雄を殺害することを共謀して、Aが殺害を実行したとして起訴され、事実を否認した。】

「所論は、原判決は、刑訴320条、324条に違反し、証拠能力がない伝聞供述を証拠として採用しており、憲法31条、32条、37条2項に違反する旨主張するが、その実質は単なる法令違反の主張に帰し、刑訴405条の上告理由に当らない。(伝聞供述となるかどうかは、要証事実と当該供述者の知覚との関係により決せられるものと解すべきである。被告人Xが、電産社宅で行われた幹部教育の席上「白鳥はもう殺してもいいやつだな」と言った旨のSの検察官に対する供述調書における供述記載《第一審判決証拠番号〔224〕》は、被告人Xが右のような内容の発言をしたこと自体を要証事実としているものと解せられるが、被告人Xが右のような内容の発言をしたことは、Sの自ら直接知覚したところであり、伝聞供述であるとは言えず、同証拠は刑訴321条1項2号によって証拠能力がある旨の原判示は是認できる。次に、被告人XがKの家の2階かMの下宿かで、「白鳥課長に対する攻撃は拳銃をもってやるが、相手が警察官であるだけに慎重に計画をし、まず白鳥課長の行動を出勤退庁の時間とか乗物だとかを調査し慎重に計画を立てチャンスをねらう」と言った旨の証人Tの第一審第38回公判における供述《同〔228〕》、被告人XがAの寄寓先で「共産党を名乗って堂々と白鳥を襲撃しようか」と述べた旨の証人Aの第一審第40回公判における供述《同〔236〕》等は、いずれも被告人Xが右のような内容の発言をしたこと自体を要証事実としているものと解せられるが、被告人Xが右のような内容の発言をしたことは、各供述者の自ら直接知覚したところであり伝聞供述に当らないとした原判示も是認できる。次に、Oが1月22日Bを訪問した際、Bが白鳥課長を射殺したのは自分であると打ち明けた旨の証人Oの第一審第36回公判における供述《同〔233〕》は、Bが白鳥課長を射殺したことを要証事実としているものと解せられ、この要証事実自体は供述者たるOにお

いて直接知覚していないところであるから、伝聞供述であると言うべきであり、原判決がこれを伝聞供述でないと判示したのは誤りであるが、右供述は刑訴324条2項、321条1項3号による要件を具備していることが記録上認められ、従って右刑訴の規定により証拠能力を有することは明らかであるから、原判決がこれを証拠としたことは、結局違法とは認められない。」

参考判例4　大阪高判昭57・3・16判時1046号146頁

「〔弁護人の控訴趣意中の〕所論は、原審が、本件メモ紙は、書面の意義が証拠となる証拠物たる書面であるが、伝聞法則の適用を受けない書面として、証拠能力を認め、その取調をしているのは、伝聞法則の解釈適用を誤り刑事訴訟法320条に違背するものである、というのである。

よって、記録を精査して考察するに本件メモ紙は、本件公訴にかかる傷害の犯行日の2日後である昭和48年12月16日に、被告人の所属する革命的共産主義者同盟全国委員会派（以下中核派という）の事務所のあった大阪市北区浜崎町石居ビル内前進社関西支社から警察官によって捜索押収されたものであって、検察官の請求により原審が原審第46回公判廷において、書面の意義が証拠となる証拠物たる書面として、その証拠能力を認容したうえ、その取調をしたことが明らかである。

所論は、本件メモ紙は書面の意義が証拠となる証拠物たる書面として伝聞法則の適用を受けその証拠能力に問題があるのに、原審は、伝聞法則の適用なしとして右証拠能力を認容したのは違法であるというので、考察してみるのに、右メモ紙には、本件犯行現場である原判示の長岡自動車教習所とその周辺の建造物や周辺地域との地理的関係等を示した図面（この図面の記載されている紙面を以下表面という）のほか、右表面及び裏面に文言等が記載されていること、右メモ紙の記載内容を、本件犯行等の目撃者の証言や本件犯行現場の状況を記載した司法警察員作成の実況見分調書等原審で取調べた各証拠を勘案して検討すると、右図面には本件犯行現場となった、原判示被害者Bが当時通学していた長岡自動車教習所とその南側の竹の台団地等の建造物及び公衆電話の位置また阪急長岡天神駅、国鉄神足駅、京阪淀駅、通称調子八角交差点、大山町、国道171号線等の周辺地域との地理的関係等が相当詳細にかつ客観的にも正確に記載されていること、そして右メモ紙の表面に記載されている文言等のうち、Reportを書け、6日以降毎日技能実習を受けていた、入院先を調べよ、車やられた可能性とある部分（以下余事部分という）を除く、その余の記載内容は、いずれも本件犯行の手順や右犯行後の逃走方法に関するもの、さらには本件犯

行現場付近から他へ連絡するために必要な事項に関することも含まれていること、そしてこれらは雑然と記載されているものの、その内容は詳細、明確であって、本件犯行を実行するについて容易に役立つものと思料されること、そして前掲各証拠によれば本件犯行は多人数による組織的犯行と認められるところ、右に本件メモ紙の記載内容を照合して考究すると、右メモ紙は本件犯行の事前共謀にあたってその内容を明らかにするために、共謀に参加した者のうち、右メモ紙に記載した者が複数の人数でなされる計画の内容を明らかにし、具体化するために記載したものと考えられ、所論の如く、その具体的な作成者の氏名や作成状況が判明していないからといって、右認定を左右するものではないことが、それぞれ認められる。

ところで、およそ伝聞証拠か否かは、要証事実の如何により異なってくるものと解されるところ、右余事部分を除く本件メモ紙の表面の記載は、右の如く本件犯行についての事前の共謀にあたって、その計画の内容を具体化するため記載した書面であると認められ、その要証事実も、右の記載に相応する事前共謀の存在さらには原判決が右メモ紙は事前の計画書として証拠価値を有するとしたうえで、原審で取調べた各証拠によって認められる、他の外形的事実と本件メモの記載とを総合して、被告人が右メモ紙にＡとして与えられた役割を実行したものと認めていることに照らし、被告人の本件への関与の事実も含むものと解される。

そうすると、本件メモ紙の表面の右余事部分を除く記載部分は、右の要証事実との関連から、伝聞証拠（伝聞供述）というべきであると思料されるのであるが、およそ供述とは心理的過程を経た特定の事項に関する言語的表現であり、それには表意者の知覚、記憶の心理的過程を経た過去の体験的事実の場合と、右のような知覚、記憶の過程を伴わない、表現、叙述のみが問題となるところの、表意者の表現時における精神的状態に関する供述（計画意図、動機等）の場合とがあって、本件の事前共謀に関するメモは、その時点における本件犯行に関する計画という形で有していた一定の意図を具体化した精神的状態に関する供述と考えられる。

そして、右の精神的状態に関する供述については、その伝聞証拠としての正確性のテストとして、その性質上必ずしも反対尋問の方法による必要はなく、その表現、叙述に真し性が認めらる限り、伝聞法則の適用例外として、その証拠能力を認めるのが相当であると解されるところ、原審で取調べた各証拠によって認められる本件メモ紙の押収時の状況、右メモ紙が組織活動の過程において作成されていること、その記載内容である計画そのものが現に実行されて

いること等から、その記載の真し性は十分これを認めることができる。
　したがって、本件メモ紙の表面の記載のうち、右余事部分を除く記載部分は、前述の如く伝聞法則の適用を受けないものであり、また本件メモ紙の表面の右余事部分及び裏面の記載部分は、その記載内容の真実性を要証事実とするのではなく、そのような記載のあること自体を、本件犯行の計画者等において、右犯行に強い関心を有していたという点で要証事実とするに過ぎないものであるから、それは非供述証拠（非伝聞証拠）として、伝聞法則の適用がないものというべきである。
　よって、本件メモ紙は、書面の意義が証拠となる証拠物たる書面であるが、伝聞法則の適用を受けない書面として、その証拠能力を容認すべきものであり、右と同旨の見解に基づいて、本件メモ紙の証拠能力を肯認した原審の訴訟手続に所論の如き違法があるものとは認められない。論旨は理由がない。」

参考判例5　福岡高判平7・6・27判時1556号42頁

【事案の概要：詐欺被告事件。被害者側が、被告人との交渉を密かに録音していたテープの証拠能力が争われた事案。】

　「しかしながら、仮に、裁判所に提出されているマイクロカセットテープが、被告人等との会談内容を録音したオリジナルテープではなく、それからダビングされたものであったとしても、実際にオリジナルテープが存在したこと自体は間違いないこと、しかも、被告人の当審供述によれば、それぞれのテープに録音されている内容は実際にB等と会談した時のものであり、別の日の会議内容が組み込まれたりしている状況にはないというのであるから、仮に、マイクロカセットテープが編集されていたとしても、それはBにとって不利益な内容が消去されているにすぎないと考えられる。このような事情に照らして考えると、本件テープを検討する際には、Bによってその一部が消去されている可能性について十分配慮する必要があるとはいえ、本件テープに録音されている内容自体は、被告人とB等との会談時の状況等をそのまま再現するものであるから、本件テープには、非供述証拠としての証拠能力を認めることができるというべきであって、所論に賛同することはできない。」

参考判例6　最決昭26・2・22刑集5巻3号421頁

　「記録を精査すると第一審公判において弁護人が所論の書面を証拠とすることにつき同意した際、被告人は在廷しながら反対の意思を表明しなかったことは勿論これに対し何等異議をも述べずむしろこれに同意したものたることが認

められるのである。この事は爾後該書面につき証拠調がなされた際にあっても被告人において何等異議を述べなかったことに徴して明白なのである。されば、右書面を証拠とするにつき被告人の同意がなかったことに立脚する所論は、その前提事実を欠くものであり、違憲を云為するけれども刑訴405条所定の上告適法の理由に該当しない。」

参考判例7　最決昭27・12・19刑集6巻11号1329頁

「第二審判決は一、Ｖ盗難被害顛末書一、司法巡査並びに検察事務官のＶに対する各供述調書一、司法警察員のＭに対する供述調書謄本一、検察事務官のＡに対する供述調書謄本（及び他の二つの証拠）により被告人に対する判示犯罪事実を認定し、原判決も亦右第一審判決挙示の証拠によれば第一審判決の事実認定に誤りはないと判断している。然るに記録によれば第一審における訴訟手続の経過は弁護人Ｉの上告趣意第一点に主張するとおりであって、被告人は公訴事実を全面的に否認していることが認められる。然るに第一審裁判所は公訴事実を全部認めている弁護人（国選）に対してのみ、検察官申請の前記各書証の証拠調べ請求について意見を求め、その請求に異議がない旨の答弁を得た上直ちに右各書証の取り調べをしているのである（記録10、12丁）。ところで本件のごとく被告人において全面的に公訴事実を否認し、弁護人のみがこれを認め、その主張を完全に異にしている場合においては、弁護人の前記答弁のみをもって、被告人が書証を証拠とすることに同意したものとはいえないのであるから、裁判所は弁護人とは別に被告人に対し、証拠調請求に対する意見及び書類を証拠とすることについての同意の有無を確めなければならないものと解しなければならない。然らば、第一審裁判所が以上の手続を経ず弁護人の証拠調請求に異議がない旨の答弁だけで前記各書証を取り調べた上これを有罪認定の資料としたことは訴訟手続に違法があるものといわざるを得ない（なお本件において右各書証は刑訴321条乃至328条の規定により公判期日における供述にかえて書面を証拠とすることのできるいずれの場合にもあたらない）。しかもこれらの書面は第一審判決があげる有罪認定の資料としては極めて重要なものであるから、右の違法は同411条1号に該当するものというべくこの点において原判決及び第一審判決はとうてい破棄を免れない。」

参考判例8　大阪高判平8・11・27判時1603号151頁

「本件公訴事実は、「第一　法定の除外事由がないのに、平成8年2月24日ころから同年3月4日ころまでの間、大阪府下若しくはその周辺において、フェ

ニルメチルアミノプロパン又はその塩類を含有する覚せい剤若干量を自己の身体に摂取し、もって、覚せい剤を使用し、第二　みだりに、同月４日午後１０時８分頃、大阪市西成区萩之茶屋１丁目７番７号路上において、フェニルメチルアミノプロパン塩酸塩を含有する覚せい剤結晶約０・311 グラムを所持したものである。」との覚せい剤取締法違反の事実であるところ、(1)被告人は、原審１回公判期日における被告事件に対する陳述において、公訴事実第一につき、覚せい剤を使用した事実はない、公訴事実第二につき、覚せい剤を所持していたことは間違いないが、それが覚せい剤であるとの認識はなかった旨陳述し、弁護人は、被告人の述べたところと同じであると述べた。(2)次いで検察官は、冒頭陳述において、公訴事実第二に関する被告人の弁明内容につき、大要、「被告人は、警察官から職務質問され所持品の提示を求められた際、本件覚せい剤が在中するポリ袋を足元に投棄するのを警察官らに現認され、覚せい剤所持で現行犯人逮捕された。被告人は逮捕後の弁解録取や勾留質問の際には本件覚せい剤所持の事実を認めていたが、勾留された後は、付近の公衆電話台の上にあった千円札数枚を拾い上着ポケットに入れていたが、本件覚せい剤はその二つ折れになっていた千円札に挟まっていたもので、警察官に職務質問を受けた際に始めて気付いたと弁解し、覚せい剤所持の犯意を否認している」ものであることを明らかにした。(3)弁護人は各公訴事実についての検察官請求証拠に全部同意し、原審裁判所は検察官請求の全証拠を採用して取調べ・弁護人及び検察官双方から被告人質問がなされ、そして、原判決は、これら証拠に基づいて各公訴事実を認定し、被告人を有罪としたことが明らかである。

　ところで、被告人が公訴事実を否認している場合には、検察官請求証拠につき弁護人が関係証拠に同意しても、被告人の否認の陳述の趣旨を無意味に帰せしめるような内容の証拠については、弁護人の同意の意見のみにより被告人がこれら証拠に同意したことになるものではないと解される。

　本件の場合、被告人は原判示第二の覚せい剤所持の事実につき、覚せい剤であることの認識はなかった旨具体的に争っており、前記の弁解内容に照らし、被告人の否認の陳述の趣旨を無意味に帰せしめるような内容の証拠、すなわち、公訴事実第二の覚せい剤所持の事実に関する証拠の中、被告人に覚せい剤であるとの認識があった旨の立証に資する司法巡査作成の現行犯人逮捕手続書（原審検察官請求証拠番号１）、被告人を現行犯逮捕した警察官であるＡ及びＢの各検察官調書（同番号８、９、10）については、右弁護人の同意の意見によって被告人の同意があったとすることはできず、従って、被告人の意思に沿うものか否か確認することなく、直ちにこれら証拠を同意書証として取調べ事実認

定の資料とした原判決には、刑訴法326条1項の適用を誤った違法があるものと言うべきである。そして、これら証拠を除いては原判示第二事実は認定することができず、且つ、原判決は原判示第一及び第二の各事実を併合罪の関係にあるものとして一個の刑を科しているから、原判決は全部破棄を免れない（なお、被告人は原判示第一の覚せい剤自己使用の事実についても、前記のように否認しているが、具体的主張のないその否認態様等にかんがみ、弁護人が、同意した被告人の尿に関する鑑定書（同番号18）を含む関係証拠は、右否認の陳述の趣旨を無意味に帰せしめるような内容の証拠ではないから、弁護人の同意の意見のみで、被告人の同意があったものとしたことに違法・不当はない。）。」

● 発展問題

①検察官側証人の伝聞供述に対して、弁護人が異議を述べないまま証人尋問が終わった後で、弁護人はその供述の証拠排除を求めることができるか？
②伝聞証拠への同意が擬制される場合があるか？
③検察官が請求した供述調書の採用に同意した弁護人は、反対尋問の目的でその供述者の証人尋問を請求することができるか？
④参考判例2が、証人Wは生前のVと情交関係があり、事件の被疑者として取調べを受けたという事情を伝聞証言の信用性について慎重な調査が必要な理由として説示しているのは適切か？
⑤連邦証拠規則は、現在の心理状態の供述を非伝聞としているか？

参考判例9　最決昭59・2・29刑集38巻3号479頁（高輪グリーンマンション事件）

「記録によれば、W警部は、第一審において、ポリグラフ検査の際、被告人に本件被害者の着用していたネグリジェの色等、本件の真犯人でなければ知り得ない事項についての言動があった旨証言し、第一審判決及びこれを是認した原判決は、右証言を採用して右言動を認定し、これをもって被告人を本件の真犯人と断定する一つの情況証拠としていることが明らかである。右証言は伝聞ないし再伝聞を内容とするものであるが、右証言の際、被告人及び弁護人らは、その機会がありながら異議の申立てをすることなく、右証人に対する反対尋問をし、証人尋問を終えていることが認められる。このように、いわゆる伝聞ないし再伝聞証言について、異議の申立てがされることなく当該証人に対する尋問が終了した場合には、直ちに異議の申立てができないなどの特段の事情がない限り、黙示の同意があったものとしてその証拠能力を認めるのが相当である（最高裁昭和26年（あ）第4248号同28年5月12日第三小法廷判決・刑集7

巻5号1023頁、同27年（あ）第6547号同29年5月11日第三小法廷判決・刑集8巻5号664頁、同31年（あ）第740号同33年10月24日第二小法廷判決・刑集12巻14号3368頁等参照。これらの判決は、伝聞証言の証拠能力を認めるについて、異議の申立てがなかったことのほか、証人に対し尋ねることはない旨述べられた場合であること等の要件を必要とするかのような判示をしているが、後者の点は当該事案に即して判示されたにすぎず、ことに右のような陳述の点は、その有無によって、伝聞証言の証拠能力に特段の差異を来すものではないと解される。）。」

参考判例10　最決昭53・6・28刑集32巻4号724頁

「所論にかんがみ職権により判断すると、刑訴法326条2項は、必ずしも被告人の同条1項の同意の意思が推定されることを根拠にこれを擬制しようというのではなく、被告人が出頭しないでも証拠調を行うことができる場合において被告人及び弁護人又は代理人も出頭しないときは、裁判所は、その同意の有無を確かめるに由なく、訴訟の進行が著しく阻害されるので、これを防止するため、被告人の真意のいかんにかかわらず、特にその同意があったものとみなす趣旨に出た規定と解すべきであり、同法341条が、被告人において秩序維持のため退廷させられたときには、被告人自らの責において反対尋問権を喪失し（最高裁昭和27年（あ）第4812号同29年2月25日第一小法廷判決・刑集8巻2号189頁参照）、この場合、被告人不在のまま当然判決の前提となるべき証拠調を含む審理を追行することができるとして、公判手続の円滑な進行を図ろうとしている法意を勘案すると、同法326条2項は、被告人が秩序維持のため退廷を命ぜられ同法341条により審理を進める場合においても適用されると解すべきである。そうすると、第一審裁判所が本件において所論各書証を証拠として採用した措置に違法はないとした原判断は、結論において相当である。」

● 参考資料

アメリカ合衆国連邦証拠規則
第3章　伝聞証拠
801条（本章の定義と伝聞証拠からの除外）
　本章においては、以下の定義を適用する。
　(a)供述．「供述」とは、口頭、書面または事実の叙述のために行われる動作による、事実の叙述をいう。
　(b)供述者．「供述者」とは供述をした者をいう。

(c)伝聞証拠.「伝聞証拠」とは、次の二つの両方に該当する供述をいう。
 (1)公判または審問の場で行われた供述ではない。
 (2)当事者が当該供述をそれが叙述する内容が真実であることを立証するために提出する。
(d)非伝聞となる供述.以下のいずれかに該当する供述は伝聞証拠ではない。

(以下略)

802条（伝聞証拠禁止原則）
伝聞証拠は、以下のいずれかの法令に特別の定めがない限り、許容されない。
・連邦の制定法
・連邦証拠規則
・その他連邦最高裁判所規則

803条（供述不能を条件としない伝聞例外）
以下の供述は、供述者が証人として法廷で供述することができるか否かにかかわらず、伝聞証拠という理由では禁止されない。
(1)現在の知覚. 供述者が知覚しつつあるかまたは直前に知覚した、できごとまたは状況を叙述する供述。
(2)興奮状態での発話. 人を驚かせるようなできごとまたは状況について、供述者がそれによって生じた興奮状態の下でした供述。
(3)現在の心理、情緒もしくは身体状況. 動機、意図、計画など供述者の供述時の心理状態、または気持ち、痛み、身体の健康など供述者の供述時の情緒、感覚もしくは身体状況に関する供述。ただし、供述者の遺言の有効性または遺言の内容に関するものを除いては、記憶もしくは認識された事実を証明するために使われる記憶または認識の供述を含まない。

(以下略)

● 参考文献

・後藤昭＝白取祐司編『新・コンメンタール刑事訴訟法』（日本評論社、2010年）320条解説〔後藤〕
・堀江慎司「伝聞証拠の意義」新・法律学の争点シリーズ『刑事訴訟法の争点』（有斐閣、2013年）
・大澤裕「伝聞証拠の意義」新・法律学の争点シリーズ『刑事訴訟法の争点〔第3版〕』（有斐閣、2002年）

- 井上弘通「326条の意義と機能」新・法律学の争点シリーズ『刑事訴訟法の争点』(有斐閣、2013年)
- 髙田昭正「伝聞概念の一素描」『福井厚先生古稀祝賀論文集　改革期の刑事法理論』(法律文化社、2013年)

第20章

伝聞例外(1)（検察官面前調書）

白取祐司

● 本章のねらい

　本章では、伝聞例外のうち、実務上最も議論の多い検察官面前調書（2号書面）を素材に、伝聞例外の要件を理解し、具体的事例へのあてはめをする力を養う。関連する重要判例についても、その趣旨と射程範囲について理解を深める。

● キーワード

伝聞法則、伝聞例外、検察官面前調書（2号書面）、相対的特信状況

● 体系書の関係部分

池田・前田	宇藤ほか	上口	白取	田口	田宮
442-450 頁	358-364 頁	428-435 頁	405-407 頁	404-411 頁	380-385 頁
福井	松尾（下）	三井	光藤（中）	安冨	
374-382 頁	59-62 頁	―	214-228 頁	512-527 頁	

● 設　例

　2013年9月11日の夜8時ころ、M市内外れの商店街で買い物を終えた外国人留学生Vは、手提げカバンとブティックの紙袋をさげて帰宅のため地下鉄駅に向かって歩き始めた。そのとき、後方よりバイクで近づいてきた男にVは背中を押され、よろけた隙に男はVの手にしていた手提げカバンを奪い、そのままバイクで逃走した。通報でかけつけた警察は、Vの被害供述と、現場付近を通りかかった主婦Wの目撃供述をもとに緊急配備を行い、事件の翌日である9

月12日、目撃情報による特徴を備えた無職Xを任意で事情聴取した後、緊急逮捕した。Xは元暴走族で、現在でも髪を脱色し革ジャンを着た男たちがXのアパートに出入りしていた。Vの手提げカバンは、Xの住む住宅街のゴミ捨て場から発見されたが、Xの指紋はみつからず、また財布の中身は抜き取られていた。この間、Vについて、警察官調書がとられたほか、担当検事により検察官面前調書（調書(i)）が作成された。また、Wについても、検察庁に呼び出され、同様に、検察官面前調書（調書(ii)）が作成された。調書(i)は、被害時の模様、被害物品のほか、犯行時にVが見た犯人の身体的特徴、着衣の色等の特徴、バイクの形状などを内容としたものであったが、犯人の容ぼうについては咄嗟のことで細部までは覚えていないと供述していた。調書(ii)は、犯行現場から20メートルほどの距離からの目撃状況を内容とするもので、犯人の容ぼうおよび身体的特徴を、たとえば顔つきについて「キツネ目で、あごが尖っていた」などと詳しく述べているほか、犯人のバイクが息子が昨年まで乗っていたものと同型であり、逃走したバイクの車両番号の末尾2ケタを記憶している旨の内容は、X逮捕の決め手にもなった。

2013年9月25日、Vは、かねてからの計画通り、2年間の留学期間を終えたので、母国Q国に向けて出発した。Vには当面来日の予定はない。

同年11月3日、Xは否認のまま、Vに対する窃盗の公訴事実で起訴され、国選弁護人Bが選任された。第1回公判で、検察官Pは、捜査報告書等のほか、調書(i)と調書(ii)の証拠調べ請求をした。弁護人Bは、これらの証拠について裁判所から意見を求められ、Bは「不同意」と述べた。そこでPは、調書(i)については、321条1項2号前段の書面として再度証拠調べ請求すると共に、調書(ii)については、Wの証人申請をして採用された。

2013年12月18日、第3回公判で、Wは証人として出廷し、宣誓の上証言した。傍聴席には、Xの仲間と思われる人相の良くない若い男が十数名座り、尋常でない雰囲気であった。Wは、Pの主尋問に対して、「以前は何を話したか覚えていないが、今は当時の記憶がはっきりせず、私の見たのがXさんかどうか、言えません」と答えた。

● 基本知識の確認

①現行法上、伝聞法則の例外にはどのようなものがあるか。
②被告人が捜査段階でとられた供述調書も伝聞証拠か。これを公判廷で証拠として使用できるか。
③被告人以外の者の供述が捜査段階で供述調書とされている場合、これを公判

廷で証拠として用いることができるか。該当条文はどれか。
④被告人以外の者の供述調書が検察官によって作成され（検察官面前調書）、これを公判で証拠として使いたい場合、どのような要件のもとで証拠能力が認められるか。
⑤（④の）検察官面前調書と司法警察職員作成の供述調書（員面調書または巡面調書）とで、伝聞例外を認める要件に差があるのはなぜか。
⑥321条1項2号前段で「国外にいる」ことが伝聞例外の理由とされているのはなぜか。
⑦321条1項2号後段で「相反するかもしくは実質的に異なった」供述であることが伝聞例外の理由とされているのはなぜか。

● 判例についての問い

①**参考判例1**は、供述者が「国外にいる」（321条1項2号前段）ときでも、「特段の事情」があれば検面調書の証拠能力が否定される余地を認めるが、ここに「特段の事情」とはどのようなものか。
②**参考判例2**（下線部）と**参考判例3**（下線部①）の「前の供述」（321条1項2号前段）に関する解釈に違いはあるか。
③**参考判例3**が、この場合の検面調書について、「前の調書」であることを認めながら、特に本件事案では「特信情況」について慎重な吟味を要請した（下線部②）のはなぜか。
④**参考判例5**は、記憶喪失などによる部分的供述不能はあるが被害状況についてはかなり具体的に供述している場合、供述者の検面調書を321条1項2号の適用についてどうすべきだといっているか。

● 設例についての問い

①Vの検面調書（調書(i)）を裁判所は証拠として採用することができるか。
②Vの帰国が一時的なもので、3か月後には再度来日が決まっているときでも、裁判所はVの検面調書（調書(i)）を採用できるか。
③Vは学生ビザで日本に滞在していたが、学生の身分を失い滞在許可が取り消されたので公訴提起前に国外退去処分とされた。この場合も、調書(i)を証拠採用することができるか。
④Vは、調書(i)が作成された際、署名押印を求められたが、その意味が分からなかったので、署名押印を拒んだため、同調書にVの署名押印が欠けてしまった。この場合、裁判所は、調書(i)を証拠採用していいか。

⑤検察官Pは、Wの検面調書（調書(ii)）を改めて証拠採用してもらいたい。Pは何を立証しなければならないか。そのためにどのような事情を指摘するべきか。

⑥弁護人Bとしては、Wの検面調書（調書(ii)）を証拠採用してもらいたくない。Bは、どのような主張をすればよいか。

⑦第3回公判におけるWの公判供述後、検察官PはWを検察庁に呼び出して、「法廷では本当のことを言えませんでしたが、犯行現場で見た犯人はXに間違いありません」という内容の検面調書（調書(iii)）を作成した。2013年12月21日の第4回公判において、PはWの再度の証人申請と共にこの調書(iii)の証拠請求をした。裁判所はこの検面調書を証拠採用できるか。

● 参考判例

参考判例1　東京地判昭53・12・20刑月10巻11＝12号1514頁（ロッキード事件・嘱託証人尋問採用決定）

「一　刑訴法321条1項3号本文前段の「供述者が国外にいるため公判準備又は公判期日において供述することができない」場合に該当するかどうかについて

㈠(1)　弁護人は、刑訴法321条1項3号本文前段所定の「供述者が国外にいるため公判準備又は公判期日において供述することができないとき」との要件が充足されるためには、供述者が国外にいるだけでは足りず、本件調書を証拠として申請する検察官としては、供述者であるコーチャン、クラッターの両名を証人として申請したうえ、米国当局に協力を求め、その出頭の確保に努力するなどして、また裁判所としても、証人召喚状の送達を嘱託し、なお、その来日に難点があるなら、場合により証人尋問の嘱託をするなどして、同人らの新たな証言を求めるため可能な手段を尽すべきことが要求されるところ、本件ではかかる手段が尽されているとはいえないから、本件調書には右の要件が充足されていないと主張する。

しかしながら、法は、同号本文前段で、死亡、精神若しくは身体の故障等、そのこと自体で直ちに公判準備又は公判期日での証言を不能ならしめる事由とともに、何らの制限もおかず、「供述者が国外にいるとき」との要件を掲記しているのであって、このような規定の仕方及び供述者が国外にいるときは、裁判権を行使できる土地的限界の外にあって、強制的に出頭、宣誓、供述させることができないことに鑑みると、法は、原則として、供述者が国外にいれば、

そのこと自体をもって同人に公判準備又は公判期日における供述を求めることができないとして、以前になされた供述の録取書面等を証拠として使用する必要性を認める立場をとっているものと解するのが相当である。ただし、国外にいる供述者が間もなくわが国に来ることが判明しているような場合、あるいは、求められれば任意にわが国に来て証言をする意思を有していることが明らかであるような特段の事情の存する場合は、直ちに公判期日等において供述することができないとはいえないから、本号所定の要件を充足しないと解する余地がある。そこで、本件においても、コーチャン及びクラッターの両名の来日意思について後に(2)において検討するが、この点についての認定は、本件調書の申請者である検察官が右コーチャンらに来日して証言する意思があるか否かを適宜の手段で確認したところによってなせば足りるものというべく、検察官のなした調査になお疑問を容れる余地のある場合は格別、弁護人主張のようにつねに裁判所が供述者を証人として召喚する等の方法により自らその確認調査の任に当らなければならないとする何らの根拠も存しないと考える。

(2) そこで検討するに、本件各記録、ことに東京地検検事F作成の昭和52年10月6日付「嘱託証人尋問における疎明資料に関する報告書」及び法務省刑事局長I作成の同53年1月21日付「いわゆるロッキード事件調査について（回答）」と題する各書面によると、右コーチャン、クラッターの両名は、いずれも米国に居住する同国民で、同51年4月初・中旬及び同年5月初・中旬の2回にわたって、東京地検検察官から本件に関する同国内での取調のため出頭を求められながらこれを拒絶し、さらに同53年1月、公判裁判所から証人として出頭要請があった場合には来日のうえ本件につき証言する意思があるかとの同庁検察官からの照会に対し、コーチャンは、現在東京で訴訟が係属している事件（当裁判所で審理中の本事件を含むと解される。）に関連する事項（同人の日本での販売活動における役割）について米国司法省による捜査が行われている限り出頭を拒否する旨を回答し、なおその文面上、将来、証言のため来日する意思があるかどうかについても全く不明であり、クラッターの代理人であるエドワード・M・メドウインは、クラッターには証人として証言するため任意に渡日する意志は現在ない旨を回答していることが認められるところ、かかる経緯に鑑みれば、結局、本件はコーチャン、クラッター両名につき来日証言の意思がある等前記特段の事情ある場合には当らないというべきである。

(二) 弁護人は、「供述者が国外にいるため公判準備又は公判期日において供述することができない」場合とは、かかる公判準備又は公判期日での証言を不能とする事態が供述当時予想されず、その後に生じた場合に限られるのであっ

て、供述者が当初から国外にいる場合、すなわちその供述者に対しては後日公判準備又は公判期日に証人として出頭のうえ証言することを期待しえないことが供述当時すでに予知されていたような場合を含まないと主張する。

　しかしながら、文理解釈上弁護人の主張を支持する根拠は見出し難く（弁護人は、その主張のように解さないと同号本文前段掲記の他の事由との間に適用上の不均衡を生ずると主張するが、かかる適用上の結果の差違は、同号前段掲記の諸事由の性質の違いに起因するのであって、「供述者が国外にいる」場合との要件をその他の事由同様後発的に生じた場合に限定して解釈すべき理由とはなりえない。）なお実質的に考察しても、前記（一）に示した本号の書面に関する証拠としての必要性の観点からして弁護人主張のような限定は付し得ない。弁護人は、供述者が当初から国外にいて、後に公判準備又は公判期日で反対尋問を受ける意思を有しない場合は、その供述について信用性の情況的保障を欠くから、かかる供述を録取した書面に同号所定の証拠能力を認めるべきではない旨主張するが、たとえば、捜査官が反対尋問の機会を奪う目的でことさら供述者を国外に去らせたうえで供述を録取し、あるいは同人が本邦に来るのを妨害するなどの行為をして反対尋問権の行使を不能ならしめたような場合は格別（本件がこのような場合にあたらないことはいうまでもない）、反対尋問を受ける意思がないことのみをもって直ちに信用性の情況的保障がないとはいえないのであって（本号書面の信用性の情況的保障－特信性－については別に検討する）、当初から国外にいたこと自体を理由として本件調書が同号本文前段の要件を充足しないと解するのは結局失当というべきである。

　㈢　以上のとおりであるから、本件調書が刑訴法321条1項3号本文前段所定の「供述者が国外にいるため公判準備又は公判期日において供述することができないとき」との要件を充足することは明らかである。」

参考判例2　　東京高判平5・10・21 高刑集46巻3号271頁

　「三　次に、Bの検察官に対する右各供述調書を刑訴法321条1項2号に基づき証拠として取り調べることができるかどうかみると、検察官がその旨主張し、弁護人においてもその点異議がない旨意見を述べていることは別として、本件の手続過程と右各検察官調書が作成された状況、右各検察官調書の供述内容ないしBの供述の変遷過程並びに前記第一の四4において認定したとおりBが死亡したことなどを合わせ考えれば、右各検察官調書がいずれも同号前段に該当する書面であることは十分に肯認できる。すなわち、前記第一の四において検討したとおり、Bは、原審第2回公判廷（平成4年12月10日）において

証人尋問を受け、本件事故の際本件車両に自分が乗っていたかどうかなどにつき供述し、その後検察官から取調べを受け、前の証言と異なる供述を内容とする前記2月9日付け及び同月12日付けの各検察官調書が作成され、次いで、原審第6回公判期日（同月18日）に検察官からBを改めて証人として取り調べることを求める証拠調べの請求があり、同期日にその旨の証拠調べの決定があって、原審第7回公判期日（同年3月5日）にBが証人として喚問されていたところ、同日早朝にBが自殺したという経過が明らかである。なお、検察官が原審第6回公判期日に再度のBの証人尋問を請求したのは、Bの前回の証言内容を変更させ、右各検察官調書と同一の内容の供述を得ようとしたものであったことも、当然に窺われる。そうすると、右の各検察官調書は、Bの原審第2回公判期日における証言との関係では、同証言よりも後にした供述を内容とするものであるから、刑訴法321条1項2号後段を適用することはできない。しかし、原審第7回公判期日に行う予定であった証人尋問との関係では、前に一度公判期日に証人として供述しているとはいえ、原審第7回公判期日にはこれと異なる内容の供述すなわち新たな内容の供述を行うことが予定されていたのであるから、供述者が死亡したため公判期日において供述することができないときに当たるものということができ、したがって、右各検察官調書に同号前段を適用することができるものと解される。」

参考判例3　最決昭58・6・30刑集37巻5号592頁

「記録によれば、昭和56年11月4日の原審第3回公判期日において本件詐欺の被害事実につきTの証人尋問が行われたのち、昭和57年1月9日検察官が同人を右事実につき取り調べて供述調書を作成し、同年6月1日の第8回公判期日及び同年7月13日の第9回公判期日において再び同人を右事実につき証人として尋問したところ、右検察官に対する供述調書の記載と異なる供述をしたため、検察官が刑訴法321条1項2号の書面として右調書の取調を請求し、原審はこれを採用して取り調べた事実が認められる。このように、すでに公判期日において証人として尋問された者に対し、捜査機関が、その作成する供述調書をのちの公判期日に提出することを予定して、同一事項につき取調を行うことは、現行刑訴法の趣旨とする公判中心主義の見地から好ましいことではなく、できるだけ避けるべきではあるが、右証人が、供述調書の作成されたのち、公判準備若しくは公判期日においてあらためて尋問を受け、供述調書の内容と相反するか実質的に異なった供述をした以上、同人が右供述調書の作成される以前に同一事項について証言をしたことがあるからといって、右供述調書が刑

訴法321条1項2号にいう「前の供述」の要件を欠くことになるものではないと解するのが相当である①（ただし、その作成の経過にかんがみ、同号所定のいわゆる特信情況について慎重な吟味が要請される②ことは、いうまでもない。）。したがって、Tの検察官に対する供述調書は、同号にいう「前の供述」の要件を欠くものではない。」

参考判例4　最判平7・6・20刑集49巻6号741頁

「所論にかんがみ、タイ国女性13名の検察官の面前における各供述を録取した書面（以下「本件検察官面前調書」という。）の証拠能力について、職権により判断する。

1　本件検察官面前調書は、検察官が、退去強制手続により大阪入国管理局に収容されていたタイ国女性13名（本件管理売春の事案で被告人らの下で就労していた者）を取り調べ、その供述を録取したもので、同女らはいずれもその後タイ国に強制送還されているところから、第一審において、刑訴法321条1項2号前段書面として証拠請求され、その証拠能力が肯定されて本件犯罪事実を認定する証拠とされたものである。

2　同法321条1項2号前段は、検察官面前調書について、その供述者が国外にいるため公判準備又は公判期日に供述することができないときは、これを証拠とすることができると規定し、右規定に該当すれば、証拠能力を付与すべきものとしている。しかし、右規定が同法320条の伝聞証拠禁止の例外を定めたものであり、憲法37条2項が被告人に証人審問権を保障している趣旨にもかんがみると、検察官面前調書が作成され証拠請求されるに至った事情や、供述者が国外にいることになった事由のいかんによっては、その検察官面前調書を常に右規定により証拠能力があるものとして事実認定の証拠とすることができるとすることには疑問の余地がある。

3　本件の場合、供述者らが国外にいることになった事由は退去強制によるものであるところ、退去強制は、出入国の公正な管理という行政目的を達成するために、入国管理当局が出入国管理及び難民認定法に基づき一定の要件の下に外国人を強制的に国外に退去させる行政処分であるが、同じく国家機関である検察官において当該外国人がいずれ国外に退去させられ公判準備又は公判期日に供述することができなくなることを認識しながら殊更そのような事態を利用しようとした場合はもちろん、裁判官又は裁判所が当該外国人について証人尋問の決定をしているにもかかわらず強制送還が行われた場合など、当該外国人の検察官面前調書を証拠請求することが手続的正義の観点から公正さを欠く

と認められるときは、これを事実認定の証拠とすることが許容されないこともあり得るといわなければならない。

4　これを本件についてみるに、検察官において供述者らが強制送還され将来公判準備又は公判期日に供述することができなくなるような事態を殊更利用しようとしたとは認められず、また、本件では、前記13名のタイ国女性と同時期に収容されていた同国女性1名（同じく被告人らの下で就労していた者）について、弁護人の証拠保全請求に基づき裁判官が証人尋問の決定をし、その尋問が行われているのであり、前記13名のタイ国女性のうち弁護人から証拠保全請求があった1名については、右請求時に既に強制送還されており、他の12名の女性については、証拠保全の請求がないまま強制送還されたというのであるから、本件検察官面前調書を証拠請求することが手続的正義の観点から公正さを欠くとは認められないのであって、これを事実認定の証拠とすることが許容されないものとはいえない。

5　したがって、本件検察官面前調書を刑訴法321条1項2号前段に該当する書面として、その証拠能力を認め、これを証拠として採用した第一審の措置を是認した原判断は、結論において正当である。」

参考判例5　大阪高判昭52・3・9判時869号111頁

「原審が、刑訴法321条1項2号前段を根拠として請求されたAの昭和42年1月26日付、同月31日付各検察官調書がいずれも同号前段に該らず、かつ、後段の相反性もないとし、また、同じく同号前段を根拠として請求されたBの同年1月28日付検察官調書が同号前段に該らず、かつ、後段の相反性があるとしても特信性がないとしたのは、いずれも同号の解釈適用を誤り、ひいて証拠能力のある右各調書の取調請求を却下する違法を犯したもので、その訴訟手続には法令違反があるというべく、その違反が原判決中の関係被告人6名に関する部分に影響を及ぼすことが明らかであるから破棄を免れない。（中略）

1　訴訟手続の法令違反を主張する所論について

まず、所論Aの検察官調書についてみるに、記録によれば、Aは原審第25回、第30回、第32回、第33回各公判期日（その際一部被告人の関係で公判準備期日とされたものを含む。以下これにならう）において、本件被害事実につき証言したが、そこでは相当具体的に供述し、殊に本社前車庫奥の組合事務所とその横の休憩所、そこから車庫内に移動した経路につき自ら略図を描き順次番号を記入して説明し、特に「被告人Xは私に顔をくっつけるようにし、どちらの肩か判らないが肩で私の胸をぐいぐいと押し、私が両手で押し返すと、『手

をかけたな』と言って前よりも積極的に両手で襟を鷲掴みにし、前後に揺さぶりつつ階段の壁に押しつけ、組合員十数名が私の左右およびＴの背後から包囲した形でぐんぐん押して来て、痛いというよりも苦しく感じた。」「被告人Ｙは私の前に立ちはだかって『お前らに勝手にされてたまるか』という趣旨のことを言ったように思う。同被告人は杵をとり上げて『叩き殺すぞ』とか喚きながら私に対し杵を振り挙げたが、私が『打てるなら打ってみろ』というとその儘杵を臼の上におろした。それから同被告人は私の襟を強く掴み、睾丸、膝、向う脛を痛いと感じた分丈でも４、５回蹴った。また組合員十数名が私をとり囲み肩で押し、突きかかった。」「被告人Ｋが居たが何をしていたか判らない。」「Ｃがかけつけてからは組合員の囲みが二つになった。」「事務所に戻ってから、私は胸が苦しく、階段の昇り降りや立居に脚の関節部やそけい部が痛く、膝は内出血で勤ずんでいた。１日か２日おいて枚方市立病院で診断してもらった。」等かなり具体的な証言をしていることが明らかで、刑訴法321条１項２号前段列挙事由に準ずる程の証言不能があったとは到底いえない。所論は、刑訴法321条１項２号前段はそこに列挙の死亡等の事由のある場合にのみ限って適用あると解すべきではなく、記憶喪失等のため証言できないときの如きも右に準じ、しかも原審決定に示されたような「列挙事由に準ずるに足る全面的供述不能の場合に限られる」と解すべきでなく、凡そ一部分であっても記憶喪失等のため証言できない以上はその部分に限ってでも２号前段が適用されるべきである旨主張するが、同号前段の趣旨にかんがみると、所論の如く要証事実の具体的内容をさらに細分してその一こま宛に区切って証言できなかったかどうかを分別するのは適切でなく、むしろ原審決定のいうように解するのが妥当であって、Ａの原審証言に則していえば、被告人Ｘおよび同Ｙの各所為による被害の顛末はともかく証言し得ていることが明らかであって、２号前段列挙事由に準じて考えなければならぬ程の証言不能があるとは到底認め難く、所論Ａの検察官調書２通は既にこの点において同号前段の要件を欠くものといわざるをえない。もっとも、記憶喪失による部分的な証言不能のため、その証言内容全体を検察官面前供述と対比し、要証事実について異った認定をきたす蓋然性があると考えられるほどの差異を生ずるに至ったときは、同号後段にいう「相反する供述」または「実質的に異った供述」との要件（以下あわせて相反性という）を具備し同後段により証拠能力を付与されることがあるので、右調書２通についてこれをみるのに、昭和48年９月７日検察官提出の書面（原審検察官が取調請求をした各検察官調書につき刑訴法321条１項２号所定の要件事項を説明したもの。以下検察官説明書という。）によれば、右検察官調書の内容は、被

告人B、同Tの言動に関する部分については証言内容と対比し相反性がなく、他の関係被告人の犯行をうかがわせるものはないと思われるので、同号後段によっても証拠能力を認めるに由ないものといわざるをえない。」

参考判例6　最判昭30・1・11刑集9巻1号14頁

「刑訴321条1項2号は、伝聞証拠排斥に関する同320条の例外規定の一つであって、このような供述調書を証拠とする必要性とその証拠について反対尋問を経ないでも充分の信用性ある情況の存在をその理由とするものである。そして証人が検察官の面前調書と異った供述をしたことによりその必要性は充たされるし、また必ずしも外部的な特別の事情でなくても、その供述の内容自体によってそれが信用性ある情況の存在を推知せしめる事由となると解すべきものである。このことは既に当裁判所再三の判例の趣旨とするところであり（昭和26年（あ）1111号同年11月15日第一小法廷判決・刑集5巻12号2393頁）、原判決の判断もこれと同趣旨に出るものであるから、原判決には何ら理由の不備又は判断の遺脱なく、所論は理由がない。」

参考判例7　最判昭30・11・29刑集9巻12号2524頁

「所論は、刑訴321条1項2号後段の規定は、憲法37条2項に違反し無効であり、原判決も憲法に違反すると主張する。しかし、所論は、原審で主張、判断されていない事項に関する主張であるのみならず、憲法37条2項が、刑事被告人は、すべての証人に対して審問する機会を充分に与えられると規定しているのは、裁判所の職権により又は当事者の請求により喚問した証人につき、反対尋問の機会を充分に与えなければならないという趣旨であって、被告人に反対尋問の機会を与えない証人その他の者の供述を録取した書類を絶対に証拠とすることを許さない意味をふくむものではなく、従って、法律においてこれらの書類はその供述者を公判期日において尋問する機会を被告人に与えれば、これを証拠とすることができる旨を規定したからといって、憲法37条2項に反するものでないことは、当裁判所大法廷の判例が示すところであるから（昭和23年（れ）833号同24年5月18日宣告、集3巻6号789頁）、刑訴321条1項2号後段の規定が違憲でないことはおのずから明らかである。そして、本件において、第一審裁判所は、所論N、Sを公判廷において証人として尋問し（記録16丁以下）、被告人及び弁護人に反対尋問の機会を与えた上その各証言と共に右両名の検察官に対する各供述調書を被告人の証拠とすることの同意を得て（同14丁）、証拠に採用しているのであるから、これを是認した原判決に

は所論のような違憲はなく、論旨は理由がない。」

参考判例8　東京高判昭30・6・8高刑集8巻4号623頁

「論旨は先ず右M証人の前記公判廷における供述は同人の検察官に対する前記各供述調書に記載されているところとなんらくいちがうところはなく、くいちがいの生じたのは弁護人の反対尋問によるものであり、かくの如く反対尋問によってはじめてあらわれた証言とくいちがうからといって弁護人の異議申立を却下して検察官に対する供述調書の証拠調をなしこれを採証するが如きは刑事訴訟法第321条第1項第2号に違反し憲法の認めている審問権を全く有名無実に帰するものであると主張するからこの点について考えるのに、同証の前記公判廷における供述を調べてみると右供述は前後矛盾する点が多々あり、前に検察官の面前においてなした供述と相反し、若しくは実質的に異なった供述をしておること明らかであり且つ前記各供述調書はその信用性の情況的保障に欠けるところは認められないから、原審が前記各供述調書を採証していることは固より相当である。そして刑事訴訟法第321条第1項第2号後段の前の供述と相反するか若しくは実質的に異った供述をしたときとは必ずしも主尋問に対する供述のみに限らず、反対尋問に対する供述をも含むものと解するのが相当であり所論は独自の見解というべく到底採用することはできない。」

● **発展問題**

①証人が、検面調書と異なる供述を開始したため、証人の捜査段階で取られた検面調書が321条1項2号の要件を充たすことになった場合、直ちに証人尋問を打ち切って同検面調書を証拠調べ請求するのは妥当か。妥当でないとすれば、どのように審理を進めるのが適当か。

②証人が公判廷で、供述の一部について証言拒否したり、一部について記憶がないと述べた場合、供述した部分について証拠能力は認められるか。認められるとした場合、根拠条文はどれにあたるか。

③証人が、検察官の主尋問に対しては検面調書のとおり供述したが、弁護側の反対尋問に対して同調書と異なる供述をした場合、この検面調書は321条1項2号後段の要件を満たすか。

● **参考文献**

・河村博「検面調書の証拠能力」平野龍一＝松尾浩也編『新実例刑事訴訟法Ⅲ』（青林書院、1998年）19頁

- 的場純男「検察官面前調書」法律学の争点シリーズ『刑事訴訟法の争点〔第3版〕』（有斐閣、2002年）186頁
- 酒巻匡「被告人以外の者の供述(2)」法学教室392号（2013年）60頁
- 堀江慎司「証人審問権と検面調書」法学教室256号（2002年）34頁
- 渡辺修「証人尋問権と伝聞例外」新・法律学の争点シリーズ『刑事訴訟法の争点』（有斐閣、2013年）172頁

第21章 伝聞例外(2)（実況見分調書）

緑　大輔

● 本章のねらい

> 伝聞証拠禁止原則の例外の許容性を理解する。実況見分調書の内容の多様性を理解し、その内容に即して証拠能力を判断できるようにする。そのために、伝聞法則における供述証拠の意味を再度確認しつつ、事案に即した判断をできるようにする。

● キーワード

伝聞証拠禁止原則（伝聞法則）、伝聞例外、検証調書、実況見分調書、現場供述、現場指示、現場写真、供述写真、立証趣旨、要証事実、鑑定書

● 体系書の関係部分

池田・前田	宇藤ほか	上口	白取	田口	田宮
435-440頁	366-369頁	437-440頁	411-414頁	412-415頁	383-384頁
福井	松尾（下）	三井	光藤（Ⅱ）	安冨	
382-384頁	86-95頁	―	229-236頁	529-536頁	

● 設　例

> 被告人Xは、甲スーパーマーケットにおいて、買物をしていた客であるVの肩掛けカバンからV所有の現金3万2000円在中の財布をすり取り、窃取したとの公訴事実で起訴された。Xおよび弁護人Aは、「Xは当初罰金程度で済むと思って窃盗の事実を認めていたが、前科があるため実刑判決の可能性もあることを弁護人から説明されて知った。Vの物とは知らずに、落ちていた財布を

拾って領得したにとどまり、窃取行為は行っていない」「当時の被告人と被害者の立ち位置の関係では、被告人の手はカバンに入るまで届かなかった」と主張した。検察官Ｐは、立証趣旨を「犯行再現状況」として、被告人Ｘを立会人とする犯行再現状況報告書の証拠調べを請求した。

同報告書では、司法警察員ＫがＶの代役となり、Ｖが所持していた肩掛けカバン、被害品の財布を利用して、Ｘの説明に基づき犯行の模様を再現し、実況見分をしたことに加えて、以下の説明が記載されていた。

「被疑者に対して犯行当時の被害者の状況について説明を求めたところ、「被害者は左肩にカバンをかけて、左手に買い物カゴをもった姿勢であった。財布はこのように入っていた。」と説明し、肩掛けカバン内に財布を入れたので、その模様を見分したところ、肩掛けカバンの差入れ口のファスナーが15センチメートル程度開いており、差入れ口付近にある内ポケットに財布を入れた状態であり、肩掛けカバンの差入れ口から財布まで5センチメートルの位置で、カバンの中をのぞき込むと財布が見える状態である（カバンおよび財布の状態を撮影した写真1参照）。」

「被疑者に対して、犯行の模様について説明を求めたところ、被疑者は被害者の後方から接近し、被害者が左肩に提げていたカバン内に右手を伸ばし、「女の人がこのようにしていたので、カバンに右手を入れて財布を抜き取った。」と説明したので、その模様を再現し写真撮影し見分するに被害者が商品を手に取ろうとして、少しかがんで右腕を伸ばしているところで、被疑者は右手先をバッグ内に差し入れ、5本の指で財布をつかみ、抜き取る状況であった。その時の位置は、被疑者Ｘから被害者Ｖまでは0.4メートルであった（被疑者がカバンに手を入れて財布をつかんでいる状態を撮影した写真2参照）。」

裁判所は、「弁護人、ご意見は」と尋ねた。

● 基本知識の確認

①刑訴法321条3項にいう「その供述者」とは、誰を指しているか。
②検証調書が伝聞例外として許容される要件として、「真正に作成されたものであることを供述」することを求めているが、具体的にはどのようなことを供述すればよいのか。また、なぜこの要件で証拠能力を認められるのか。
③実況見分調書の証拠採用について弁護人が不同意である場合、裁判所はどの条文をもとに証拠能力を判断するか。
④「現場指示」、「現場供述」とはどのような意味か。
⑤刑訴法321条4項は、鑑定人が作成した鑑定書も、刑訴法321条3項と同

じ要件で証拠能力が認められる旨を定めている。このような要件で許容されるのはなぜか。
⑥刑訴法321条4項の「鑑定人」に、捜査機関の嘱託を受けた鑑定受託者は含まれるか。その理由は何か。

● 参考判例についての問い

①参考判例1は、刑訴法321条3項にいう「検証調書」が実況見分調書を「包含する」と判示しているが、それはなぜか。
②参考判例2が、立会人の説明を記載した部分も含めて証拠採用できると判断したのはなぜか。
③参考判例3は、写真を「非供述証拠」だと判断しているが、それはなぜか。
④参考判例3で求められている「事件との関連性」とは何を意味するか。
⑤参考判例4はどのような事案か。
⑥参考判例4は、検察官の立証趣旨が「被害再現状況」、「犯行再現状況」であるところ、「実質においては、再現されたとおりの犯罪事実の存在が要証事実になる」としている。それはなぜか。
⑦参考判例4は、再現者の供述録取部分と、再現者の再現写真について、それぞれどのような要件を満たすことが必要だとしているか。また、**参考判例2**と異なる判断を示しているのはなぜか。
⑧参考判例4は、本件書証のいずれについても、刑訴法321条3項所定の要件を満たす必要があるとしているが、それはなぜか。
⑨参考判例3の写真と、**参考判例4**のように実況見分の際に捜査官が見分の現場で撮影した写真とで証拠採用のための要件に違いはあるか。その理由も説明せよ。
⑩参考判例4において、写真については、再現者の署名押印が不要とされるのはなぜか。
⑪参考判例5において、問題とされた書面に刑訴法321条3項が適用されなかったのはなぜか。また、321条4項が準用されたのはなぜか。
⑫参考判例5の考え方にしたがう場合、仮に本件書面の作成者が消防吏員である場合にはどう判断されるか。また、仮に本件の専門家の指示を受けて燃焼実験を弁護人が行い、弁護人が本件書面を作成した場合はどう判断されるか。

● 設例についての問い

①検察官Pによる本件報告書の証拠調べ請求について、弁護人Aはどのような

意見を述べるべきか。
② これに対して、検察官は、被告人の手が被害者のカバンに入るまで届くことを立証する趣旨で本件報告書を用いる場合に、どのような主張ができるか。
③ 検察官の意見に対して、弁護人はどのように主張すべきか。
④ 立会人を被害者Ｖとして、(1)Ｖが被害を受けた経緯や被害を受けた際の自らの周囲の状況を説明した内容の記載と、(2)Ｖと犯人役の司法警察職員による被害状況に関する動作の再現を撮影した写真が添付された、被害再現状況報告書が証拠調べ請求された。弁護人が不同意としたが、検察官が同報告書の証拠調べを撤回しない場合、どの条文が適用され得るか。
⑤ 本件写真撮影報告書にかえて、実況見分の様子を作成者たる警察官Ｋが録音・録画し、その記録媒体を検察官Ｐが証拠調べ請求した場合、どの条文の要件を満たす必要があるか。

● 参考判例

参考判例1　最決昭35・9・8刑集14巻11号1437頁

【事案の概要：実況見分調書の証拠能力を判断するにあたって、刑訴法321条3項の適用が認められた事例。】

「原審で主張判断のない事項に関するものであるばかりでなく、刑訴321条3項所定の書面には捜査機関が任意処分として行う検証の結果を記載したいわゆる実況見分調書も包含するものと解するを相当とし、かく解したからといって同条項の規定が憲法37条2項前段に違反するものでないことは当裁判所大法廷判例（昭和24年5月18日宣告、刑集3巻6号789頁参照）に照らし明かであるから、原判決には所論憲法の解釈を誤ったかきんありとは云えず、所論は採用できない。」

参考判例2　最判昭36・5・26刑集15巻5号893頁

【事案の概要：業務上過失致死傷事件の公判において、検察官から、司法警察員Ｋが作成した実況見分調書の証拠調べ請求がなされた。同調書には、被告人Ｘおよび目撃者Ｔが立ち会って、必要な指示説明を現場において行い、(事故当時の加害車両と被害者の動き等の目撃状況を含めた) 見分結果が記載されていた。この調書について、被告人側は証拠採用に不同意である旨を述べたところ、作成者Ｋが公判で証人として尋問され、同調書の真正性について証言した。第一審は、同調書を証拠の標目に掲げて有罪判決を言い渡した。この証拠採用の違法性を主張

第 21 章　伝聞例外(2)（実況見分調書）

して、被告人側が控訴（棄却）、上告した。】
　「捜査機関が任意処分として行う検証の結果を記載したいわゆる実況見分調書も刑訴 321 条 3 項所定の書面に包含されるものと解するを相当とすることは昭和 35 年 9 月 8 日第一小法廷判決（刑集 14 巻 11 号 1437 頁）の判示するところである。従って、かかる実況見分調書は、たとえ被告人側においてこれを証拠とすることに同意しなくても、検証調書について刑訴 321 条 3 項に規定するところと同一の条件の下に、すなわち実況見分調書の作成者が公判期日において証人として尋問を受け、その真正に作成されたものであることを供述したときは、これを証拠とすることができるのであるから、これと同旨に出た原判示（控訴趣意第一点についての判断前段）は正当である。所論引用の福岡高等裁判所判例は、司法警察員作成の実況見分書を証拠とすることができる事由を「被告人の同意」のみに限定しているわけではなく、該実況見分書の供述者（作成者）が公判期日において証人として尋問を受けたことをも「被告人の同意」と並んで「これを証拠とすることもできる事由」の一つに掲げているものと解すべく、結局前記第一小法廷判決及び本件原判決と同趣旨に帰するのであるから、所論判例違反の主張は失当である。
　捜査機関は任意処分として検証（実況見分）を行うに当り必要があると認めるときは、被疑者、被害者その他の者を立ち会わせ、これらの立会人をして実況見分の目的物その他必要な状態を任意に指示、説明させることができ、そうしてその指示、説明を該実況見分調書に記載することができるが、右の如く立会人の指示、説明を求めるのは、要するに、実況見分の一つの手段であるに過ぎず、被疑者及び被疑者以外の者を取り調べ、その供述を求めるのとは性質を異にし、従って、右立会人の指示、説明を実況見分調書に記載するのは結局実況見分の結果を記載するに外ならず、被疑者及び被疑者以外の者の供述としてこれを録取するのとは異なるのである。従って、立会人の指示説明として被疑者又は被疑者以外の者の供述を聴きこれを記載した実況見分調書には右供述をした立会人の署名押印を必要としないものと解すべく（昭和 5 年 3 月 20 日大審院判決、刑集 9 巻 4 号 221 頁、同 9 年 1 月 17 日大審院判決、刑集 13 巻 1 号 1 頁参照）、これと同旨に出た原判示……は正当である。
　そうして、刑訴 321 条 3 項が憲法 37 条 2 項前段に違反するものでないことは前掲昭和 35 年 9 月 8 日第一小法廷判決の判示するところであって、既にいわゆる実況見分調書が刑訴 321 条 3 項所定の書面に包含されるものと解される以上は、同調書は単にその作成者が公判期日において証人として尋問を受け、その真正に作成されたものであることを供述しさえすれば、それだけでもって、

同条１項の規定にかかわらず、これを証拠とすることができるのであり、従って、たとえ立会人として被疑者又は被疑者以外の者の指示説明を聴き、その供述を記載した実況見分調書を一体として、即ち右供述部分をも含めて証拠に引用する場合においても、右は該指示説明に基く見分の結果を記載した実況見分調書を刑訴321条3項所定の書面として採証するに外ならず、立会人たる被疑者又は被疑者以外の者の供述記載自体を採証するわけではないから。更めてこれらの立会人を証人として公判期日に喚問し、被告人に尋問の機会を与えることを必要としないと解すべきである。

原判決の維持した第一審判決は所論実況見分調書を単に「司法警察員の実況見分調書」そのものとして証拠に引用しているに止まり、同調書中の被告人及びＴの各供述記載を特に摘出して採証しているのでないことは、同判文に照し明白であるのみならず第一審裁判所は右Ｔを公判廷および検証現場で証人として取り調べ被告人側に反対尋問の機会を与えているのであるから、所論違憲の主張は前提を欠き失当である。」

参考判例3　最決昭59・12・21刑集38巻12号3071頁

【事案の概要：いわゆる新宿騒擾事件で、群衆数千名が新宿駅を占拠して、検挙のために集まっていた多数の警察官に投石などをして傷害を負わせた事案で、騒擾行為をなしたとされた被告人8名のうち5名が騒擾指揮罪に、3名が騒擾助勢罪などに問われた。検察側は、被疑者を現行犯逮捕した際に差し押さえた撮影済み未現像フィルムと、報道・出版関係者から任意提出された写真の取調べを請求した事案。なお、証人尋問の際に、警察官は、公務員の職務上の秘密を理由として、撮影者等についての証言を拒否したため、撮影者等が明らかにされなかった。第一審・原審は、「現場写真そのものは、科学的、機械的証拠として……非供述証拠として取扱うのが相当」だとして、自由な証明により事件との関連性が認められる限り証拠能力が認められると判断して、被告人らを有罪とした。これに対して、被告人側が、人間の連鎖的な公道の一瞬しかとらえていない映像である点でも技術的限界がある上、撮影者の証言を欠く本件写真は、写真撮影・作成の適正性が担保されていないとして、証拠能力の判断について原審の刑訴法の解釈に誤りがあるとして上告した。】

「上告趣意……のうち、現場写真の証拠採用に関して違憲をいう点は、記録によれば、右写真のフィルムの押収手続等に所論の違法はなく、右写真の証拠能力を認めた原判断は正当であるから、所論違憲の主張は前提を欠き、その余は、違憲をいうかのごとき点を含め、実質は単なる法令違反の主張であり、同

四は、憲法 21 条違反をいう点を含め、実質は単なる法令違反、事実誤認の主張であって、いずれも適法な上告理由にあたらない。
　なお、犯行の状況等を撮影したいわゆる現場写真は、非供述証拠に属し、当該写真自体又はその他の証拠により事件との関連性を認めうる限り証拠能力を具備するものであって、これを証拠として採用するためには、必ずしも撮影者らに現場写真の作成過程ないし事件との関連性を証言させることを要するものではない。」

参考判例 4　最決平 17・9・27 刑集 59 巻 7 号 753 頁

【事案の概要：条例違反の痴漢行為等で起訴された被告人を立会人として犯行を再現させて警察官が作成した写真撮影報告書と、被害者を立会人として被害状況を再現させて警察官が作成した実況見分調書の証拠能力が争われた事案。弁護人は証人たる被害者の証言の信用性を争い、上記両書証を不同意として争っていた。】

「1　記録によれば、以下の事実が認められる。
　(1)本件の第一審公判において、検察官は、第一審判決判示第 1 の事実に関し、立証趣旨を「被害再現状況」とする実況見分調書（第一審検第 2 号証。以下「本件実況見分調書」という。）及び立証趣旨を「犯行再現状況」とする写真撮影報告書（第一審検第 13 号証。以下「本件写真撮影報告書」という。）の証拠調べを請求した。
　(2)本件実況見分調書は、警察署の通路において、長いすの上に被害者と犯人役の女性警察官が並んで座り、被害者が電車内で隣に座った犯人から痴漢の被害を受けた状況を再現し、これを別の警察官が見分し、写真撮影するなどして記録したものである。同調書には、被害者の説明に沿って被害者と犯人役警察官の姿勢・動作等を順次撮影した写真 12 葉が、各説明文付きで添付されている。うち写真 8 葉の説明文には、被害者の被害状況についての供述が録取されている。
　本件写真撮影報告書は、警察署の取調室内において、並べて置いた 2 脚のパイプいすの一方に被告人が、他方に被害者役の男性警察官が座り、被告人が犯行状況を再現し、これを別の警察官が写真撮影するなどして、記録したものである。同調書には、被告人の説明に沿って被告人と被害者役警察官の姿勢・動作等を順次撮影した写真 10 葉が、各説明文付きで添付されている。うち写真 6 葉の説明文には、被告人の犯行状況についての供述が録取されている。
　(3)弁護人は、本件実況見分調書及び本件写真撮影報告書（以下併せて「本件

両書証」という。）について、いずれも証拠とすることに不同意との意見を述べ、両書証の共通の作成者である警察官の証人尋問が実施された。同証人尋問終了後、検察官は、本件両書証につき、いずれも「刑訴法321条3項により取り調べられたい。」旨の意見を述べ、これに対し弁護人はいずれも「異議あり。」と述べたが、裁判所は、これらを証拠として採用して取り調べた。

　第一審判決は、本件両書証をいずれも証拠の標目欄に掲げており、これらを有罪認定の証拠にしたと認められる。また、原判決は、事実誤認の控訴趣意に対し、「証拠によれば、一審判決第1の事実を優に認めることができる。」と判示しており、前記控訴趣意に関し本件両書証も含めた証拠を判断の資料にしたと認められる。

　2　前記認定事実によれば、本件両書証は、捜査官が、被害者や被疑者の供述内容を明確にすることを主たる目的にして、これらの者に被害・犯行状況について再現させた結果を記録したものと認められ、立証趣旨が「被害再現状況」、「犯行再現状況」とされていても、実質においては、再現されたとおりの犯罪事実の存在が要証事実になるものと解される。このような内容の実況見分調書や写真撮影報告書等の証拠能力については、刑訴法326条の同意が得られない場合には、同法321条3項所定の要件を満たす必要があることはもとより、再現者の供述の録取部分及び写真については、再現者が被告人以外の者である場合には同法321条1項2号ないし3号所定の、被告人である場合には同法322条1項所定の要件を満たす必要があるというべきである。もっとも、写真については、撮影、現像等の記録の過程が機械的操作によってなされることから前記各要件のうち再現者の署名押印は不要と解される。

　本件両書証は、いずれも刑訴法321条3項所定の要件は満たしているものの、各再現者の供述録取部分については、いずれも再現者の署名押印を欠くため、その余の要件を検討するまでもなく証拠能力を有しない。また、本件写真撮影報告書中の写真は、記録上被告人が任意に犯行再現を行ったと認められるから、証拠能力を有するが、本件実況見分調書中の写真は、署名押印を除く刑訴法321条1項3号所定の要件を満たしていないから、証拠能力を有しない。」

参考判例5　最決平20・8・27刑集62巻7号2702頁

【事案の概要：私人作成の燃焼実験報告書の証拠能力の有無が争われた事例。】

　「記録によれば、本件の第一審公判において、本件非現住建造物等放火罪に係る火災の原因に関する「燃焼実験報告書」と題する書面の抄本（第一審甲100号証。以下「本件報告書抄本」という。）が、その作成者の証人尋問の後に、

同法321条3項により採用されたところ、上記作成者は、私人であることが明らかである。原判決は、本件報告書抄本が、火災原因の調査を多数行ってきた会社において、福岡県消防学校の依頼を受けて燃焼実験を行い、これに基づく考察の結果を報告したものであり、実際に実験を担当した上記作成者は、消防士として15年間の勤務経験があり、通算約20年にわたって火災原因の調査、判定に携わってきた者であることから、本件報告書抄本は、捜査機関の実況見分に準ずるだけの客観性、業務性が認められ、同項を準用して証拠能力を認めるのが相当である旨判示した。

しかしながら、同項所定の書面の作成主体は「検察官、検察事務官又は司法警察職員」とされているのであり、かかる規定の文言及びその趣旨に照らすならば、本件報告書抄本のような私人作成の書面に同項を準用することはできないと解するのが相当である。原判断には、この点において法令の解釈適用に誤りがあるといわざるを得ないが、上記証人尋問の結果によれば、上記作成者は、火災原因の調査、判定に関して特別の学識経験を有するものであり、本件報告書抄本は、同人が、かかる学識経験に基づいて燃焼実験を行い、その考察結果を報告したものであって、かつ、その作成の真正についても立証されていると認められるから、結局、本件報告書抄本は、同法321条4項の書面に準ずるものとして同項により証拠能力を有するというべきであり、前記法令違反は、判決に影響を及ぼすものではない。」

● **発展問題**

①本事例の写真撮影報告書について、裁判所が321条3項により証拠採用する旨を決定し、作成者たる司法警察員Kを証人として尋問し、真正性について証言させた。その際に、Kが「被告人Xが『私が盗んだのは事実です』と窃盗の事実を認めて、犯行時の様子を詳細に再現したので、その旨を写真撮影報告書に記載しました。」と証言した。このKの証言は、322条1項により被告人の自白の証拠調べをしたという効果をもつか。

②検察官Pは、被害者Vの被害再現状況報告書も証拠調べ請求したが、弁護人Aは不同意とした。そこで、Pは、Vを証人として申請し、主尋問を行った。Vは、被害状況について具体的な証言をできず、「よく覚えていない」と証言した。そこで、Pは、立会人をVとする被害再現状況報告書の被害再現写真を示して尋問することにつき、裁判所に許可を求めた。裁判所はどう判断すべきか。

参考判例6　最決平23・9・14刑集65巻6号949頁

「なお、所論に鑑み、証人尋問中に被害再現写真を示すことを許可してこれを訴訟記録に添付するなどした第一審の訴訟手続の適否について職権で判断する。

1　原判決及び記録によれば、本件訴訟の経過等は、次のとおりである。

(1)本件は、電車内における痴漢行為（強制わいせつ）の事案であるところ、第一審の期日間整理手続において、検察官は、立証趣旨を「被害の再現状況等」とする捜査報告書（甲7号証）及び立証趣旨を「被害再現状況等」とする実況見分調書（甲13号証）の証拠調べを請求したが、弁護人は、これらの証拠について、いずれも証拠とすることに同意しないとの意見を述べた。

検察官は、これを受けて立証趣旨を「被害者立会による犯行再現時の写真について」とする捜査報告書2通（甲24、25号証。甲7、13号証の写真部分をまとめたもの）の証拠調べを請求したが、弁護人は、これらの証拠についても証拠とすることに同意しないとの意見を述べた。その後、検察官は、上記捜査報告書2通に添付された写真を証拠物として証拠請求する意向を示したが、これに対し弁護人は、再現写真は供述証拠であるから、証拠物として請求することには反対であり、証人尋問において示すことも同意できない旨の意見を述べた。

(2)第一審第3回公判期日において、被害者の証人尋問が実施され、検察官は、痴漢被害の具体的状況、痴漢犯人を捕まえた際の具体的状況、犯人と被告人の同一性等について尋問を行い、動作を交えた証言を得た後、被害状況等を明確にするために必要であるとして、捜査段階で撮影していた被害再現写真（甲24、25号証の写真部分。犯人を検挙した状況を再現した写真も含む。）を示して尋問することの許可を求めた。

弁護人は、その際、写真によって証言のどの部分が明確になるかということが分かるように尋問することを求めたが、写真を示すこと自体には反対せず、裁判官は、再現写真を示して被害者尋問を行うことを許可した。

そこで、検察官は、被害再現写真を示しながら、個々の場面ごとにそれらの写真が被害者の証言した被害状況等を再現したものであるかを問う尋問を行い、その結果、被害者は、被害の状況等について具体的に述べた各供述内容は、再現写真のとおりである旨の供述をした。

上記公判期日終了後、裁判所は、尋問に用いられた写真の写しを被害者証人尋問調書の末尾に添付する措置をとったが、添付することに同意するかどうか

を当事者に明示的に確認しておらず、その後もこれらの写真は証拠として採用されていない。

(3)第一審判決は、主として被害者の証言により、被告人の電車内での強制わいせつ行為を認定した。

(4)原判決は、本件被害再現写真は、供述を明確にするにとどまらず、犯行当時の状況に関して、独自の証明力を持つものであり、独立した証拠として扱うかどうかを明確にすることなく、これを漫然と調書に添付することは、当該写真の証拠としての位置付けに疑義を招くおそれがあって相当ではないとした上で、第一審判決が写真を独立の証拠として扱い、実質判断に用いたというような事情は認められず、また、被害者供述は、上記写真の調書添付に左右されずに、十分信用に値するものであるから、第一審の措置に、判決に影響を及ぼすような訴訟手続の法令違反はないと判断した。

2 所論は、検察官が示した被害再現写真は伝聞法則の例外の要件を具備せず、証拠として採用することができない証拠であって、このような写真を尋問に用いて記録の一部とすることは、伝聞証拠について厳格な要件を定めていることを潜脱する違法な措置であり、これが事実認定に影響を及ぼすことは明らかであると主張する。

(1)本件において、検察官は、証人（被害者）から被害状況等に関する具体的な供述が十分にされた後に、その供述を明確化するために証人が過去に被害状況等を再現した被害再現写真を示そうとしており、示す予定の被害再現写真の内容は既にされた供述と同趣旨のものであったと認められ、これらの事情によれば、被害再現写真を示すことは供述内容を視覚的に明確化するためであって、証人に不当な影響を与えるものであったとはいえないから、第一審裁判所が、刑訴規則199条の12を根拠に被害再現写真を示して尋問することを許可したことに違法はない。

また、本件証人は、供述の明確化のために被害再現写真を示されたところ、被害状況等に関し具体的に証言した内容がその被害再現写真のとおりである旨供述しており、その証言経過や証言内容によれば、証人に示した被害再現写真を参照することは、証人の証言内容を的確に把握するために資するところが大きいというべきであるから、第一審裁判所が、証言の経過、内容を明らかにするため、証人に示した写真を刑訴規則49条に基づいて証人尋問調書に添付したことは適切な措置であったというべきである。この措置は、訴訟記録に添付された被害再現写真を独立した証拠として扱う趣旨のものではないから、この措置を決するに当たり、当事者の同意が必要であるとはいえない。

そして、本件において証人に示した被害再現写真は、独立した証拠として採用されたものではないから、証言内容を離れて写真自体から事実認定を行うことはできないが、本件証人は証人尋問中に示された被害再現写真の内容を実質的に引用しながら上記のとおり証言しているのであって、引用された限度において被害再現写真の内容は証言の一部となっていると認められるから、そのような証言全体を事実認定の用に供することができるというべきである。このことは、被害再現写真を独立した供述証拠として取り扱うものではないから、伝聞証拠に関する刑訴法の規定を潜脱するものではない。

　(2)以上によれば、本件において被害再現写真を示して尋問を行うことを許可し、その写真を訴訟記録に添付した上で、被害再現写真の内容がその一部となっている証言を事実認定の用に供した第一審の訴訟手続は正当であるから、伝聞法則に関する法令違反の論旨を採用しなかった原判決は結論において是認できる。」

● 参考文献

- 湯川毅「犯行再現実況見分調書の証拠能力」松尾浩也＝岩瀬徹編『実例刑事訴訟法Ⅲ』（青林書院、2012年）56頁以下
- 長沼範良＝井上宏「再現実況見分調書の証拠能力」法学教室326号（2007年）78頁以下
- 川上拓一「実況見分調書の証拠能力について再論」『植村立郎判事退官記念論文集第1巻』（立花書房、2011年）313頁以下
- 植村立郎「実況見分調書の証拠能力について（上）（下）」研修771号（2013年）3頁以下、同772号（2012年）3頁以下
- 島伸一「写真・録音テープ・ビデオテープ」新・法律学の争点シリーズ『刑事訴訟法の争点』（有斐閣、2013年）170頁以下

第22章

供述の証明力を争うための証拠

後藤 昭

● **本章のねらい**

> 法廷での供述の証明力を上下させるために、法廷外供述を使えるのは、どのような場合か？その法廷外供述の存在自体は、どのような証拠に拠って証明できるか？一般に供述の証明力を上下する事実は、どのような方法で証明するべきか？刑訴法328条の考察を通じて、これらの問題を考える。

● **キーワード**

実質証拠と補助証拠、補助事実、供述の証明力を争うための証拠、弾劾証拠、回復証拠、増強証拠、自己矛盾供述、厳格な証明と自由な証明、伝聞例外と非伝聞

● **体系書の関係部分**

池田・前田	宇藤ほか	上口	白取	田口	田宮
460-462頁	378-380頁	464-469頁	422-424頁	422-424頁	394-396頁
福井	松尾(下)	三井	光藤(Ⅱ)	安冨	
364-374頁	75-76頁	―	249-256頁	552-555頁	

● **設 例**

> 被告人Xは、2012年10月15日午後10時ころ、甲市内のAが経営する材木店の在庫商品である材木に放火して焼損し、公共の危険を生じさせた、という建造物等以外放火の訴因について起訴され、事実を否認している。起訴状の訴因では放火の方法は、材木にガソリンを撒いてから火のついたマッチを投げ

て引火させたとされている。裁判所は、この事件を公判前整理手続には付さなかった。

　2013年3月18日の公判期日に、検察側証人W₁が、尋問を受けた。W₁は、主尋問に答えて、「2012年10月15日に、A材木店の材木火災をすぐ近くで見た。その場に、かねて知り合いであるXがいた。Xはしばらく火事を見ていたが、間もなくそこから立ち去った。」旨を証言した。弁護人の反対尋問に対して、W₁は、この法廷に来る前の3月10日に、Aから料亭で接待を受け、「放火犯人のXを処罰するため、しっかり証言してくれ」と頼まれて、現金10万円を受け取ったことを認めた。

　甲市内のガソリンスタンド『エコエネ泉町店』の店員W₂も、検察側証人として同じ公判期日に尋問を受けた。W₂は、「2012年10月14日に、Xが店に来て、ガソリン2リットルと容器を買っていった。」という趣旨の証言をした。これに対して、弁護人は、同じく『エコエネ泉町店』の店員W₃の弁護人宛陳述書で、「2012年10月14日には、W₂は非番のため出勤していなかった」という内容のものの証拠調べを求めた。検察官は、これに対して「不同意」の意見を述べた。

　弁護側証人W₄は、2013年4月15日の公判期日に、次のような趣旨の証言をした。「A材木店の火事の数日後に、W₁と話した。『現場にXがいたという噂があるらしい』と私がいうと、W₁は『自分も火事を見ていたが、Xは見かけなかった』といった」。これに対して検察官は、「伝聞供述である」と、異議を申し立てた。

　その後、検察官はW₁を検察庁に呼んで取り調べて、供述調書を作った。

　弁護側証人W₅は、これと同じ公判期日に次のような趣旨の証言をした。「2012年10月15日の午後10時ころ、自分は、Xと一緒に乙市内のサウナにいた。だから、XはA材木店での放火の犯人ではあり得ない。」その後、検察官はW₅を検察庁に呼んで取り調べ、供述調書を作った。

　検察官の手元には、次のような供述調書がある。

(1) W₆の2012年10月30日付け司法警察員に対する供述調書で、「W₁と一緒にA材木店の火事を見ていたら、Xがそこから立ち去った」という趣旨のもの。

(2) W₁の2012年10月26日付け検察官に対する供述調書で、法廷での主尋問に対する供述と同趣旨のもの。

(3) W₁の2013年4月18日付け検察官に対する供述調書で、「法廷で証言したとおり、A材木店の火事の現場でXを見た。その後に、W₄と火事のことを

第22章　供述の証明力を争うための証拠

話したことはない。」という趣旨のもの。
(4) W₅の2013年4月22日付け検察官に対する供述調書で、「Xから『就職を世話してやる』といわれて、法廷ではアリバイを証言したが、実はXとサウナに行ったのは、火事の前日、2012年10月14日だった」という趣旨のもの。
　設例中の陳述書、供述調書には、いずれも原供述者の署名・押印があるものとする。

● 基本知識の確認

①実質証拠と補助証拠の違いは何か？補助事実とは何か？
②補助事実の働き方には、どのような種類があるか？
③刑事訴訟法には、法廷（公判期日）外の供述の存在を補助証拠とすることを許す条文があるか？
④自己矛盾供述とは、何か？
⑤自己矛盾供述があることによって、法廷での供述の証明力が減殺されるという推論は、どんな経験則に基づいているか？
⑥上の⑤の場合、その自己矛盾供述は、伝聞証拠か？

● 判例についての問い

①参考判例1の事案で、刑訴法328条の適用可能性が問題になった証拠は、どんなものか？
②参考判例1は、刑訴法328条に拠って証拠調べが許されるのは、どんな法廷外供述であると述べているか？
③参考判例1は、刑訴法328条に拠って利用する法廷外供述の存在は、どのような方法で証明する必要があると考えているか？
④参考判例1は、供述の証明力に関する補助事実を伝聞証拠によって立証することを刑訴法328条の効果として認めているか？
⑤問題となった書面が証人Aの自己矛盾供述を含んでいたにもかかわらず、参考判例1がそれを刑訴法328条に拠っても採用できないとしたのは、なぜか？
⑥もし、A自身が書いた同じ内容の供述書であれば、参考判例1はその採用を認めたか？それは、なぜか？
⑦参考判例1を前提にしたとき、刑訴法328条は、伝聞例外を定めた条文か？
⑧参考判例3は、なぜ、証言後の員面調書の存在によって、証言の証明力が回復すると考えたのか？

● 設例についての問い

①W_4証言についての検察官の異議に対して、弁護人は、どう反論するか？

②検察官は(1)のW_6員面調書をW_1の法廷での証言の証明力を争うための証拠として、提出できるか？もし、それが許されないとすれば、その実質的な理由は何か？

③検察官は、W_1の証言の証明力を回復するための証拠として、(2)の同人の検察官面前供述調書を提出できるか？もし、できるとすれば、どんな推論によって、証明力が回復するのか？その場合のW_1の検察官面前供述調書は、伝聞証拠か？

④検察官は、上の③の証拠調べ請求と**参考判例1**との関係をどう説明するか？

⑤検察官は、W_4の証言によってW_1の証言の証明力が下げられたと考えた。検察官は、(3)のW_1の検察官面前供述調書を証言の証明力を回復するための証拠として、提出できるか？もし、できるとすれば、どんな推論によって、証明力が回復するのか？

⑥弁護人は、W_3の弁護人宛陳述書の証拠採用を求めるために、どんな主張をすることが考えられるか？

⑦上の⑥の弁護人の主張は、**参考判例1**と調和するか？あなたが裁判官であれば、この主張を認めるか？

⑧検察官は(4)のW_5検面調書を同人の法廷での証言の証明力を争うための証拠として提出できるか？もし、できるとしたら、裁判所は、そこからW_5が証言前にＸから「就職を世話してやる」といわれていたという事実を認定することができるか？

● 参考判例

参考判例1　最判平18・11・7刑集60巻9号561頁（東住吉放火事件）

【事案の概要：被告人は、自宅に放火したという現住建造物放火の訴因について起訴されて、事実を否認している。近隣の住民であるＡは、第一審公判で検察官請求の証人として、火災の際に「上半身裸の被告人が消火器を取りに来たが、被告人がそれを使って消火活動をするのは見ていない」という趣旨の証言をした。弁護人は、火災後に消防司令補ＫがＡから当時の状況を聴き取って記録したという「聞き込み状況書」の証拠調べを求めた。そこには、「裸の男」が消火器を使って消火活動をしたという趣旨の記載がある。検察官がこの請求に同意しなかった

ため、弁護人はさらにＡの証言の証明力を争うための証拠として請求した。裁判所はこれを却下し、控訴審判決もこれを是認した。】
「1　弁護人Ｌほかの上告趣意のうち、刑訴法328条に関する判例違反をいう点について

　記録によれば、⑴第一審において、証人Ａの証言の後、弁護人が、消防司令補Ｋ作成に係る「聞込み状況書」（以下「本件書証」という。）を証拠請求し、検察官の不同意意見を受けて、刑訴法328条による証拠採用を求めたが、第一審裁判所が、提示命令によりその内容を確認した後、同条の書面には当たらないとして請求を却下したこと、⑵本件書証には、上記Ｋが、上記Ａから火災発見時の状況について聞き取ったとされる内容が記載されており、その内容には上記証言の内容とは異なる点が含まれていたこと、⑶本件書証は、聞き取りの相手に記載内容を読み聞かせ、署名・押印を求める形式になっておらず、実際上もそのような手続は取られていないことが認められる。

　原判決は、第一審裁判所がした上記証拠請求却下に関する訴訟手続の法令違反の主張に対して、刑訴法328条により許容される証拠は、現に証明力を争おうとする供述をした者の当該供述とは矛盾する供述又はこれを記載した書面に限られると解されるところ、本件書証は、上記Ｋの供述を記載した書面であるから、同条の許容する証拠には当たらないとして、第一審の証拠請求却下を是認する判断をした。

　所論は、原判決は、供述の証明力を争う証拠としてであれば刑訴法328条によりすべての伝聞証拠が許容される旨の判断を示した福岡高等裁判所昭和24年（つ）第908号同24年11月18日判決（高刑判決特報1号295頁）と相反する判断をしたものである旨主張する。

　確かに、所論引用の判例は、刑訴法328条が許容する証拠には特に限定がない旨の判断をしたものと解され、これに限定があるとして本件書証は同条で許容する証拠に当たらないとした原判決は、所論引用の判例と相反する判断をしたものというべきである。

　しかしながら、刑訴法328条は、公判準備又は公判期日における被告人、証人その他の者の供述が、別の機会にしたその者の供述と矛盾する場合に、矛盾する供述をしたこと自体の立証を許すことにより、公判準備又は公判期日におけるその者の供述の信用性の減殺を図ることを許容する趣旨のものであり、別の機会に矛盾する供述をしたという事実の立証については、刑訴法が定める厳格な証明を要する趣旨であると解するのが相当である。

　そうすると、刑訴法328条により許容される証拠は、信用性を争う供述をし

た者のそれと矛盾する内容の供述が、同人の供述書、供述を録取した書面（刑訴法が定める要件を満たすものに限る。）、同人の供述を聞いたとする者の公判期日の供述又はこれらと同視し得る証拠の中に現れている部分に限られるというべきである。

本件書証は、前記Aの供述を録取した書面であるが、同書面には同人の署名押印がないから上記の供述を録取した書面に当たらず、これと同視し得る事情もないから、刑訴法328条が許容する証拠には当たらないというべきであり、原判決の結論は正当として是認することができる。

したがって、刑訴法410条2項により、所論引用の判例を変更し、原判決を維持するのを相当と認めるから、所論の判例違反は、結局、原判決破棄の理由にならない。」

参考判例2　最判昭43・10・25刑集22巻11号961頁（八海事件第三次上告審）

「所論は、憲法37条2項違反をいう点もあるが、その実質は単なる訴訟法違反の主張であり（原審昭和39年8月28日公判準備期日における証人Iの尋問終了後に作成された同人の検察官調書を、右証人の証言の証明力を争う証拠として採証した原判決の説示は、必ずしも刑訴法328条に違反するものではない）、その余の所論は、事実誤認、単なる訴訟法違反の主張であって、適法な上告理由にあたらない。」

参考判例3　東京高判昭54・2・7判時940号138頁

【事案の概要：強姦致傷被告事件。証人が公判期日に被害事実を供述した後に、弁護人は同人から強姦の被害を否定する内容の供述書を得た。弁護人は、それを証拠請求し、裁判所は刑訴法328条の証拠として採用した。その後、司法警察員が被害者を取り調べ、公判廷で証言したのが真実であるという趣旨の供述調書を得た。第一審裁判所は、これも328条に拠って採用した。】

「一　論旨はまず、(1)弁護人が原審第7回公判期日において刑訴法323条3号の書面として取調を請求した、甲野花子作成の「弁護士丙山太郎殿」と題する書面は、同号所定の要件を具備しており、かつ、昭和52年5月2日付起訴状記載の公訴事実（原判示第九の強姦致傷の事実）につき被告人の無罪を立証するために極めて重要な証拠であるのにかかわらず、原審がその取調請求を却下した点、及び(2)弁護人が、右請求が却下されたため、被告人の無罪を立証すべく前記公判期日において証人甲野花子の再尋問を請求したところ原審はこれを却下したのでさらに異議の申立をしたがこれをも棄却したのであって、これ

らの点において、原判決の訴訟手続には審理不尽の違法がある、というのである。

しかし、所論(1)の点について案ずるに、記録によれば、所論指摘の書面は、甲野花子が、原審第3、4回公判期日において原判示第九の日時・場所において被告人により強姦された旨公訴事実に沿う証言をした後に作成した、原審弁護人丙山太郎宛の供述書であって、同弁護人の法律事務所名が印刷された罫紙に記載され、末尾に右甲野の署名押印がなされており、その内容は、要するに、被告人と甲野との本件性交は同女の合意のうえでなされたものであって、同女が被告人に強姦されたわけではなく、同女が捜査段階及び公判廷において供述したところは事実に反するとし、このような事実に反する供述をした理由につきあれこれ弁解しているものであるが、右の弁解内容も十分納得のいくものとはいえず、右書面の外形・体裁、名宛、記載内容等諸般の事実にかんがみると、これが刑訴法323条3号にいわゆる「特に信用すべき情況の下に作成された」ものとは到底解し難く、同号の書面に該当しないことは明らかである。

それゆえ、原審が、右書面につき刑訴法323条3号書面としての取調請求を却下した措置は、もとより正当として是認すべきであり、これをもって審理不尽とすべき何らのいわれもない。

二　次に論旨は、検察官請求にかかる甲野花子の司法警察員に対する昭和52年11月24日付供述調書を刑訴法328条の書面として取り調べた原審の措置には、訴訟手続の法令違反がある、というのである。

よって検討するに、記録によれば、前記甲野花子作成の弁護人宛の供述書が刑訴法328条書面として取り調べられた後の公判期日において、検察官から、右供述書の後に作成された所論指摘の供述調書を右同条の書面として取調請求し、原審はその取調をしたこと、右供述調書には、弁護人提出の右供述書の作成経過等に関し、「原審で証言した後丙山弁護人から上申書を書いて欲しいとの申出があり、喫茶店で同弁護人と会い同人が自分の話を聞きながら作成した供述書に署名した。その中には事実と違うことがかなり書かれていて、自分の本心と全く異る内容の供述書であり、自分は同弁護人に対し偽証罪になると困ると言ったが、同弁護人が、『これは私が裁判のときにあなたに質問するメモにする、公には絶対に出さないんだ』と言うので、早く裁判が終ってほしいという願いもあって、右供述書に署名した。自分が公判廷で証言したことは真実である。」との趣旨の記載があること、が認められる。

右によれば、検察官請求の右供述調書は、弁護人請求の供述書によって一旦減殺された甲野花子の原審証言の証明力を回復する内容のものであり、検察官

もその趣旨のもとに同供述調書の取調を請求したものであることは公判調書の記載上明らかである。

ところで刑訴法328条の弾劾証拠とは、供述証拠の証明力を減殺するためのもののみでなく、弾劾証拠により減殺された供述証拠の証明力を回復するためのものをも含むものと解するのが相当である。けだし、同法328条には「……証明力を争うためには、これを証拠とすることができる。」とあり、規定の文言上証明力回復のための証拠を除外すべき根拠に乏しいばかりでなく、右のように解することがすなわち攻撃防禦に関する当事者対等・公平という刑訴法の原則、さらに真実の究明という同法の理念にもよく適合するからである。同条の弾劾証拠を証明力減殺のためのものに限定する所論の見解には賛同できない。

なお所論は、仮に証明力を回復するための弾劾証拠が許容されるとしても、検察官請求の供述調書は、結果的に甲野花子の原審証言の証明力を増強する趣旨をも含むものであるから、いずれにしても同調書は刑訴法328条の書面としての適格性を欠くと主張する。

しかし、本件において、検察官が、いったん減殺された甲野花子の原審証言の証明力を回復する趣旨のもとに同人の前記供述調書の取調を請求したものであることは前記のとおりであり、同調書の取調により事実上同人の原審証言の証明力が増強される結果となったとしても、これによる不利益は前記のような内容の弾劾証拠を提出した被告人の側において甘受すべきものであって、このことのゆえに右調書の刑訴法328条書面としての適格性を否定すべきいわれはない。」

● **発展問題**

①刑訴法328条に拠って採用した証拠を有罪判決の証拠の標目（刑訴法335条1項）に挙げるべきか？

②設例を変えて、W_1が公判前に死亡したために設例(2)のW_1検察官面前供述調書が、刑訴法321条1項2号前段に拠って採用されていた場合、W_4の証言は許されるか？

③「刑訴法328条に拠っても、増強証拠は許されない」といわれるのは、なぜか？この説明は、妥当か？

④参考判例3は、参考判例1の下でも維持できるか？

⑤目撃者Wは、公判期日に証言した。Wは、事件直後の実況見分に立ち会った際に指示説明をして、それは実況見分調書に記載された。この実況見分調書

の請求に対して、弁護人は「不同意」の意見を述べたので、刑訴法321条3項の手続を経て、裁判所はこれを証拠採用した。Wの法廷での証言と指示説明とは、重要な点で矛盾している。実況見分調書中のW指示説明の記録を同人の証言を弾劾するための証拠とすることはできるか？

参考判例 4　東京高判昭 36・7・18 判時 293 号 28 頁

「なお記録を調査すると、原審裁判所が、Ⅰの司法警察員に対する昭和 31 年 1 月 9 日付の供述調書を、同人の検察官に対する同月 28 日付の供述調書の証明力を増強するための証拠として刑事訴訟法第 328 条により証拠調をしていることも赤所論の指摘するとおりであるところ、同条は『公判準備又は公判期日における、被告人、証人その他の者の供述の証明力を争うため』と規定しているが、同条はもともといわゆる伝聞法則の例外を規定したものであるから、必らずしも、その文言とおり公判準備又は公判期日における被告人、証人その他の者の供述の証明力を争う場合だけに限定する必要はなく、供述書又は供述調書の証明力を争う場合を含めてもさしつかえないものと解される……。」

● 参考文献

・笹倉宏紀「328 条の意義」新・法律学の争点シリーズ『刑事訴訟法の争点』（有斐閣、2013 年）
・後藤昭「供述の証明力を争うための証拠」井上正仁＝酒巻匡編『三井誠先生古稀祝賀論文集』（有斐閣、2012 年）
・後藤昭＝白取祐司編『新・コンメンタール刑事訴訟法』328 条解説〔後藤〕（日本評論社、2010 年）

第23章

自白の証拠能力

公文孝佳

● 本章のねらい

> 自白の証拠能力の制限を理解する。自白はどのような場合に証拠能力を否定されるか、その証拠能力制限の目的は何か、条文上の要件である「任意性」とは何かを考える。また、任意性の有無にかかわらず、自白の証拠能力が否定される場合を考える。利益誘導や偽計といった取調べの手法が自白の証拠能力にどのように影響するかも問題となる。

● キーワード

自白、自白法則、自白の任意性、供述拒否権の告知、黙秘権、自己負罪拒否特権、約束による自白、偽計による自白、利益供与による自白、違法な身柄拘束による自白、虚偽排除説、人権擁護説、違法排除説、違法収集証拠の排除法則

● 体系書の関係部分

池田・前田	宇藤ほか	上口	白取	田口	田宮
410-417 頁	404-416 頁	474-483 頁	376-386 頁	380-392 頁	343-352 頁
福井	松尾（下）	三井	光藤（Ⅱ）	安冨	
360-367 頁	33-34、40-43 頁	—	173-186 頁	486-497 頁	

● 設 例

> 警察官K₂とK₃は、S市の繁華街で2011年12月26日午前2時ごろから深夜パトロールを行い、午前2時45分ころ、居酒屋街をパトロールしていた際、人気のないビルの入り口に泥酔状態で倒れているNを発見した。Nは完全に酩

酊・昏睡しており、放置すると凍死のおそれがあったので、K₂らは、救急車の出動要請を行った。Nは繁華街より西へ2キロほど進んだところにあるS市立大学附属病院救急センターに運ばれ、それにはK₃も同行した。その後、Nに対する処置が行われた。2時間ほどしてNから話が聞けるようになり、医師が問診し、その問診により、Nが不眠症に悩んでいること、睡眠導入剤（「商標名：ドルミ」）を服用していることが判明した。

　医師の問診が続いている最中、K₃は別室にて待機していた。そこに看護師であるQ女が現れ、K₃に「Nさんは、ドルミという強めの睡眠導入剤とアルコールを併用したんで、その相乗効果もあって昏倒したんです。ドルミは処方箋がないと出せないお薬で、よほどの不眠症か、手術後にしか処方されないお薬です。アルコールとの併用は禁忌です。Nさんはそのドルミを30数錠も持っていました。ちょっと数が多いのが気になりまして…それに、お知らせした方がいいと思いまして…」と述べた。K₃は睡眠導入剤を利用した殺人事件があったことも思い出し、睡眠導入剤の不正な入手先があるかも知れないと考え、治療を終えて診察室から出てきたNに入手先を質したところ、処方されたものを少しずつ貯めたものであるというのみで、それ以上の情報は得られなかった。しかしながら、K₃は救急病棟で処置のためにNの服を脱がせるのを手伝った際、I市のT薬局発行のレシートが4枚出てきたのを見ていたので、同薬局が睡眠導入剤の取り扱いにつき不正な処方を行っているのではないかと嫌疑を抱くに至った。K₃は以上の事実を上司であるK₁に報告した。K₁は任意で事情を聴取するために、同薬局を経営している薬剤師のX女に来署を求めた。その後、同女を参考人として事情聴取を始めた。その際、Nが薬とアルコールの影響により路上で凍死寸前であったこと、不自然な量の睡眠導入剤を持っていたことを話すと、X女に明らかな動揺が見られた。そこで、K₁は「あなたは処方箋がないのにNに薬を売ったのではないですか」と問うとXは沈黙した。そこで「……意識が戻ったNさんから聞いてるよ。あんたに頼み込んだんだって。俺を助けてくれって。人助けのつもりでやったんだろう…検事さんには起訴猶予か不起訴になるように頼んでやるから、本当のことを話してくれないか…起訴されたところで罰金刑だろうよ。だから、検察官も起訴しないだろうよ。」といったところ、「起訴にはならないんですよね」と何度もXはK₁に言い、K₁も「悪いようにはしない」といったので、Xは以下のように供述した。「…いつも辛そうにしているNさんがどんどん症状がひどくなっているのが見ていられなかったんです。アルコールと併用していることも知っていたんです。でもご近所で、普段からお世話にもなっていましたし…だから、言われるまま4

回、処方箋がないときに売りました」。K₁はXのこの供述を書面に記録し、読み聞かせたた上でXの署名・押印を得た。また、処方箋なしで売った日も、Xの日記で確認できた。しかし、送検の段階で、「人助けだという情状面は理解できなくもない。だが、導入剤を利用した犯罪も多発しているし、本件の回数も複数回に及んでいるから事案は軽くない」という意見が警察署内では大勢を占めた。そこで、Xを送検する際、「厳重に処罰する必要がある」という意見が付された。

その後Xは薬事法49条違反の罪名・罰条で起訴されている。

※薬事法49条　薬局開設者又は医薬品の販売業者は、医師、歯科医師又は獣医師から処方せんの交付を受けた者以外の者に対して、正当な理由なく、厚生労働大臣の指定する医薬品を販売し、又は授与してはならない。ただし、薬剤師、薬局開設者、医薬品の製造販売業者、製造業者若しくは販売業者、医師、歯科医師若しくは獣医師又は病院、診療所若しくは飼育動物診療施設の開設者に販売し、又は授与するときは、この限りでない。（3年以下の懲役若しくは300万円以下の罰金；84条12号）

● 基本知識の確認

①自白とは何か？
②自白法則とは何か？条文上の根拠はどこにあるか？
③憲法や刑事訴訟法が自白に証拠能力を認めないのは、どのような場合か？
④任意性に疑いのある自白を証拠にできないのは、なぜか？
⑤自白法則の根拠としてはどのようなものが考えられるか？
⑥公判廷外でなされた自白を、公判廷で本人に対する不利益証拠として使う場合の根拠条文はどれか？
⑦自白の任意性について、誰が挙証責任を負うか？
⑧不利益な事実の承認とは何か？自白と異なる点は何か？
⑨有罪の自認とは何か？自白と異なる点は何か？

● 判例についての問い

①参考判例1・2・3では自白の証拠能力に影響を与える要素として、裁判所はそれぞれの事例においてどのような事項に着目しているか？
②参考判例4では、自白の任意性に影響を与える要素として、裁判所は何に着目しているか？
③参考判例5は、どのような事案について、どのような判断を下している事例か？

④余罪捜査を理由として接見指定を行使することは許されないというのが判例の立場である（最決昭41・7・26刑集20巻6号278頁）。参考判例6の事案では余罪を理由に弁護士Bからの接見を検察官は拒否している。本判例は接見制限の違法と自白の証拠能力の関係をどのようにとらえていると考えられるか？
⑤参考判例7では、裁判所はどんな事情に着目して自白の証拠能力を否定しているか？
⑥参考判例8において、裁判所は証拠能力を欠く自白を手がかりに得られた証拠物が「毒樹の果実法理」によって排除されるのはどのような場合であると考えているか？
⑦参考判例9はいわゆる反復自白の事例である。第2自白の証拠能力を裁判所はどのような理由で認めているか？

● 設例についての問い

①本件事実経過を前提として、弁護人がXの自白の任意性を争うとすれば、どのような主張が考えられるか？
②本件事実経過を前提として、取調べ検察官が自白の証拠採用を求める場合、どのような主張が考えられるか？
③捜査官が一定の約束をしたために被疑者が自白した場合、約束の内容が実際に履行されたか否かは自白の証拠能力に影響を及ぼすか？
④本件事実経過を前提とするとき、Xの自白に証拠能力を認めることができるか？

● 参考判例

参考判例1　最決昭38・9・13刑集17巻8号1703頁

【事案の概要：Xは公職選挙法等罪で逮捕、取調べを経て起訴された。第一審裁判所は当該事実を認定するにあたり、被告人等の検察官に対する供述調書（自白調書）を証拠として採用した。一審での有罪判決に対して被告人は控訴。X側は控訴趣意書で「検察官の面前での取調べ中手錠を施されたままであった。その際に自白したのであるから、供述は任意性を欠き証拠能力がない」と主張していた。控訴棄却の後、X側は上告して、手錠を施したままでの取調べは供述の強制にあたると主張。】

「弁護人Kの上告趣意第一点は、憲法38条2項違反を主張する。すでに勾

留されている被疑者が、捜査官から取り調べられるさいに、さらに手錠を施されたままであるときは、その心身になんらかの圧迫を受け、任意の供述は期待できないものと推定せられ、反証のない限りその供述の任意性につき一応の疑いをさしはさむべきであると解するのが相当である。しかし、本件においては、原判決は証拠に基づき、検察官は被告人らに手錠を施したまま取調を行ったけれども、終始おだやかな雰囲気のうちに取調を進め、被告人らの検察官に対する供述は、すべて任意になされたものであることが明らかであると認定しているのである。したがって所論の被告人らの自白は、任意であることの反証が立証されているものというべく、所論違憲の主張は、その前提を欠き、その余は単なる法令違反の主張にすぎない」。

参考判例2　最判昭41・7・1刑集20巻6号537頁

【事案の概要：収賄被告事件で、被告人Xは収受した金員は返還した旨の供述を捜査員に行っていた。贈賄被疑者Yの弁護人L₁に対して検察官Pが、Xが素直に自供すれば起訴猶予もありうる旨の発言をした。L₁は、この検察官の発言をXの弁護人L₂に伝えた。

　L₁とL₂がXにこの話をしてXに自白を勧めたところ、Xは自白した。ところが、この自白から、Xが完全に返還したのは収受した物品のみであり、金員は半額しか返していないことが判明した。そこで、Xは起訴され、有罪判決を受けた。被告人の控訴棄却。X側は上告して「検察官が直接被疑者に対し不起訴処分にする旨を約束して供述させた場合、その自白は任意になされたものでない疑いがある」と主張した。】

　「被疑者が起訴不起訴の決定権を持つ検察官の、自白をすれば起訴猶予にする旨の言葉を信じ、起訴猶予になることを期待していた自白は、任意性に疑いあるものとして、証拠能力を欠くものと解するのが相当である」。

参考判例3　最判昭45・11・25刑集24巻12号1670頁

【事案の概要：被告人Xとその妻であるYの共謀による拳銃買受・所持が疑われた事案で、捜査機関は両名を別々に取り調べた。その際、Yは自分の一存で拳銃を購入・所持したのであり、Xは本件に無関係であると供述した。ところが、Xの取調べにあたった検察官Pが、「Yはあなたと共謀したうえで本件拳銃の買受・所持に及んだと言っている」と申し向けたところ、XはYと共謀の上、本件犯行に及んだ旨を自白するに至った。その後すぐにYの取調べを行い、Xが自白した旨を告げたところ、Yも自白するに至ったので、自白調書を即座に作成した。そ

して、再度Xを取り調べYも共謀していることについて確認して自白調書を作成した。その後、Xは拳銃の共同不法所持につき、起訴され、一審・控訴審ともに有罪。Xは上告して「**本件自白は偽計により得られたものであり、自白の任意性を欠く**」と主張した。】

「思うに、捜査手続といえども、憲法の保障下にある刑事手続の一環である以上、刑訴法1条所定の精神に則り、公共の福祉の維持と個人の基本的人権の保障とを全うしつつ適正に行なわれるべきものであることにかんがみれば、捜査官が被疑者を取り調べるにあたり偽計を用いて被疑者を錯誤に陥れ自白を獲得するような尋問方法を厳に避けるべきであることはいうまでもないところであるが、もしも偽計によって被疑者が心理的強制を受け、その結果虚偽の自白が誘発されるおそれのある場合には、右の自白はその任意性に疑いがあるものとして、証拠能力を否定すべきであり、このような自白を証拠に採用することは、刑訴法319条1項の規定に違反し、ひいては憲法38条2項にも違反するものといわなければならない。

これを本件についてみると、原判決が認定した前記事実のほかに、検察官が、被告人の取調にあたり、「奥さんは自供している。誰がみても奥さんが独断で買わん。参考人の供述もある。こんな事で二人共処罰される事はない。男らしく云うたらどうか。」と説得した事実のあることも記録上うかがわれ、すでに妻が自己の単独犯行であると述べている本件被疑事実につき、同検察官は被告人に対し、前示のような偽計を用いたうえ、もし被告人が共謀の点を認めれば被告人のみが処罰され妻は処罰を免れることがあるかも知れない旨を暗示した疑いがある。要するに、本件においては前記のような偽計によって被疑者が心理的強制を受け、虚偽の自白が誘発されるおそれのある疑いが濃厚であり、もしそうであるとするならば、前記尋問によって得られた被告人の検察官に対する自白およびその影響下に作成された司法警察員に対する自白調書は、いずれも任意性に疑いがあるものといわなければならない。

しかるに、原判決は、これらの点を検討することなく、たやすく、本件においては虚偽の自白を誘発するおそれのある事情が何ら認められないとして、被告人の前記各自白の任意性を認め、被告人の司法警察員に対する供述調書を証拠として被告人を有罪とした第一審判決を是認しているのであるから、審理不尽の違法があり、これを破棄しなければいちじるしく正義に反するものというべきである」。

参考判例4　浦和地判平3・3・25 判タ760号261頁（いわき覚せい剤事件）

【事案の概要：覚せい剤常習者であり2件の前科もある被告人Xは、覚せい剤の共同譲受を理由に起訴されたのであるが、その公判において、主として以下の点を主張して、取調べにあたった警察官K及び検察官Pの取調べにより作成された自白調書の証拠能力を争った。①Kによる取調べに際しても、一度も黙秘権が告知されなかったのみならず、「否認するな、否認すれば重くなるぞ」「検察官に謝れ」などと捜査員が発言していた。②それでもなおXが否認したところ、Kはこれを調書に記載せず、読み聞かせも行わずに警察官調書が作成されたこと。③検察官Pは黙秘権および弁護人選任権の告知はしたが、Xの弁解を聞こうとせず、警察調書に基づき自白調書を作成したこと。】

「（警察官Kに対する被告人の供述調書の任意性に関して）

確かに、黙秘権の告知がなかったからといって、そのことから直ちに、その後の被疑者の供述のすべての任意性が否定されることにはならないが、被疑者の黙秘権は憲法38条1項に由来する刑事訴訟法上の基本的、かつ、重要な権利であるから（同法198条2項）これを無視するような取調が許されないことも当然である。そして刑訴法は捜査官による被疑者の取調の必要と被疑者の右権利の保障の調和を図るため（すなわち、取調べによる心理的圧迫から被疑者を解放するとともに、取調官に対しても、これによって、取調べが行きすぎにならないよう自省・自戒させるため）、黙秘権告知を取調官に義務づけたのであって、一般に、右告知が取調べの機会を異にする毎に必要であると解されているのは、そのためである。従って、本件におけるように、警察官による黙秘権告知が、取調べ期間中一度もされなかったと疑われる事案においては、右黙秘権不告知の事実は、取調べにあたる警察官に、被疑者の黙秘権を尊重しようとする基本的態度がなかったことを象徴するものとして、また、黙秘権告知を受けることによる被疑者の心理的圧迫の解放がなかったことを推認させる事情として、供述の任意性判断に重大な影響を及ぼすものといわなければならず、右のような観点からすれば、本件において、被告人が、検察官や裁判官からは黙秘権の告知を受けていることとか、これまでに刑事裁判を受けた経験があり黙秘権の存在を知っていたと認められることなどは、右の結論にさして重大な影響を与えないというべきである……弁護人選任権の告知は、当然のことながら、明確に、かつ、わかり易い表現でされなければならず、いやしくも、被疑者に右権利行使を躊躇させるようなニュアンスを感じさせるものであってはならない。そのような観点からみる限り、Kが被告人に告げたとされる「弁護士

は必要ないな。」「いらないな。」などという言葉が、弁護人選任権告知の意味を持ち得ないことは明らかであろう。また、捜査官による右権利の不告知は、黙秘権不告知の場合と同様、当該捜査官に被疑者の弁護人選任権を尊重しようという気持がなかったことを推認させる。（中略）…このようにみてくると、被告人に対し、検察官や裁判官からは弁護人選任権の告知があったこと及び被告人が右権利の存在を現に知っていたことを考慮しても、Kら警察官の右権利不告知及びその後の言動は、被告人の警察官に対する供述の任意性を疑わせる重大な事由であるというべきである。……

五　被告人の検察官に対する供述調書の任意性について

1　一般に、被疑者の警察官に対する供述調書の任意性に疑いがあるときは、検察官において、被疑者に対する警察官の取調べの影響を遮断するための特段の措置を講じ、右影響が遮断されたと認められない限り、その後に作成された検察官に対する供述調書の任意性にも、原則として疑いをさしはさむべきである。なぜなら、一般の被疑者にとっては、警察官と検察官の区別及びその相互の関係を明確に理解することは難しく、むしろ両者は一体のものと考えるのが通常であり……、特に、被疑者が、検察官への送致の前後を通じ、起訴前の身柄拘束の全期間中、代用監獄である警察の留置場に身柄を拘束されている本件のような事案においては、単に取調べの主体が警察官から検察官に交代したというだけでは、警察官の取調べによって被疑者の心理に植えつけられた影響が払拭されるとは考えられず、右影響を排除するためには、検察官による特段の措置（例えば、被疑者の訴えを手がかりに調査を遂げて、警察官による違法・不当な言動を発見し、警察官に対し厳重な注意を与えるとともに、身柄を拘置所へ移監するなどした上で、被疑者に対し、今後は、そのような違法が行われ得ない旨告げてその旨確信させ、自由な気持で供述できるような環境を整備することなど）が必要であると考えられるからである。

2　そこで、右の見解のもとに、本件におけるP検事の取調べの態度・方法について検討するのに、まず、同検事は、警察段階と異なり、被告人に対し、黙秘権及び弁護人選任権は、これを告知したと認められるが、右は、法律上要求される当然の義務を尽くしたというにすぎず、これだけでは、前記の意味における特段の措置を講じたことにならないのは、当然のことである。そして、同検事は、その取調べを行った当時、警察官が前記のような違法・不当な言動に出ていることに気付いておらず、これを是正すべき措置を何ら講じていないのであるから、そのことだけから考えても、被告人の検察官に対する本件各供述調書の任意性を肯定することは困難であるといわなければならない」。

参考判例 5　最決平元・7・4 刑集 43 巻 7 号 581 頁

【事案の概要：殺害され発見された被害者と親密な関係にあった被告人 X は死体の発見直後に捜査員に任意同行を求められ、警察署に同行した。時刻は午後 11 時過ぎであり、11 時半過ぎから取調べが始まった。取調の冒頭、X はポリグラフ検査をも含む取調に協力する旨を捜査員に伝えた。その後夜を徹しての取調べが続き、X は午前 9 時半ごろ殺害を自白し始めた。その後、X は警察側からの要求に従い、犯行の概要を記載した上申書を作成した。これは途中昼休みを挟み、午後 2 時ごろまでかかった。ところが同書の内容が捜査員に判明していた事実（強盗殺人の嫌疑を推認させるものであった）と異なっていることから更に取調べが続けられたところ、X は強盗殺人を犯した旨の上申書を作成した。（午後 4 時ごろ）この X の上申書を疎明資料として逮捕状が請求され、通常逮捕が行われた。（午後 9 時 25 分）その後、被告人は強盗致死罪の罪で起訴された。（有罪）被告人は、上告して、本件捜査において任意捜査の限界を超えた違法な捜査が行われており、そこで得られた供述調書及び供述書は証拠排除されるべきであると主張した。】

「…本件任意取調べは、被告人に一睡もさせずに徹夜で行われ、更に被告人が一応の自白をした後もほぼ半日にわたり継続してなされたものであって、一般的に、このような長時間にわたる被疑者に対する取調べは、たとえ任意捜査としてなされるものであっても、被疑者の心身に多大の苦痛、疲労を与えるものであるから、特段の事情がない限り、容易にこれを是認できるものではなく、ことに本件においては、被告人が被害者を殺害したことを認める自白をした段階で速やかに必要な裏付け捜査をしたうえ逮捕手続をとって取調べを中断するなど他にとりうる方途もあったと考えられるのであるから、その適法性を肯認するには慎重を期さなければならない。そして、もし本件取調べが被告人の供述の任意性に疑いを生じさせるようなものであったときには、その取調べを違法とし、その間になされた自白の証拠能力を否定すべきものである。

3　そこで、本件任意取調べについて更に検討するのに、次のような特殊な事情のあったことはこれを認めなければならない。

すなわち、前述のとおり、警察官は、被害者の生前の生活状況等をよく知る参考人として被告人から事情を聴取するため本件取調べを始めたものであり、冒頭被告人から進んで取調べを願う旨の承諾を得ていた。

また、被告人が被害者を殺害した旨の自白を始めたのは、翌朝午前 9 時半過ぎころであり、その後取調べが長時間に及んだのも、警察官において、逮捕に必要な資料を得る意図のもとに強盗の犯意について自白を強要するため取調べ

を続け、あるいは逮捕の際の時間制限を免れる意図のもとに任意取調べを装って取調べを続けた結果ではなく、それまでの捜査により既に逮捕に必要な資料はこれを得ていたものの、殺人と窃盗に及んだ旨の被告人の自白が客観的状況と照応せず、虚偽を含んでいると判断されたため、真相は強盗殺人ではないかとの容疑を抱いて取調べを続けた結果であると認められる。

　さらに、本件の任意の取調べを通じて、被告人が取調べを拒否して帰宅しようとしたり、休息させてほしいと申し出た形跡はなく、本件の任意の取調べ及びその後の取調べにおいて、警察官の追及を受けながらなお前記郵便貯金の払戻時期など重要な点につき虚偽の供述や弁解を続けるなどの態度を示しており、所論がいうように当時被告人が風邪や眠気のため意識がもうろうとしていたなどの状態にあったものとは認め難い。

4　以上の事情に加え、本件事案の性質、重大性を総合勘案すると、本件取調べは、社会通念上任意捜査として許容される限度を逸脱したものであったとまでは断ずることができず、その際になされた被告人の自白の任意性に疑いを生じさせるようなものであったとも認められない」。

参考判例6　最決平元・1・23判時1301号155頁

【事案の概要：被告人Xは、詐欺事件（事実①）について起訴・勾留された一方、いまだ起訴に至っていない余罪として恐喝被疑事件（事実②）についても逮捕・勾留されており、そのため起訴前と起訴後の勾留が競合関係にあった。Xは検察官Pより余罪である贈収賄事件（事実③）の取調べを受けていたのであるが、弁護人L₁と接見したのち③について自白した。この間、弁護人L₂がXと接見を求めてきたが、検察官Pは取調べの必要性があるとして直ちに接見させず、4時間ほど後に接見時間を指定し、L₂がXと接見したという事実があった。（一審・控訴審ともに有罪）Xは余罪の取調べを根拠に接見制限を行ったことは憲法31・34・38条に反すると主張して上告した。】

　「…右自白は弁護人L₁が接見した直後になされたものであるうえ、同日以前には弁護人4名が相前後して同被告人と接見し、弁護人L₂も前日に接見していたのであるから、接見交通権の制限を含めて検討しても、右自白の任意性に疑いがないとした原判断は相当と認められる。したがって、憲法違反をいう所論は、前提を欠き、適法な上告理由に当たらない」。

参考判例7　東京高判平14・9・4判時1808号144頁（ロザール事件）

【事案の概要：平成9年11月10日、被告人Xは同居人であるV殺害に関する殺

人事件につき、警察への任意同行に応じ、参考人として取調べを受けた。参考人としての取調べは、初日以降、17日にまで至った。この間、Xの承諾を得てポリグラフ検査も行われている。17日の夕刻、Xの着衣に付着していた血液が被害者のものと一致したことなどから、捜査機関は18日よりXを被疑者として取り調べることにした。19日午後、XはV殺害事件について自白、これにより上申書が作成され、これに基づき逮捕状が請求され、同日夜に逮捕された。この後、自白調書等をもとに殺人罪でXは起訴されている。任意同行から逮捕されるまでの間、捜査機関はXを自宅に帰さず、最初の2日間は娘が入院していた病院、次の2日間は女性警察官の宿舎、最後の5日間はビジネスホテルに宿泊させ、捜査機関の監視のもとに置いていた。一審は、Xの本件自白の証拠能力を認めている。
　Xは控訴して、以上のような態様での宿泊を伴う取調には重大な違法があるから、自白の証拠能力を認めるのは誤りであると主張した。】
　「本件上申書は、任意取調べの最後の日に被告人が作成した書面であって、上記事情に照らせばこの任意取調べの結果得られたものである。また、検察官調書は、任意取調べに引き続く逮捕、勾留中に獲得されたものであるが、捜査官は被告人の着衣に被害者と同型の血痕付着が判明しても直ちには被告人を逮捕せず、2日後に上記被告人の上申書（自白）を得て通常逮捕したものであり、逮捕状請求に際してはこの上申書も疎明資料として添付されていること…などからすると、本件上申書が有力な証拠となって逮捕、勾留の手続に移行したと認められ、本件検察官調書はその過程で得られた証拠である。また、被告人にとっては、直前まで上記のような事実上の身柄拘束に近い状態で違法な任意取調べを受けており、これに引き続き逮捕、勾留中の取調べに進んだのであるから、この間に明確な遮断の措置がない以上、本件検察官調書作成時は未だ被告人が違法な任意取調べの影響下にあったことも否定できない。そうすると、本件自白は、違法な捜査手続により獲得された証拠、あるいは、これに由来する証拠ということになる。
　そして、自白を内容とする供述証拠についても、証拠物の場合と同様、違法収集証拠排除法則を採用できない理由はないから、手続の違法が重大であり、これを証拠とすることが違法捜査抑制の見地から相当でない場合には、証拠能力を否定すべきであると考える。
　また、本件においては、憲法38条2項、刑訴法319条1項にいう自白法則の適用の問題（任意性の判断）もあるが、本件のように手続過程の違法が問題とされる場合には、強制、拷問の有無等の取調方法自体における違法の有無、程度等を個別、具体的に判断（相当困難を伴う）するのに先行して、違法収

集証拠排除法則の適用の可否を検討し、違法の有無・程度、排除の是非を考える方が、判断基準として明確で妥当であると思われる。

　本件自白は違法な捜査手続により獲得された証拠であるところ、本件がいかに殺人という重大事件であって被告人から詳細に事情聴取（取調べ）する必要性が高かったにしても、上記指摘の事情からすれば、事実上の身柄拘束にも近い9泊の宿泊を伴った連続10日間の取調べは明らかに行き過ぎであって、違法は重大であり、違法捜査抑制の見地からしても証拠能力を付与するのは相当ではない。本件証拠の証拠能力は否定されるべきであり、収集手続に違法を認めながら重大でないとして証拠能力を認めた原判決は、証拠能力の判断を誤ったものであるといわざるを得ない。」

参考判例8　大阪高判昭52・6・28刑月9巻5＝6号334頁（杉本町派出所爆破事件）

【事案の概要：被告人Xは、以下の事実について起訴された。①1972年5月5日ころ、A大学（大阪市住吉区）にて、ガラス瓶入り硝酸カリウム等の薬品類約4.1キログラムを窃取した。②同年12月26日、同区所在の派出所において、時限装置つきの爆発物を爆発させ、当該派出所に居合わせた警察官に対し傷害を負わせた。③1973年7月15日午前10時30分ころ、同区にあるアパートの近隣の空地において、Yに暴行を加え傷害を負わせた。④1972年11月下旬ころ、同区に所在する某アパートの室内において、鉄パイプ爆弾2個を製造し、1973年7月30日までの間、A大学構内及び同市所在のB大学の大学本部屋上等に右爆弾2個を隠匿して所持した。

　Xは③により逮捕・勾留され、Kらより取調べを受けた際、②及び④事実についても自白し、自白調書が作成されている。Xの自白に基づき、④事件の爆弾が捜索・押収され、それらについても検証調書や鑑定書が作成されている。Xは本件第一審公判廷で起訴事実につきそれを認める供述を行った。検察官は④に関して作成された検証調書等の証拠調請求を行い、裁判所は証拠調べを実施した。

　ところが、検察官が本件の全公訴事実に関するXの全供述調書を証拠調べ請求した際、Xはそれらすべての任意性を争った。

　第一審は大要以下の事実を認定し、請求を却下した。(1)②事実の取調べは③事件を理由とする逮捕・勾留を利用したものであるところ、その旨を主張し、取調べを拒否したが無視され、取調べが強行された。(2)Kらは、③事件の現場からXの指紋が発見されている、Xの同棲相手の女性が参考人として事情聴取され、事件の一切について話した、とXにほのめかした。(3)Xの弟が罪証隠滅行為に関与

しているという偽情報が与えられ、Xが自白すれば弟に対する追及を控える旨を、Kらからほのめかされた。(4)KらはXが黙秘権を行使せずに自白を維持すれば罪責が軽くなるという内容のことを同種事件の裁判例などを挙げながらXに説明した。

　第一審は①・②の事実については公判廷におけるXの自白と補強証拠の存在により有罪判決を言い渡した。(③事実も有罪）しかしながら、④事実については、上記(1)・(4)の理由で自白調書は任意性を欠いており、また、④に関して公判廷で取り調べられた検証調書等は前記自白に直接由来するから証拠能力を欠くとし、それゆえXの④に関する公判廷の自白には補強証拠がないとして④については無罪判決を言い渡した。X及び検察官の双方が控訴した。】

　高裁は、一審が指摘した利益誘導・欺罔といった手法はもっぱら②事実の取調べに際して用いられたものであるが、他方、④事実の自白は自発的になされ、むしろXの方から積極的に自供したものであるとし、④に関する自白の任意性をも否定した一審の判断には誤りがあるとした。そして④に関する自白に由来する書証について、それが任意性を欠く自白に由来するものとして証拠能力を否定した一審の判断に対して、次のように判示した。「本件において「毒樹の果実」が問題となっているのは、不任意自白に由来して得られた派生的第二次証拠であるが、派生的第二次証拠の収集手続自体にはなんら違法はなく、それ自体を独立してみる時なんら証拠使用を禁止すべき理由はなく、ただ、そのソースが不任意自白にあることから不任意自白の排除効を派生的第二次証拠にまで及ぼさるべきかが問題となるのである。そこでまず第一に「不任意自白なかりせば派生的第二次証拠なかりし」という条件的関係がありさえすればその証拠は排除されるという考え方は広きにすぎるのであって、自白採取の違法が当該自白を証拠排除させるだけでなく、派生的第二次証拠をも証拠排除へ導くほどの重大なものか否かが問われねばならない。違法に採取された自白の排除の中には、(1)憲法38条2項、刑事訴訟法319条1項の……ように虚偽排除の思想を背景に持ちつつも、むしろ人権擁護の見地から人権侵害を手段として採取された自白の証拠使用が禁止されるもの、(2)刑事訴訟法319条1項の……ように、約束、偽計など主として虚偽排除の見地から虚偽の自白を招くおそれのある手段によって採取された自白の使用が禁止されるもの、(3)憲法31条の適正手続の保障による見地から自白採取の手続過程に違法がある自白の証拠使用の禁止が問題とされるもの等がある。そこで考えると、自白獲得手段が、拷問、暴行、脅迫等乱暴で人権侵害の程度が大きければ大きいほど、その違法性は大きく、それに基づいて得られた自白が排除されるべき要請は強く働くし、その結果そ

の趣旨を徹底させる必要性から不任意自白のみならずそれに由来する派生的第二次証拠も排除されねばならない。これに対して、自白獲得手段の違法性が直接的人権侵害を伴うなどの乱暴な方法によるものではなく、虚偽自白を招来するおそれがある手段や、適正手続の保障に違反する手段によって自白が採取された場合には、それにより得られた自白が排除されれば、これらの違法な自白獲得手段を抑止しようという要求は一応満たされると解され、それ以上派生的第二次証拠までもあらゆる他の社会的利益を犠牲にしてでもすべて排除効を及ぼさせるべきかは問題である。刑事訴訟法1条は、……犯罪の解明、真実発見と人権あるいは適正手続の保障との調和を十分考慮に入れる必要があることを明らかにしている。この場合の虚偽自白を招くおそれのある手段や、適正手続の保障に違反して採取された不任意自白に基因する派生的第二次証拠については、犯罪事実の解明という公共の利益と比較衡量のうえ、排除効を及ぼさせる範囲を定めるのが相当と考えられ、派生的第二次証拠が重大な法益を侵害するような重大な犯罪行為の解明にとって必要不可欠な証拠である場合には、これに対しては証拠排除の波及効は及ばないと解するのが相当である。もとより、この場合にあっても、当初から、計画的に右違法手段により採取した自白を犠牲にしても、その自白に基づく派生的第二次証拠の獲得を狙いとして右違法な手段により自白採取行為に出たというような特段の事情がある場合には、その自白採取手段の違法性は派生的第二次証拠にまで証拠排除の波及効を及ぼさせるものとなるであろう。……

　かような見地から本件をみるに、原判決が認定するように本件爆弾の製造、所持の犯行についての自白が約束、偽計、利益誘導、他事件の勾留の違法利用により獲得されたものとして任意性に疑いがあるとされて、刑事訴訟法319条1項により証拠能力が否定されるにしても、本件に右特段の事情はなく、かつ本件は爆弾の製造、所持事犯であって、爆発物取締罰則は公共の安全と秩序の維持という社会的法益と人の身体・財産の安全という個人的法益を保護するものであり、爆発物はその爆発作用そのものによって公共の安全をみだし又は人の身体財産を害するに足る破壊力を有する顕著な危険物であって、同罰則違反の罪は、公共危険罪に近い罪質をも具有する重大な犯罪…であり、右自白獲得手段の違法性と本件爆弾の製造、所持事犯の法益の重大性を比較衡量するとき、右自白に基づく結果として発見押収された本件手投式鉄パイプ爆弾2個の捜索差押調書、検証調書、鑑定書等は排除されるべきではないと解するのが相当と認められる。そして、第二に、不任意自白という毒樹をソースとして得られた派生的第2証拠に証拠の排除効が及ぶ場合にあっても、その後、これとは別個

に任意自白という適法なソースと右派生的第二次証拠との間に新たなパイプが通じた場合には右派生的第二次証拠は犯罪事実認定の証拠とし得る状態を回復するに至るものと解せられる。しかるところ、被告人は原審公判廷において、終始本件手投式鉄パイプ爆弾を製造し、これをＢ大学に隠匿所持していた事実及び捜査官が同所で捜索押収して来た本件証拠物たる手投式鉄パイプ爆弾２個が右対象物件であることを認めて来たのであり、右自白は公判廷における任意の自白であるから、右証拠物が当初不任意の自白に基づいて発見押収された派生的第二次的証拠であっても、原審公判廷における任意自白により犯罪事実認定の証拠とし得る状態を回復しているものと認められる。」

参考判例９　最判昭58・7・12刑集37巻6号791頁

【事案の概要：被告人Ｘは住居侵入の罪で逮捕されていたところ（第１逮捕）、その取調べで現住建造物放火についても自白するに至った。その後、放火についても逮捕された（第２逮捕）。その後の勾留質問に際しても、放火についての自白を繰り返している。また、勾留の後、消防吏員により本件火災に関する質問が行われている。この勾留質問調書と、消防吏員の質問により作成された調書の証拠能力が問題となった。本件では第一審・控訴審ともに第１逮捕は放火の取調べを目的とする別件逮捕であるとし、第１逮捕中に作成されたＸの供述調書と、これを資料としてなされた第２逮捕・勾留に際して得られたＸの供述調書の証拠能力を否定している。】

　「㈠勾留質問は、捜査官とは別個独立の機関である裁判官によって行われ、しかも、右手続は、勾留の理由及び必要の有無の審査に慎重を期する目的で、被疑者に対し被疑事件を告げこれに対する自由な弁解の機会を与え、もって被疑者の権利保護に資するものであるから、違法な別件逮捕中における自白を資料として本件について逮捕状が発付され、これによる逮捕中に本件についての勾留請求が行われるなど、勾留請求に先き立つ捜査手続に違法のある場合でも、被疑者に対する勾留質問を違法とすべき理由はなく、他に特段の事情のない限り、右質問に対する被疑者の陳述を録取した調書の証拠能力を否定すべきものではない。

　㈡また、消防法32条１項による質問調査は、捜査官とは別個独立の機関である消防署長等によって行われ、しかも消防に関する資料収集という犯罪捜査とは異なる目的で行われるものであるから、違法な別件逮捕中における自白を資料として本件について勾留状が発付され、これによる勾留中に被疑者に対し右質問調査が行われた場合でも、その質問を違法とすべき理由はなく、消防職

員が捜査機関による捜査の違法を知ってこれに協力するなど特段の事情のない限り、右質問に対する被疑者の供述を録取した調書の証拠能力を否定すべきものではない」。

　なお、本判決には伊藤裁判官の補足意見が付されている。「違法収集証拠（第一次的証拠）そのものではなく、これに基づいて発展した捜査段階において更に収集された第二次的証拠が、いわゆる「毒樹の実」として、いかなる限度で第一次的証拠と同様に排除されるかについては、それが単に違法に収集された第一次的証拠となんらかの関連をもつ証拠であるということのみをもって一律に排除すべきではなく、第一次的証拠の収集方法の違法の程度、収集された第二次的証拠の重要さの程度、第一次的証拠と第二次的証拠との関連性の程度等を考慮して総合的に判断すべきものである。本件現住建造物等放火罪を理由とする逮捕、勾留中における、捜査官に対してされた同罪に関する被告人の自白のように、第一次的証拠の収集者自身及びこれと一体とみられる捜査機関による第二次的収集証拠の場合には、特段の事情のない限り、第一次的証拠収集の違法は第二次的証拠収集の違法につながるというべきであり、第二次的証拠を第一次的証拠と同様、捜査官に有利な証拠として利用することを禁止するのは、将来における同種の違法捜査の抑止と司法の廉潔性の保持という目的に合致するものであって、刑事司法における実体的真実の発見の重要性を考慮にいれるとしても、なお妥当な措置であると思われる。したがって、第一審判決及び原判決が、その適法に認定した事実関係のもとにおいて、捜査官に対する被告人の各供述調書の証拠能力を否定したことは適切なものと考えられる。

　しかしながら、本件勾留質問は、裁判官が、捜査に対する司法的抑制の見地から、捜査機関とは別個の独立した職責に基づいて、受動的に聴取を行ったものであり、またこれに対する被告人の陳述も任意にされたと認められるのであるから、その手続自体が適法であることはもとより、この手続に捜査官が支配力を及ぼしたとみるべき余地はなく、第一次的証拠との関連性も希薄であって、この勾留質問調書を証拠として許容することによって、将来本件と同種の違法捜査の抑止が無力になるとか、司法の廉潔性が害されるとかいう非難は生じないと思われる。（なお、ここにもいわゆる自白の反覆がみられるのであるが、一般に、第二次的証拠たる自白が第一次的証拠たる自白の反覆の外形をもつ場合に、第一次的証拠に任意性を疑うべき事情のあるときは、証拠収集機関の異同にかかわらず、第二次的証拠についてもその影響が及ぶものとみて任意性を疑うべきであるとしても、本件において、第一次的証拠につき、その収集が違法とされ、これが排除されたのは、前記のとおり、任意性には必ずしも影響を

及ぼさない理由によるものであるから、単に自白反覆の故をもって、直ちに第二次的証拠を排除すべきものとすることは適切でない。)

　また、消防機関は、捜査機関とは独立した機関であり、その行う質問調査は、効果的な火災の予防や警戒体制を確立するなど消防活動に必要な資料を得るために火災の原因、損害の程度を明らかにする独自の行政調査であって、犯人を発見保全するための犯罪の捜査ではないから、消防機関が右行政目的で行った質問調査が、捜査機関によって違法に収集された第一次的証拠を資料として発付された逮捕状、勾留状による被疑者の身柄拘束中に、当該被疑者に対して行われたとしても、そこに捜査と一体視しうるほどの密接な関連性を認めて、その質問に対する任意の供述の証拠能力を否定すべきものとする必然性のないことは、裁判官による勾留質問の場合と同様である。もとより、捜査機関が、その捜査の違法を糊塗するためにとくに消防機関に依頼し、これに基づき、消防官が、捜査官においてすでに違法に収集した証拠を読み聞かせるなどして質問をし、これに沿うようその供述を誘導して録取するなど、消防機関の質問調査を捜査機関による取調べ又は供述録取と同一視すべき事情があるときは、その調書の証拠能力を否定することが相当とされる。しかし、本件においては、そのような事情があるとはいえない。

　以上のように右勾留質問調書及び消防官調書は第一次的証拠との関連の程度が希薄であることに加え、本件の事案も重大であり、右各調書は証拠としても重要であること等を総合考慮すれば、これらの証拠能力を否定することは、違法収集証拠の排除の目的を越えるものであるというべきであるから、これらの調書を裁判の資料とした措置には、所論の違法があるものとはいえない」。

● 発展問題

①参考判例8では、不任意自白を生ぜしめた手段の重大性に着目して、当該自白から得られた派生証拠の証拠能力を論じるという判断手法がとられている。参考判例のような「重大性判断」の枠組みに問題はないか？また、派生証拠の排除を検討するに際して「事案の重大性」を考慮要素に入れることに問題はないか？

②参考判例8では、捜査段階での不任意自白をソースとして得られた自白が、公判廷における自白により違法状態が回復されるかのような説示をしている。事後的に適法状態が生じたことを派生証拠の証拠能力を肯定する理由とすることに問題はないか？

③参考判例9の事案で、捜査官に対する自白が、脅迫による自白であるという

理由で任意性を否定された場合、勾留質問調書における自白は証拠能力を認められるか？

④参考判例10は捜査機関の取調べが被疑者にどのような影響を与えるものであると判示していると考えられるか？被疑者の黙秘権の保障と弁護人選任権・立ち合い権の保障をどのように関連付けているか？また、諸権利の告知の有無と被疑者の供述の任意性との関連をどのように捉えていると思われるか？

参考判例10　Mirandav.Arisona（ミランダ事件）
　　　　　　（384U.S.436,86S.Ct.1602,16L.Ed.2d694(1966)）

【事案の概要：被告人Ｘは誘拐・強姦の容疑で逮捕された。その後、いわゆる面割が行われたのであるが、それに際して、被害者Ｖの証言により犯人と識別された。その後Ｘは取調室に連行されて取調べを受け、本件事件につき自白した。なおＸは「法律上の権利を十分に理解した」旨の文言を含む供述書に署名していた。その後Ｘは有罪判決の言渡しを受けた。これに対してＸは大要以下のように主張して、控訴した。「本件取調べに際しては弁護人依頼権も告知されず、弁護人の立会いもなく、そこで採取された自白は証拠能力を欠く」。

州最高裁は、有罪判決を維持。その理由は、前科もあるＸは司法手続を熟知しており、本件のように弁護人依頼権の告知がなされなかったとしても、その余の事情を総合考慮すれば自白の任意性は肯定できる、というものであった。Ｘは上告。】

（参考）

アメリカ合衆国憲法修正第５条

：何人も、大陪審による告発または正式な起訴によるのでなければ、死刑を科すことができる罪その他の破廉恥罪につき公訴を提起されることはない。但し、陸海軍内で発生した事件、または、戦争もしくは公共の危機に際して、現に軍務に従事する民兵部隊の中で発生した事件については、この限りでない。何人も、同一の犯罪について、重ねて生命または身体の危険にさらされることはない。何人も、刑事事件において、自己に不利な証人となることを強制されない。何人も、法の適正な手続によらずに、生命、自由または財産を奪われることはない。何人も、正当な補償なしに、私有財産を公共の用のために収用されることはない。

同第６条

：すべての刑事上の訴追において、被告人は、犯罪が挙行された州の陪審であっ

て、あらかじめ法律で定めた地区の公平な陪審による、迅速かつ公開の裁判を受ける権利を有する。被告人は、訴追の性質と理由について告知を受け、自己に不利な証人との対質を求め、自己に有利な証人を得るために強制的手続を利用し、かつ、自己の防禦のために弁護人の援助を受ける権利を有する。

　連邦最高裁判所は大要次のように判示。「訴追側は、それが免責的であれ負罪的なものであれ、自己負罪拒否特権を保証するために有効な手続上の保護手段を用いたことを立証した場合以外は、身体を拘束して行われた取調べにより得られた被告人の供述を使うことはできない…（中略）…被疑者に黙秘権を告知し、それを行使する機会を常に保障するために十分に効果のある方法が取られている場合以外は、いかなる質問を行うよりも前に、被疑者には、黙秘権があること、被疑者供述が不利益に使用される場合があること、私選又は国選弁護人の立会を求める権利があることが告知されねばならない。被告人は任意且つ理性的にこれら権利を放棄することができる。…（中略）…
　適当な保護手段が取られない限り、身体拘束による被疑者の身柄の取調べ過程には、個人の抵抗力を弱め、供述を強要する強力な圧力が内在する。これに対して黙秘権を行使する十分な機会を被疑者に与えるためには、被疑者は自己の権利を適切且つ効果的に告知されねばならないし、その権利行使は十分に尊重されねばならない。そのためには、以下のことを被疑者に明確に伝えることが順守されねばならないと考える。被疑者に黙秘権があること。被疑者の供述が公判において不利益に使われる場合があること。弁護人と相談し、取調べ中に弁護人を立ち会わせる権利を被疑者が持つこと。被疑者が貧困である場合には国選弁護人が選任されること。また、もし被疑者が何らかの方法で取調べ前または取調べ中に黙秘する旨を示せば、取調べは中止されねばならない。弁護人の立会いなしに取調べが続けられて供述が採取された場合、被告人が黙秘権及び弁護人選任・請求権を理性的に放棄したことを立証するための重い挙証責任が検察官側に課される。
　当裁判所は、ある個人が捜査当局により身柄の拘束をされ、また拘束以外の方法で自由を奪われて取調べを受けているとき、自己負罪拒否特権（黙秘権）の保障は危うくなると考える。
　したがって、この権利を保障するための十分な方法が講じられない限り、いかなる取調べにも先立ち、被疑者には以下の警告がなされなければならないと考える。被疑者には黙秘権があること。被疑者の供述が公判廷で自身に対する不利益供述になりうること。弁護人に立ち会ってもらう権利があること。弁護

人を雇うための経済的余裕がない場合でその者が希望する場合に、弁護人が選任されること。この警告が行われた後に、被疑者はこれら権利を十分に理解したうえで放棄し、質問に答えることができる。しかし、この警告および権利放棄が訴追側に立証されない限り、取調べにより獲得した証拠を、被告人に不利に使用することはできない。

以上の点から本件について判断すると、州最高裁はＸが特に弁護人を要求しなかった点を強調するが、いかなる意味においても、Ｘは、弁護人と相談し、彼に立ち会ってもらう権利を告知されていない。また、本件にあっては、自己負罪拒否特権（黙秘権が）何らかの効果的な方法で保護されなかったことは明白である。Ｘが、「法律上の諸権利を十分に理解した」旨を含む供述書に署名したという事実だけでは、憲法上の権利を意識的且つ理性的に放棄したということにはならない。（原判決破棄）」

● 参考文献

・青木孝之「自白の証拠能力――木谷コートの実践例に学ぶ」木谷明編著『刑事事実認定の基本問題』（成文堂、2008年）173頁
・石井一正『刑事実務証拠法〔第4版〕』（2007年、判例タイムズ社）216-249頁
・大谷剛彦「自白の任意性」平野龍一＝松尾浩也編『新実例刑事訴訟法Ⅲ』（青林書院、1998年）136頁
・大澤裕「自白の任意性とその立証」法律学の争点シリーズ『刑事訴訟法の争点〔第3版〕』（有斐閣、2002年）170頁
・齊藤啓昭「自白の任意性の立証」平野龍一＝松尾浩也編『実例刑事訴訟法Ⅲ』（青林書院、2012年）150頁
・酒巻匡「被告人の供述」法学教室389号（2013年）88頁
・杉田宗久「自白の任意性とその立証」新・法律学の争点シリーズ『刑事訴訟法の争点』（有斐閣、2013年）158頁年）

第24章

自白の信用性評価と補強法則

公文孝佳

● 本章のねらい

> 自白の信用性評価の方法を考える。自白に拠る事実認定についての制限、すなわち補強法則の意味を理解する。その上で、補強証拠が求められる範囲、補強証拠適格・範囲等の問題を考える。

● キーワード

秘密の暴露、補強法則、罪体説、実質説、公判廷外自白、公判廷内自白、伝聞法則、本人の自白、共犯者供述、引っ張り込みの危険、反対尋問権、被告人質問

● 体系書の関係部分

池田・前田	宇藤ほか	上口	白取	田口	田宮
410-417, 471-474 頁	416-424 頁	484-492 頁	382-394 頁	387-396 頁	387-396 頁
福井	松尾（下）	三井	光藤（Ⅱ）	安冨	
364-369 頁	35、40-47 頁	―	188-196 頁	497-504 頁	

● 設　例

　金に困っていたXとYとZの3人は、2011年3月28日午後11時ごろ、H市M町2丁目11番地にあるマンション「M」にあるXの居室にて、酒を飲んでいた。3人とも失業保険で生活しており、特にYとZはマンションのローン返済に苦しんでいた。酒を飲んでいるうちに、Xが「いっそ保険金詐欺でもやるか」と言い出した。YとZは冗談と思いつつ、じゃあ計画を立ててみるかと

3人で話し始めた。Xが、俺はもう車は売り払ったんでできないが、自動車事故の詐欺はどうだと2人に話したところ、YとZが共に話に乗ってきた。当初、YとZが乗っている車にXが車を衝突させるという案をYが唱えたのであるが、それに対してXが、「それだと簡単にばれる。俺は法学部の授業でそれと同じパターンの事例を教わったことがあるからな。第1、保険会社も疑うだろう」といったので、2人がXに腹案はあるかと聞いたところ、Xは、「Yの運転する車とZの運転する車に、女性ドライバーの車をはさむのさ。それで、後ろから煽る。で、その女が加速したところで、女の前にいる方がブレーキを踏むと、前の車に女の車がぶつかるということになる…」とアイディアを出し、説明を始めた。これに際しては、略図に添えて「場所……郊外。MのTの辺り」「女性ドライバー……鈍くさそうな奴を選ぶ……」「大怪我しない程度……60キロくらい」という記載のあるメモが作成されている。（本件メモ）これに対して、YもZも「しかし、俺たち2人が友人だと判ればそこから疑われるんじゃないのか？」と疑問を呈した。これに、Xは「大丈夫さ。2人でそれぞれの車でどっかに遊びに行くことにしていたといえば済む話だ」と答えたので、YとZはうまくいくかも知れないと思い、更に検討した。

　翌3月29日午前5時頃、YとZはXの部屋を出、それぞれの自宅に帰った。（これは後に、X居住のマンションの防犯カメラで確認されている。）

　3月31日午後2時過ぎ、H市M町郊外にある県道甲号線M町T付近の路上において、A女の運転する軽乗用車がYの乗車する普通乗用車に追突し、Yは加療4週間に及ぶ傷害（外傷性頸椎症）を負った。Yは、本件事情を保険会社に秘し、通常の自動車事故により受傷し入院治療したように装い、かねてより契約していた保険契約に基づき、入院約60日分の保険金を保険会社に支払わせた。

　2011年6月13日、A女が実母に付き添われH市のH署に来署し、恐喝被害の相談を行った。その相談内容から、Yが、数度にわたり総額300万円の示談金を要求しており、A女の勤務先に現れたり、「金がないならおれと付き合え」などと申し向けていることなどから、同人が交通事故にかこつけて不当な要求をしていると考えた担当のK₁巡査部長は、交通課に当該事故の情報を問い合わせたところ、事故当初よりA女は「後ろから来た車に煽られて加速して車線変更しようとしたところ、Yさんの車が急ブレーキをかけた」と話していたことが判った。K₁は、保険会社の調査員からも情報提供を受けたのであるが、結果、車2台を使って保険金詐欺事件、事故を理由にしての恐喝事件ではないかという疑念をもつに至った。そこで、刑事課に本件経緯につき伝達したとこ

ろ、K₂警部と部下のK₃・K₄らが捜査にあたることになった。

K₂はA女に「今度Yと会うときは、本署の近くにあるワールドという珈琲店で会ってください。我々もそこで張っています」と伝えた。

6月17日午後7時、A女は前記ワールドに現れ、ほどなくしてYが現れた。YはA女にYは「金を持ってきたか？…でないともっとお前に付きまとうぞ」と申し向けた。A女は、封筒を差出しながら「100万円で許して下さい……貯金を全部おろしたんです」といい、Yがその封筒を受け取ったとき、通路を挟んで隣の座席に座ってA女らの様子をうかがっていたK₂とK₄が立ち上がり、恐喝の現行犯で逮捕した。(午後7時20分)

その後H署へ連行したのであるが、パトカーに乗せる前に「所持品検査させてもらうぞ」とK₃がいい、ポケットの中を見せろといったところ、しぶしぶYが差出したものの中に、本件メモがあった。Yがメモに気づき捨てようとしたので、それを制止した。

H署での取調べでは、K₂によるH署の取調べでYは恐喝の事実につき事実を認めたので、その旨の員面調書が作成された。その過程において、恐喝のもととなった事故はXとZとの共謀により保険金の騙取を目的として行ったこと、騙取した金の一部をZとXの預金口座に振り込んだ旨をも認めたので、これも調書に記載された。このYの供述と本件メモを疎明資料として、6月18日午後5時、K₂は保険金の騙取による詐欺罪を理由として、H簡易裁判所に逮捕状を請求し、同3名は逮捕されるに至った。

取調べに際して、Y・Zの両名は詐欺罪につき全面的に自供し、Xの発案で本件詐欺を実行した旨の自白調書が作成された。他方、Xは一貫して否認し、本件メモについては「冗談で詐欺の話をするときに作ったものです」、「僕は現場にも行ってないし」と主張するのみであった。

第一審は主としてYとZの捜査段階の自白調書を証拠として、詐欺罪を認定し、全員に有罪判決を下している。(YにはA女に対する恐喝罪でも有罪判決が宣告されている。)

● 基本知識の確認

①自白が、有罪証拠としてしばしば重視されるのはなぜか？
②被告人の自白のみに基づいて有罪判決を下すことができるか？根拠条文を指摘しながら答えなさい。
③自白の補強証拠とは何か？自白の補強法則は何のためにあるか？
④被告人が公判廷においてした自白と、捜査段階でした自白だけを証拠として

有罪にすることができるか？
⑤被告人が捜査段階でした自白を証拠として取り調べる場合、それは証拠調べのどの段階で行うべきか？
⑥上の⑤について、自白を取り調べる時期につき法がそのように規定しているのはなぜか？

● 判例についての問い

①参考判例1は、補強証拠が必要とされる範囲をどのように理解しているか？
②参考判例2は、補強証拠による補強の必要な程度・範囲をどのように理解しているか？
③参考判例3は、補強証拠が必要とされる事実の範囲をどのように理解しているか？
④参考判例4は、どのような証拠について補強証拠としての適格性を認めたか？
⑤参考判例5は、自白の信用性判断はどのような方法で判断しているか？
⑥参考判例5がいう「秘密の暴露」とは何か？
⑦参考判例6、7、8は共犯者の供述だけによって被告人を有罪とすることを認めているか？

● 設例についての問い

①本件公判廷において、YおよびZの共犯者供述に依拠して検察官がXの有罪を主張した場合、Xの弁護人が補強法則を援用して反論するとすれば、どのような主張になるか？
②上の①の弁護人の主張に対して、検察官はどのように反論するか？
③共犯者間相互の供述のみに拠ってYとZを有罪とすることはできるか？
④本問でYおよびZの両名が捜査段階では自白をしていたものの、両名とも公判廷で供述および証言を拒絶し、黙秘したとする。YおよびZの捜査段階での検察官に対する供述を以下の場合に利用するための根拠条文はどれか？
　(1)YまたはZに対する証拠として、YおよびZが本件につき共謀・実行に及んだことの証明。
　(2)Xに対する証拠として、Xが本件の共謀・実行に及んだことの証明。

第 24 章　自白の信用性評価と補強法則

● 参考判例

参考判例 1　最判昭 24・7・19 刑集 3 巻 8 号 1348 頁

【事案の概要：強盗事件において、X は有罪判決を受けたのであるが、判決理由に掲げられた証拠は、強盗による財物被害を被った旨の被害届と、被告人の自白のみであった。X は大要以下のように主張し、上告した。】

　「…いわゆる自白の補強証拠というものは、被告人の自白した犯罪が架空のものではなく、現実に行われたものであることを証するものであれば足りるのであって、その犯罪が被告人によって行われたという犯罪と被告人との結びつきまでをも証するものであることを要するものではない。所論の強盗盗難被害届によれば、現実に強盗罪が行われたことが証せられるのであるから、たといその犯人が被告人であることまでがこれによって判らなくても補強証拠として役立つのである。それゆえ、原判決は被告人の自白を唯一の証拠として有罪を認定したものではないから所論は理由がない」。

参考判例 2　最大判昭 30・6・22 刑集 9 巻 8 号 1189 頁（三鷹事件）

【事案の概要：M 駅の車庫に入庫中の無人車両が暴走・脱線し、駅及びその付近にいた 6 名を轢死させたという事案において、X ら 10 名は電車転覆致死罪で起訴された。一審・原審ともに本件が X 単独犯行であるとして死刑判決を下した。
　X は、自身の公判廷供述と検察官面前調書以外に自身が犯罪に関与したことを示す証拠はないと主張し、補強証拠の欠如を理由として上告した。】

　「…原判決は同被告人の本件犯罪事実を肯認するに当たって、第一審判決挙示の同被告人の自白その他多くの証拠を綜合して有罪を認定しているものであることは、原判決の判文上明らかである。ただ右自白以外の証拠によっては、本件電車の発進が同被告人の作為に出でたものであるという点につき、これを直接証拠だてるもののないことは所論のとおりである。しかし同被告人の自白以外の証拠によれば、右事実の肯認を含めた同被告人の本件犯行の自白（同被告人は控訴趣意で、第一審判決の同被告人の自白どおりの事実認定は正しいものであると述べているところである）については、その自白の真実性を裏付けるに足る補強証拠を認め得られるのであって、従って被告人が犯罪の実行者であると推断するに足る直接の補強証拠が欠けていても、その他の点について補強証拠が備わり、それと被告人の自白とを綜合して本件犯罪事実を認定するに足る以上、憲法 38 条 3 項の違反があるものということはできない」。

参考判例 3　最判昭 42・12・21 刑集 21 巻 10 号 1476 頁

【事案の概要：被告人 X は業務上過失致死罪及び無免許運転の罪（旧道交法 118 条 1 項 1 号；現行 117 条の 4 第 2 号）で有罪判決を受けた。X は無免許運転の罪につき、自身の公判廷の自白以外に補強証拠がないとして控訴したところ、その点につき控訴審は大要次のように判示し、有罪判決を維持した。「被告人の自白に補強証拠を必要とするのは、犯罪の客観的側面についてその真実性を保障せんがためであり、無免許という消極的身分の如きその主観的側面については、被告人の自白だけでこれを認定して差支えないと解するのが相当である」。

以上に対して、X は「無免許の事実は無免許運転の罪の最も重要な構成要件事実であり、右のような要件事実についてすら補強証拠を要しないとする原判決の立場を貫くことは、憲法第 38 条第 3 項の規定を全く無視する結果を生ずるのみならず、右のような事実は、現在においては、実務上容易に立証できるものである」と主張し、上告した。】

「弁護人の上告趣意は、憲法 38 条 3 項違反を主張するが、判決裁判所の公判廷における被告人の自白が、同条項にいわゆる「本人の自白」に含まれないことは、当裁判所大法廷判決（昭和 23 年……7 月 29 日刑集 2 巻 9 号 1012 頁、昭和……27 年 6 月 25 日刑集 6 巻 6 号 806 頁）の明らかにするところであり、本件においては、第一審公判廷において被告人が自白しているのであるから、所論は理由がない。

その余の論旨は、憲法 31 条違反を主張する点もあるが、実質は、すべて単なる法令違反、事実誤認、量刑不当の主張であって、刑訴法 405 条の上告理由に当らない。原判決は、道路交通法 64 条、118 条 1 項 1 号のいわゆる無免許運転の罪について「無免許という消極的身分の如きその主観的側面については、被告人の自白だけでこれを認定して差支えないと解するのが相当」であると判示し、被告人が免許を受けていなかった事実については、補強証拠を要しない旨の判断を示している。しかしながら、無免許運転の罪においては、運転行為のみならず、運転免許を受けていなかったという事実についても、被告人の自白のほかに、補強証拠の存在することを要するものといわなければならない。そうすると、原判決が、前記のように、無免許の点については、弁護人の自白のみで認定しても差支えないとしたのは、刑訴法 319 条 2 項の解釈をあやまったものといわざるを得ない。ただ、本件においては、第一審判決が証拠として掲げた S の司法巡査に対する供述調書に、同人が被告人と同じ職場の同僚として、被告人が運転免許を受けていなかった事実を知っていたと思われる趣旨の

供述が記載されており、この供述は、被告人の公判廷における自白を補強するに足りるものと認められるから、原判決の前記違法も、結局、判決に影響を及ぼさないものというべきである。」

参考判例4　最決昭32・11・2刑集11巻12号3047頁

【事案の概要：被告人Ｘは米穀小売業者であるが、いわゆる闇米の取引を行っていた。（食糧管理法違反）本件で問題となった取引は以下のものである。①1951年3月初めころから同年8月12日ころの間に行われた、Ａらを相手とする総計104回にも及ぶ玄米の買受け。②同年4月3日ころから同年8月12日ころまでの間に行われた、Ｂらを相手とする総計265回にも及ぶ精米の販売。Ｘはこれらの違法取引により食糧管理法違反により、逮捕、勾留、起訴され、有罪判決を受けた。その際一審が理由中に挙げた証拠の中に、Ｘの検面調書・員面調書のほかに、本件取引についての記載がなされている「未収金帳」があった。

Ｘは、未収金帳への本件取引の記載は自白と同一視しうるものであるから、補強証拠としてこれを使うことは憲法38条3項に反するとして上告した。】

「所論未収金控帳は原判決説示の如く、被告人が犯罪の嫌疑を受ける前にこれと関係なく、自らその販売未収金関係を備忘のため、闇米と配給米とを問わず、その都度記入したものと認められ、その記載内容は被告人の自白と目すべきものではなく、右帳面はこれを刑訴323条2号の書面として証拠能力を有し、被告人の第一審公判廷の自白に対する補強証拠たりうるものと認めるべきである」。

参考判例5　最判昭57・1・28刑集36巻1号67頁（鹿児島夫婦殺害事件）

【事案の概要：被告人Ｘは以下の公訴事実によって起訴された。「昭和44年1月15日夜、同じ町内に住む友人のＶ₁方に立ち寄った際、Ｖ₁の妻であるＶ₂から情交を誘われて同女と情交を持とうとしたが、丁度帰宅したＶ₁に見とがめられ口論となり、Ｖ₁から包丁で切り付けられた。ところが、Ｖ₂はＶ₁の後方から馬鍬の刃でその頭部を殴打し、同人を床に昏倒させた。その後、ＸはＶ₂と共謀の上、床に昏倒しているＶ₁の頚部をタオルで巻いて締めて同人を絞殺した。また、犯行の発覚を恐れたＸはＶ₂の頭部を前記馬鍬で数回殴打し、タオルで頚部を締め付け、絞殺した」。

その後、第1回公判期日において、Ｘは以下の点を主張し公訴事実を全面否認した。①事件当夜自分が被害者宅に立ち寄った際、被害者夫妻は既に殺害されていた。②アリバイの存在。（一審控訴審ともにＸに有罪判決が宣告されている。）

Xは上告して、自白の信用性評価の誤り、アリバイに関する事実認定の誤り、情況証拠の評価の誤り等を主たる理由として、控訴審判決には判決に影響を及ぼすべき重大な事実誤認（411条3号）があると主張した。】
「…被告人は、捜査段階において、当初犯行を全面的に否認し、その後これを自白するに至ったが、第一審の第1回公判……において、再び犯行を否認する陳述をし、今日に至るまでその否認を続けている。そして、原判決が措信しうるものとした捜査の最終段階における被告人の自白は、原判決の認定に副うものであるが、原判決が右自白の信用性を肯定するにあたり引用した主要な証拠としては、次のものがある。

1　被害者V_2の死体の陰部から採取されたという陰毛3本のうちの1本、及び、これが被告人に由来すると認められる旨のS作成の鑑定書3通
2　V_1方前私道上から採取された車てつ痕の一部が、Xが当時使用していた軽四輪貨物自動車のそれと紋様及び磨耗の形状が符合する旨のT作成の鑑定書
3　被告人の右前腕伸側手関節に存する外傷瘢痕は、恐らく鋭利な刃先又は刃尖にて擦過された極めて浅い切創痕と判断される旨のJ作成の……鑑定書
4　各裁決質問につき被告人に特異反応が認められるとするM作成のポリグラフ検査結果回答書
5　犯行日とされる昭和44年1月15日夜にV_1方へ赴いたことがある旨の被告人の第一審第1回公判における不利益事実の承認
6　被告人が捜査段階において、ことさらに嫌疑を第三者に向けようとするなどの不審な言動をした旨の第一審証人F同Nの各供述
7　犯行のあった時間帯とされる1月15日当夜の被告人のアリバイの一部を否定する第一審証人W、同Iその他多数の証人の各供述

以上の指摘によって明らかなとおり、本件において被告人を犯行と結びつける直接証拠としては、被告人の捜査段階における自白があるだけであり、被告人を本件の真犯人であると断定することができるか否かは、一にかかって、被告人の自白の信用性のいかんによることとなる。ところで、原判決が被告人の自白の信用性を支えるべき客観的な証拠として最も重視しているのは、前記1の証拠であり、2の証拠も、もしもこれによって問題の車てつ痕が犯行当夜に印象されたものであることを確認しうるのであれば、被告人のアリバイの主張を覆し自白の信用性を保障する有力な証拠であるといえる。3の証拠も、その性質上、一応、被告人がV_1から包丁で切りかかられて右手首を負傷した旨の

捜査段階の供述の客観的な裏付けとなりうるものである。しかしながら、4ないし6の各証拠は、その評価が分れうるものであって証拠価値の判断が難しく、いずれにしても、それ自体によって自白の信用性を高度に保障するものとはいえない。そこで、以下、原判決の依拠するこれらの主要な証拠の証拠価値について検討することとする。

二 原判決の検討
 (一)自白の信用性について
　被告人の自白は、本件犯行及びその前後の状況を、一応詳細かつ具体的に述べるものであり、原判決が指摘するとおり、その述べるところには、犯行現場の状況等客観的な事実と符号する部分も少なくなく、一見その信用性を肯定してよいようにも思われる。
　しかしながら、記録上明らかな諸般の客観的事実等と対比しつつ、自白内容をさらに詳しく検討すると、その中には、あらかじめ捜査官の知りえなかった事項で捜査の結果客観的事実であると確認されたというもの（いわゆる「秘密の暴露」に相当するもの）は見当らず、右自白がその内容自体に照らして高度の信用性を有するものであるとはいえない（原判決が自白の信用性を肯定すべき理由として指摘する事項の中にも、右のような意味において自白の信用性を客観的に保障するものは見当らない。）。
　のみならず、記録を検討すると、被告人の自白には、次のとおり、その信用性を疑わせる幾多の問題点があるのに、一、二審の審理においては、これらの点に関する疑問が解消されているとは認められない。
　1 自白に客観的証拠の裏付けがないことについて
　被告人の自白については、これが真実であれば当然その裏付けが得られて然るべきであると思われる事項に関し、客観的な証拠による裏付けが欠けている。
　その一例として、まず、現場遺留指紋の中から、被告人の指紋が一つも発見されなかったという点を指摘することができる。被告人の自白によると、本件は、所用で友人のV_1方へ立ち寄った被告人が、同人の不在中その妻V_2から情交を求められたことが発端となって発生した全く偶発的な犯行であるとされているのであって、被告人が自己の指紋の遺留を防止するための特別の措置をあらかじめ講じたというがごとき事態は想定し難く、また、自白によれば、被告人は当夜V_1方に1時間以上も滞留し指紋のつき易いと思われる同人方の茶わんや包丁にも触れているというのである。したがって、もしも右自白が真実であるとするならば、犯行現場に被告人の指紋が一つも遺留されないというようなことは常識上理解し難いことと思われるのに、記録によれば、捜査官によっ

てV₁方から採取された合計45個の指紋の中からは、被告人のそれと一致するものが一つも発見されなかったとされている。…（中略）…

　次に、被告人の身辺から人血の付着した着衣等が一切発見されていないという点も、問題であろう。被告人の自白によると、被告人は、V₂がV₁を馬鍬の刃で殴打して床上に昏倒させた後、タオルでその頸部を絞めて同人を殺害し、ついで右犯行の発覚を防止する目的で、同じく馬鍬の刃によりV₂を殴打して昏倒させ、前同様タオルで頸部を絞めて同女を殺害したとされているのであって、右自白が真実であるとすれば、このような一連の行動を通じ、その身辺・着衣等に多量の流血の認められる被害者の血液が被告人の身体・着衣に全く付着しないというようなことは常識上ありえないのではないかと思われるのに、警察の綿密な捜査によっても、被告人の身辺からは、犯行に関係があることを示す人血の付着した着衣等が、一切発見されなかったとされている。…（中略）…

　さらに、自白に基づく捜査によっても、犯行に使用された兇器がついに発見されなかったという点も、問題とされなければならない。自白によると、被告人は、V₂がV₁を殴打するのに使用した馬鍬の刃を用いて同女を殴打しその頸部を絞めて殺害したのち、右兇器を自車の後部荷台に投げ入れて帰宅の途につき、現場から約0.7キロメートル離れた郡境付近で見たらこれが紛失していたというのであり、もしも右自白が真実であるとすれば、右兇器は、被告人車の後部荷台から、何らかの理由により路上へ落下したものと考えるほかはなく、原判決は、右兇器が被告人車の後部荷台に存する腐蝕孔から路上に落下した可能性を否定することができないとしている。しかしながら、被告人車の後部荷台に放置された兇器が同車の車体の震動によりその腐蝕孔から路上に落下する可能性は、これを完全に否定することができないにしても、その蓋然性がきわめて小さく余程の偶然が重ならない限りそのようなことが起こるものでないことは、原判決の引用する司法警察員作成の兇器の落下実験に関する報告書の記載自体に照らして明らかなところである。…（中略）…

　以上のとおり、被告人の自白は、その重要な点において客観的証拠による裏付けを欠くものといわなければならない。…（中略）…

　㈡客観的証拠に関する疑問について

　次に、本件において被告人の自白の裏付けとされた客観的証拠の証拠価値について検討する。

　1　陰毛及びその鑑定について

　本件において、被告人の自白の裏付けとなりうる証拠の中で最も重要なもの

は、V_2の死体の陰部から採取されたという陰毛3本のうちの1本（以下、「V_2の毛」という。）及びこれが被告人に由来すると認められるとするS作成の鑑定書3通であり、原判決ももとよりこれらの証拠を重視している。そして、もしも右鑑定書の証拠価値に疑問がないのであれば、被告人の自白は、少なくとも犯行の発端となる特異な事実につき客観的な裏付けがあることとなり、その全体としての信用性も容易に否定し難いことになると思われるのであるから、右陰毛の同一性に関する鑑定書は、本件において被告人を有罪と認定するためのきわめて重要な証拠であるといわなければならない。

しかしながら、右S鑑定については、その鑑定の資料とされたものが、現実にV_2の死体の陰部から採取された陰毛とは異なるものではないかという疑問が提起されており、右の疑問はいまだ証拠上解消されるに至っていないというべきである。…（中略）…

　2　車てつ痕について

記録によると、昭和44年1月18、19日の両日にV_1方前私道上から採取された車てつ痕の中から、被告人車のそれと「同種同型のもの」（18日採取分）及び「紋様、磨耗の形状の符合するもの」（19日採取分）が発見されたとされており、一、二審判決は、右車てつ痕の同一性に関するT作成の鑑定書をも、被告人を有罪と認める証拠の一つとして引用している。そして、右鑑定の資料とされた車てつ痕が犯行のあったとされる1月15日に印象されたものであると認められるのであれば、右鑑定書が、被告人のアリバイの主張を覆しその有罪を推認する有力な証拠となりうるものであることは、さきにも一言したとおりである。

しかしながら、記録によっても、右鑑定の資料とされた車てつ痕が1月15日に印象されたことを確認するに足りる資料はなく、むしろ、右車てつ痕は同日以外の他の機会に印象されたものではないかという疑問が残されているというべきである。すなわち、右車てつ痕が採取されたのは、原判決認定の犯行日から3日ないし4日を経過した1月18日及び19日であるところ、記録によると、同月16日と18日の各夜には降雨のあった事実がうかがわれるのであって、右降雨量のいかんによっては、1月15日に印象された車てつ痕がその紋様の対照の可能な状態で後日採取できなくなる可能性も存在すると思われるのに、記録上は、右車てつ痕を採取したV_1方前私道が「赤土を踏み固めた通路」であり、1月19日の車てつ痕の採取にあたっては前記両日の雨を考慮して「極めて新しい路面こん跡はなるべく採取しない」という方針で採取したとされているだけで、右2回の降雨の量及びこれによる車てつ痕の変容の可能性の有無

などは、全く明らかにされていない。…（中略）…
　㈢犯行時刻の特定とアリバイの成否について
　原判決は、本件犯行の日時について、「昭和44年1月15日午後8時20分ころから同日午後12時ころまでの間」という幅のある認定をしており、右認定は、上迫和典作成の鑑定書など原判決の引用する各証拠に照らして、一応これを是認することができる。
　ところで、被告人の主張する犯行当夜のアリバイのうち、同日午後8時すぎころから午後10時ころまでの間、友人宅を歴訪していたという部分について、これを支持すべき明確な証拠の見当らないことは、原判決の指摘するとおりであるが、被告人がおそくも同日午後10時ころには帰宅していたことは、被告人及びその妻Yが捜査の初期の段階から一貫して供述していたところであって、これに反する証拠は見当らないのみならず、右各供述を裏付ける第三者の供述も存在する。したがって、右犯行時刻が同日午後10時ころ以前であったのか午後10時ころ以降であったのかは、被告人のアリバイの成否を決するうえで、決定的ともいえる重大な意味を有する事実であるといわなければならない。そこで、右の観点から証拠を検討してみると、本件犯行が同日午後10時ころ以前であったことをうかがわせる証拠としては、V_1が左手にはめていたカレンダー付腕時計の日送車の爪の停止位置などから犯行時刻を「1月15日午後8時ころから午後12時ころまでの間」と推定する前記K鑑定のほかには、被害者両名の死体の解剖結果等に基づきこれを同日午後9時ころと推定する捜査官の推測的な供述があるだけであり、右の点については、これ以上の解明がなされていない。…（中略）…
　以上、詳細に説示したとおり、本件においては、被告人を犯行と結びつけるための唯一の直接証拠である被告人の捜査段階における自白及びこれを裏付けるべき重要な客観的証拠について、その証拠価値をめぐる幾多の疑問があり、また、被告人のアリバイの成否に関しても疑問が残されている。したがって、これらの証拠上の疑問点を解明することなく、一、二審において取り調べられた証拠のみによって被告人を有罪と認めることはいまだ許されないというべきであって、原審が、その説示するような理由で本件犯行に関する被告人の自白に信用性、真実性があるものと認め、これに基づいて本件犯行を被告人の所為であるとした判断は、支持し難いものとしなければならない」。

参考判例6　最大判昭33・5・28刑集12巻8号1718頁（練馬事件）

【事案の概要：被告人Xと共同被告人Y・Zらは、製紙会社の労働争議の処理に

対する不満をもち、自分たちとは異なる組合の委員長であるV₁と、紛争処理にあたった警察官V₂に暴行を加えようと共謀、実行隊長としてZが十数名を率い襲撃、V₂を死亡させた。Xらは傷害致死罪で起訴された（一審有罪）。原審は、本件共謀事実に関する証拠として、共同被告人Yの自白調書を挙げ、有罪判決を維持。

以上に対して、Xらは上告して、共同被告人たる共犯者の自白は憲法38条3項にいう「本人の自白」または刑訴法319条2項にいう「自白」にあたると主張した。】

「…憲法38条3項の規定は、被告人本人の自白の証拠能力を否定又は制限したものではなく、また、その証明力が犯罪事実全部を肯認できない場合の規定でもなく、かえって、証拠能力ある被告人本人の供述であって、しかも、本来犯罪事実全部を肯認することのできる証明力を有するもの、換言すれば、いわゆる完全な自白のあることを前提とする規定と解するを相当とし、従って、わが刑訴318条（旧刑訴337条）で採用している証拠の証明力に対する自由心証主義に対する例外規定としてこれを厳格に解釈すべきであって、共犯者の自白をいわゆる「本人の自白」と同一視し又はこれに準ずるものとすることはできない。けだし共同審理を受けていない単なる共犯者は勿論、共同審理を受けている共犯者（共同被告人）であっても、被告人本人との関係においては、被告人以外の者であって、被害者その他の純然たる証人とその本質を異にするものではないからである。されば、かかる共犯者又は共同被告人の犯罪事実に関する供述は、憲法38条2項のごとき証拠能力を有しないものでない限り、自由心証に委かさるべき独立、完全な証明力を有するものといわざるを得ない」。

本判決には真野裁判官をはじめとする下記のような少数意見が付されている。「…憲法38条2項は、「強制、拷問若しくは脅迫による自白又は不当に長く抑留若しくは拘禁された後の自白は、これを証拠とすることができない」と定め、同3項は、「何人も、自己に不利益な唯一の証拠が本人の自白である場合には、有罪とされ、又は刑罰を科せられない」と定めている。これによって警察官、検察官、裁判官が自白偏重の弊に陥ることを防止せんと期しているのである。この趣旨から考えると、自白の内容が、被告人である自白者自身の犯罪事実であると同時に、共同審理を受けている他の共犯者（共同被告人）の犯罪事実である場合においては、当該自白のみで自白者を処罰できないとされる以上、その自白だけで犯罪事実を否認している他の共同被告人を処罰することは、もちろん許されないものと解するを相当とする。もしそうでないとすれば、自白者たる被告人本人はその自白によって有罪とされないのに、同一犯罪事実

を否認している他の共同被告人は却って右同一自白によって処罰されるという不合理な結果を来たすことになる。そればかりでなく、一人の被告人に対してその自白だけでは有罪とされないことを好餌として自白を誘導し、その自白によって他の共同被告人を有罪とするため、それを利用する不都合な捜査が行われる弊害を生ずるおそれがないとは言えない。これでは、憲法が自白偏重の悪弊を防止しようとする意義を没却することになる。

一般に共同被告人は、互に他の被告人に刑責を転嫁し、または自己の刑責を軽減しようとする傾向があるのが通例であるから、一被告人の供述だけで他の共同被告人の罪責を認めることは、人権保障の上においてはなはだ危険であるといわなければならない。

昭和24年5月18日大法廷判決（……刑集3巻6号737頁）は、これらの趣旨に基き、共同被告人の供述はそれぞれ被告人の供述たる性質を有するものであって、それだけの証拠では独立して他の共同被告人の罪責を認めることはできないという立場を採った。そして、この立場に立ちつつ、ある被告人の自白がある場合には、共同犯行に関する他の被告人の供述をもってこれを補強する証拠とすることはできると認めたのである。すなわち、一人の共同被告人の供述は、それだけを証拠として他の被告人の罪責を認めるには足りないけれども、他の被告人の自白がある場合には、その補強証拠とすることはできるという意義にほかならない。したがって、他の被告人の自白がない場合には、その被告人を中心として考えれば、本来補強証拠の問題を生ずる余地のないことは理の当然であり、一人の共同被告人の供述だけを証拠として犯行を否認している他の被告人の罪責を認めることはできないという意義を含んでいることは明らかである」。

参考判例7　最決昭51・2・19刑集30巻1号25頁

【事案の概要：被告人Xは衆議院選挙に際して候補者Aを当選させるべく、Yに現金を供与し、公選法違反で起訴された。捜査段階でYはXから金員の供与があったことを検察官Pによる取調べに際して自白し、自白調書が作成されている。公判においては、XとYは対向犯の関係にあることから当初共同審理を受けていたが、Yは病気のため公判出廷が困難となったので、裁判所は公判を分離した。その後Yは死亡した。一審は、Yがもし生存していれば同一訴訟で審理を受けていたであろうところ、Yに対しては自身の自白があるだけであったから、Yは無罪となるが、他方、対向犯相互でなされた歴史的客観的事実は同一訴訟で審理され合一に確定されねばならない、としたうえで、Xの嫌疑が濃厚であるとしつつ、「疑

わしきは被告人の利益に」の鉄則により、被告人に不利益に有罪と認めることはできない、とした。検察官控訴。原審は、共犯者供述といえど被告人との関係で言えば第三者供述に過ぎないとして、有罪判決を下している。

以上に対して、X側は上告して「共犯者の自白」も「本人の自白」と同一視またはこれに準ずるものとなすべき」であると主張した。】

「弁護人らの上告趣意第一点は、憲法38条3項違反をいうが、共犯者の供述を、右憲法の規定にいう「本人の自白」と同一視し、又はこれに準ずるものとすべきでないことは、当裁判所の判例（昭和……33年5月28日大法廷判決・刑集12巻8号1718頁）とするところであるばかりでなく、本件については、原判決が共犯者の供述のみによって被告人の本件犯罪事実を認定したものでないことは、原判決が掲記する証拠の標目自体によっても明らかであるから、所論は採用することができない」。

本判決には団藤裁判官の反対意見が付されていた。「憲法38条3項は「何人も、自己に不利益な唯一の証拠が本人の自白である場合には、有罪とされ、又は刑罰を科せられない」と規定しているが、ここにいう「本人の自白」の中に共犯者の自白が含まれるかどうかについては、はげしい論争のあるところである。私見によれば、この規定が、自白の偏重を避けて誤判を防止する趣旨である以上、本人の自白と共犯者（必要的共犯者を含む。以下、同じ。）の自白とのあいだに区別はないはずである。自白強要のおそれという見地からみて共犯者の全員について差異がないばかりでなく、誤判の危険という観点からすれば、共犯者甲の自白を唯一の証拠として共犯者乙を処罰することは、本人の自白を唯一の証拠としてこれを処罰することと比較して、むしろ、その危険はまさるともおとらない。共犯者は、動機はともあれ、ややもすれば当局者の意をむかえるために、自分の相棒に不利な事実を誇張し有利な事実を隠蔽しようとする積極的意図のみとめられる場合がかならずしも稀ではないといわれる。共犯者の自白を唯一の証拠として処罰することを許すのは、憲法38条3項の趣旨を没却するものといわなければならない。

そればかりではない。共犯者中の一人が自白をし他の一人が否認をしていて、しかも、他に補強証拠がないという事案を想定するときは、反対説においては、自白をした者は自分の自白しかないから無罪となり、否認をした者は共犯者の自白があるから有罪となるという結果になる。自白をしたものが有罪、否認をしたものが無罪というのならばまだしも、自白をした者が無罪、否認をした者が有罪というのは、はなはだしく非常識な結論である。…（中略）…

多数意見のいうとおり、当裁判所の**参考判例5**の多数意見は、右のような私

見とは反対の結論を採用している。その判示するところによれば、「憲法38条3項の規定は…（中略）…自由心証主義に対する例外規定としてこれを厳格に解釈すべきであって、共犯者の自白をいわゆる『本人の自白』と同一視し又はこれに準ずるものとすることはできない」とされているが、基本的人権に関する憲法の規定が刑事訴訟法上の原則である自由心証主義の「例外規定」だからという理由で厳格に解釈されなければならないというのは、事柄の軽重をあやまるものというべきではあるまいか。のみならず、刑事訴訟法における自由心証主義はもともと事実認定を合理的ならしめるためにみとめられているものであり、これをさらに合理的なものにするために設けられたのが憲法38条3項（なお、刑訴法319条2項、3項）の規定なのである。後者を制限的に解釈しなければならない理由は、どこにもない。この大法廷判決に真野、小谷、藤田、小林、河村大助、奥野各裁判官の反対意見が付せられたのは当然であって、その後、この大法廷判決にしたがつた小法廷判決がいくつか出ているが、その中には高木裁判官（昭和35年5月26日……刑集14巻7号898頁）および田中二郎裁判官（昭和45年4月7日……刑集24巻4号126頁）の反対意見が現われている。わたくしは、これらの各裁判官の反対意見にくみするものであり、前記大法廷の判例は変更されるべきものと考える。…（中略）…

　いま本件についてみるのに、原判決の援用する証拠のうち、主要なものは本件受供与者として被告人の必要的共犯者であったYの供述調書であって、他の証拠がはたしてYの自白を補強するに足りるものであるかどうかは、はなはだ疑わしく、前記のような見地に立って被告人を有罪とするためにはさらに審理を尽すことを要するものといわなければならない。」

参考判例8　最判昭51・10・28刑集30巻9号1859頁

【事案の概要：被告人X₁及びX₂・X₃・X₄の4名は交通事故を偽装し、保険金の騙取を企て、X₁とX₂及びX₃が乗る車に、X₄が運転する車をぶつけ、この事故により入院・加療を要する傷害を受けたとして、入院し、それぞれに保険金の支払いを受けた。一審でX₁は犯行を否認したものの、他3名の自白を主たる証拠として、詐欺罪にて有罪判決を下された。控訴審でも有罪判断は維持された。

　以上に対して、X₁は上告して、共犯者の自白のみにより共謀の事実を認定、有罪認定したことは憲法38条3項に違反すると主張した。】

　「弁護人は憲法38条3項違反を主張するが、当裁判所大法廷判決（昭和23年7月14日……刑集2巻8号876頁、……同年7月19日刑集2巻8号952頁など）の趣旨に徴すると、共犯者2名以上の自白によって被告人を有罪と認定

しても憲法38条3項に違反しないことが明らかであるから、共犯者3名の自白によって本件の被告人を有罪と認定したことは、違憲ではない。のみならず、原判決がその基礎とした第一審判決の証拠の標目によると、共犯者らの自白のみによって被告人の犯罪事実を認定したものでないことも、明らかである」。

本判決には、団藤重光裁判官の以下の様な補足意見が付されている。「…おもうに、一人の被告人のばあいには、その者の自白がいくつあっても、それらが相互に補強証拠となりうるものでないことは、あまりにも当然である。これに反して、共犯者の自白は、いうまでもなく、各別の主体による別個・独立のものである。二人以上の者の自白が一致するときは、たといそれが共犯者のものであろうとも、誤判の危険はうすらぐことになるから、相互に補強証拠となりうるものといわなければならない。ことに、本人も共犯者もともに自白しているようなばあいには、共犯者の自白が本人の自白を補強するものと考えて、本人を有罪とすることができるものというべきである。ただ、本件のように、本人の自白がないばあいに、共犯者二人以上の自白だけで本人の有罪をみとめてよいかどうかについては、右の見地以外に、さらに他の観点からも考察を加えなければならない。けだし、共犯者の自白に補強証拠を必要とすることは、アメリカ合衆国の諸州の法制にみられるところであるが……、そこでは、二人の共犯者の証言があっても、なお、補強証拠を要するものと解されているからである。しかし、こうした法制の背景には、イギリスにおける同様の実務慣行以来の歴史的な沿革があるのであって、その主眼は、共犯者による誤った他人の巻きこみを防止することに置かれている。だから、このばあいに補強証拠が必要とされるのは、一般のばあいのように罪体についてではなく、被告人と犯罪との結びつきの点についてなのである。このような法制は、それなりに合理性をもつものというべきであろうが、こうした沿革をもたないわが国の法制において、憲法38条3項の解釈としてそのままの結論を導くことは困難だといわなければならない。わたくしが、共犯者の自白も「本人の自白」に含まれ補強証拠を必要とするものと解するのは、英米法制を参照しながら、可能なかぎりで、これに近い取扱いをわが憲法38条3項の解釈論にも持ちこもうとする意図をもつものであるが、そこには一定の限界がある……。わたくしは、二人以上の共犯者の自白は相互に補強し合うものであって、否認している本人をこれによって有罪とすることは、憲法38条3項に反するものではないと解するのである。

なるほど、所論のいうとおり、検挙された者が自分に有利な扱いをしてもらうために、捜査官の誘導や暗示に迎合して、他の者を渦中に巻きこむような、

心にもない供述をする危険がないとはいえないであろう。だからこそ、わたくしは、共犯者の自白も「本人の自白」に含まれると解するのである。しかし、だからといって、共犯者の自白が相互に補強証拠にならないとまでいうのは、行きすぎである。二人以上の共犯者の自白があるばあいにも、所論のいうような事態がないとはいえないが、それは事実認定にあたっての自由心証の問題として、また、極端なばあいには捜査官の違法な誘導等による自白という観点から証拠能力の問題として、解決されるべきことである。

　本件では、共犯者三名のほぼ一致した自白があって、これによって被告人の犯罪事実を認めるのに足りるのであり、しかも、共犯者らの自白だけによって被告人の犯罪事実が認定されたのではないのであるから、いずれにしても論旨は理由がないというべきである。わたくしは、多数意見が従来の大法廷判決の趣旨を援用している点には賛成しがたいが、その点を除いては、多数意見に同調する。」

● 発展問題

①共犯者の自白に関して次のような見解がある。以下のような見解をとるとき、反対尋問以外の方法で、いわゆる引っ張り込みの危険を防止するために、刑事訴訟法上どういう措置を考えることができるか。

「共犯者の自白・供述に反する反対尋問が奏功するか否かが問題である。共犯者は、自己が果たした役割は勿論、他の共犯者の行動の詳細を知り、中心的な役割をすり替えて転嫁する場合や犯罪とは無関係の第三者に責任を転嫁するおそれもあり、かかる場合、反対尋問が奏功するかといえば、全体の詳細を知る共犯者に反対尋問をしても、嘘を嘘と見抜かれることもなく、反対尋問に答えることができることを想起すべきであろう。この点に照らすと、共犯者の自白・供述を、反対尋問により供述の信憑性を確かめることができる一般の証人と同じく扱うことには疑問が残る」。

②仮に参考判例6の少数意見に従った場合、設例の事実関係において、Xを有罪とすることは可能か？

● 参考文献

・池田公博「共犯者の供述による立証」井上正仁＝酒巻匡編『三井誠先生古稀祝賀論文集』（有斐閣、2012年）630頁

・石井一正『刑事実務証拠法〔第4版〕』（判例タイムズ社、2007年）

・指宿信「自白の補強証拠」法律学の争点シリーズ『刑事訴訟法の争点〔第3版〕』（有

斐閣、2002 年）176 頁
- 上田信太郎「補強法則再論」浅田和茂＝後藤昭ほか編『村井敏邦先生古稀祝賀論文集──人権の刑事法学』（日本評論社、2011 年）634 頁
- 小早川義則『共犯者の自白』（成文堂、1990 年）
- 酒巻匡「被告人の供述」法学教室 389 号（有斐閣、2013 年）88 頁
- 下村幸雄『共犯者の自白』（日本評論社、1996 年）
- 那須彰「補強証拠」大阪刑事実務研究会編『刑事公判の諸問題』（判例タイムズ社、1989 年）440 頁
- 波床昌則「共犯者の自白の信用性」木谷明編著『刑事事実認定の基本問題〔第 2 版〕』（成文堂、2010 年）285 頁
- 久岡康成「共犯者の自白」法律学の争点シリーズ『刑事訴訟法の争点〔第 3 版〕』（有斐閣、2002 年）178 頁
- 松代剛枝「共犯者の自白」新・法律学の争点シリーズ『刑事訴訟法の争点』（有斐閣、2013 年）164 頁
- 宮城啓子「自白の補強証拠」新・法律学の争点シリーズ『刑事訴訟法の争点』（有斐閣、2013 年）162 頁

第25章

共同被告人の供述

公文孝佳

● **本章のねらい**

> 共犯者として起訴された複数の被告人を共同被告人として審理するとき証拠調べの効果がどのようになるかを理解する。各被告人の権利を保障しながら公判廷で供述を得るためには、どのような審理形態が望ましいか。また共同被告人の供述は他の被告人にどのように作用するのか。本章ではこれらの問題を考える。

● **キーワード**

弁論の分離・併合、自己負罪拒否特権、黙秘権、供述拒否権、共同被告人、共同被告人の証人適格、被告人質問、伝聞法則、相対的特信情況

● **体系書の関係部分**

池田・前田	宇藤ほか	上口	白取	田口	田宮
467-470 頁	302、311-313、348、371 頁	457-458 頁	345-347 頁	393-394 頁	386-389 頁
福井	松尾（下）	三井	光藤（Ⅱ）	安冨	
394-396 頁	81-85 頁	—	267-276 頁	561-566 頁	

● **設 例**

> 横浜市Ｉ区に居住し、不動産・金融業を営んでいたＶは、2013 年 10 月 31 日、神奈川県Ｔ湖畔の、通常は湖の入り江様の地形になっているが折からの渇水で泥濘地帯になってしまっている場所で、遺棄死体として発見された。死体は、青いビニールシートを数回巻き、その上厳重にロープにて梱包されて、重石用

の石を数個付けられていた。また、死体後頭部に鈍器様のもので強打した結果生じたものと思われる陥没があり、死体と共に凶器と思われるスパナが梱包されていた。以上の事実から、T署は殺人・死体遺棄事件として本件の捜査を開始した。その過程において、Ｖからの債務がかなり高額であり、執拗に債務の返済を求められていた数名が浮かび上がった。その中から、犯行時刻のアリバイがないこと、債務返済の件でＶと再三トラブルになっていた個人トラック運転手であるＸが浮かび上がった。T署はＸを同署に呼び、任意で事情聴取を行ったところ、Ｘが殺害・死体遺棄共に自供するに至り、逮捕されるに至った。

　T署Ｋ警部補による取調べに際して、Ｘは以前から生活費やトラックのローンを支払うための金員を融通してくれていたＶが、最近は金員の融通を渋るようになり、また『返済できなかったらトラックを売ってもらう…期限は今年の11月20日までだ』と言い出したことで、殺害を企図した旨を話した。

　取調べの過程において、Ｋが「お前ひとりにしては手際が良過ぎるな。誰か相棒がいたんじゃあないのか」とＸに言ったところ、Ｘは、自分と同様にＶへの債務の返済に苦しんでトラックを売る羽目になってしまったＹと共謀してＶを殺害し、2人でT湖にまで運んで投棄した旨をも自供した。また、凶器となったスパナからＸとＹの指紋が検出された（8年前に傷害事件で有罪判決を受けていた）。以上に加え、Ｖを包んでいたシートの内側からもＹの指紋が発見されたこともあって、Ｙもまた逮捕されるに至った。しかしながら、取調べに際してもＹは犯行への関与を否定し、雑談には応じるものの、殺害事件への関与を問われると否認した。なお、ＸがＶを殺害した時刻に、ＹはＶ宅の駐車場にいるところを近所の住民に目撃されていたし、また、T湖近くのサービスエリアの防犯カメラでも、死体が遺棄された時間帯の直前の時間帯にＹの姿を確認することができた。しかし、取調べに際してＹは、凶器として使われたスパナは、2か月前に静岡に配送に行く途中のＸに貸与したものであって、それ以降Ｘに貸したままになっているものであり、その存在を忘れていたこと、自分の姿が防犯カメラに映っていたのは、自分は営業車を売り払ってしまいアルバイトの日々を送っており、そのためＸに頼まれて荷卸しを手伝ったりすることがよくあり、犯行日もそのような日であったと供述し、自分はＸがＶを殺害して荷台に載せていたことなど思いもよらない、シートの内側に残っていた指紋も荷卸しで何度もそのシートに触れているので残っているのは当然である、凶器のスパナに自分の指紋があったのも本来が自分のものであるから、当然である、死体遺棄も自分が寝ているうちにＸが1人で行ったものだろうと供述していた。

第25章　共同被告人の供述

　検察官は、XとYを殺人・死体遺棄の罪で起訴した。その第1回公判期日の罪状認否に際して、XはYとの共謀の上本件犯行に及んだ旨を述べた。他方、Yは「V殺害事件とは無関係です」と述べた。
　Xは、公判廷で被告人質問に答えて、「YにVの殺害について話をもちかけたところ、彼は『俺もVの奴のためにトラックを売る羽目になってしまい、職にもあぶれた。Vの奴は俺も許せん。協力する』と言ってくれ、俺がVの奴をやったとき、また、T湖で死体を捨てた時も見張りをしてくれました。」と供述している。

● 基本知識の確認

①共同被告人とは何か？
②共同被告人の間で、証拠は当然に共通か？
③被告人に証人適格はあるか？また、共同被告人に証人適格はあるか？
④自己負罪拒否特権または黙秘権を放棄することはできるか？
⑤複数の被告人AとBがいるとき、法廷でのAの供述をBに対する証拠とする手段としてどのようなものがあるか？条文を摘示して答えなさい。
⑥上の⑤で答えた手法のそれぞれの長所と問題点は何か？
⑦複数の被告人がいる場合に併合審理することの利点は、どのようなものか？
⑧共同被告人だった者の弁論の分離は、どのような場合になされるか？

● 参考判例についての問い

①参考判例1は、共同被告人Aが法廷で被告人Bに不利益な供述をした場合に、当該供述にBに対する証拠能力を認めているか？また、その理由をどのように説明しているか？
②参考判例2は、弁論を分離して共同被告人だった者を証人として尋問することを認めているか？また、その理由をどのように説明しているか？
③参考判例2は、弁論分離後に証人として尋問された際の証言を供述者自身に対する証拠とすることを認めているか？その根拠条文は何か？
④参考判例3は、共同被告人の検察官面前調書をどのような伝聞例外として採用することを認めているか？

● 設例についての問い

①設例のような状況では、実務上、Xの供述をYの有罪立証に使う場合に、被告人質問を行うことで対処する場合も多い。それはなぜか？

②上の①のように被告人質問を行う場合、質問者の順序はどのようにするべきか？

③Xに被告人質問を行った際、Xが検察官からの質問には答え、Yと共謀して本件を行った旨の供述が得られたものの、Y側からの反対質問には一切答えず黙秘したとする。この場合、Xの供述をYの有罪証拠としてよいか？

④XとYの2人が犯行時刻にV宅の駐車場にいたことが隣人であるWに目撃されていたとする。Wの目撃証言を内容とする員面調書が証拠調べ請求された際、Xは同意したがYは不同意であった。員面調書の証拠調べ請求に対して裁判所はどのように対応するべきか？

● 参考判例

参考判例1　最判昭28・10・27刑集7巻10号1971頁

【事案の概要：被告人Xは、自身の所管する道路工事の指導監督の職務に関して収賄を行ったとして起訴され、一審及び原審で有罪判決を受けた。その証拠として挙げられていたものの中に、贈賄者である相被告人の公判廷の供述及び検察官に対する供述調書が含まれていた。Xは、共犯者である共同被告人の供述を罪証に供することは憲法37条2項に反するとして上告した。】

「…共犯者たる共同被告人の供述であるからといって全く証拠能力を欠くものではないことは当裁判所の判例の趣旨に徴して明らかである（昭和24年5月18日大法廷判決、判例集3巻6号734頁以下、昭和26年6月29日第二小法廷判決、判例集5巻7号1344頁以下参照）。被告人及び弁護人は刑訴311条3項により共同被告人に対し任意の供述を求めうる機会が与えられているのであって、所論は未だ共同被告人の公判廷における供述の証拠能力を当然に否定すべき事由となるものではない（昭和28年7月10日第二小法廷判決参照）」。

参考判例2　最判昭35・9・9刑集14巻11号1477頁

【事案の概要：被告人X、Y、Zらは、たばこ専売法違反である無許可販売を共謀により行ったという旨の同一の公訴事実につき同一起訴状により起訴され、併合して審理が行われていた。第一審第3回公判期日において被告人等を相互に証人として尋問するため、ここで被告人Xを同人以外の事件から分離して審理する旨の決定がなされ、第一審第4回公判期日において被告人X以外の事件について被告人Xが証人として尋問された後同日再び同被告人の事件を併合し、次いで被告人Yを同人以外の事件から分離して同人以外の事件の証人として尋問した後再

度これを併合し、引続き被告人Zについても同様分離して同人以外の事件の証人として尋問せられた上またこれを併合して審理する旨の決定がなされた。その後第一審第5回公判期日には第一審裁判官は前記被告人らの証人尋問調書をそれぞれの被告人らに対する起訴事実を立証するため刑事訴訟法第322条の証拠としてこれを職権で取り調べた。その際、第一審裁判官は同期日に被告人等に対する質問を行うに当り、各その冒頭において、被告人等に対して、被告人等がそれぞれ証人として述べたことに誤りがないか否かを問い、被告人等は誤りのない旨を述べている。3名の被告人は有罪判決を受けたのであるが、第一審有罪判決は被告人X及びY両名の公判廷における供述を証拠として掲げていた。これに対して被告人らは、「被告人が共犯者と共同被告人として審理されている場合において被告人の事件を分離した上証人として尋問し、後に被告人自身の事件につきその結果なされた右証言又は右証言を内容とする被告人の供述を被告人自身の事件の証拠として用いることは右証言をする際に証人としての供述拒否権が認められる場合であっても、被告人の有する黙否権を侵害するものである」と主張し控訴した。控訴審は一審の判断を維持する。

　以上に対して、被告人らは、共同被告人を分離して証人として尋問することは憲法38条1項に反すると主張して争った。】

　「所論は原判決の憲法38条1項違反を主張する。同規定が、何人も自己が刑事上の責任を問われる虞れのある事項について供述を強要されないことを保障したものであることは最大判昭32年2月20日刑集11巻2号802頁に示されているとおりであるところ、共同被告人を分離して証人として尋問しても、同証人は自己に不利益な供述を拒むことができ、これを強要されるものでないこと（最決昭29年6月3日刑集8巻6号802頁参照）および共同被告人でも事件が分離された後、他の共同被告人の証人として証言することは差支えなく、また他の事件の証人としての証言が自己の犯罪に対しても証拠となること（最決昭31年12月13日刑集10巻12号1629頁参照）もまた当裁判所の判例とするところであるから、所論違憲の主張は採用できない」。

参考判例3　最決昭35・7・26刑集14巻10号1307頁

【事案の概要：失業対策人夫であった被告人X_1ら7名は、待遇改善のために町の助役らを暴行・傷害を加え（①事実；X_1、X_2、X_3、X_4、X_5による）、更にX_1は助役を強力な手段で脅迫し、同人方にダイナマイトを仕掛けてこれを爆発させ（②事実）、X_2とX_6及びX_7がこれを幇助した（③事実）。X_1らは爆発物取締罰則違反等で起訴された。なお、X_1は捜査段階では始終黙秘し、自白調書

は作成されていない。しかし、その他の者は自身が関与した事件につき自白調書が作成されている。

　第一審で被告人X₁らはすべての公訴事実につき否認すると申し述べ、それ以降、公判手続を通じ、事実についての供述を行っておらず、反対尋問等においてもこの旨に副った供述がなされている。

　検察官に対する被告人X₂・X₃・X₄・X₅の自白調書（事実①に対するもの）は第13回公判期日において、X₂・X₆・X₇の自白調書（事実③に対するもの）は第16回公判期日において、各供述者本人に対しては刑訴法322条、他の共同被告人に対しては321条1項2号後段により、検察官より取調べ請求があり、証拠調べがなされている。一審、二審ともに有罪。

　以上に対して、被告人X₁・X₂・X₅らが、「冒頭手続きにおける陳述は検察官調書に対応するような事実に関する供述とはいえず、この段階では、供述者に対する反対尋問の機会は与えられていないから、供述者の公判供述と検察官調書を対比し、その相違点を確かめたうえで特信性の判断を行うというのが321条1項2号の法意である」として上告した。】

　「刑訴291条2項（現3項）の冒頭手続の段階における共同被告人の陳述であっても、それが事実に関する供述を含む限り、共同被告人の供述として、その供述者本人のみならず被告人に対する関係においてもその証拠能力を否定されるべき理由はないし、そしてその陳述内容が前に検察官に対してなした供述と相反し又は実質的に異なるものであり、しかもそれをその後の手続段階においても依然維持している場合には、たとえ共同被告人が所論のように証拠調の段階において供述をしていなくとも、冒頭手続における右陳述は、刑訴321条1項2号にいう「公判期日において前の供述と相反するか若しくは実質的に異なった供述」に当たると解するを相当とする。

　記録によって第一審における本件訴訟の経過を見ると、被告人X₁を除く所論被告人等は、冒頭手続においていずれも、前に検察官に対してなした供述とは相反するか又は実質的に異なるところの各公訴事実全面否認の陳述をなし、最後までこれを維持して変らなかった事実が認められるのみならず、冒頭手続の段階においては兎も角として、証拠調の段階において、特に所論各検察官供述調書……の証拠調施行前においては勿論その後においても所論各被告人又はその弁護人等は、刑訴311条3項の規定による、裁判長に告げて所論各共同被告人に対し同条2項の供述を求める機会が十分与えられており、一審裁判所において何らこれを制限した形跡すら認められず、却って所論各被告人又はその弁護人等においては、自ら敢えてこの権利を行使しようとしなかった事実が認

められる。

　そして原判決は、所論のように、右の相反するか又は実質的に異なった供述がなされたとの一事により直ちに証拠能力を肯定したものではなく、刑訴321条1項2号但書所定の特信情況の存在をも肯認した上、一審判決判示第一の事実に関する所論各検察官供述調書の採証を是認したものであることその判文に徴し明白であるし、また、前記のように、原裁判所が判断を遺脱した同判示第二、第三の事実についての所論各検察官供述調書もまた、その各供述内容から見て前記全面否認の各陳述よりもこれを信用すべき特別の情況があると認められるから、これを採証した一審判決には所論のような刑訴法違反の違法はなく、従ってこれを維持した原判決は結局正当なるに帰する」。

● 発展問題

①設例で、Xが起訴後公判廷中、証拠の取調べを行う前に病死していたとする。このXの検察官の面前での自白調書をYが本件犯行に関与していたことの立証のために使うことができるか？

②共同被告人の公判外供述を別の共同被告人の有罪を証明する証拠として使う場合、**参考判例3**のように321条1項2号後段を適用することに問題はないか？

③弁論分離して共同被告人だったものを証人として尋問した後に、弁論を併合して、終始同じ裁判官が審理を担当することに問題があるか？その問題点を避けるための方策はどのようなものか？

● 参考文献

・井上弘通「被告人複数の場合の公判手続」法律学の争点シリーズ『刑事訴訟法の争点〔第3版〕』（有斐閣、2002年）148頁
・角田正紀「被告人の併合審判」平野龍一＝松尾浩也編『新実例刑事訴訟法Ⅱ』（青林書院、1998年）350頁
・村瀬均「被告人複数の場合の公判手続」新・法律学の争点シリーズ『刑事訴訟法の争点』（有斐閣、2013年）144頁
・山中孝茂「弁論の分離、併合」大阪刑事実務研究会『刑事公判の諸問題』（判例タイムズ社、1989年）180頁
・吉崎芳弥「被告人の併合審判」松尾浩也＝岩瀬徹編『実例刑事訴訟法Ⅱ』（青林書院、2012年）196頁

第26章

違法収集証拠排除法則

角田雄彦

● 本章のねらい

> 違法収集証拠排除法則の根拠、適用基準、適用範囲に関する理解を深める。

● キーワード

違法収集証拠排除法則、相対的排除論、不可避的発見の法理、違法性の承継論、毒樹の果実論、希釈法理、独立源の法理、証拠収集後の違法、排除申立適格、違法収集証拠に対する同意、私人による違法収集証拠

● 体系書の関係部分

池田・前田	宇藤ほか	上口	白取	田口	田宮
478-492 頁	385-401 頁	493-510 頁	370-376 頁	373-380 頁	397-407 頁
福井	松尾（下）	三井	光藤（Ⅱ）	安冨	
352-360 頁	117-123 頁	―	150-170 頁	471-483 頁	

● 設　例

　警察官KがYに対する覚せい剤取締法違反（自己使用）被疑事件についてYを取り調べた際、Yは、Kに対し、「友人Xが友人Zの自宅でZに何らかの水溶液を注射してもらっているのを見た」と供述した。これを聴取したKは、「私は、友人Zの自宅に遊びに行った際に、Zが友人Xに覚せい剤の水溶液を注射してあげているのを見ました」と供述調書に録取し、Yに署名・押印を求めた。すると、Yは、Kに対し、「注射の中味が覚せい剤の水溶液だったと確認した

わけではないので、このままでは署名・押印できない」と応えた。そこで、K は、別紙を用意して、「当職が上記のとおり読み聞かせたところ、供述者は、『ZがXに注射したのが覚せい剤の水溶液だった』とされていますが、水溶液の内容物を確認したわけではありませんので、その旨訂正して下さいと申し立てた」と記載して、Yに対し、「この書類を添付すればいいな」と述べた。これを聞いたYは、その書類が添付されることで録取内容の訂正がされると考え、供述調書に署名・押印した。しかし、Kは、作成した別紙を供述調書に添付することなく破棄し、訂正されないままYの署名・押印がなされた供述調書を完成させた。

　Kは、このYの供述調書に加え、XYZ間の交友関係を明らかにする捜査報告書などを疎明資料として、Xに対する覚せい剤取締法違反（自己使用）被疑事件について、Zの自宅を捜索場所とする捜索差押許可状を請求することとし、同僚警察官Lに対し、請求書と関係資料を裁判官に提出し、裁判官から発付された令状を受け取って、Zの自宅まで持ってくるように、指示した。その上で、Kは、先にZ宅付近で待機し、Lが令状を持ってくるのを待ち、令状を受け取った段階で、Z宅における捜索を開始することとした。Z宅に到着したKがLに携帯電話で連絡をとったところ、ちょうど令状が発付されたところであった。そこで、Kは、請求したとおりの内容で令状が発付されているものと考え、令状の内容をZに確認することなく、電話を切り、A4判の用紙3頁が綴られた捜査関係資料を縦に二つ折りにして、上着の胸ポケットに入れ、Z宅に立ち入り、Zを立会人として、Z宅内の捜索に着手した。

　ZがKに対して「令状が出ているのか」と確認したところ、Kは、黙って上着の胸ポケットに入っている二つ折りにされた捜査関係資料を指さした。このKの対応を見たZは、発付された令状がKの胸ポケットに入っているのだろうと思い、それ以上の確認はしなかった。

　Kは、捜索の結果、Z宅から、覚せい剤や注射器などを差し押え、Zを覚せい剤所持の現行犯人として逮捕した。なお、結果的に、実際になされた捜索の対象や差し押えられた証拠物の内容は、発付されていた令状の記載範囲を逸脱してはいなかった。

　その後、Xは、「Z宅で、Zと共同して覚せい剤を所持すると共に、Zに覚せい剤の水溶液を注射してもらって覚せい剤を使用した」とする覚せい剤取締法違反（共同所持、自己使用）の被疑事実で逮捕・勾留され、同事実を公訴事実として起訴された。

　Xは、弁護人に対し、共同所持の事実も自己使用の事実も否認した。

Xに対する覚せい剤取締法違反被告事件は、公判前整理手続に付され、検察官は、Z宅で差し押えられた覚せい剤等の証拠品のほか、「Xと意思を通じ、自宅に覚せい剤を所持していた。Xに頼まれて、自宅でXに覚せい剤の水溶液を注射してやった」とするZの供述調書などの証拠調べを請求した。
　Xの弁護人は、Xから「自分と一緒にZ宅に出入りしていた友人Yが自分の逮捕される前に覚せい剤関係で逮捕されているので、警察は、自分の件に関して、Yからも事情を聞いているのではないか」と聞いていたことから、Zの供述調書の証明力を判断するための証拠として、Yの供述調書について、法316条の15第6号に基づいて類型証拠開示請求した。すると、前記のYのKに対する供述調書が開示された。そこで、弁護人がすでに覚せい剤取締法違反（自己使用）の罪で刑の執行猶予つきの有罪判決を受けて釈放されていたYに連絡をとって、YのKに対する供述調書について確認したところ、前記のような作成経過であったことが明らかになった。
　Xの弁護人は、Z宅で差し押えられた覚せい剤や注射器などについての検察官による証拠調べ請求に対し、Z宅での捜索差押えが違法であるから、Z宅で差し押えられた物品には証拠能力がなく、取調べに異議があるとの意見を述べた。
　また、Xの弁護人は、予定主張として「Z宅での捜索差押えは違法であって、Z宅で差し押えられた物品には証拠能力がないこと」を明らかにし、この主張との関係で主張関連証拠開示を請求した。これに対して、捜索差押許可状の入手経過に関する捜査報告書、Z宅での捜索差押えの経過を示した捜索差押調書などが開示された。
　そして、Xの弁護人が、「Z宅での捜索差押えは違法であって、Z宅で差し押えられた物品には証拠能力がないこと」を立証趣旨として、Kの証人尋問を請求したところ、検察官も、「Z宅での捜索差押えが適法であったこと」を立証趣旨として、Kの証人尋問を請求した。これに対し、裁判所は、採用して取り調べることとした。さらに、Xの弁護人は、開示された「捜索差押許可状の入手経過に関する捜査報告書」での記載から、令状請求の際の疎明資料として「YのKに対する供述調書」が提出されていたことを確認したので、同供述調書の作成経過に違法があったことを立証するため、YのKに対する供述調書を証拠物として証拠調べ請求すると共に、Yの証人尋問を請求した。裁判所は、これらも採用して取り調べることとした。
　Xの公判で、Yは、前記のとおりの調書の作成経過を証言した。
　また、Kは、検察官による主尋問では、「Z宅での捜索差押えの実施にあたっ

ては、令状を携行し、執行に先立ってZに提示した」と証言したが、Xの弁護人による反対尋問では、「捜索差押許可状の入手経過に関する捜査報告書」における令状発付時刻と「捜索差押調書」における捜索差押えの着手時刻との齟齬を指摘され、実際には前記のとおりに捜索・差押えを実施したことを認める証言をするに至った。

● 基本知識の確認

①違法収集証拠排除法則（排除法則）とは何か。
②排除法則の理論的根拠として、どのようなものが挙げられているか。
③排除法則に条文上の根拠はあるか。
④違法収集証拠であることを理由とする排除の基準について、どのような考え方があるか。相対的排除論とは何か。
⑤排除申立適格とは何か。

● 判例についての問い

①参考判例1は、排除法則の理論的根拠をどのように考えているか。
②参考判例1は、排除の基準をどのように示しているか。
③参考判例1は、事案におけるどのような事情を重視して、覚せい剤の証拠能力を肯定したか。
④参考判例2は、直接の証拠収集手続のみを見ると違法がなくとも、それに先行する捜査手続に違法がある場合について、収集された証拠の証拠能力をどのように判断するべきであるとしているか。
⑤参考判例3は、適法な手続により証拠が収集・発見されたものの、その後の捜査手続に違法がある場合に、その違法が収集された証拠の証拠能力に影響を及ぼすと考えているか。この点で、参考判例7の考え方は異なっているか。
⑥参考判例4では、先行手続における違法が後行手続の適法性に影響を及ぼすものかを判断するにあたって、どのような要素が重視されているか。参考判例6ではどうか。
⑦参考判例5は、「一連の手続を全体としてみた場合に、その手続全体を違法と評価し、これによって得られた証拠を被告人の罪証に供することが、違法捜査抑制の見地から相当でない」か否かを検討する視点に立っている。これは、参考判例2や参考判例4の考え方と異なるか。
⑧参考判例7では、違法な手続と証拠との「関連性」が密接か否かを重視する視点に立って、証拠の排除相当性を検討している。こうした考え方は、参考

判例2の姿勢と異なるか。
⑨参考判例7は、「尿の鑑定書」の証拠能力を否定する一方で、「覚せい剤」の証拠能力を肯定している。このように結論を異にしたのはどのような理由によるか。

● 設例についての問い

①Xの弁護人は、「Z宅で差し押えられた物品には証拠能力がない」という意見の理由として、どのような主張をするべきか。
②設例と異なり、Kは、Lの到着を待ち、令状を受け取り、Zに令状を呈示してから、Z宅における捜索差押えに着手したとする。この場合、Z宅で差し押えられた物品の証拠能力に関する結論は、設例の場合と異なってくるか。
③設例で、検察官としては、「Z宅で差し押えられた物品には証拠能力がない」というXの弁護人による主張に対して、どのような反論をすることが考えられるか。
④KがXの公判でZ宅での捜索差押手続に関する虚偽の供述をしたことについて、Z宅で差し押えられた物品の証拠能力との関係で、弁護人として、どのような主張をすることが考えられるか。
⑤Z宅での捜索差押えに違法があることを理由として、Z宅で差し押えられた物品には証拠能力がないとする主張を、Xに対する被告事件で、Xの弁護人がすることはできるか。

● 参考判例

参考判例1　最判昭53・9・7刑集32巻6号1672頁

【事案の概要：「第1章　職務質問」の参考判例7として紹介したように、最高裁は、Xの承諾がないのに、その上衣左側内ポケットに手を差し入れて所持品を取り出したうえ検査した行為について、職務質問に付随する所持品検査の許容限度を超える違法があったとした。そして、その所持品検査によって覚せい剤が発見され、その所持罪でのXの現行犯逮捕に伴い、当該覚せい剤等が差し押えられたという経過を踏まえて、当該覚せい剤の差押手続も違法であるとした上で、当該覚せい剤の証拠能力について、以下のように判示した。】

「違法に収集された証拠物の証拠能力については、憲法及び刑訴法になんらの規定もおかれていないので、この問題は、刑訴法の解釈に委ねられているものと解するのが相当であるところ、刑訴法は、「刑事事件につき、公共の福祉

の維持と個人の基本的人権の保障とを全うしつつ、事案の真相を明らかにし、刑罰法令を適正且つ迅速に適用実現することを目的とする。」（同法1条）ものであるから、違法に収集された証拠物の証拠能力に関しても、かかる見地からの検討を要するものと考えられる。ところで、刑罰法令を適正に適用実現し、公の秩序を維持することは、刑事訴訟の重要な任務であり、そのためには事案の真相をできる限り明らかにすることが必要であることはいうまでもないところ、証拠物は押収手続が違法であっても、物それ自体の性質・形状に変異をきたすことはなく、その存在・形状等に関する価値に変りのないことなど証拠物の証拠としての性格にかんがみると、その押収手続に違法があるとして直ちにその証拠能力を否定することは、事案の真相の究明に資するゆえんではなく、相当でないというべきである。しかし、他面において、事案の真相の究明も、個人の基本的人権の保障を全うしつつ、適正な手続のもとでされなければならないものであり、ことに憲法35条が、憲法33条の場合及び令状による場合を除き、住居の不可侵、捜索及び押収を受けることのない権利を保障し、これを受けて刑訴法が捜索及び押収等につき厳格な規定を設けていること、また、憲法31条が法の適正な手続を保障していること等にかんがみると、証拠物の押収等の手続に、憲法35条及びこれを受けた刑訴法218条1項等の所期する令状主義の精神を没却するような重大な違法があり、これを証拠として許容することが、将来における違法な捜査の抑制の見地からして相当でないと認められる場合においては、その証拠能力は否定されるものと解すべきである。

　(二)これを本件についてみると、原判決の認定した前記事実によれば、X（被告人）の承諾なくその上衣左側内ポケットから本件証拠物を取り出したK巡査の行為は、職務質問の要件が存在し、かつ、所持品検査の必要性と緊急性が認められる状況のもとで、必ずしも諾否の態度が明白ではなかったXに対し、所持品検査として許容される限度をわずかに超えて行われたに過ぎないのであって、もとよりKにおいて令状主義に関する諸規定を潜脱しようとの意図があったものではなく、また、他に右所持品検査に際し強制等のされた事跡も認められないので、本件証拠物の押収手続の違法は必ずしも重大であるとはいえないのであり、これをXの罪証に供することが、違法な捜査の抑制の見地に立ってみても相当でないとは認めがたいから、本件証拠物の証拠能力はこれを肯定すべきである。」

参考判例2　最判昭61・4・25刑集40巻3号215頁

　「本件においては、被告人宅への立ち入り、同所からの任意同行及び警察署

への留め置きの一連の手続と採尿手続は、被告人に対する覚せい剤事犯の捜査という同一目的に向けられたものであるうえ、採尿手続は右一連の手続によりもたらされた状態を直接利用してなされていることにかんがみると、右採尿手続の適法違法については、採尿手続前の右一連の手続における違法の有無、程度をも十分考慮してこれを判断するのが相当である。そして、そのような判断の結果、採尿手続が違法であると認められる場合でも、それをもって直ちに採取された尿の鑑定書の証拠能力が否定されると解すべきではなく、その違法の程度が令状主義の精神を没却するような重大なものであり、右鑑定書を証拠として許容することが、将来における違法な捜査の抑制の見地からして相当でないと認められるときに、右鑑定書の証拠能力が否定されるというべきである〔**参考判例1**〕。以上の見地から本件をみると、採尿手続前に行われた前記一連の手続には、被告人宅の寝室まで承諾なく立ち入っていること、被告人宅からの任意同行に際して明確な承諾を得ていないこと、被告人の退去の申し出に応ぜず警察署に留め置いたことなど、任意捜査の域を逸脱した違法な点が存することを考慮すると、これに引き続いて行われた本件採尿手続も違法性を帯びるものと評価せざるを得ない。しかし、被告人宅への立ち入りに際し警察官は当初から無断で入る意図はなく、玄関先で声をかけるなど被告人の承諾を求める行為に出ていること、任意同行に際して警察官により何ら有形力は行使されておらず、途中で警察官と気付いた後も被告人は異議を述べることなく同行に応じていること、警察官において被告人の受験の申し出に応答しなかったことはあるものの、それ以上に警察官に留まることを強要するような言動はしていないこと、さらに、採尿手続自体は、何らの強制も加えられることなく、被告人の自由な意思での応諾に基づき行われていることなどの事情が認められるのであって、これらの点に徴すると、本件採尿手続の帯有する違法の程度は、いまだ重大であるとはいえず、本件尿の鑑定書を被告人の罪証に供することが、違法捜査抑制の見地から相当でないとは認められないから、本件尿の鑑定書の証拠能力は否定されるべきではない。」

参考判例3　最決平8・10・29刑集50巻9号683頁

「警察官が捜索の過程において関係者に暴力を振るうことは許されないことであって、本件における右警察官らの行為は違法なものというほかはない。しかしながら、前記捜索の経緯に照らし本件覚せい剤の証拠能力について考えてみると、右警察官の違法行為は捜索の現場においてなされているが、その暴行の時点は証拠物発見の後であり、被告人の発言に触発されて行われたもので

あって、証拠物の発見を目的とし捜索に利用するために行われたものとは認められないから、右拠物を警察官の違法行為の結果収集された証拠として、証拠能力を否定することはできない。」

参考判例4　最決昭63・9・16刑集42巻7号1051頁

「警察官の捜査活動の適否についてみるに、…浅草署への被告人の同行は、被告人が渋々ながら手の力を抜いて後部座席に自ら乗車した点をいかに解しても、その前後の被告人の抵抗状況に徴すれば、同行について承諾があったものとは認められない。次に、浅草署での…所持品検査（以下、「本件所持品検査」という。）についても、被告人がふてくされた態度で上衣を脱いで投げ出したからといって、被告人がその意思に反して警察署に連行されたことなどを考えれば、黙示の承諾があったものとは認められない。本件所持品検査は、被告人の承諾なく、かつ、違法な連行の影響下でそれを直接利用してなされたものであり、しかもその態様が被告人の左足首付近の靴下の脹らんだ部分から当該物件を取り出したものであることからすれば、違法な所持品検査といわざるを得ない。次に…採尿手続自体は、被告人の承諾があったと認められるが、前記一連の違法な手続によりもたらされた状態を直接利用して、これに引き続いて行われたものであるから、違法性を帯びるものと評価せざるを得ない〔**参考判例2**〕。

三　所持品検査及び採尿手続が違法であると認められる場合であっても、違法手続によって得られた証拠の証拠能力が直ちに否定されると解すべきではなく、その違法の程度が令状主義の精神を没却するような重大なものであり、証拠として許容することが、将来における違法な捜査の抑制の見地からして相当でないと認められるときに、その証拠能力が否定されるというべきである〔**参考判例1**〕。

これを本件についてみると、職務質問の要件が存在し、所持品検査の必要性と緊急性とが認められること、K巡査部長は、その捜査経験から被告人が落とした紙包みの中味が覚せい剤であると判断したのであり、被告人のそれまでの行動、態度等の具体的な状況からすれば、実質的には、この時点で被告人を右覚せい剤所持の現行犯人として逮捕するか、少なくとも緊急逮捕することが許されたといえるのであるから、警察官において、法の執行方法の選択ないし捜査の手順を誤ったものにすぎず、法規からの逸脱の程度が実質的に大きいとはいえないこと、警察官らの有形力の行使には暴力的な点がなく、被告人の抵抗を排するためにやむを得ずとられた措置であること、警察官において令状主義

に関する諸規定を潜脱する意図があったとはいえないこと、採尿手続自体は、何らの強制も加えられることなく、被告人の自由な意思での応諾に基づいて行われていることなどの事情が認められる。これらの点に徴すると、本件所持品検査及び採尿手続の違法は、未だ重大であるとはいえず、右手続により得られた証拠を被告人の罪証に供することが、違法捜査抑制の見地から相当でないとは認められないから、右証拠の証拠能力を肯定することができる。」

参考判例5　最決平6・9・16刑集48巻6号420頁

「1　本件における強制採尿手続は、被告人を本件現場に6時間半以上にわたって留め置いて、職務質問を継続した上で行われているのであるから、その適法性については、それに先行する右一連の手続の違法の有無、程度をも十分考慮してこれを判断する必要がある〔参考判例2〕。

2　そこで、まず、被告人に対する職務質問及びその現場への留め置きという一連の手続の違法の有無についてみる。

(1)　…被告人運転車両のエンジンキーを取り上げた行為は、警察官職務執行法2条1項に基づく職務質問を行うため停止させる方法として必要かつ相当な行為であるのみならず、道路交通法67条3項に基づき交通の危険を防止するため採った必要な応急の措置に当たるということができる。

(2)　これに対し、その後被告人の身体に対する捜索差押許可状の執行が開始されるまでの間、警察官が被告人による運転を阻止し、約6時間半以上も被告人を本件現場に留め置いた措置は、…任意捜査として許容される範囲を逸脱したものとして違法といわざるを得ない。

(3)　しかし、右職務質問の過程においては、警察官が行使した有形力は、…さほど強いものでなく、被告人に運転させないため必要最小限度の範囲にとどまるものといえる。また、…交通危険の防止という交通警察の面からも、被告人の運転を阻止する必要性が高かったというべきである。しかも、被告人が、自ら運転することに固執して、他の方法による任意同行をかたくなに拒否するという態度を取り続けたことを考慮すると、結果的に警察官による説得が長時間に及んだのもやむを得なかった面があるということができ、右のような状況からみて、警察官に当初から違法な留め置きをする意図があったものとは認められない。これら諸般の事情を総合してみると、前記のとおり、警察官が、早期に令状を請求することなく長時間にわたり被告人を本件現場に留め置いた措置は違法であるといわざるを得ないが、その違法の程度はいまだ令状主義の精神を没却するような重大なものとはいえない。

3 次に、強制採尿手続の違法の有無についてみる。
(1) 記録によれば、強制採尿令状発付請求に当たっては、職務質問開始から午後1時すぎころまでの被告人の動静を明らかにする資料が疎明資料として提出されたものと推認することができる。
　そうすると、本件の強制採尿令状は、被告人を本件現場に留め置く措置が違法とされるほど長期化する前に収集された疎明資料に基づき発付されたものと認められ、その発付手続に違法があるとはいえない。
(2) 身柄を拘束されていない被疑者を採尿場所へ任意に同行することが事実上不可能であると認められる場合には、強制採尿令状の効力として、採尿に適する最寄りの場所まで被疑者を連行することができ、その際、必要最小限度の有形力を行使することができるものと解するのが相当である。…
　本件において、被告人を任意に採尿に適する場所まで同行することが事実上不可能であったことは、前記のとおりであり、連行のために必要限度を超えて被疑者を拘束したり有形力を加えたものとはみられない。また、前記病院における強制採尿手続にも、違法と目すべき点は見当たらない。
　したがって、本件強制採尿手続自体に違法はないというべきである。
4　以上検討したところによると、本件強制採尿手続に先行する職務質問及び被告人の本件現場への留め置きという手続には違法があるといわなければならないが、その違法自体は、いまだ重大なものとはいえないし、本件強制採尿手続自体には違法な点はないことからすれば、職務質問開始から強制採尿手続に至る一連の手続を全体としてみた場合に、その手続全体を違法と評価し、これによって得られた証拠を被告人の罪証に供することが、違法捜査抑制の見地から相当でないとも認められない。」

参考判例6　最決平7・5・30刑集49巻5号703頁

「警察官が本件自動車内を調べた行為は、被告人の承諾がない限り、職務質問に付随して行う所持品検査として許容される限度を超えたものというべきところ、右行為に対し被告人の任意の承諾はなかったとする原判断に誤りがあるとは認められないから、右行為が違法であることは否定し難いが、警察官は、停止の求めを無視して自動車で逃走するなどの不審な挙動を示した被告人について、覚せい剤の所持又は使用の嫌疑があり、その所持品を検査する必要性、緊急性が認められる状況の下で、覚せい剤の存在する可能性の高い本件自動車内を調べたものであり、また、被告人は、これに対し明示的に異議を唱えるなどの言動を示していないのであって、これらの事情に徴すると、右違法の程度

は大きいとはいえない。
　次に、本件採尿手続についてみると、右のとおり、警察官が本件自動車内を調べた行為が違法である以上、右行為に基づき発見された覚せい剤の所持を被疑事実とする本件現行犯逮捕手続は違法であり、さらに、本件採尿手続も、右一連の違法な手続によりもたらされた状態を直接利用し、これに引き続いて行われたものであるから、違法性を帯びるといわざるを得ないが、被告人は、その後の警察署への同行には任意に応じており、また、採尿手続自体も、何らの強制も加えられることなく、被告人の自由な意思による応諾に基づいて行われているのであって、前記のとおり、警察官が本件自動車内を調べた行為の違法の程度が大きいとはいえないことをも併せ勘案すると、右採尿手続の違法は、いまだ重大とはいえず、これによって得られた証拠を被告人の罪証に供することが違法捜査抑制の見地から相当でないとは認められないから、被告人の尿の鑑定書の証拠能力は、これを肯定することができると解するのが相当であり〔参考判例１〕、右と同旨に出た原判断は、正当である。」

参考判例７　最判平 15・2・14 刑集 57 巻 2 号 121 頁

「(1)　本件逮捕には、逮捕時に逮捕状の呈示がなく、逮捕状の緊急執行もされていない（逮捕状の緊急執行の手続が執られていないことは、本件の経過から明らかである。）という手続的な違法があるが、それにとどまらず、警察官は、その手続的な違法を糊塗するため、前記のとおり、逮捕状へ虚偽事項を記入し、内容虚偽の捜査報告書を作成し、更には、公判廷において事実と反する証言をしているのであって、本件の経緯全体を通して表れたこのような警察官の態度を総合的に考慮すれば、本件逮捕手続の違法の程度は、令状主義の精神を潜脱し、没却するような重大なものであると評価されてもやむを得ないものといわざるを得ない。そして、このような違法な逮捕に密接に関連する証拠を許容することは、将来における違法捜査抑制の見地からも相当でないと認められるから、その証拠能力を否定すべきである〔参考判例１〕。
　(2)　前記のとおり、本件採尿は、本件逮捕の当日にされたものであり、その尿は、上記のとおり重大な違法があると評価される本件逮捕と密接な関連を有する証拠であるというべきである。また、その鑑定書も、同様な評価を与えられるべきものである。
　したがって、原判決の判断は、上記鑑定書の証拠能力を否定した点に関する限り、相当である。
　(3)　次に、本件覚せい剤は、被告人の覚せい剤使用を被疑事実とし、被告人

方を捜索すべき場所として発付された捜索差押許可状に基づいて行われた捜索により発見されて差し押さえられたものであるが、上記捜索差押許可状は上記(2)の鑑定書を疎明資料として発付されたものであるから、証拠能力のない証拠と関連性を有する証拠というべきである。

しかし、本件覚せい剤の差押えは、司法審査を経て発付された捜索差押許可状によってされたものであること、逮捕前に適法に発付されていた被告人に対する窃盗事件についての捜索差押許可状の執行と併せて行われたものであることなど、本件の諸事情にかんがみると、本件覚せい剤の差押えと上記(2)の鑑定書との関連性は密接なものではないというべきである。したがって、本件覚せい剤及びこれに関する鑑定書については、その収集手続に重大な違法があるとまではいえず、その他、これらの証拠の重要性等諸般の事情を総合すると、その証拠能力を否定することはできない。」

● 発展問題

①参考判例1が排除の要件として「令状主義の精神を没却するような」重大な違法を必要としているのを前提とすると、令状主義には関係しない証拠収集手続の違反では、排除の要件を充たすことはできないのか。
②参考判例8は、第一次捜索差押許可状に基づく捜索手続が違法であることの根拠を何に求めているか。その違法の程度をどのように評価しているか。そのような評価の理由はどのようなものか。
③参考判例8は、第一次捜索差押許可状に基づく捜索手続の違法が第二次差押許可状に基づく差押手続にも及ぶとする根拠を何に求めているか。先行手続の違法が後行手続に及ぼす影響について、参考判例6や参考判例7と異なる考え方をとっているのか。
④違法収集証拠について、被告人側が取調べに異議を述べず、または、法326条による同意をした場合、証拠能力を認めてよいか。参考判例8は、どのように考えているか。
⑤私人が不正な手段で入手した証拠を捜査機関が収集し、検察官がこれを証拠調べ請求した場合、証拠能力を認めてよいか。

参考判例8　福岡高判平7・8・30判時1551号44頁

「原審が証拠としたポリ袋入り覚せい剤5袋（…本件覚せい剤…）の押収手続を検討するに、南警察署司法警察職員らは、同署警察官であったKが予てYから白紙の供述調書用紙に署名指印を徴していたものを使用して捏造した、全

く虚偽、架空の事実を内容とするYの供述調書を、X（被告人）方等の捜索差押許可状請求に際しての被疑事実を裏付ける唯一の証拠資料として同令状を請求し、これらの第一次捜索差押許可状の発付を受け、これらを執行して、本件覚せい剤をX方において発見し、その後新たな第二次差押許可状の請求をし、その発付を受け、これに基づき本件覚せい剤を差し押さえたものであるところ、第一次捜索差押許可状請求の被疑事実を疎明する唯一の証拠資料が、令状主義に関する諸規定を潜脱する意図を有した警察官による、有印虚偽公文書作成、同行使という重大な犯罪行為により捏造された虚偽の内容の供述調書であり、これを除けば第一次の捜索差押許可状の請求が認められなかったことは明らかである。従って、本件覚せい剤を発見するに至った捜索は明らかに違法なものであり、その違法性の程度は、憲法35条及びこれを受けた刑訴法218条1項等の所期する令状主義の精神を没却するような重大なものであり、これを許容することが将来における違法な捜索の抑制の見地からして相当でないと認められるものに当たるといわなければならない。ところで、本件においては、第一次捜索差押許可状に基づく被告人方捜索の手続と、第二次差押許可状に基づく差押手続は、被告人の覚せい剤所持事犯の捜査という同一目的に向けられたものである上、右差押手続は第一次捜索差押許可状に基づく被告人方捜索の手続によりもたらされた、被告人方における本件覚せい剤の発見状態を直接利用してなされていることにかんがみると、差押手続の違法性については、同手続に先行する捜索手続における違法の有無、程度をも十分考慮してこれを判断するのが相当である。そうすると、第一次捜索差押許可状に基づく捜索手続の違法は第二次差押許可状に基づく差押手続にも及び、これによって差し押さえられた本件覚せい剤はその証拠能力を否定されなければならない。

　そして、本件覚せい剤の差押調書及びこれの鑑定書も、重大な違法性を有する本件覚せい剤の差押えそのものに関する調書並びにこれ自体の成分及び分量の鑑定結果を記載した書面であって、本件覚せい剤との一体性が強い証拠であるから、本件覚せい剤と同じく罪体を立証する証拠としての許容性即ち証拠能力は否定されなければならない。

　ところで、原審において、被告人は差押調書及び鑑定書の取調べに同意し、本件覚せい剤の取調べに異議なしと意見を述べているけれども、その前提となる捜索差押えに、当事者が放棄することを許されない憲法上の権利の侵害を伴う、前叙の重大な違法が存するのであり、このような場合に右同意等によって右各証拠を証拠として許容することは、手続の基本的公正に反することになるから、右同意書があっても右各証拠が証拠能力を取得することはないといわな

ければならない。

　なお、被告人が逮捕されるに至った経緯は前記の認定のとおりであるところ、逮捕状請求の主要証拠である覚せい剤、その差押調書、鑑定嘱託書、鑑定書等がその証拠能力を否定されるべきものであることは前叙のとおりであり、これらを除けば逮捕状の請求が認められなかったことは明らかであるので、右逮捕状による逮捕は違法であるといわなければならない。そして、逮捕状請求の主要証拠の収集過程に前記のような警察官の重大な犯罪行為による違法がある本件においては、将来における違法な捜査の抑制的見地からして、逮捕、勾留中の供述調書は違法に収集された証拠として証拠能力を否定するのが相当である。そうすると、Xの勾留中に作成された、原判決の挙示する、被告人の検察官及び司法警察員…に対する各供述調書には証拠能力は認められない。」

● 参考文献

- 井上正仁『刑事訴訟における証拠排除』（弘文堂、1985年）
- 川出敏裕「いわゆる『毒樹の果実論』の意義と妥当範囲」『松尾浩也先生古稀祝賀論文集』（有斐閣、1998年）513頁
- 佐藤文哉「違法収集証拠排除の新局面」法学教室275号（2003年）38頁
- 辻川靖夫「違法収集証拠の証拠能力」松尾浩也＝岩瀬徹編『実例刑事訴訟法Ⅲ』（青林書院、2012年）133頁
- 秋吉淳一郎「違法収集証拠」新・法律学の争点シリーズ『刑事訴訟法の争点』（有斐閣、2013年）181頁
- 州見光男「派生証拠」新・法律学の争点シリーズ『刑事訴訟法の争点』（有斐閣、2013年）184頁

第27章 情況証拠による事実認定

白取祐司

● **本章のねらい**

　本章では、証拠法上重要な課題であり、近年重要判例もだされている情況証拠による事実認定の基本的事項を学習する。情況証拠論は、法規範一般の問題とは異なり、経験的に蓄積された内容も多く、必ずしもクリアな「正解」が導かれるとは限らないが、事実認定の基礎的な仕組みを理解する上で避けて通ることはできない。

● **キーワード**

情況証拠、直接証拠（直接事実）、間接証拠（間接事実）、「疑わしきは被告人の利益に」原則

● **体系書の関係部分**

池田・前田	宇藤ほか	上口	白取	田口	田宮
379頁	320-322頁	379、411頁	336-337頁	348-349頁	326頁
福井	松尾（下）	三井	光藤（中）	安冨	
345頁	102-104頁	—	105頁	245、439-440頁	

● **設　例**

　2004年6月28日深夜、Q市内の公立高校に通う女子高生Vが帰宅せず行方不明になったとしてVの両親から捜索願いが出された。警察が付近に聞き込みを行ったところ、V宅と同じ町内にある公園で、28日の午後7時半ころ、自動車修理工XとVがベンチに座って話をしていたとの目撃情報が得られた。翌

日早朝、警察官KらがXが1人で住むアパートを訪ね、前夜のことを質問したところ、Xは、「Vなんて知らない。昨夜は夕方からずっと部屋に1人でいた」と答えた。Kらは、Xの了解を得てXの部屋の内部を確かめたが、特に不審な点は見つからなかった。その後、Vが行方不明になった深夜、Xが自家用車で帰宅したという目撃者もあらわれたが、それ以上の有力情報もなく、Vの足取りはつかめなかった。

2013年4月11日、Q市に隣接するR市に所在するXの実家が火災に遭い、全焼した同家物置の現場から古い大型冷蔵庫が焼け出された。検証にあたった警察官がこれを開けてみると、中からVの死体が出てきた。Xの親族等の話によると、この物置はXが2003年頃、自分で使用するために建てたもので、物置の戸の鍵もXしか持っていないとのことだった。Vの死体はかなり腐敗が進んでいたが、骨には特に骨折などの損傷は認められず、死因を特定することはできなかった。KらはXをV殺害の嫌疑で逮捕し、取調べを行ったが、Xは一貫して、「物置は自分のものだが、冷蔵庫の中はずっと見ておらず、Vの死体が中に入っていたことについては心当たりがない」と供述した。Kが改めて2004年当時のXの暮らしぶりを調べたところ、仕事は普通に勤めていたものの、ギャンブル好きでそのための借金も多く、生活も荒んでおり周囲の評判も悪かったことが分かった。担当検事となったPは、Xの自白などの直接証拠はないが、これまで収集された情況証拠だけで有罪にもって行けると考え、XをVに対する殺人の公訴事実で起訴した。

公判廷では、Xが一切の質問に答えず全面黙秘の姿勢をとり、弁護人Bも犯人性を争う姿勢をとったため、検察官が提出する各種情況証拠による有罪立証が認められるかが争点となった。

検察官Mは、Xの犯人性立証のため、次の間接事実（情況証拠）を主張した。
・「Xが長期間、Vの遺体を自己所有の大型冷蔵庫で保管していた事実」
・「Xはギャンブル好きで借金も多く生活に困窮しているという事実」
・「XがVの失踪前の最後の接触者である事実」
・「Xが法廷で黙秘を続けた事実」
　検察官Mは、Xに殺意があったことの立証のため、次の間接事実（情況証拠）を主張した。
・「XがVの失踪直後、最後に会ったのは自分であるのに捜査官にそれを否認した事実」
　弁護人Bは、「動機が不明であること」は被告人Xが犯人でないことを示す間接事実（情況証拠）だと主張した。

第27章　情況証拠による事実認定

● **基本知識の確認**

①直接証拠とは何か。直接証拠にはどのようなものがあるか。
②間接証拠とは何か。間接証拠（情況証拠）にはどのようなものがあるか。
③直接証拠がない場合、情況証拠のみによる有罪立証は許されるか。
④直接証拠により立証する場合と情況証拠のみにより立証する場合とで、要求される証明の程度・水準に違いはあるか。
⑤積極的情況証拠とは何か。消極的情況証拠とは何か。
⑥自白など直接証拠がないので「殺意」を情況証拠によって立証しようとする場合、どのような情況証拠が考えられるか、例を挙げなさい。

● **判例についての問い**

①**参考判例5の下線部分**にある「高度の蓋然性」とはどのような意味か。この基準が情況証拠による事実認定に特にあてはまるとされているのはなぜか。
②**参考判例3の下線部分**は、どのような性格のものか。
③**参考判例3の下線部分**は、新たな証明基準を示したものか。
④**参考判例2の下線部分**と**参考判例3の下線部分**を比較し、両者に違いがあるか、あるとしたらどのような違いか述べなさい。

● **設例についての問い**

①「Xはギャンブル好きで借金も多く生活に困窮しているという事実」は、Xの犯人性立証のための情況証拠として意味があるか。
②Xには特にVを殺害する動機があるか不明である。「動機が不明であること」は、犯人性を否定する情況証拠となり得るか。
③「Xが長期間、Vの遺体を自己所有の大型冷蔵庫で保管していた事実」は、Xの犯人性立証の情況証拠になり得るか。
④「XがVの失踪直後、最後に会ったのは自分であるのに捜査官にそれを否認した事実」は、犯人性立証の情況証拠になり得るか。
⑤「XがVの失踪前の最後の接触者である事実」は、XのVに対する殺意の立証のための情況証拠になり得るか。
⑥「Xが法廷で黙秘を続けた事実」は、Xの犯人性を立証する情況証拠になり得るか。

● 参考判例

参考判例1　札幌高判平14・3・19判時1803号147頁（城丸君事件）

【事案の概要：1984年1月10日朝、札幌市内の小学校4年生のA君（当時9歳）が何者かに電話で呼び出され、自宅から約120メートルほど離れたアパート付近で目撃されたのを最後に行方不明になった。被告人は、当時28歳の女性であり、1歳7ヶ月の幼児と2人で現場付近のアパートの一室に住んでいた。事件当日午後、被告人は、同人方を訪ねた警察官らに、その日の午前中Aが来訪したがすぐに帰った旨答えている。1988年、約75キロ離れた被告人の嫁ぎ先農家納屋からビニール袋入りの人骨片が発見され、警察はA君のものではないかとの疑いをもったが、解明されないまま捜査は打ち切られた。1998年8月になって、北海道警察はDNA鑑定などをもとに「人骨はA君のもの」と断定、同年11月15日、被告人をA君殺害容疑で逮捕する。逮捕後、被告人は黙秘を貫くが、同年12月2日、殺人の時効完成を目前にして、検察庁は被告人を殺人で起訴した。
　一審での争点は、(i)被告人の嫁ぎ先で発見された人骨が被害者A君のものかの同一性（検察側提出のDNA鑑定の信用性）、(ii)被告人がA君を死亡させたか否か、(iii)被告人がA君を殺意をもって死亡させたか否か、であった。本件は、事件から14年10ヶ月後に起訴されたものであるため、(iii)が否定されると被告人を無罪にせざるを得ない（刑法205条、219条、[改正前の] 刑訴法250条参照）。また、被告人が捜査段階から一貫して黙秘し、被告人質問でも一切弁明も説明もしなかった点は、世間の耳目を集めただけでなく、これをとらえて検察が「有罪を推認させるもの」と主張したことから、種々の議論を呼んだ。札幌地裁は、2001年5月30日、右の(i)、(ii)を肯定したが、(iii)を否定して「無罪」判決を言い渡した。
　これに対して、検察側から控訴がなされた。】
　「2　被告人は殺意をもってAを死亡させたといえるか
　そこで、被告人の殺意の有無について検討するのに、被告人が前記のように身代金目的の誘拐という方法以外の方法でAを利用しようとしていたのであり、例えばAに命じて家から金品を持ち出させるようなことを企図していたとすれば、Aを殺害してしまえば元も子もなくなることになってしまうのであるから、この場合当初から殺害を意図していたと推認することは明らかに相当でない（これは身代金目的の誘拐の場合とは様相をことにする。）。その場合、Aの死亡は、被告人がAに何か理不尽なことを要求し、Aがそれに応じなかったことなどから両者の間にトラブルが発生し、その過程で被告人がAの死につな

第 27 章　情況証拠による事実認定

がる行為に及びそれによって生じたものではないかと考えることができる。このような展開は被告人にとって予期したものではないけれども、その場合においても、直ちに被告人の殺意が否定されるわけではない。そのようなトラブルの過程で自分の思うようにならないAに対して殺意を懐いたりもみ合ったりする過程でAが死亡することがあってもやむを得ないと考え未必の殺意を懐いたりするようなことも決してあり得ないことではないと思われるからである。実際にAが死亡していることから考えて、被告人が殺意をもってAを死に至らせた可能性は十分に考えられる。結局、本件の場合、被告人がAを呼び出した目的が何であったかという検討だけからは被告人の殺意の有無を決することはできないのであって、以上検討したところをも考慮に入れながら、本件に現れたすべての情況証拠を総合して判断していくほかはない。その場合、本件では、原判決がいうとおり、Aの死因は特定できず、Aを死亡させることになった具体的な行為態様も確定できないのであるから、殺意を認定するについては、とりわけ慎重でなければならない（原判決が、本件において被告人に殺意があったとするためには、被告人がAを呼び出した目的がA殺害に結び付く蓋然性が高いことや被告人にA殺害の明確な動機が認められることが必要であるとしているのも、そのような趣旨として理解することができる。）。

　そこで、情況証拠の検討に移ることとするが、まず、被告人がAを重大な犯罪によって死亡させた疑いが強いと判断する根拠となった諸事情が想起されなければならない。

　本件において、被告人が、昭和59年1月10日のAの失踪当日、Dの被告人方を訪ねてきた警察官らに対し、Aの死に関わっていながらAのその後の消息は知らないなどと明らかに虚偽と判断される事実を述べたり、Aの死体を段ボール箱に入れ、それをその日のうちにDから持ち出し、その後転居を重ねながらもその死体や骨を手元に置き続けたことなどは、被告人がAが死亡した事実を何としてでも隠し通したかったことを示すものであり、これは被告人がAを重大な犯罪によって死亡させた疑いが強いことをうかがわせる。また、そのほかにも被告人が昭和63年8月4日から札幌方面O警察署に任意に出頭して本件につき取調べを受けた際、結局は事実を明らかにするまでには至らなかったものの、事件との関与をほのめかしたりそれに関して被告人の心情を表すような様々な言動を行っていること、被告人が、E方の仏壇に水、御飯、花、果物、野菜、生魚等を供えたり、仏壇の前で手を合わせたりするなどAを供養する意図に出たものではないかと思われる行動をとっていること等の事実が認められ、それらはすべて被告人が何か重大な犯罪によりAを死亡させたことを推

認させるものである。以上の点は、すでに検討したところである。しかし、これらの事実はいずれも被告人がAを重大な犯罪によって死亡させたことを強く疑わせるものではあるが、それ以上に被告人が殺意をもってAを死亡させたことまでを推認させるものとはいえないように思われる。すなわち、被告人が、Aの弱みを利用しAを使って何らかの方法により金銭を入手しようと企図したが、Aに何か理不尽なことを強要する過程でトラブルが生じ同人を死亡させてしまったという可能性が高いことは前記のとおりであり、そうであったとするとたとえAが被告人の殺意のない行為によって死亡したとしても、社会的には厳しい非難を避けられないことは明らかである。またそのときの状況如何によっては、被告人の弁解が容易に聞き入れてもらえない可能性もある。被告人がそのような状況に置かれたとき、何としてでも、Aの死亡の事実を世間の目から隠し通したいと考えたとしてもそれは決して不自然なことではないように思われる。警察官らに対し虚偽の事実を述べたり、Aの死体をその日のうちにDから持ち出しその後転居を重ねながらもその死体や骨を手元に置き続けたことなどはそのような被告人の心情を表すものとしても矛盾しないというべきである。また、被告人が捜査官に対して自らの心情を吐露するような言動をしていることやAの供養と思われる行為をしていることについても、自らの金銭目的の企みにAを引き込みその過程で死亡させたとすれば、殺意をもって死亡させたのではなくても、強い罪の意識にさいなまれるということは十分あり得ることのように思われる。このように、以上のような事実はいずれも多義的に解釈できるのであり、被告人の殺意を推認させるものとはいい難い。
（中略）
　確かに、被告人は、E方に引っ越した後、所論指摘のとおりAの供養と思われる行為をしているほか、DからXに引っ越した後、被告人や未だ2歳に満たない娘にとって必要がないと思われる男児用の学童机を購入し、この机を置いた部屋にはライオンの柄のカバーを掛けたベッドを置いていたことが認められる（甲43）。
　しかし、これらの事実は、被告人の、自己の責任によりAを死亡させてしまったとの思い（心情）を表しているようには思われるけれども、そこから、直ちに被告人の殺意までを推認することはできないように思われる。そして、被告人が身代金目的で当初より殺意をもってAを死亡させるという冷酷非情なことをしたのであれば、むしろそのような自責の念に駆られて供養をすることはないと思われ、思わぬ展開となりその過程でAを死なせてしまったとの強い思い（後悔）があるからこそ、そのようにAの供養をしているのではないかと理解

した方が自然なように思われる。また、このような供養の事実は、被告人とAとの間に従前何らかの接点・面識があったのではないかという疑問を感じさせるものでもある。いずれにしても、このような事実から、被告人に殺意があったと推認することは困難というべきである。
（中略）
　ク　被告人が逮捕以来、捜査・公判を通じて一切説明も弁明もしなかったこと
　所論は、被告人が平成10年11月15日に逮捕されて以来、同年12月7日に起訴されるまでの間、Aの死亡への関与の有無、殺意の有無等に関して一切供述を拒否し、その他それに関連する質問に対しても何の説明も弁明もしなかったこと、そして、原審公判においても、第19回公判期日において、検察官から265回の質問を受け、被告人が犯人であり、殺意をもってAを死亡させたことを推認させる情況証拠に対する説明と弁明を求められたのに対してそれらのすべての質問に対して沈黙するか「お答えすることはありません。」と供述するだけで何の説明も弁明もしなかったこと、第32回公判期日においても、同様に132回の質問を受け、説明と弁明の機会を与えられたのにやはり何の説明も弁明もしなかったこと、以上の点を指摘して、このように捜査・公判を通じて、自己に有利な説明や弁明をする機会があったにもかかわらず、一切供述を拒否し説明も弁明もしなかったことは、被告人が殺意をもってAを死亡させたことを推認させるものであると主張する。
　なお、所論は、以上のような推認と黙秘権の関係に触れて、抽象的に黙秘していること自体に対する制裁的効果としてこれを被告人の犯人性や殺意の認定に用いるべきことを主張しているのではなく、説得と質問がなされた具体的状況の下でその説得と質問の具体的内容との関係における被告人の対応・態度の具体的あり様が与える心証形成の効果として、他の証拠によって形成された心証を維持し、一層強めるものとして用いようとしているものであり、これは被告人のもつ黙秘権を何ら侵害するものではないとし、同旨の判例として札幌高等裁判所昭和47年12月19日判決（刑裁月報4巻12号1947頁）を引用する。そして、原判決が、黙秘権の観点から、被告人が公判廷において検察官や裁判官からの質問に対し何らの弁解や供述をしなくてもそれは被告人としての権利の行使にすぎず被告人が何らの弁解や供述をしなかったことをもって犯罪事実の認定において被告人に不利益に考慮することは許されないとしたことを論難するのである。
　この所論のいうところは、極めて難解に見えるが、被告人が事実について一

切黙秘し何の説明も弁明もしないために、検察官側の立証により形成された心証を崩すことができず、それが事実上被告人に不利益に働いてしまうということがあることは否定できないところと思われる。所論のいうところをそのようにとらえれば、それは一般論としては不当なところはないように思われる。しかし、前記の主張の中に、他の証拠によって形成された心証を維持するだけでなく、一層強めるものとして用いようとするものであるというくだりがあり、かつその趣旨を具体的に展開する中に、検察官から、被告人が嫌疑をかけられている殺人罪の重大性や被告人が犯した犯罪が傷害致死罪、過失致死罪であればすでに時効が完成していて被告人が起訴されたり処罰されることはないことなどの説明を受けるとともに、具体的な証拠を指摘されてその証拠に対して弁明の機会を与えられたにもかかわらず被告人が一切説明も弁明もしなかったこと、更には原審公判廷においても、被告人が犯人であり殺意をもってAを死亡させたことを推認させる各情況証拠に対する説明と弁明を求められたのに対して被告人が一切説明も弁明もしなかったことを指摘し、このように被告人が一切説明も弁明もしなかったのは、被告人が殺意をもってAを死亡させた犯人であるため説明や弁明をしようとするとどうしてもその中に虚偽が混入せざるを得ず、その矛盾を突かれ真相が露見する危険を回避する必要があったからであるとする主張が含まれているのである。これを素直に読む限り、この所論には、被告人が黙秘し供述を拒否した態度をもって一個の情況証拠とし被告人の殺意を認定すべきであるとの趣旨が含まれているものと解さざるを得ない。そうだとすると、それについては、原判決が説示するところはまことに正当であって、被告人の黙秘・供述拒否の態度をそのように一個の情況証拠として扱うことは、それはまさに被告人に黙秘権、供述拒否権が与えられている趣旨を実質的に没却することになるのであり、その所論は到底受入れることができない。

　ところで、原審記録によれば、被告人が捜査段階において、被疑事実に関して一切説明も弁明もしなかったことがうかがわれ、原審公判においても、被告人質問において、所論指摘のような態度をとることによって終始黙秘の態度を通したことが認められる。この点は、所論が指摘するとおりである。しかし、その黙秘の態度をもって犯罪事実の認定において被告人に不利益に考慮することは、それがいかなる段階のものであっても、またいかなる状況下のものであっても許されないのであって、本件においても、このような被告人の黙秘の態度をもって被告人の殺意を立証する証拠とすることができないことは明らかである。

　もっとも、当初説示したとおり、被告人が事実関係について一切黙秘し何の

説明も弁明もしなかったため、検察官側の立証により形成された被告人に不利な心証を崩すことができず、それが事実上被告人に不利益に働いてしまうということがあることは否定できない。所論は、このような事実上の効果についても主張していると解されるが、これはいわば当然のことであって、被告人の黙秘の態度を情況証拠として取り扱うこととは次元を異にする問題である。

　ケ　被告人の殺意についての結論
　以上のとおりであって、所論が掲げる各情況証拠はいずれも被告人の殺意を推認させるものとしては十分でないかあるいは不適当といわざるを得ない。
　なお、所論は、これらの情況証拠は一つ一つを分断して検討するのではなく、それぞれの情況証拠の中に被告人の殺意を推認させる力がどれだけあるかを検討し、その上で更に他の情況証拠と合わせて評価して殺意の有無を検討すべきであり、そのように総合的に評価したときには、被告人の殺意が認定できると主張する。
　所論は一般論としては理解できるが、すでに検討したように、本件では、被告人が重大な犯罪によってＡを死亡させたことを推認させる証拠は少なからず存在するものの、これらの証拠はいずれもが殺意の有無に関しては多義的に理解しうるのであって、その中に被告人の殺意を強力に推認させるだけの証拠が存在しないのである。したがって、これらの証拠を総合して検討しても被告人の殺意を認定することはやはり困難といわざるを得ない。
　以上の次第であって、被告人が殺意をもってＡを死亡させたとするにはなお合理的な疑いが残るというべきであり、原判決の判断は正当として肯認することができる。検察官の控訴趣意は理由がない。」（一審の無罪維持）

参考判例2　最決平19・10・16刑集61巻7号677頁

「1　本件は、離婚訴訟中であった被告人が、妻の実母Ａらを殺害する目的で、アセトン等から生成したトリアセトントリパーオキサイド（過酸化アセトン。以下「ＴＡＴＰ」という。）相当量に、点火ヒーター、乾電池等を使用した起爆装置を接続して、これをファイルケースに収納し、更に同ケースを定形外郵便封筒内に収納するなどして、同封筒から同ケースを引き出すことにより上記起爆装置が作動して上記ＴＡＴＰが爆発する構造の爆発物1個（以下「本件爆発物」という。）を製造した上、定形外郵便物としてＡあてに投かんし、情を知らない郵便配達員をしてこれを高松市内のＡ方に配達させ、Ａをして同封筒から同ケースを引き出させてこれを爆発させ、もって、爆発物を使用するとともに、Ａらを殺害しようとしたが、Ａを含む3名の者に重軽傷を負わせたにと

どまり、Aらを殺害するに至らなかったとして、爆発物取締罰則違反、殺人未遂に問われた事案である。

2　第一審判決は、(1)被告人は、本件爆発物の爆発事件（以下「本件爆発事件」という。）が発生する8日ほど前までに、自宅のパソコンからインターネットを利用して、ＴＡＴＰを含む爆発性物質の生成方法や起爆装置の製造方法等を記載したサイトにアクセスし、閲覧しており、実際にプラスチックケースに入った爆発性物質を取り扱っていた事実も推認できること、(2)被告人は、本件爆発事件発生前に、本件爆発物に使われたとみられる分量のＴＡＴＰを生成し得るアセトン等を購入していたほか、本件爆発物に使用された起爆装置の起爆薬など多数の構成部品と同種又は類似の物を新たに購入し、あるいは以前から入手しており、被告人方からは、ＴＡＴＰの成分が付着した金属粉末も発見されていること、(3)本件爆発物を収納した封筒にちょう付されていた24枚の切手中9枚は、本件爆発事件発生の前日、長尾郵便局（香川県さぬき市所在）に設置された自動販売機から発行・発売されたものであるところ、被告人方から発見押収された切手3枚は、上記切手9枚の発行・発売の2分後に、同じ自動販売機から発行・発売されたものであること、(4)同封筒にちょう付されていた差出人を示す紙片は、クレジットカード会社のホームページの高松支店の地図付き案内ページを利用し、これをカラープリンターでラベルシートに印刷して作成されたものであるところ、被告人は、本件爆発事件発生の6日前に上記ホームページを閲覧していた上、被告人方からは上記印刷が可能なカラープリンター及び同種ラベルシートが発見されていること、(5)同封筒は、本件爆発事件発生の前日の一定の時間帯に高松南郵便局管内の投入口が比較的大きい郵便ポストに投かんされたものとみられるが、被告人は、上記の時間帯に、同郵便局管内の同封筒が投かん可能な郵便ポストの設置されている場所へ行っていることなどを総合すれば、被告人が本件爆発物を製造し、Ａあてに郵送したと認められるとした上で、本件爆発物の威力に関する被告人の認識や、本件爆発事件の発生当時、被告人には、妻との離婚訴訟をめぐって同女の実母であるＡらに対し殺意を抱き得る事情があったことなどに照らせば、被告人には、Ａに対する確定的な殺意及び本件爆発事件で負傷したその余の2名の者に対する未必的な殺意が認められるとした。そして、原判決も、第一審判決の上記判断を是認した。

3　所論は、上記(2)の点に関し、被告人が、その購入したアセトン等を他の使途に費消した可能性や、上記(3)の点に関し、上記封筒にちょう付されていたその余の切手中、少なくとも10枚を被告人が購入し得なかった可能性等を指

摘して、原判決は、情況証拠による間接事実に基づき事実認定をする際、反対事実の存在の可能性を許さないほどの確実性がないにもかかわらず、被告人の犯人性を認定したなどという。

　刑事裁判における有罪の認定に当たっては、合理的な疑いを差し挟む余地のない程度の立証が必要である。ここに合理的な疑いを差し挟む余地がないというのは、反対事実が存在する疑いを全く残さない場合をいうものではなく、抽象的な可能性としては反対事実が存在するとの疑いをいれる余地があっても、健全な社会常識に照らして、その疑いに合理性がないと一般的に判断される場合には、有罪認定を可能とする趣旨である。そして、このことは、直接証拠によって事実認定をすべき場合と、情況証拠によって事実認定をすべき場合とで、何ら異なるところはないというべきである。

　本件は、専ら情況証拠により事実認定をすべき事案であるが、原判決が是認する第一審判決は、前記の各情況証拠を総合して、被告人が本件を行ったことにつき、合理的な疑いを差し挟む余地のない程度に証明されたと判断したものであり、同判断は正当であると認められる。

　よって、刑訴法414条、386条1項3号により、裁判官全員一致の意見で、主文のとおり決定する。」

参考判例3　最判平22・4・27刑集64巻3号233頁（大阪母子殺し放火事件）

【事案の概要：本件公訴事実（要旨）は、被告人が、(1)2002年4月14日午後3時30分ころから同日午後9時40分ころまでの間に、大阪市平野区所在の本件マンションの306号室のB（事件当時、被告人の養子）方において、その妻Cに対し、殺意をもって、同所にあったナイロン製ひもでその頸部を絞め付けるなどし、同女を頸部圧迫により窒息死させて殺害し、(2)同時刻、同所において、B及びC夫婦の長男D（当時1歳）に対し、殺意をもって同所浴室の浴槽内の水中にその身体を溺没させるなどし、同児を溺死させて殺害し、(3)本件マンションに放火しようと考え、同日午後9時40分ころ、本件マンション306号室のB方6畳間において、同所にあった新聞紙、衣類等にライターで火をつけ、その火を同室の壁面、天井等に燃え移らせ、上記306号室B方の壁面、天井等を焼損し、もって同マンションを焼損したというものである。

　第一審判決（大阪地判平17・8・3判時1934号147頁）は、被告人の犯人性を推認させる幾つかの間接事実が証拠上認定できるとした上、これらの各事実が相互に関連し合ってその信用性を補強し合い、推認力を高めているとして、結局、被告人が本件犯行を犯したことについて合理的な疑いをいれない程度に証明

がなされているとし、ほぼ上記公訴事実と同じ事実を認定し、被告人を無期懲役に処した（検察官の求刑は死刑）。被告人と検察官から控訴がなされた。

原判決（大阪高判平18・12・15判時2080号157頁）は、被告人の控訴趣意のうち、被告人の司法警察員に対する供述調書（乙14号証）には任意性がなく、これを採用した第一審の措置が刑訴法322条1項に反しているという訴訟手続の法令違反の主張について、そのような訴訟手続の法令違反があることは認めつつ、事実誤認の主張については、第一審判決の判断がおおむね正当であり、同供述調書を排除しても被告人の犯人性は認められるとし、その上で、検察官の主張する控訴理由（量刑不当）があるとして、第一審判決を破棄し、被告人を死刑に処した。】

「しかしながら、第一審の事実認定に関する判断及びその事実認定を維持した原審の判断は、いずれも是認することができない。すなわち、刑事裁判における有罪の認定に当たっては、合理的な疑いを差し挟む余地のない程度の立証が必要であるところ、情況証拠によって事実認定をすべき場合であっても、直接証拠によって事実認定をする場合と比べて立証の程度に差があるわけではないが（最高裁平成19年（あ）第398号同年10月16日第一小法廷決定・刑集61巻7号677頁参照）、直接証拠がないのであるから、<u>情況証拠によって認められる間接事実中に、被告人が犯人でないとしたならば合理的に説明することができない（あるいは、少なくとも説明が極めて困難である）事実関係が含まれていることを要するものというべきである。</u>ところが、本件において認定された間接事実は、以下のとおり、この点を満たすものとは認められず、第一審及び原審において十分な審理が尽くされたとはいい難い。

(1)第一審判決による間接事実からの推認は、被告人が、本件事件当日に本件マンションに赴いたという事実を最も大きな根拠とするものである。そして、その事実が認定できるとする理由の中心は、本件灰皿内に遺留されていたたばこの吸い殻に付着した唾液中の細胞のＤＮＡ型が被告人の血液のそれと一致したという証拠上も是認できる事実からの推認である。

このＤＮＡ型の一致から、被告人が本件事件当日に本件マンションを訪れたと推認する点について、被告人は、第一審から、自分がＣ夫婦に対し、自らが使用していた携帯灰皿を渡したことがあり、Ｃがその携帯灰皿の中に入っていた本件吸い殻を本件灰皿内に捨てた可能性がある旨の反論をしており、控訴趣意においても同様の主張がされていた。

原判決は、Ｂ方から発見された黒色の金属製の携帯灰皿の中からＥが吸ったとみられるショートホープライトの吸い殻が発見されていること、それはＣなどが被告人方からその携帯灰皿を持ち出したためと認められること、上記金属

製の携帯灰皿のほかにもビニール製の携帯灰皿をCなどが同様に持ち出すなどした可能性があること、本件吸い殻は茶色く変色して汚れていることなどといった、上記被告人の主張を裏付けるような事実関係も認められるとしながら、上記金属製携帯灰皿を経由して捨てられた可能性については、Eの吸い殻を残して被告人の吸い殻だけが捨てられることは考えられないからその可能性はないとした。また、ビニール製携帯灰皿を経由して捨てられた可能性については、ビニール製携帯灰皿に入れられた吸い殻は通常押しつぶされた上で灰がまんべんなく付着して汚れるのであるが、本件吸い殻は押しつぶされた形跡もなければ灰がまんべんなく付着しているわけでもないのであり、むしろ、その形状に照らせば、もみ消さないで火のついたまま灰皿などに捨てられてフィルターの部分で自然に消火したものと認められること、茶色く変色している点は、フィルターに唾液が付着して濡れた状態で灰皿の中に落ち込んだ吸い殻であれば、翌日採取されてもこのような状態となるのは自然というべきであることから、その可能性もないとした。

　しかし、ビニール製携帯灰皿に入れられた吸い殻が、常に原判決の説示するような形状になるといえるのか疑問がある上、そもそも本件吸い殻が経由する可能性があった携帯灰皿がビニール製のものであったと限定できる証拠状況でもない（関係証拠によれば、B方からは、箱形で白と青のツートーンの携帯灰皿も発見されており、これはE又は被告人のものであって、Cが持ち帰ったものと認められるところ、所論は、この携帯灰皿から本件吸い殻が捨てられた可能性があると主張している。）。また、変色の点は、本件事件から1か月半余が経過してなされた唾液鑑定の際の写真によれば、本件吸い殻のフィルター部全体が変色しているのであり、これが唾液によるものと考えるのは極めて不自然といわざるを得ない。本件吸い殻は、前記のとおり本件事件の翌日に採取されたものであり、当時撮影された写真において既に茶色っぽく変色していることがうかがわれ、水に濡れるなどの状況がなければ短期間でこのような変色は生じないと考えられるところ、本件灰皿内から本件吸い殻を採取した警察官Fは、本件灰皿内が濡れていたかどうかについて記憶はないが、写真を見る限り湿っているようには見えない旨証言しているから、この変色は、本件吸い殻が捨てられた時期が本件事件当日よりもかなり以前のことであった可能性を示すものとさえいえるところである。この問題点について、原判決の上記説明は採用できず、その他、本件吸い殻の変色を合理的に説明できる根拠は、記録上見当たらない。したがって、上記のような理由で本件吸い殻が携帯灰皿を経由して捨てられたものであるとの可能性を否定した原審の判断は、不合理であるといわ

ざるを得ない(なお、第一審判決が上記可能性を排斥する理由は、原判決も説示するように、やはり採用できないものである。)。

そうすると、前記2(1)イ以下の事実の評価いかんにかかわらず、被告人が本件事件当日に本件マンションに赴いたという事実は、これを認定することができない。

(2)ところで、本件吸い殻が捨てられていた本件灰皿には前記のとおり多数の吸い殻が存在し、その中にはCが吸っていたたばこと同一の銘柄(マルボロライト〔金色文字〕)のもの4個も存在した。これらの吸い殻に付着する唾液等からCのDNA型に一致するものが検出されれば、Cが携帯灰皿の中身を本件灰皿内に捨てたことがあった可能性が極めて高くなる。しかし、この点について鑑定等を行ったような証拠は存在しない。また、本件灰皿内での本件吸い殻の位置等の状況も重要であるところ、吸い殻を採取した前記の警察官にもその記憶はないなど、その証拠は十分ではない。検証の際に本件灰皿を撮影した数枚の写真のうち、内容が見えるのは、上ぶたを取り外したところを上から撮った写真1枚のみであるが、これによって本件吸い殻は確認できないし、内容物をすべて取り出して並べた写真も、本件吸い殻であることの確認ができるかどうかという程度の小さなものである。さらに、本件吸い殻の変色は上記のとおり大きな問題であり、これに関しては、被告人が本件事件当日に本件吸い殻を捨てたとすれば、そのときから採取までの間に水に濡れる可能性があったかどうかの検討が必要であるところ、これに関してはそもそも捜査自体が十分になされていないことがうかがわれる。前記のとおり、本件吸い殻が被告人によって本件事件当日に捨てられたものであるかどうかは、被告人の犯人性が推認できるかどうかについての最も重要な事実であり、DNA型の一致からの推認について、前記被告人の主張のように具体的に疑問が提起されているのに、第一審及び原審において、審理が尽くされているとはいい難いところである。

(3)その上、仮に、被告人が本件事件当日に本件マンションに赴いた事実が認められたとしても、認定されている他の間接事実を加えることによって、被告人が犯人でないとしたならば合理的に説明できない(あるいは、少なくとも説明が極めて困難である)事実関係が存在するとまでいえるかどうかにも疑問がある。すなわち、第一審判決は、被告人が犯人であることを推認させる間接事実として、上記の吸い殻に関する事実のほか、前記2(2)ないし(4)の事実を掲げているが、例えば、Cを殺害する動機については、Cに対して怒りを爆発させてもおかしくない状況があったというにすぎないものであり、これは殺人の犯行動機として積極的に用いることのできるようなものではない。また、被告人

が本件事件当日に携帯電話の電源を切っていたことも、他方で本件殺害行為が突発的な犯行であるとされていることに照らせば、それがなぜ被告人の犯行を推認することのできる事情となるのか十分納得できる説明がされているとはいい難い。その他の点を含め、第一審判決が掲げる間接事実のみで被告人を有罪と認定することは、著しく困難であるといわざるを得ない。

　そもそも、このような第一審判決及び原判決がなされたのは、第一審が限られた間接事実のみによって被告人の有罪を認定することが可能と判断し、原審もこれを是認したことによると考えられるのであり、前記の「被告人が犯人でないとしたならば合理的に説明することができない（あるいは、少なくとも説明が極めて困難である）事実関係」が存在するか否かという観点からの審理が尽くされたとはいい難い。本件事案の重大性からすれば、そのような観点に立った上で、第一審が有罪認定に用いなかったものを含め、他の間接事実についても更に検察官の立証を許し、これらを総合的に検討することが必要である。

　5　結論
　以上のとおり、本件灰皿内に存在した本件吸い殻が携帯灰皿を経由してCによって捨てられたものであるとの可能性を否定して、被告人が本件事件当日に本件吸い殻を本件灰皿に捨てたとの事実を認定した上で、これを被告人の犯人性推認の中心的事実とし、他の間接事実も加えれば被告人が本件犯行の犯人であることが認定できるとした第一審判決及び同判決に審理不尽も事実誤認もないとしてこれを是認した原判決は、本件吸い殻に関して存在する疑問点を解明せず、かつ、間接事実に関して十分な審理を尽くさずに判断したものといわざるを得ず、その結果事実を誤認した疑いがあり、これが判決に影響を及ぼすことは明らかであって、第一審判決及び原判決を破棄しなければ著しく正義に反するものと認められる。」

　なお、5人の裁判官全員の、補足意見、意見、反対意見が付されている。

参考判例4　東京高判平10・7・1判時1655号3頁（ロス疑惑銃撃事件）

「予備的訴因の事実、すなわち、直接の銃撃実行者を不明としたままで、その氏名不詳の銃撃実行者とXが共謀して、その氏名不詳者にVを銃撃させたとの事実について有罪を認定するためには、本件ではその共謀がXと本件とを結びつける中核的事実であることにかんがみ、その者からどのような弁明や供述等がなされても、Xがその氏名不詳者と共謀して銃撃させたことに間違いがないことを裏付けるに足るだけの確かな証拠が必要だと考えられる。そこで、Xについてこれをみると、同人の場合には、例えば殴打事件前に共犯者探しと

もみえる一連の不可解な言動が認められ、その後に発生した殴打事件をめぐる行動には被害者Vの殺害とその保険金取得ねらったとしか思えない加害意思を読みとることができ、その３か月後に起こった本件との間には犯行態様その他について何やら共通性も見え隠れし、しかも、銃撃事件発生時の現場の状況に関するＸの供述、中でも銃撃犯人をグリーンの車で来た２人組の強盗犯である、白いバンには気づかなかったと述べる点には虚偽供述との疑いが強くもたれるなど、Ｙの場合よりよりもはるかに強い嫌疑を抱かせる事情が認められることは否定できず、検察官が、少なくともＸの犯行関与は間違いがないと主張することにもかなりの程度理由があるといえる。

　しかし、他方、Ｖに引き続いてＸもライフル銃で銃撃・被弾している本件の犯行態様から見て、本件は、共犯者抜きには考えられない態様の犯行であることは明らかで、その点がまさに中核的な要証事実となっているところ、検察官がこの者以外には共犯者はいないと主張して立証に努めたＹについて、原判決は証拠不十分の判断をし、この判断は、関係証拠に照らして、当審においても維持するほかなく、しかもそれ以外には共犯者とおぼしき者が全く見当たらない状況にある。証拠上、共犯者が単に特定されていないというだけではなく、全く解明されていないのである。加えて、日本にいたＸにおいて、アメリカにいたと想定するほかない氏名不詳の共犯者を新たに見つけ、その者との間で特に殴打事件後本件発生までの間に銃撃事件について謀議をし、これを完了しておくまでの機会はほとんどなく、かつ、現実に謀議をした痕跡は全く見当たらないこと、Ｖを連れて渡米した経過にはむしろ犯行計画を否定しているかのような事情が認められること、犯行加担に対する報酬支払いの事実が全くないこと等々の、いずれも共犯者の存在を否定する趣旨の情況事実が多く認められる証拠関係にあること等の周辺事実を含めて総合考慮すると、検察官が主張するような、銃撃犯人は不明でもその氏名不詳者とＸとの間に共謀が成立していたこと及びＸがその者にＶを銃撃させたことに間違いはないと推断するに足りるだけの確かな証拠は見当たらず、なお合理的な疑いが残るといわざるを得ない。」〔殺人の共謀およびこれを前提とする保険金詐欺の訴因につき無罪〕

　「Ｘに対する殺人の公訴事実について、検察官が訴因として、『ＸとＹとの共謀』を掲げ、かつ、Ｘの共謀の相手方としてはＹ以外には考えられないとの立証を続けた原審での審理経過を前提として、原審裁判所が、訴因変更手続をとることなく、判決中で、突然これとは異なる『Ｘと氏名不詳者との共謀』を認定した訴訟手続には、判決に影響を及ぼすことの明らかな法令違反があり（刑訴法379条）、その点で原判決は破棄を免れない。」

〔ＸＹとも無罪（検察官上告）〕。

参考判例5　最判昭48・12・13判時725号104頁（長坂町放火事件）

「一、本件公訴事実の要旨は、「被告人は、山梨県北巨摩郡長坂町○○○××××番地所在木造平家建住宅兼店舗（建坪約115平方メートル）に居住し、夫Ａとともに食料品雑貨商を営んでいるものであるが、自宅周辺において昭和42年2月以降発生した火災につき、被告人又はその兄弟の犯行であるとの風評が流布され、被告人の弟Ｂの内妻Ｃ子の両親方にもその風評の伝わっていことを知るや、自宅に放火して右風評を他に転じさせようと企て、昭和43年3月4日午前3時頃、夫Ａ、長男Ｄ、長女Ｅ子の現に住居として使用する右自宅西北隅にある物置内において3段積の木箱上に中型マッチ箱約150個入りダンボール、蝋紙、みね俵を積み、これにマッチで点火して火を放ち、右建物天井に燃え移らせ、右天井約500平方センチメートルを焼燬したものである。」というのであり、第一審裁判所は、検察官提出の全証拠によっても本件火災が被告人の放火行為によるものと確信をもって認定することはできず、なおそこに合理的疑いを容れる余地があるとせざるをえないとして、被告人に対し無罪の言渡をしたが、原審は、本件出火が外部からの侵入者によってなされたと認めうる証拠がなく、かえって、内部の者の犯行でないと考えられないような出火の場所、時刻、放火材料、装置等からみると、放火犯人は被告人方内部の者と断定せざるをえないし、出火当時被告人方に現在した被告人以外の者については犯人と疑うに足りる事由は全くないことと、被告人には放火の動機および犯人と疑うべき事情があることなどを考えあわせると、本件は被告人の犯行と認めるに十分であるとして、第一審判決を破棄し、放火の動機を「自宅周辺において昭和42年2月以降発生した3回の火災につき、被告人またはその兄弟の犯行であるとの風評が流布され、弟Ｂや被告人自身も警察の取調を受け、とくに昭和43年3月3日夜Ｂの内妻Ｃ子から、被告人らがその叔父であり当時山梨県警察本部防犯少年課課長をしていたＫに頼み、もみ消しを図ったとの噂がＣ子の両親方にも伝わったことを聞知し、興奮の末、自宅に放火しこれを焼燬して右風評を他に転じさせようと企て」と判示したほかは、前記公訴事実と同趣旨の事実を認定したうえ、被告人を懲役2年6月に処したのである。
（中略）
　四　原判決が説示する犯人は内部の者であるとする点について。
　㈠原判決は、被告人が犯人であると認める有力な根拠として、本件火災発生当時、被告人方の戸締りが全部なされてあったことをあげている。

(中略)しかし、他方、記録によると、本件家屋における出入口、もしくは人の出入り可能な窓は12個所あるところ、そのうち本件火災発生時に、施錠等がなく人の出入りが可能であったと認められるのは、店舗西側の雨戸部分、店舗西側の心棒張による戸締り部分および勝手場北側のガラス一本引戸部分の3個所であるが、店舗西側の雨戸部分は古タイヤで押えてあるだけで容易にこれを開けることができるとしても、その内側に豆炭や塩類等が積んであって、外部の者が侵入することは困難であると考えられるが、勝手場北側のガラス一本引戸は、開閉するとかたがた音がし、家人の寝室に近いこともあって、同所から侵入することは容易でないとはいえ、全くその可能性がないわけではなく、また、西側のガラス戸の戸締用の心張棒は強固なものではなく、天井、壁等をベニヤ板で張る際にそのあわせ目等をとめるために用いる細い棒であって、太さ約1センチメートル、長さ約58センチメートルにすぎないものであるから、外部から戸を開けようとして力を入れると外れ落ちる可能性があることを考慮にいれるときは、この出入口からも外部の者が絶対に侵入できないと断定することはできないのである。そして、右の心張棒については、被告人が、本件火災が鎮火した直後、放火材料としてつかわれたマッチ入りダンボール箱がくすぶっていたので出火場所からそのまま店舗内流し場に持ってきて、これに上から水道の水をかけ、前記の心張棒でその中味をつき崩したりしていた事実が存することからみると、被告人の夫Aが夜警に出掛ける際、心張棒をかけ忘れたものか、あるいは他の原因により外れたものと考える余地もないではない。もっとも、被告人は、前記のように放火材料としてつかわれたマッチ入りダンボール箱の中味をつき崩すに用いた右の心張棒を発見した場所について明確な供述をしておらず、一審公判廷では、「足もとか冷蔵庫の台の上かで、それほど歩かないところで発見した。」旨を述べ、司法警察員に対しては、「冷蔵庫のうしろの調理台のところか、麹類陳列台の下の油の罐の上。」と述べているが、その供述内容に首尾一貫しない点もあるので、この供述によって心張棒は当時かけられてなかったと断定することは相当ではないであろう。しかし、だからといって、被告人が本件火災の鎮火後に、前記のように、放火材料であるダンボール箱の中味をつき崩すため西側出入口のガラス戸にかけてあった心張棒をとり外した事実を認めるに足るなんらの証拠も存在しないのである。

　以上要するに、本件家屋の戸締りの状況から、本件火災が外部からの侵入者による放火ではないと断定することには、なお疑問が残るといわざるをえない。(中略)

五、原判決が説示する放火の動機について。

原判決は、(1)当時既に改築が決っていた本件家屋に、被告人は、出火の前々日に夫に内密で火災保険をつけようとし、また逡巡する夫を説得して200万円の保険を付したこと、および(2)昭和42年2月以降被告人方周辺において発生した3回の火災につき、被告人またはその弟の犯行であるとの風評が流布され、弟Bや被告人自身も警察の取調を受け、とくに昭和43年3月3日夜Bの内妻C子から、被告人らが、その叔父であり当時山梨県警察本部防犯少年課課長をしていたKに頼み、放火のもみ消しを図ったとの噂がC子の両親方にも伝わっていることを聞知した被告人は、種々思い悩んだ末、自宅に放火しても右の風評を他に転じようと思いつめることが考えられること、の2点を有力な放火の動機である旨を説示している。

しかし、(1)の事実については、本件が保険金騙取のための放火であるというならば、火災保険に加入することは、被告人の犯行と疑う重要な事実ともいえようが、それはともかくとして、当時被告人方家屋のある大久保部落には火災が頻発していたことが記録上うかがわれるので、これに備えて火災保険に加入することもあながち不合理とはいえず、さらに、その火災保険金額は、本件の直前に加入した200万円を含め、建物および商品について合計400万円余りであって、被告人方の家屋その他の動産の価格合計約700万円からすれば十分とはいえないから、本件家屋に火災保険をつけたからとて被告人がその家屋を焼失してもかまわぬと考えたとするには、なお疑問の余地があるし、さらに、被告人が右家屋を全焼させようとまでは考えていなかったとすることは、単なる想像の域をでないものというほかはない。

また、(2)の事実についても、本件記録によると、被告人は、3月3日夕食のさい弟Bの内縁の妻C子から前記のような風評が伝わっていることを聞いてその出所を知ろうとし、C子の実家F方に噂を伝えたという北割のG方に午後8時過ぎに電話をかけたが、同人不在のため目的を達することができなかったこと、そこで被告人は、さらに大久保部落のHがGと親戚関係にあることから、一人でH方に噂の出所を確かめに行ったところ、同人から覚えがないといわれて要領を得ずに帰宅したこと、同夜10時過頃になり、被告人は、北割のG方に直接確かめに行くことを決意し、弟B、その内妻C子を伴ない、Bの運転する軽4輪自動車でG方に赴いたが、同家の燈火が消えていたため、近くのC子の実家であるF方に行き、同人に会って噂について確かめたが、同人からもはっきりした事実を知ることができなかったので、再びG方を訪ねようとしたが、右Fからもう遅いから思いとどまるように言われてこれを断念し、翌4日午前

零時頃帰宅したこと、がそれぞれ認められることは原判決説示のとおりである。したがって、右の経過に徴すると、被告人が前記の風評に憤激し、その出所を確認しようと奔走したことはうかがわれるが、他方、前記F方を訪ねた際、C子の実父である同人から、BとC子が別れる意思がないなら問題はない旨の話があり、かつ、同人が、Bに対して一生懸命仕事をして稼ぐように励ました事実が証拠上認められる。そうだとすれば、風評の出所を確かめることは、さらに後日にゆづることもできるし、右風評のため弟BとC子との正式の結婚が破談になるのではないかとの懸念も解消したとみるのが相当であるから、当夜被告人が帰宅した際は格別興奮していた様子もみられなかったという《証拠略》は、これを措信することができる。したがって、原判決が説示するように、「被告人が意図した噂の出所を確認できず、心理的葛藤は鎮静されないまま。」であったとすることは疑問であり、さらに、「自宅前でB夫婦と別れ、一人帰宅し床についたが、噂のことなど思い悩んでいたであろうと推測するのがむしろ女性の心理に合致すると思料される。」ものとしても、このことから直ちに、被告人が当夜自宅に放火してまでもこの風評を他に転じようと思いつめていたとみることには、なお疑問が残るといわなければならない。

（中略）

　八、「疑わしきは被告人の利益に」という原則は、刑事裁判における鉄則であることはいうまでもないが、事実認定の困難な問題の解決について、決断力を欠き安易な懐疑に逃避するようなことがあれば、それは、この原則の濫用であるといわなければならない。そして、このことは、情況証拠によって要証事実を推断する場合でも、なんら異なるところがない。けだし、情況証拠によって要証事実を推断する場合に、いささか疑惑が残るとして犯罪の証明がないとするならば、情況証拠による犯罪事実の認定は、およそ、不可能といわなければならないからである。ところで、裁判上の事実認定は、自然科学の世界におけるそれとは異なり、相対的な歴史的真実を探究する作業なのであるから、<u>刑事裁判において「犯罪の証明がある」ということは「高度の蓋然性」が認められる場合をいうものと解される。しかし、「蓋然性」は、反対事実の存在の可能性を否定するものではないのであるから、思考上の単なる蓋然性に安住するならば、思わぬ誤判におちいる危険のあることに戒心しなければならない。したがって、右にいう「高度の蓋然性」とは、反対事実の存在の可能性を許さないほどの確実性を志向したうえでの「犯罪の証明は十分」であるという確信的な判断に基づくものでなければならない。</u>この理は、本件の場合のように、もっぱら情況証拠による間接事実から推論して、犯罪事実を認定する場合において

は、より一層強調されなければならない。ところで、本件の証拠関係にそくしてみるに、前記のように本件放火の態様が起訴状にいう犯行の動機にそぐわないものがあるうえに、原判決が挙示するもろもろの間接事実は、既に検討したように、これを総合しても被告人の犯罪事実を認定するには、なお、相当程度の疑問の余地が残されているのである。換言すれば、被告人が争わない前記間接事実をそのままうけいれるとしても、証明力が薄いかまたは十分でない情況証拠を量的に積み重ねるだけであって、それによってその証明力が質的に増大するものではないのであるから、起訴にかかる犯罪事実と被告人との結びつきは、いまだ十分であるとすることはできず、被告人を本件放火の犯人と断定する推断の過程には合理性を欠くものがあるといわなければならない。

九、前記のように、被告人が本件放火の犯人と疑う余地が全くないとはいえないけれども、上述したとおり、被告人を本件放火の犯人と断定することについては合理的な疑いが残るのであるから、これらの疑問点を解明することなく、前記各事実を総合して、本件放火と被告人との結びつきについて証明が十分であるとした原審の判断は、支持しがたいものといわなければならない。したがって、原判決は、証拠の価値判断を誤り、ひいて重大な事実誤認をした疑いが顕著であって、このことは、判決に影響を及ぼすこと明らかであり、これを破棄しなければ著しく正義に反するものと認められる。

一〇、ところで、本件は、火災発生の日から5年余り経過し、しかも本件火災発生の2日後に被告人方家屋はなんぴとかの放火と疑われる火災のため全焼しているので、今後あらたな証拠が現われることはほとんど望みえない状況にある。現に、原審における事実の取調によっても、第一審の証拠調の結果に付加すべき何らの新証拠をうることができなかったという経過に徴しても、いまさら、本件を原審に差戻し、事実審をくりかえすことによって事案の真相の解明を期待することは適切な措置であるとは思われない。とくに、本件においては、犯行と関連性があると認められる間接事実の存在については争う余地が少なく、核心は、情況証拠に対する評価とこれに基づく推論の過程にあることを考えあわせると、本件は当審において自判することによって決着をつけることが相当であると考えられるので、本件は、「疑わしきは被告人の利益に」の原則に従い、公訴事実につき犯罪の証明が十分でないとして、被告人に対し無罪の言渡をすべきものである。」

● **発展問題**

①判例・実務では、自白がある事件でも、まず自白を除いて情況証拠のみによっ

て事実認定を行い、その後に自白も総合して改めて認定することがあるが、それはなぜだと思うか。
②消去法的事実認定とは何か。このような認定をする上で注意すべき点としてどのようなものがあるか。
③裁判員裁判で情況証拠のみによる事実認定をしなければならない場合、裁判官は裁判員に対して、どのような助言をすべきか。共同で事実認定をする際、どのような工夫が必要か。
④盗品の近接所持の法理とは何か。裁判員にこれを説明するとしたら、どのように説明するか。
⑤情況証拠には、時系列的に予見的情況証拠、併存的情況証拠、回顧的情況証拠があり、有罪認定には、それぞれの情況証拠が偏りなく存在し、とりわけ並存的情況証拠が重要だとされている。それぞれ、どのような証拠があるか具体例を挙げてみなさい。

● 参考文献

・植村立郎「情況証拠」法律学の争点シリーズ『刑事訴訟法の争点〔第3版〕』(有斐閣、2002年) 156頁
・植村立郎『実践的刑事事実認定と情況証拠〔第2版〕』(立花書房、2011年)
・石井一正『刑事事実認定入門』(判例タイムズ社、2005年)
・「共謀の立証」笠井治=前田雅英『ケースブック刑事訴訟法〔第2版〕』(弘文堂、2008年) 260頁
・原田國男「間接事実による犯人性推認のあり方」法学教室360号 (2010年) 40頁
・中里智美「情況証拠による認定」木谷明編著『刑事事実認定の基本問題』(成文堂、2008年) 249頁

第28章

挙証責任と推定

公文孝佳

● **本章のねらい**

刑事訴訟法における挙証（立証）責任について理解する。原則として検察官に挙証責任があるとしても、挙証責任の転換はあり得るか。また、「疑わしきは被告人の利益に」の法理・無罪推定法理と、法律上の推定規定、挙証責任の問題はどのように関連するのか。本章ではこれらについて理解を深める。

● **キーワード**

挙証（立証）責任、挙証責任の転換、証拠提出の責任、争点形成責任、法律上の推定、事実上の推定、名誉毀損における真実性の証明、同時傷害、過失推定説、疑わしきは被告人の利益に（in dubio pro reo）法理

● **体系書の関係部分**

池田・前田	宇藤ほか	上口	白取	田口	田宮
394-399 頁	427-437 頁	403-412 頁	330-334 頁	352-355 頁	299-309 頁
福井	松尾（下）	三井（Ⅲ）	光藤（Ⅱ）	安冨	
340-345 頁	18-25 頁	60-84 頁	113-125 頁	462-469 頁	

● **設　例**

　N県R市には、R湾に流れ込むR川河口に人口による埋立地があり（U地区）、そこには1970年1月にR市が誘致した産業団地がある。その中に、2001年1月より操業を始めた、S社が経営する産業廃棄物処理施設がある。なお、現

在S社の当該施設が存在する土地には、1981年4月より1999年8月まで操業していた金属加工業のT社工場があった。(なおT社は1990年12月に倒産している) T社工場跡地の約3分の1を利用して建造されたのがS社の施設である。

　2010年8月2日の午後10時、2000年2月よりR市に居住し、環境保護団体「クリーンエア」R支部の代表でもある医師A宅に匿名の電話があり、「S施設は十分なゴミ分別を行わずに焼却を行っている。普通だったら焼却処理じゃなく還元処理を行うものでも忙しくなったら焼却している。だから煙の中にクロムも出ている」という情報をAは得た。かねてより、気管支炎・皮膚炎・喉頭がん・消化器がんに罹患する者が他の地区と比較して約2倍であることから、処理施設からの排出がその原因ではないかと疑念を抱いていたAは、独自に調査を行うことにした。なお、N県の環境局が1991年より年に二回程度の大気汚染調査を行っており、U地区に関しては、毎年、R市が定めてある汚染基準(クロム化合物については0.25mg/m^{3}以下) 以下の数値が記録されている。

　Aはクリーンエアのメンバー8名と自分の出身大学であるR工業大学の環境サークルのボランティア7名とで2010年8月16日から翌2011年の8月16日まで、ほぼ2週に1回の割合で午前11時と午後3時の2回ずつの調査を行った。その結果、平均して法定の約25倍弱にあたる7mg/m^{3}の数値を得た。

　2011年3月、S社は焼却炉の規模を拡大するために旧T工場跡地を購入し、2011年5月には施設の建造を始めたのであるが、6月10日、3メートルほどの深さのところに大量のクロム鉱滓があることが判明した。Aはそちらの方の調査も別グループに行わせたのであるが、T社が倒産していたため、地中へのクロム化合物の投棄がいつから始まったかの確定は十分にできなかったが、1993年4月ごろには地中への埋め立てがなされていたという証言を当時の従業員より得ることができた。Aは更に、その後U地区にある井戸・湧水池など場所総計7か所で水質調査と土質調査を行った (2011年6月から9月まで各水源に月2回の頻度)、そこからもクロム化合物の存在が判明した。その結果、水質調査では、下水に排水として放出する場合にR市の条例により許容されている 0.5mg/l の約10倍の数値である 5mg/l という数値を得た。

　Aは以上のデータ・資料を基に、S社の代表取締役X$_1$とU地区処理施設X$_2$を、人の健康に係る公害犯罪の処罰に関する法律第3条違反の罪で、N地方検察庁に告発した。その後、X$_1$とX$_2$は同条違反を理由として、検察官に起訴されるに至った。

第28章　挙証責任と推定

● **基本事項の確認**

①挙証（立証）責任とは何か？
②刑事裁判において、原則として誰が挙証責任を負うか？
③「疑わしきは被告人の利益に（in dubio pro reo）」法理とはどのような法理か？
④刑事訴訟法において挙証責任の転換が許されるか？あるとすれば、どのような条件が必要か？
⑤争点形成責任とは何か？それはどのような場面で適用されるか？
⑥法律上の推定とは何か？その例を挙げなさい。
⑦公害罪法５条による法律上の推定を適用するに際しては、前提事実としてどのような事実の存在を立証する必要があるか？
⑧両罰規定における過失推定説とはどのようなものか？

● **参考判例についての問い**

①参考判例１は、被告人側の真実性の証明につきどの程度のものを求めているか？
②参考判例２は被告人側による真実性の証明に関して自由な証明で足りるとは解していない。それはどのような理由からと考えられるか？
③参考判例３によれば無罪を主張する被告人側にどの程度の立証の負担が課されることになるか？
④参考判例４は業務主に過失の不存在につき被告人に挙証責任を転換する趣旨か？

● **設例についての問い**

①本件において、公害罪法５条に基づき、ゴミ焼却場からでたクロム化合物と大気中のクロム化合物に因果関係ありとの推定を行う場合、検察官は前提事実として何を立証せねばならないか。
②上記①の場合、その事実の立証の水準はどの程度のものでなければならないか。
③本件において、被告人側が検察官の推定立証を破るためには、どのような主張・立証をせねばならないか。

● 参考判例

参考判例1　東京高判昭 41・9・30 高刑集 19 巻 6 号 683 頁

　刑法第230条ノ2にいう「真実ナルコトノ証明」というのが被告人の罪となるべき事実の認定に必要な程度の証明を指すのかそれともそれよりも弱い程度のもので足りるのか、換言すればいわゆる「合理的な疑いをいれない」程度の証明を必要とするのかいわゆる「証拠の優越」の程度で足りると解すべきかは、一つの問題だということができよう。しかしながら、人の名誉を毀損する事実の中でも、本件で摘示されているような犯罪にあたる人の非行事実についていえば、本来それは国がその存否を確定し処罰すべき性質のものであるが、その場合にはいうまでもなく合理的な疑いをいれない程度にその事実の存在が証明されることを必要とする。しかるに、もし私人が、それほどの十分な証明をすることができず、たかだか「証拠の優越」と呼ばれる程度の証明しかすることのできないようなこの種の事実を一般に公表・流布しても、それが許されるとすれば、結果において、国の裁判によっては犯罪者と断定することのできない者に対しても事実上犯罪者としてのらく印を押し、その事項の性質上その者を社会的に葬り去って、あたかも刑罰を科せられたのに似た状態に置くことも可能となるであろう。この場合、その者が真に犯罪者であればまだしもであるが、証明の程度が右のように比較的弱くても足りるとすると、犯罪者でない者が犯罪者とされる危険性もおのずから相当程度存在するわけで、かくては不当に名誉を侵害された者がそのまま泣き寝入りをしなければならない場合をある程度認めることとなり、名誉の保護の観点からいえばいちじるしく不完全となるといわざるをえない。もとより強制捜査の権限をもたない私人の側で合理的な疑いをいれない程度にそれを証明することがかなり困難であることは所論のとおりだといえよう。しかし、特に摘示事実が他人の犯罪行為である場合には、その名誉侵害の度のきわめて高いことにかんがみ、証明の困難を理由として証明の程度が比較的低くてもよいとすることにはやはり重大な疑問があるとしなければならない。そして、この理は、その摘示者が報道機関である場合においても異なるところはなく、むしろ一般的にいえば、報道機関であればこそこの種の事項を公表するには一層慎重な態度で確実な根拠に基づくことを要するともいえるのである。

参考判例 2　東京高判昭 59・7・18 高刑集 37 巻 2 号 360 頁

　所論は、まず、刑法 230 条ノ 2 第 1 項にいう事実が真実であることの証明については、同項の立法精神にかんがみ、「自由な証明」をもって足りると解すべきであると主張するが、仮に所論のとおり「自由な証明」をもって足りるとしても、記録を精査すると、所論のように本件記事の真実性が十分に立証されたと解しうるかについては、そもそも多大の疑問がある。

　のみならず、個人の名誉はもとより基本的人権に属する人格権として厚く保護されるべきものであるところ、その保護のため本来なら名誉毀損罪にあたるべき行為を、表現の自由保障という憲法上の要請のため一歩譲って一定の要件のもとに罪とならない場合を設けたのが刑法 230 条ノ 2 第 1 項の立法趣旨であり、かつ、同条項は、摘示事実の真否がいずれとも確定されなかつたとき、「疑わしきは被告人の利益に」の一般原則の例外として、被告人の不利益に、すなわち事実が真実であることの証明がなかつたものとしての判断を受ける、とする趣旨のものである（東京高等裁判所昭和 28 年 2 月 21 日判決・刑集 6 巻 4 号 367 頁参照）。

　個人の名誉の保護と表現の自由の保障との調和均衡を図った同条項の立法趣旨からすれば、表現の自由のほうを重視する立場から、刑法 230 条ノ 2 第 1 項の真実性の証明に限り、刑訴法 320 条 1 項（伝聞排除）の規定の適用を除外して、被告人の立証の度合いを一般原則の場合より緩和する立法政策もありうるであろう。

　しかし、現行法は、刑法に前記のような挙証責任の転換の規定を設けただけで、刑訴法に特段の規定を置いていないことにかんがみれば、右真実性の立証についてのみ「自由な証明」で足りるとしているとは解されない。

　なお、同条項の真実性の証明について「自由な証明」で足りるとする学説は、その具体的内容として、「伝聞排除の原則」の不適用すなわち伝聞証拠の無制限許容だけでなく、心証の程度もいわゆる「証拠の優越」の程度で足りる、としているところ、後者について「合理的な疑いをいれない程度のものであることを必要とする。」と解すべきことは、すでに東京高等裁判所の判例とするところである（東京高等裁判所昭和 41 年 9 月 30 日判決・刑集 19 巻 6 号 683 頁）。

　さらに、所論が引用し、高く評価するとしている最高裁判所昭和 44 年 6 月 25 日大法廷判決（刑集 23 巻 7 号 975 頁）は、名誉毀損被告事件の審理において、被告人側の証人が、問題の記事内容に関する情報を市役所の職員から聞きこみこれを被告人に提供した旨を証言したのに対し、これが伝聞証拠であることを

理由に検察官から異議の申立があり、第一審裁判所はこれを認め、異議のあった部分全部につきこれを排除する旨の決定をし、その結果、被告人は、右公訴事実につき、いまだ右記事の内容が真実であることの証明がなく、また、被告人が真実であると信ずるにつき相当の理由があったと認めることはできないものとした事案につき、同証人の立証趣旨中には、被告人が本件記事内容を真実であると誤信したことにつき相当の理由があったことをも含むものと解されることを理由として、「してみれば、前記吉村の証言中第一審が証拠排除の決定をした前記部分は、本件記事内容が真実であるかどうかの点については伝聞証拠であるが、被告人が本件記事内容を真実であると誤信したことにつき相当の理由があったかどうかの点については伝聞証拠とはいえないから、第一審は、伝聞証拠の意義に関する法令の解釈を誤り、排除してはならない証拠を排除した違法があり、これを是認した原判決には法令の解釈を誤り審理不尽に陥った違法があるものといわなければならない。」と判示しているが、この判断は、真実性の証明について「伝聞排除の原則」の除外がないこと、すなわち「自由な証明」で足りるとする見解はとらないことを当然の前提としていることに留意すべきである」。

参考判例3　最決昭29・9・11刑集8巻9号1479頁

【事案の概要：被告人Ｘは、犯行時18歳未満のＡ女を、Ｙがいうままに同女を雇用し、淫行を行わせたという児童福祉法違反被疑事件（児童の福祉を害する禁止行為（児福法34条）違反）で起訴された。一審・控訴審ともに有罪。Ｘは上告して、児童たるＡ女がＹによって自分のところに連れてこられたのが1951年5月末のことであり、Ａ女に淫行をさせたと一審・控訴審により認定されたのは6月2・4・5日であるが、連れてこられてから淫行をさせるまでの期間が短く、それゆえにＡ女の年齢について知るための時間的余裕がなかったとし、本件違反につき故意がなかったなどと主張した。】

「第一審判決は特に被告人が児童の年令を知っていたことを判文に明示してはいないけれども、犯罪の客観的事実を表示することにより右認識の存在を判示することができるのであり、第一審判決の判示事実と挙示の証拠とを通読すれば、被告人に右認識のあったことを認定した趣旨をうかがうことができる。殊に児童福祉法60条3項には「児童の年令を知らないことを理由として、前2項の規定による処罰を免れることができない。但し、過失のないときは、この限りでない。」と規定しておって、被告人が児童の年令を知って犯行に及んだ場合は勿論これを知らなかったことにつき過失のなかったことを被告人にお

いて立証しない限りは処罰を免れないところである。本件において被告人がこのような立証をした事迹はないのであるから右認識の有無及び認識しないことについての過失の有無につき明示しなかった第一審判決を違法ということはできない。論旨は採るを得ない。

参考判例4　最大判昭32・11・27刑集11巻12号3113頁

【事案の概要：Xは自身が経営するキャバレーの支配人であるAが、Xの業務に関し、客から徴収した入場税を逋脱したことにつき、原判決が入場税法を適用し、Xを有罪としたため、上告して廃止前の入場税法17条の3（但し昭和22年法律第142号による改正前の条文）のいわゆる両罰規定は、憲法39条に違反すると主張した。】

「同条は事業主たる、人の「代理人、使用人其ノ他ノ従業者」が入場税を逋脱しまたは逋脱せんとした行為に対し、事業主として右行為者らの選任、監督その他違反行為を防止するために必要な注意を尽さなかつた過失の存在を推定した規定と解すべく、したがって事業主において右に関する注意を尽したことの証明がなされない限り、事業主もまた刑責を免れ得ないとする法意と解するを相当とする。それ故、両罰規定は故意過失もなき事業主をして他人の行為に対し刑責を負わしめたものであるとの前提に立脚して、これを憲法39条違反であるとする所論は、その前提を欠くものであつて理由がない。

　記録を調査するに、事業主たる被告人において、判示行為者らの判示違反行為につきこれを防止するために必要な注意を尽したことの主張立証の認められない本件において、被告人に所論両罰規定を適用した原判決は正当であるといわなければならない」。

● 発展問題

①参考判例5のケースで①Xの打撃行為により、泥酔したVが頭部を強打し、転倒し、その10分後にYおよびZが事例のような暴行を加え、②その場から逃げたVが4時間後に動脈瘤破裂によるくも膜下出血で死亡していたとする。同時傷害致死の罪責をXに問うために、検察官はどのような主張・立証を行うことになるか。また、それに対して、Xの弁護人はどのような主張・立証を行うことが考えられるか。

参考判例5　京都地判昭53・9・22刑月10巻9号1247頁

【事案の概要：被告人Xは、酒場で代金を払おうとしたところ、酒場のバーテン

がVによって暴行されているのを見、仲裁に入ったのであるが、Vより「お前は関係ない」などと言われ、Vに殴られそうになったので立腹し、Vの左顔面を手拳で1回殴打して転倒させた。(第1暴行) その直後、同店で一緒に会食していたYとZがXより暴行の事実を聞いた。数分後、店を出た3人はVに出会ったのであるが、その際、Vは3人に掴み掛るなどの気勢を示したので、憤慨したYとZは共謀の上、Vに対しその顔面・頭部を数回殴打するなどの暴行を加えた。(第2暴行) それからほどなくして、Vは頭部打撲により引き起こされた動脈瘤破裂による「くも膜下出血」によって死亡した。なお、Vには動脈瘤があった。本件では被告人X・Y・Zに同時傷害による傷害致死罪の成立が認められるかが問題となった。】

「Xの暴行行為はVの動脈瘤の破裂に何らの寄与もしておらず、右動脈瘤は第2暴行によって破裂したものである。即ち、動脈瘤を有する者がその頭部には列の原因となりうる外力を受けた場合には、証人Wの供述部分にも述べられているように、通常、その外力を受けた直後に右動脈瘤が破裂し（例外なく4・5分以内に)、これにより出血が開始して30秒ないし1分くらいで意識障害・行動障害等のくも膜下出血の症状が発現するものであるから、結局外力を受けてから約1分くらいで右の症状が発現するものである。ところが証人Wの尋問調書等によれば、XがVに加えた暴行は、近距離からその顎付近を手拳で突くように1回殴ったという比較的軽度のものであることが認められ、さらに、前掲各証拠を総合すれば、被告人Xは第1暴行を加えすぐ店内に入り、数分後に他の者と同店を出たものであること、引き続き被告人Y・Zによる第2暴行がなされたが、被告人Zが頭突きを加えた直後にVが頭を抱えて坐り込みそのまま意識を失って死亡したこと、Vは第1暴行後第2暴行までの間興奮して元気な様子をしており、店から出てきた被告人らに対しさらに攻撃を仕掛ける様子を見せたことなどが認められ、従って、くも膜下出血の症状がVに発現したのは第2暴行の直後であって、それまでは第1暴行の後にあっても何らの症状も発現していないことが認められる。以上の暴行の程度及び時間的経過からすれば、被告人Xの第1暴行によってはVの有した動脈瘤は破裂していなかったものと考えられる。…（中略)…Vは第2暴行を受けた直後に頭をかかえて坐り込んだまま意識を失い、短時間のうちに死亡したこと、右の症状の発現の仕方からみて、動脈瘤の破裂による出血が急激に起こったものと推定されることなどの事実からすれば本件動脈瘤の破裂は第2暴行のみによって生じたと考えるのが相当である」。(なお、YとZの暴行行為には同時傷害致死の罪責が認定されている。)

● 参考文献

- 川出敏裕「挙証責任と推定」法律学の争点シリーズ『刑事訴訟法の争点〔第3版〕』（有斐閣、2002年）158頁
- 後藤昭「『疑わしきは被告人の利益に』ということ」一橋論叢117巻4号（1997年）573頁
- 古江賴隆「法律上の推定」『事例演習刑事訴訟法』（有斐閣、2011年）187頁
- 堀江慎司「挙証責任と推定」新・法律学の争点シリーズ『刑事訴訟法の争点』（有斐閣、2013年）148頁

第29章

裁判（択一的認定など）

白取祐司

● 本章のねらい

　本章では、いわゆる「択一的認定」について、それが「疑わしきは被告人の利益に」原則とどのような緊張関係にたつのか、どのような「択一的認定」であれば許されるのか、それはなぜかについて、検討し理解を深める。

● キーワード

択一的認定、概括的認定、挙証責任、罪となるべき事実、「疑わしきは被告人の利益に」原則、罪刑法定主義

● 体系書の関係部分

池田・前田	宇藤ほか	上口	白取	田口	田宮
503-504頁	446-449頁	521-525頁	435-440頁	432-434頁	423-424頁
福井	松尾（下）	三井	光藤（中）	安冨	
416-418頁	129-130頁	—	281-282頁	586-590頁	

● 設　例

　XとYは事実上夫婦として数年前より同居していたが、4歳になるYの連れ子を厳寒の山中に置き去りにして凍死させたとして、保護責任者遺棄致死の罪で起訴された。公訴事実の要旨は、「被告人X、Yは、共謀の上、平成22年12月20日午後9時20分ころ、S市××区××町所在の自宅において、折檻のため夕方より自宅庭の木の幹に縛り付けていたYの連れ子V（当時4歳）が

折から降り続く雪に埋もれていたのを掘り出したが、同人が仮死状態にあって心臓や鼓動の音も十分確認できなかったため同人は早晩死亡するだろうと考え、同日午後9時50分ころ同人への折檻死の事実を隠蔽するため、ＸＹ両名でＶを自家用車に乗せ、Ｓ市内△△区にあるＭ山麓の山林に置き去りにして遺棄し、同日深夜から翌日午前3時ころまでにＶを死亡させた」というものであった。

Ｘの国選弁護人Ｂは、勾留中のＸと接見したところ、Ｘは「ＹがＶを折檻していることは知らなかった。ＹがＶを庭から掘り出すのは手伝ったが、Ｖはすでに死亡していた。その後Ｙがひとりで Ｖを車に乗せて出かけたが、自分は自宅にいた。」と話した。その後検察官から法廷にだされた医師の鑑定書によれば、Ｖの死亡推定時刻は、「12月20日午後7時から12月21日午前3時まで」であった。そこでＢは、法廷において、(ⅰ)「庭でＶを掘り出した時点ですでにＶが死亡していた可能性があり、<u>刑訴法の基本原則</u>からこれを生きていたものと扱えないはずだ。」、(ⅱ)「Ｘは、Ｖを掘り出した後、ずっと自宅でテレビを観ており、Ｍ山麓にＶを捨てに行くことに関与していない。」として、Ｘの無罪を主張した。

他方、Ｙは、法廷において、折檻をしてＶを雪の降りしきる庭に長時間放置したことは認めたが、Ｙも庭でＶを掘り出した時点でＹは死亡したと思ったので遺棄したと主張した。また、車でＶを遺棄することについては、Ｘと相談したと供述した。

Ｖの死亡時刻について裁判所から釈明を受けた検察官Ｐは、第3回公判において、主位的訴因「保護責任者遺棄罪」に加えて、予備的訴因としてＸＹ共謀による「死体遺棄罪」を追加した。

裁判所は、ＸおよびＹまたはＹ単独で遺棄がなされたとの心証は得たが、そのいずれかについて確信が得られなかった。また、Ｖを掘り出して遺棄する際、Ｖがすでに死亡していたか否かについても、確信が得られなかった。

● 基本知識の確認

①判決に理由を付すことは必要か。それはなぜか。
②有罪判決には、条文上、どのような理由を付すことが必要とされているか。
③有罪判決に特に理由が求められているのはなぜか。根拠条文は何条か。
④訴因の一部を認定する場合、他の部分について主文で無罪を言い渡すことが必要か。
⑤「概括的認定」とは何か。どのような場合に許されるか。
⑥「予備的認定」とは何か。「縮小認定」と同じものか、違いはあるか。

⑦有罪か無罪かいずれについても確信が得られない場合、裁判所はどうすべきか。
⑧択一的認定とは何か。狭義の択一的認定と予備的認定の違いは何か。
⑨数個の訴因を択一的に記載することは許されるのか。それはどのような場合に行われるのか。
⑩択一的認定が、同一構成要件内の事実についてなされる場合と、異なる構成要件の間で行われる場合とで、その許否判断が異なるか。
⑪択一的認定は罪刑法定主義に反すると言われることがあるが、それはどのような意味でか。
⑫設例下線部の「刑訴法の基本原則」とは何を指すか。

● 判例についての問い

①参考判例１は、いわゆる「択一的認定」をした事案といえるか。
②参考判例１は、被害者の死亡推定時刻の判断をするのに、死体解剖所見の法医学的判断のほかに、「社会通念と、被告人に対し死体遺棄罪という刑事責任を問い得るかどうかという法的観点をふまえて」考察すべきだというが、これはどういうことか。また、このような判断枠組みにはどのような問題があるか。
③参考判例１の事案で、被害者が法医学的に「生きている」と評価される場合でも刑法190条の「死体」と評価され得るとした上で死体遺棄罪を認定する見解は正しいか。
④参考判例２は、共同正犯の訴因に対し、単独犯と共同正犯の択一的認定をしても弊害はないというが、どのような理由をあげているか。
⑤参考判例２の事案とは異なり、単独正犯として起訴された被告人について、単独犯と共同正犯の択一的認定をすることは許されるか。
⑥参考判例３は、死体遺棄と保護責任者遺棄の択一的認定が問題となり得る事案について無罪にしているが、それはどのような理由によるものか。
⑦参考判例３は、本位的訴因「死体遺棄」、予備的訴因「保護責任者遺棄」で起訴された事案だが、裁判所は、予備的訴因がない場合でも同様の検討をすることができるか。

● 設例についての問い

①検察官は、起訴の段階から、主位的訴因「保護責任者遺棄罪」、予備的訴因「死体遺棄罪」として起訴することができるか。

②弁護人Ｂの法廷での(i)主張は、どのようなねらいをもったものと考えられるか。
③弁護人Ｂの法廷での(ii)主張は、どのようなねらいをもったものと考えられるか。
④医学鑑定上、Ｖが遺棄された時点でＶは生きていた可能性とすでに死亡していた可能性の両方がある場合、裁判所はＶは生きていたと判断することができるか。
⑤裁判所は、検察官に「死体遺棄罪」の訴因を予備的に追加するよう命じることができるか。
⑥裁判所は、主位的訴因と予備的訴因のいずれかに違いないが、そのいずれかについて確信を得られなかった場合、どのような判断をすべきか。
⑦裁判所は、Ｙが遺棄の実行行為を行ったこと、ＸはＹがＶ遺棄のため出かけた間自宅にいたことについては十分な心証を得たが、ＸＹ間に遺棄の共謀があったか否かについて心証が得られなかった。この場合、裁判所は、ＸＹそれぞれについて、どのような裁判をすべきか（この場合の遺棄は「死体遺棄」だとして考えよ）。

● 参考判例

参考判例１　札幌高判昭61・3・24 高刑集39巻1号8頁

【事案の概要：原審の旭川地裁は、妻に対する死体遺棄の起訴について、「死亡の事実については立証がない」ので、「被告人は死体遺棄の故意で保護責任者遺棄を犯したことになる」が、これは抽象的事実の錯誤であり、「少なくとも生きているのか死んでいるのか明らかでない状態で人を遺棄する意思があったものと評価できる」とし、「死体遺棄罪と遺棄罪との間に実質的な構成要件上の重なり合い」が認められるから、「軽い死体遺棄罪の故意が成立し、同罪が成立する」として有罪。弁護人は、両罪に構成要件の重なり合いはなく無罪であるとして控訴した。】

「(1)被告人は、同月29日午後8時40分ころ、Ｓ子に対し、自力脱出不能な程度の傷害を負わせた上、厳寒時雪山に埋没させてしまい、約4時間20分後の翌日午前1時ころ、ようやく同女を雪中から発掘したが、その際すでに同女は前示のように被告人の呼び掛けにも全く答えず、雪に触れていた身体部分は氷のように冷たく、着衣におおわれていた胸にもほとんどぬくもりはなく、両腕や下肢部分は冷たく硬くなっており、手を当てるなどして確めても心臓の鼓動も呼吸も全く感じられなかったという状態であったので、被告人は、同女が

死亡しているものと思い込み、氷点下13、4度の寒冷な外気中で同女を抱えたまま、何の手当も加えず、それから約1時間40分経過した午前2時40分ころに至り、ついに同女を敷地内に遺棄したというのであるから、少なくともその時点においては、被告人のみならず、一般人から見ても、同女は既に死亡していたものと考えるのが極めて自然であるということができる。

(2)法医学上の観点からみても、前記のとおり、死体解剖所見によるS子の死亡推定時刻は、同月29日午後7時10分ころから同月30日午前3時10分ころまでの間であるが、同女を発掘した時点において、仮に同女がいまだ生存していたとしても凍死に至る最終段階である虚脱期にあったものと推定でき、発掘後から遺棄までの気象条件、時間なども勘案すると、少なくとも遺棄時においては、S子は死亡していた可能性が極めて高いと考えられる。

(3)ところで、前記死亡推定時刻は、あくまでも死体解剖所見のみに基づく厳密な法医学的判断にとどまるから、刑事裁判における事実認定としては、同判断に加えて、行為時における具体的諸状況を総合し、社会通念と、被告人に対し死体遺棄罪という刑事責任を問い得るかどうかという法的観点をふまえて、S子が死亡したと認定できるか否かを考察すべきである。

本件において、仮に遺棄当時S子がまだ死亡に至らず、生存していたとすると、被告人は、凍死に至る過程を進行中であった同女を何ら手当てせずに寒冷の戸外に遺棄して死亡するに至らしめたことになり、同女の死期を早めたことは確実であると認められるところ、自ら惹起した不慮の事故により雪中に埋没させてしまった同女を掘り出しながら、死亡したものと誤信し、直ちに医師による治療も受けさす等の救護措置を講ずることなく、右のように死期を早める行為に及ぶということは、刑法211条後段の重過失致死罪に該当するものというべく、その法定刑は5年以下の懲役もしくは禁錮又は20万円以下の罰金であるから、被告人は、法定刑が3年以下の懲役である死体遺棄罪に比べ重い罪を犯したことになって、より不利益な刑事責任に問われることになる。また、被告人の主観を離れて客観的側面からみると、S子が生存していたとすれば、被告人は保護責任者遺棄罪を犯したことになるが、同罪も死体遺棄罪より法定刑が重い罪である。本件では、S子は生きていたか死んでいたかのいずれか以外にはないところ、重い罪に当たる生存事実が確定できないのであるから、軽い罪である死体遺棄罪の成否を判断するに際し死亡事実が存在するものとみることも合理的な事実認定として許されてよいものと思われる。

以上の諸点を総合考察すると、本件においては被告人の遺棄行為当時S子は死亡していたものと認定するのが相当である。」

参考判例2　東京高判平4・10・14高刑集45巻3号66頁

【事案の概要：被告人は、次のような公訴事実で起訴された。「被告人は、Fと共謀の上、平成2年12月5日午前5時20分頃、東京都中央区銀座3丁目××××所在のコンビニエンスストア『Nマート銀座店』（有限会社T社経営）で、同店店員H（当時25年）に対し、所携のモデルガンを突きつけ、その頭部をつかんで窓ガラスに数回打ちつけるなどの暴行、脅迫を加えてその反抗を抑圧した上、『キンセン。キンセン。』などと申し向けて金員を要求し、同人が開けたレジスター内から同会社代表取締役Aの管理する現金17万円を強取した。」。被告人は、当初、同時に起訴されたF（以下「F」という。）と併合のまま審理を受けていたが、Fが犯行を強く否認したこともあり、第3回公判で手続は分離された。原判決は、被告人が「単独で又はFと共謀の上、」強盗を実行した旨認定した。】

「1　そこで、まず、本件において、原判決のような択一的認定が許されるかどうかについて検討する。択一的認定の可否及び限度については種々の見解があり得るが、当裁判所は、少なくとも、前記のような事実関係のもとで、前記のような訴訟経過をたどった本件においては、被告人が「単独で又はFと共謀の上」原判示強盗を実行したと択一的な認定をすることが許される、そして、この認定をした場合には、単独犯と共同正犯の各事実について具体的な犯情を検討した上、犯情が軽く、被告人に利益と認められる事実を基礎に量刑を行うべきであると考える。本件においては、共同正犯の事実の方が犯情が軽く、被告人に利益と認められるので、この事実を基礎に量刑を行うこととなる。

その理由は、次のとおりである。

2　原判決が認定した前記一3㈠ないし㈣の各事実は、証拠上極めて明らかであって、右各事実自体については、何らの争いもないところ、これによれば、本件強盗は、被告人がFと共謀の上実行したか（共同正犯）、単独で実行したか（単独犯）のいずれかであって、第三の可能性は存在しないと認められる上（なお、所論は、本件は、Fが、心神喪失状態にある被告人を道具として行った犯行である旨主張するが、当時被告人が心神喪失に陥っていたものでないことは、のちに、詳細に説示するとおりである。）、両者は、互いに両立し得ない択一関係にあり、訴訟法上は同一の公訴事実に属する。しかも、本件強盗の共同正犯と単独犯とを比較すると、被告人が実行行為を全て単独で行ったことに変わりはなく、単に、被告人が右犯行についてFと共謀を遂げていたかどうかに違いがあるにすぎないのである。そして、法的評価の上でも、両者は、基本形式か修正形式かの違いはあるにせよ、同一の犯罪構成要件に該当するもので

あり、法定刑及び処断刑を異にする余地もない。

　3　このような事案について、強盗の共同正犯と単独犯を択一的に認定することができるものとしても、その量刑が、犯情が軽く、被告人に利益と認められる共同正犯の事実を基礎に行われる限り、共同正犯又は単独犯のいずれかの事実を一義的に認定して被告人を処罰する場合と比べ、実体法の適用上、被告人に不利益を及ぼす余地は全くない。

　次に、このような認定を許容することにより、被告人に訴訟手続上の不利益を及ぼすことがないかどうかについて考えると、右択一的認定が許されるとすれば、訴訟手続上、被告人は、強盗の共同正犯と単独犯の双方の事実について防御しなければならなくなり、その分だけ負担が増すことは事実であるが、右負担の増加は、公訴事実を同一にする事実の範囲内において、予備的又は択一的訴因が掲げられた場合と異なるところはなく、刑訴法上当然に予想されたものというべきであって、これをもって、被告人に過大な負担を課すものとはいえない。また、本件のように、強盗の実行行為を全て被告人が行ったとされていてそのこと自体に争いはなく、ただ、被告人と共犯者との共謀の有無につき、両名の各供述が顕著に対立しているにすぎない事案においては、共同正犯の訴因に対し、共同正犯と単独犯の事実を択一的に認定しても、被告人の防御権を実質的に侵害することはないと認められるから、そのような択一的認定をするにあたり、訴因の変更又は追加の手続きを経由する必要はないと解される。

　以上のとおり、本件において、原判決のような択一的認定が許されるものとしても、実体法の適用及び訴訟手続上の保障のいずれの点からみても、被告人に不当な不利益を及ぼすものではないことが明らかである。

　4　他方、本件において、被告人が自ら強盗の実行行為の全てを行っていることが明らかであるにもかかわらず、それがＦとの共謀に基づくものであるか否かが判然としないため、結局、強盗の単独犯及びその共同正犯のいずれについても犯罪の証明がないとして、被告人に無罪を言い渡すべきものとするのは、明らかに国民の法感情に背反し、事案の真相を究明して適正な刑罰法令の適用を図る刑訴法の理念にもそぐわないといわなければならない。

　また、本件においては、被告人が自ら強盗の実行行為の全てを行った証拠は十分であり、Ｆと右強盗を共謀した証拠は十分でないことからすると、証拠によって認定することができる限度で、強盗の単独犯を認定すべきではないかとも考えられるが、前記のとおり、本件の場合には、強盗の共同正犯の方が単独犯に比べて犯情が軽く、被告人に利益であると認められるのであるから、共同正犯であるかもしれないという合理的疑いがあるにもかかわらず、被告人に不

435

利益な単独犯の事実を認定し、これを基礎に量刑をして被告人を処罰するのは、「疑わしきは被告人の利益に」の原則に反するといわざるを得ないであろう。

　5　以上のように考えると、本件のような場合においては、前記のとおり、強盗の共同正犯と単独犯を択一的に認定した上、犯情が軽く被告人に利益な共同正犯の事実を基礎に量刑を行うものとすることが、最も事案に即した適正な法的解決であり、現行刑訴法の解釈として、十分支持され得るものと思われる。刑訴法には、択一的認定に関する規定はないけれども、択一的認定が全て直ちに刑訴法の原則に反するとは考えられず、少なくとも本件のような場合には、これが許されると解するのが相当である。」

参考判例3　大阪地判昭46・9・9判時662号101頁

「（弁護人の主張に対する判断および無罪の理由）

　本件公訴事実中、「被告人は、昭和45年4月27日午後9時ごろ、判示鋼管野積場において、右H子の死体を放置して立ち去り、もって同死体を遺棄したものである。」との本位的訴因および「被告人は、右日時場所において瀕死の重傷を負った同児に対し、父親としてこれを保護し、救護の措置を講ずべき責任があるのにかかわらず、何ら救護の措置をとることなく、同児をその場に置き去り、もってこれを遺棄したものである。」との予備的訴因につき、弁護人は、検察官は同児の死亡時期について確証がないのに右訴因につき公訴を提起し、択一的に処罰を求めようとするもので、右公訴提起は公訴権の濫用であるから公訴棄却の判決がなされるべきである旨主張するので判断するに、判決で公訴を棄却すべき場合を定めた刑事訴訟法338条4号は、公訴権の濫用の場合にも適用されるものと解する余地がないではないが、右にいう公訴権の濫用とは、犯罪の嫌疑のないとが明白であり、或いは有罪判決を得られる証拠がないことが明白であるのに、検察官が何らかの不当な意図をもってことさらに公訴を提起した場合を指称するものと解すべきところ、本件においては、犯罪の嫌疑のあったことは明らかであり、また結果的には後記のとおり証明不十分に終ったとはいえ、有罪判決を得られる証拠がないことが明白である場合には該当せず、また検察官が不当な意図をもってことさらに公訴を提起したものというべき形跡もないから、前記の如き公訴権の濫用があったものということはできない。そこで進んで右訴因の成否につき検討するに、前掲各証拠によると、右両訴因に共通の外形的事実、即ち、被告人が昭和45年4月27日午後9時ごろ、H子を前記鋼管野積場に放置して立ち去った事実は明らかにこれを認めることができるが、右両訴因の罪が成立するには、さらに本位的訴因についてはその際同

児が死亡していたこと、予備的訴因については生存していたことを要するので、この点につきさらに検討するに、《証拠略》によれば、被告人が前掲ほ乳瓶で同児を強打した後も同児は目をキョロキョロさせながら首を左右に動かしており、右野積場に至った際、再び泣き出したので同児を上下に２、３回ゆさぶったところ同児は泣きやんでぐったりとなったので、被告人は、同児を付近の地上に置いて立ち去ったことが認められるが、右のように同児がぐったりとなった際、同児が死亡していたものかそれとも仮死状態にとどまっていたかはにわかに解明し得ず、従ってまた、被告人が同児を地上に置いて立ち去るまでの間の同児の生死も明らかでなく、この点は《証拠略》によるもこれを明らかにし得ないし、同児を置き去りにした際同児が生存していた旨の被告人の当公判廷における供述も《証拠略》に照らしにわかに措信することができない。従って、右各訴因の犯罪時における同児の生死は不明ということにならざるを得ないが、このような場合、右両訴因につきいずれも証明が十分でないものとして無罪の言渡をすべきものか、それとも、二者のうちいずれか一方の訴因が成立することは間違いないものとして択一的に或いは被告人に有利な訴因につき有罪の認定をなすべきかは困難な問題であるが、現行刑事訴訟法上の挙証責任の法則に忠実である限り、後者のような認定は許されないものと解すべきであるから（平野龍一外一名編実例法学全集刑事訴訟法458頁以下参照）、右各訴因についてはいずれも証明が十分でないものとして無罪の言渡をするほかはない。

　よって刑事訴訟法336条後段により右両訴因については無罪の言渡をすることとする。」

参考判例4　最決平13・4・11刑集55巻3号127頁

　「本件のうち殺人事件についてみると、その公訴事実は、当初、「被告人は、Ｎと共謀の上、昭和63年7月24日ころ、青森市大字合子沢所在の産業廃棄物最終処分場付近道路に停車中の普通乗用自動車内において、Ｖに対し、殺意をもってその頸部をベルト様のもので絞めつけ、そのころ窒息死させて殺害した」というものであったが、被告人がＮとの共謀の存在と実行行為への関与を否定して、無罪を主張したことから、その点に関する証拠調べが実施されたところ、検察官が第一審係属中に訴因変更を請求したことにより、「被告人は、Ｎと共謀の上、前同日午後8時ころから午後9時30分ころまでの間、青森市安方2丁目所在の共済会館付近から前記最終処分場に至るまでの間の道路に停車中の普通乗用自動車内において、殺意をもって、被告人が、Ｖの頸部を絞めつけるなどし、同所付近で窒息死させて殺害した」旨の事実に変更された。この事実

につき、第一審裁判所は、審理の結果、「被告人は、Nと共謀の上、前同日午後8時ころから翌25日未明までの間に、青森市内又はその周辺に停車中の自動車内において、N又は被告人あるいはその両名において、扼殺、絞殺又はこれに類する方法でVを殺害した」旨の事実を認定し、罪となるべき事実としてその旨判示した。

　まず、以上のような判示が殺人罪に関する罪となるべき事実の判示として十分であるかについて検討する。上記判示は、殺害の日時・場所・方法が概括的なものであるほか、実行行為者が「N又は被告人あるいはその両名」という択一的なものであるにとどまるが、その事件が被告人とNの2名の共謀による犯行であるというのであるから、この程度の判示であっても、殺人罪の構成要件に該当すべき具体的事実を、それが構成要件に該当するかどうかを判定するに足りる程度に具体的に明らかにしているものというべきであって、罪となるべき事実の判示として不十分とはいえないものと解される。

　次に、実行行為者につき第一審判決が訴因変更手続を経ずに訴因と異なる認定をしたことに違法はないかについて検討する。訴因と認定事実とを対比すると、前記のとおり、犯行の態様と結果に実質的な差異がない上、共謀をした共犯者の範囲にも変わりはなく、そのうちのだれが実行行為者であるかという点が異なるのみである。そもそも、殺人罪の共同正犯の訴因としては、その実行行為者がだれであるかが明示されていないからといって、それだけで直ちに訴因の記載として罪となるべき事実の特定に欠けるものとはいえないと考えられるから、訴因において実行行為者が明示された場合にそれと異なる認定をするとしても、審判対象の画定という見地からは、訴因変更が必要となるとはいえないものと解される。とはいえ、実行行為者がだれであるかは、一般的に、被告人の防御にとって重要な事項であるから、当該訴因の成否について争いがある場合等においては、争点の明確化などのため、検察官において実行行為者を明示するのが望ましいということができ、検察官が訴因においてその実行行為者の明示をした以上、判決においてそれと実質的に異なる認定をするには、原則として、訴因変更手続を要するものと解するのが相当である。しかしながら、実行行為者の明示は、前記のとおり訴因の記載として不可欠な事項ではないから、少なくとも、被告人の防御の具体的な状況等の審理の経過に照らし、被告人に不意打ちを与えるものではないと認められ、かつ、判決で認定される事実が訴因に記載された事実と比べて被告人にとってより不利益であるとはいえない場合には、例外的に、訴因変更手続を経ることなく訴因と異なる実行行為者を認定することも違法ではないものと解すべきである。

そこで、本件について検討すると、記録によれば、次のことが認められる。第一審公判においては、当初から、被告人とＮとの間で被害者を殺害する旨の共謀が事前に成立していたか、両名のうち殺害行為を行った者がだれかという点が主要な争点となり、多数回の公判を重ねて証拠調べが行われた。その間、被告人は、Ｎとの共謀も実行行為への関与も否定したが、Ｎは、被告人との共謀を認めて被告人が実行行為を担当した旨証言し、被告人とＮの両名で実行行為を行った旨の被告人の捜査段階における自白調書も取り調べられた。弁護人は、Ｎの証言及び被告人の自白調書の信用性等を争い、特に、Ｎの証言については、自己の責任を被告人に転嫁しようとするものであるなどと主張した。審理の結果、第一審裁判所は、被告人とＮとの間で事前に共謀が成立していたと認め、その点では被告人の主張を排斥したものの、実行行為者については、被告人の主張を一部容れ、検察官の主張した被告人のみが実行行為者である旨を認定するに足りないとし、その結果、実行行為者がＮのみである可能性を含む前記のような択一的認定をするにとどめた。以上によれば、第一審判決の認定は、被告人に不意打ちを与えるものとはいえず、かつ、訴因に比べて被告人にとってより不利益なものとはいえないから、実行行為者につき変更後の訴因で特定された者と異なる認定をするに当たって、更に訴因変更手続を経なかったことが違法であるとはいえない。

したがって、罪となるべき事実の判示に理由不備の違法はなく、訴因変更を経ることなく実行行為者につき択一的認定をしたことに訴訟手続の法令違反はないとした原判決の判断は、いずれも正当である。

また、本件のうち死体遺棄事件及びＴ方放火事件において、実行行為者の認定が択一的であることなどについても、殺人事件の場合と同様に考えられる。」

参考判例5　東京高判昭62・7・30判時1246号143頁

「原審記録によれば、原判決は原判示第２の所為（以下「本件損壊行為」という。）当時既にＶは死亡していたとして死体損壊罪を認定しているのであるが、原判決が挙示する東京慈恵会医科大学法医学教室医師Ｔ他１名作成の鑑定書によれば、Ｖの死体を解剖した結果、同死体には㈠咽頭喉頭粘膜に発赤、浮腫等の変化を認めず、気管内に煤も存在せず、粘膜は淡黄色を呈し平滑であるが、他方㈡左右心房内血液につき分光光度法により一酸化炭素ヘモグロビンの飽和度を測定したところ左房血は11.8パーセント、右房血は10.7パーセントであったことが認められ、このことに当審で事実取り調べをした証人Ｔの証言を参酌すると、右㈠の点は気管支に対する加熱作用の不存在、従ってまた呼吸

運動の不存在を推測させるが、他方㈡の点についてみるとその数値自体は可熱作用を受けなくともいわゆるヘビースモーカーから得られる範囲内のものではあるものの、左右心房の測定値に約1.1パーセントの差異があり、かつ左の数値が高いことは生前における加熱作用から生ずる一酸化炭素の吸引、従ってまた呼吸運動の存在を示唆しうるものであり、以上の諸点に本件損壊行為が戸外で行なわれていること、本屍には原判示第1の犯行によって生じ、かつ死因となった非常に高度な頭蓋内損傷が存することを考慮すると、本件損壊行為当時Vが既に死亡していた可能性は高いものの、未だ死戦期にあってなお生命維持機能が働き短時間ながら微弱な呼吸をしていた疑いも医学的見地からは否定し去ることができないことが認められるのである。してみると、Vが本件損壊行為当時死亡していたとするにはなお右のような生存の可能性についての合理的疑いを払拭できず、結局本件損壊行為当時におけるVの生死は不明、換言すれば生存の可能性も否定できないのであって、本件における死体損壊罪の成否についてはなお慎重な検討を要するものがあるといわざるをえない。ところで、原審記録及び当審事実取り調べの結果によれば、被告人は原判示第一の犯行後被害者が前頭部から血を流し微動だにしなかったことから死亡したものと確信し、その顔面を焼いて身元判別を困難にしようと企て本件損壊行為に及んだものであり、しかも前示鑑定書並びにTの証言に照らしても、ひとり被告人のみならず、なんぴとも、外見上はVが既に死亡しているものと確信し、これに疑いを容れる余地のない状態にあったこと、更にこれを医学的見地からみてもその生死の判定に困難を来たし、一見死亡しているとみても不自然ではない程であり、仮に生存していたとしても、非常に高度な頭蓋内損傷の故にその後短時間のうちに死亡することが確実視され、かつ現に死亡し、しかもその死亡が本件損壊行為による燃焼中に招来したことも容易に推認されるのであり、被告人の本件損壊行為がVの死に何ら原因を与えるものでなかったことも明らかである。このような状況下において、被告人は本件損壊行為に及び、かつ少くもこれによる燃焼中、これとは別の前示頭蓋内損傷により死亡した被害者に対し、その死の前後にわたる燃焼により結局意図したとおり死体損壊の結果を生ぜしめたものであるから、このような場合には、たまたま事後の解剖結果によりその行為時において被害者の生存の可能性を完全には否定し去ることができない所見が見られたとしても、なお死体損壊の責を負うべきものと解するのが相当である。してみると、原判決には、前示のとおり本件損壊行為当時被害者生存の可能性が存していたにもかかわらず、被害者が既に死亡したと認定している点において事実の誤認があるというほかないが、右誤認は死体損壊罪の成否に

消長を来たすものではないから、判決に影響を及ぼすことが明らかであるとはいえないというべきである。

　そこで論旨につき検討するに、本件は、数日前同じ人夫出し業者に雇われた被告人と被害者が右雇主から酒食の馳走を受けての帰途、被告人がタクシー内で日頃心良く思っていなかった被害者から悪態をつかれたことに立腹し、宿舎近くで降車し、被害者を引きずり降したうえ、絡もうとして逆に被告人から手拳で顔面を強打され路上に転倒しうつ伏せになったまま格別の抵抗も出来ないでいる被害者の背中にまたがり、セーターの後ろ襟首付近をつかみ前額部等をアスファルト路面に3回強打してそのころ殺害したうえ、宿舎から身回り品を持ち出し逃走するに際し身元の判別を困難にして犯跡を隠蔽すべく被害者の顔面等にダンボール等を積み重ねて点火し、少くもその後間もなく先の殺害行為により死亡した被害者の顔面等を焼燬したというものであり、本件の発端が被害者にあるとはいえ、被害者は当時中等度の酩酊状態にあって防禦能力に乏しく、しかも被告人に顔面を強打され殆ど無抵抗に近い状態であったに拘らず、圧倒的に体力の優勢を誇る被告人が激情の赴くまま前示殺害行為に及び、更に死体損壊をなしたものであって、被害者の頭部の損傷の凄惨さは殺意の強固さと加えられた暴力の強大さを示して余りなく、態様は凶器を使用していないとはいえ残虐なものといわざるをえず、これにより一命を奪った結果の重大さはもとより、更になした損壊行為も非人間的なものであり、妻子に先立たれ身一つで気ままな飯場生活を送るうち些細な原因で惨殺され、剰え顔面等を焼燬されるに至った被害者の末路は憐れというほかなく、加えてその惨状の故に周辺住民はもとより一般社会に与えたであろう衝撃も無視できないのであって、これらの諸点に鑑みると、被告人の刑責は重大というほかなく、従って、被告人が反省悔悟していること、本件犯行は偶発的なものであり、被告人も当時酩酊していたこと、平素粗暴な言動に出ることもなく前科歴はあるものの粗暴犯の前科はないこと、その他所論が指摘する有利な諸事情を被告人のため十分斟酌しても、被告人を懲役10年に処した原判決の量刑が重きに失し不当であるとは認められない。論旨は理由がない。」

● 発展問題

①監督過失を問う失火罪の訴因で起訴されたが、被告人の直接の過失なのか、監督過失に基づくのか心証がとれないとき、裁判所は択一的認定をしていいか。
②窃盗の訴因で起訴されたが、公判の過程で盗品有償譲受罪の可能性がでてき

た。裁判所は、択一的認定をすることができるか。
③故意犯と過失犯の間で択一的認定ができるか。
④殺人の訴因事実は合理的疑いを超えて証明されたが、動機について保険金目的か怨恨のいずれかであることは確信が得られたものの、どちらであるか明かでないとき、択一的認定ができるか。
⑤狭義の択一的認定を、異なる構成要件の間の問題と解する見解と、異なる訴因間の問題と解する見解があるが、両者の見解で具体的結論が異なる場合があるか。

参考判例6　秋田地判昭37・4・24判タ131号166頁

「第一、本件公訴事実の要旨は

被告人は板金工事請負業Y工務店の工事責任者で、昭和32年8月10日より10日間の完工予定のもとに右工務店が請負った秋田市土手長町中丁2番地所在秋田県庁々舎正面玄関に続く広間（以下本判決において該部分を正庁と称する）屋根のトタン葺替工事に際し、従業員S外5名を使用し、同人等に対し工事現場における仕事の配置、作業に関する指揮監督等をしていたものであるが、右庁舎は木造で正庁部分の屋根は柾板葺の上にトタン板を以て覆ってあるため、同月10日に古トタン板を剥ぎ取り、翌11日から新トタン板を張り始めたのであったが、翌12日に至るも未だ全部トタン板を張り終らず一部に柾板が露出して居る状態で、且つ正庁東側に接続する棟（以下中央棟と称する）もスレート瓦葺で所々に間隙や亀裂、欠損個所があったばかりでなく、その当時の気象状況は連日高温が続いており、特に右12日は稀に見る晴天で、その気温も午前9時に既に摂氏29度に達する程の異常高温現象で且つ東南東風速6米の風を伴っていたくらいであった。このような状況下にあって、右屋上で作業をする者が喫煙するときは、着火している煙草の破片又は吸殻から右柾板等に着火し、火災発生の危険が充分に予測されるのであるから、右作業に従事している被告人としては、自ら屋上で喫煙をしない許りでなく、前記S外5名の使用人にも予め屋上にて喫煙を為すことを厳禁する等の措置を為し出火の危険を未然に防止すべき義務があるに拘らずこれを怠り、軽卒にも右のような措置をとらなかったため、右Sは同日午前9時30分頃着火した煙草「新生」をくわえた儘屋上に至り前記中央棟（財政課屋上に当る）西側換気孔附近で喫煙しその約3分の2を喫った後、軒先から約2尺棟寄りの瓦とトタン板との継目附近でトタン板に火を擦りつけた儘消火を確認せずに放置してその場を立去り、更に使用人であるK、および被告人自らも右注意義務に違反して同日午前10時

30分頃前記財政課屋上の西側換気孔の上附近で煙草新生又は「ピース」をそれぞれマッチで点火した上約3分の1を喫い、次で被告人はくわえ煙草の儘正庁東側屋根と南側屋根との稜線の棟と軒との中間に赴き、Kも同様の状態で正庁北側屋根の東寄りで新トタン板を張った個所に赴き、それぞれ同所で更に喫煙を続けた後、被告人は傍らの道具箱の中で残りを擦りつけた程度で放置し、Kはトタン板に擦りつけた儘消火を確認せずに放置したという重大な過失により、右3名の喫煙した前記煙草の喫殻又は破片の一部が風の為瓦の隙間等に入り込みその下葺柾板に着火して火を発し、因て同日午前11時頃より午後0時50頃迄に秋田県知事Oが管理し人の現在する前記県庁々舎及び県議会議事堂各1棟の一部延2208坪（損害合計1億6920万円相当）を焼燬したものである。というにある。

第二、本件火災の原因　（略）

第三、以上のような事実関係の下において果して被告人の刑事責任はどのように展開されるものであるかを考察する。

一、出火当時の気象状態は、前記第二の二記載の通りであって、2日間の晴天に引続く炎天下の真射日光により、屋根の表面の温度や用材の乾燥の度合は、右観測の結果をさらに相当上回っていたものであることは、推測に難くない。

二、およそこのような状況のもとに、木造建物の屋上に在る者は、建物の木部が些細な火熱によっても容易に着火し火災を惹起する危険のあることに思いを致し、喫煙などの行為により、着火物を建物の可燃部分に飛散、付着させることのないよう十分に注意して、火災の発生を未然に防止すべき義務があるのは当然の事理である。それなのに出火当日、被告人並にS、Kの3名が屋上で喫煙し、3名のうちのいずれかのものの喫った煙草の破片又は吸殻が中央棟屋根野地板に真火し、本件県庁舎を焼くに至ったことは、前記認定の通りであるから若し出火の原因となった煙草をすったものが確定できれば当該喫煙者は右に述べた注意義務の懈怠によって、本件火災を発生させたものといわなければならない。（中略）

四、本件出火に対する被告人等3名の以上考察した過失責任を基本として被告人の責任を検討すれば被告人は、本件火災につき、

(1)かりに被告人の煙草による出火と仮定すれば、前記二で説示した注意義務を怠った作為による直接的過失の責任があり、

(2)またかりにS又はKの煙草による出火と仮定すれば、同三で説示した監督者としての注意義務を怠った不作為による間接的過失の責任を

それぞれ問われることとなり、出火の原因が右3名いずれかの喫煙によると

いう、限定された範囲を出ない以上、被告人の責任も又右(1)、(2)の範囲を出るものではないし、また被告人としては右いずれかの責任を免れることができない関係にあることが明かである。即ち被告人の煙草と、S又はKの煙草とがともに出火原因となり、両者が競合すれば被告人には直接間接の両過失責任が競合することになり、もし、被告人の直接的過失が否定されるとすれば間接的過失の責任が肯定され、逆に間接的過失が否定されるとすれば必ず直接的過失の責任を肯定しなければならない関係にある。

惟うに過失犯が成立するためには注意義務の範囲とこれに違反する行為、及び右行為と結果との間に因果関係の存在することが必要であるけれども右因果関係の発展は必ずしも一義的に確定されなければならないものではない。

本件出火は上来説示のとおり被告人自らの行為か、さもなければ他の両者いずれかの行為によるものであり若し後者であるとすれば被告人は監督懈怠という不作為による過失責任を免れないのであるから被告人には作為、不作為いずれかの行為により出火せしめたという二者択一の帰責事由があるというべきで、かかる場合は両行為の選択的な事実認定の下に被告人の責任を追求することが法理論上可能であり又社会正義にも合致する所以であると考える。

然してかかる場合若し両過失の間に過失の程度に軽重があるとすれば被告人の利益に従い軽い方の過失責任を認めるべきであることはいうまでもない。

第四、過失の程度

さて、前記第三で想定した2種の過失の態様を比較すれば、ことの性質上、同三の監督者としての注意義務違反の不作為による過失責任の方をより軽いと認むべきであるから、右不作為が刑法第117条ノ2にいう重大な過失に該当するかどうかを検討する。

被告人がその注意力を集中して火災発生の可能性を考慮していたならば、使用人であるS、Kらの喫煙を容易に防止あるいは制止できた筈であることは被告人の立場上たやすく理解されるところである。しかしながら右両名はいずれも人並の分別を有する青年（Sは当時25才、Kは当時27才）であって、火災予防の面でも一応の常識を期待でき、自己の行為につき責任を負う能力を備えたものであると認められるから被告人が彼等に対し注意を喚起しなかったことが軽卒のそしりを免れないにしても、その一事を以て、直ちに常識の範囲をこえたうかつさとして強い非難に値するほどのものということはできない。更に前記の通り出火当日はかなりの高温、強風ではあったけれども、空中湿度はなお60パーセントを超え、実効湿度約85パーセントと算定され、火災警報、異常乾燥注意報も発令されていなかったことが、前掲秋田測候所長作成の回答書

によって認められるし、且つS、Kらの喫煙の場所も、炎天下の屋上とはいえ、中央棟はスレート瓦及びトタン板で葺かれて居り、正庁屋根東面もトタン葺替を終って一応可燃部分は覆われていたのであるから、差し当り被告人がスレートの割目、隙間などから煙草の火が柾板上に達し着火する可能性を極めて容易に認識できたとも思われないのである。

それ故、被告人の右監督者としての過失の程度は、未だ刑法上の重過失には至らず、単なる軽過失にとどまるものと解するが相当である。

第五、結論

以上判示した通り、本件火災は被告人の軽過失に基くものと認められる。そして右認定した注意義務違反の内容は、本件重失火の訴因に示されたものと同一であり、単にその法的評価を異にするのみであるから、訴因変更の手続を必要とせずに判決することができるわけである。（中略）

当裁判所は、以上判示して来たところから明らかなように、本件火災が被告人の選択的過失により発生したものであることを認定したうえで、その責任は監督者としての軽過失の責任を追求する外はないという結論に到達したのである。

してみると本件は刑法第116条第1項に定める失火罪の事件であって、裁判所法第24条第1号、第33条第1項第2号に照らし簡易裁判所の専属管轄に属するもので、当裁判所の管轄には属しないことが明らかであるから、刑事訴訟法第329条に則り管轄違の言渡をすることとする。」

● 参考文献

- 寺崎嘉博「択一的事実認定」法律学の争点シリーズ『刑事訴訟法の争点〔第3版〕』（有斐閣、2002年）200頁
- 戸倉三郎「いわゆる不特定的認定」平野龍一＝松尾浩也編『新実例刑事訴訟法Ⅲ』（青林書院、1998年）191頁
- 古田佑紀「択一的認定」研修538号（1993年）13頁
- 田口守一「被害者の死亡時刻不明と択一的事実認定」ジュリスト880号（1987年）114頁
- 大澤裕「最新重要判例評釈(32)」現代刑事法16号（2000年）64頁
- 古江賴隆「択一的認定」同『事例演習刑事訴訟法』（有斐閣、2011年）294頁
- 辻裕教「択一的認定」新・法律学の争点シリーズ『刑事訴訟法の争点』（有斐閣、2013年）186頁

第30章

一事不再理効の客観的範囲

白取祐司

● 本章のねらい

> 本章では、一事不再理原則の基本的理解を確認した上で、一事不再理効の客観的範囲について、罪数論と関連させながら検討する。罪数に関する実体法上の帰結を訴訟法上どのように処理すべきかについて、判例を批判的に検討し理解を深める。

● キーワード

裁判の効力、一事不再理の原則、二重の危険禁止の原則、公訴事実の同一性・単一性

● 体系書の関係部分

池田・前田	宇藤ほか	上口	白取	田口	田宮
511-513 頁	461-465 頁	535-544 頁	448-454 頁	448-456 頁	445-458 頁
福井	松尾（下）	三井	光藤（中）	安冨	
428-437 頁	150-152 頁	―	286-293 頁	595-598 頁	

● 設　例

> 被告人Xは、2013年9月2日午後6時半ころ、繁華街中心部に位置するR時計店の店内において、スイス製高級腕時計1個を万引きした直後に、同店の警備員Gに現行犯逮捕された。警察の取調べに対してXは、2010年1月から現在まで、市内の時計店を回り、時計の万引きを多数回繰り返してきたことを自白した。警察で裏付け捜査をしたところ、2004年から2009年の間に窃盗

の罪で3回、それぞれ懲役6月、懲役1年2月、懲役2年の実刑判決を言い渡されいずれも執行を終えていることが判明したほか、Xが自白した窃盗の犯行のうち、(i) 2010年2月15日のQ時計店での、営業時間中における腕時計2個の万引き（窃盗）、(ii) 2011年5月11日のS時計店への、閉店後における住居侵入・窃盗未遂、(iii) 2012年8月15日のT時計店での、営業時間中の腕時計1個の万引き（窃盗）、(iv) 2012年4月21日のU時計店での、営業時間中の腕時計6個の万引き（窃盗）については、被害届けや関係者の供述など起訴できるだけの証拠が集められた。

この事件を担当することになったP検察官がさらに調べたところ、(i)事件の腕時計2個について、Xは盗品有償譲受けの罪で起訴されたが起訴状の被害者の記載に不備があったため、2011年9月15日に公訴棄却されそれが確定していること、(ii)事件の住居侵入について、略式起訴され罰金刑が確定していることが明らかになった。検察官Pは、R時計店での窃盗および上記(i)ないし(iv)の犯行を、常習累犯窃盗罪にあたるとして、M地方裁判所に起訴した。

● 基本知識の確認

① 一事不再理の原則とは何か。条文上の根拠はあるか。
② 一事不再理の効力と既判力は違うものか。違うとしたら、どこが違うか。
③ 一事不再理の効力は、いつ発生するか。
④ 一事不再理の効力によって当該起訴が許されないとされた場合、裁判所はどのような裁判をすべきか。そのときの条文上の根拠は何か。
⑤ 一事不再理の効力は形式裁判にも生じるか。生じないとしたら、それはなぜか。
⑥ 一事不再理の主観的効力（範囲）とは何か。また、客観的効力（範囲）とは何か。
⑦ 一事不再理の客観的効力（範囲）が、前訴で判決対象の訴因とされなかった事実に及ぶことがあるか。
⑧ 一事不再理の客観的効力（範囲）に例外が認められる場合があるか。

● 判例についての問い

① 参考判例1の考え方によれば、前訴が常習窃盗による起訴であった場合、後訴は許されるのか。
② 参考判例1の一事不再理の客観的効力のとらえ方は、従来の判例とどう異なるのか。

③参考判例2の客観的効力の判断方法は、参考判例1によって否定されたが、それはなぜか。
④参考判例5で、最高裁と原審および一審で結論が分かれたのはなぜか。
⑤参考判例6は、どのような理由で一事不再理効の例外を認めたのか。

● 設例についての問い

①検察官Pの常習累犯窃盗の起訴に対して、Xの弁護人は、(i)事件について盗品有償譲受罪で起訴されたことを理由に免訴判決を求めた。裁判所はどうすべきか。
②仮に(i)事件の盗品有償譲受の起訴が有効で実体判決がなされていた場合、①の結論は異なるか。
③Xの弁護人は、(ii)事件の略式裁判（確定）の存在を理由に、免訴判決を求めた。裁判所はどうすべきか。
④仮に検察官Pの起訴が、R時計店での窃盗を単純窃盗として起訴した場合、弁護人は免訴判決を求めることができるか。
⑤上記④の場合について、検察官が(i)(ii)の犯行を単純窃盗として別の裁判所に起訴していたことが判明した。Xの弁護人は、どのような主張ができるか。

● 参考判例

参考判例1　最判平15・10・7刑集57巻9号1002頁

「所論は、確定判決の一事不再理効に関する原判決の判断が、所論引用の高松高等裁判所昭和58年（う）第201号同59年1月24日判決・判例時報1136号158頁（以下「本件引用判例」という。）と相反する旨主張する。

原判決は、本件起訴に係る建造物侵入、窃盗の各行為が、確定判決で認定された別の機会における建造物侵入、窃盗の犯行と共に、実体的には盗犯等の防止及び処分に関する法律2条の常習特殊窃盗罪として一罪を構成することは否定し得ないとしながら、確定判決前に犯された余罪である本件各行為が単純窃盗罪（刑法235条の罪をいう。以下同じ。）、建造物侵入罪として起訴された場合には、刑訴法337条1号の「確定判決を経たとき」に当たらないとの判断を示している。この判断が、同様の事案において、「確定判決を経たとき」に当たるとして免訴を言い渡した本件引用判例と相反するものであることは、所論指摘のとおりである。

しかしながら、本件引用判例の解釈は、採用することができない。その理由

は、以下のとおりである。

　2　常習特殊窃盗罪は、異なる機会に犯された別個の各窃盗行為を常習性の発露という面に着目して一罪としてとらえた上、刑罰を加重する趣旨の罪であって、常習性の発露という面を除けば、その余の面においては、同罪を構成する各窃盗行為相互間に本来的な結び付きはない。したがって、実体的には常習特殊窃盗罪を構成するとみられる窃盗行為についても、検察官は、立証の難易等諸般の事情を考慮し、常習性の発露という面を捨象した上、基本的な犯罪類型である単純窃盗罪として公訴を提起し得ることは、当然である。そして、実体的には常習特殊窃盗罪を構成するとみられる窃盗行為が単純窃盗罪として起訴され、確定判決があった後、確定判決前に犯された余罪の窃盗行為（実体的には確定判決を経由した窃盗行為と共に一つの常習特殊窃盗罪を構成するとみられるもの）が、前同様に単純窃盗罪として起訴された場合には、当該被告事件が確定判決を経たものとみるべきかどうかが、問題になるのである。

　この問題は、確定判決を経由した事件（以下「前訴」という。）の訴因及び確定判決後に起訴された確定判決前の行為に関する事件（以下「後訴」という。）の訴因が共に単純窃盗罪である場合において、両訴因間における公訴事実の単一性の有無を判断するに当たり、〔1〕両訴因に記載された事実のみを基礎として両者は併合罪関係にあり一罪を構成しないから公訴事実の単一性はないとすべきか、それとも、〔2〕いずれの訴因の記載内容にもなっていないところの犯行の常習性という要素について証拠により心証形成をし、両者は常習特殊窃盗として包括的一罪を構成するから公訴事実の単一性を肯定できるとして、前訴の確定判決の一事不再理効が後訴にも及ぶとすべきか、という問題であると考えられる。

　思うに、訴因制度を採用した現行刑訴法の下においては、少なくとも第一次的には訴因が審判の対象であると解されること、犯罪の証明なしとする無罪の確定判決も一事不再理効を有することに加え、前記のような常習特殊窃盗罪の性質や一罪を構成する行為の一部起訴も適法になし得ることなどにかんがみると、前訴の訴因と後訴の訴因との間の公訴事実の単一性についての判断は、基本的には、前訴及び後訴の各訴因のみを基準としてこれらを比較対照することにより行うのが相当である。本件においては、前訴及び後訴の訴因が共に単純窃盗罪であって、両訴因を通じて常習性の発露という面は全く訴因として訴訟手続に上程されておらず、両訴因の相互関係を検討するに当たり、常習性の発露という要素を考慮すべき契機は存在しないのであるから、ここに常習特殊窃盗罪による一罪という観点を持ち込むことは、相当でないというべきである。

そうすると、別個の機会に犯された単純窃盗罪に係る両訴因が公訴事実の単一性を欠くことは明らかであるから、前訴の確定判決による一事不再理効は、後訴には及ばないものといわざるを得ない。
　以上の点は、各単純窃盗罪と科刑上一罪の関係にある各建造物侵入罪が併せて起訴された場合についても、異なるものではない。
　なお、前訴の訴因が常習特殊窃盗罪又は常習累犯窃盗罪（以下、この両者を併せて「常習窃盗罪」という。）であり、後訴の訴因が余罪の単純窃盗罪である場合や、逆に、前訴の訴因は単純窃盗罪であるが、後訴の訴因が余罪の常習窃盗罪である場合には、両訴因の単純窃盗罪と常習窃盗罪とは一罪を構成するものではないけれども、両訴因の記載の比較のみからでも、両訴因の単純窃盗罪と常習窃盗罪が実体的には常習窃盗罪の一罪ではないかと強くうかがわれるのであるから、訴因自体において一方の単純窃盗罪が他方の常習窃盗罪と実体的に一罪を構成するかどうかにつき検討すべき契機が存在する場合であるとして、単純窃盗罪が常習性の発露として行われたか否かについて付随的に心証形成をし、両訴因間の公訴事実の単一性の有無を判断すべきであるが（最高裁昭和42年（あ）第2279号同43年3月29日第二小法廷判決・刑集22巻3号153頁参照）、本件は、これと異なり、前訴及び後訴の各訴因が共に単純窃盗罪の場合であるから、前記のとおり、常習性の点につき実体に立ち入って判断するのは相当ではないというべきである。
　3　したがって、刑訴法410条2項により、本件引用判例は、これを変更し、原判決を維持するのを相当と認めるから、所論の判例違反は、結局、原判決破棄の理由にならない。なお、所論は、判例変更に関連して憲法39条違反をいうが、後訴における被告人の本件各行為が行為当時の本件引用判例の下においても犯罪であったことは明らかであるから、所論は前提を欠き、刑訴法405条の上告理由に当たらない。」

参考判例2　高松高判昭59・1・24判時1136号158頁

　「㈠原審及び当審において取調べられた各証拠によれば、次の事実が認められる。
　被告人は、少年時の昭和36年10月30日窃盗、住居侵入の罪で懲役2年以上3年以下に処せられたのをはじめ、昭和39年7月8日窃盗罪で懲役1年6月、昭和42年2月27日同罪で懲役2年4月、昭和44年6月5日同罪で懲役2年6月、昭和47年7月11日同罪で懲役2年8月にそれぞれ処せられて服役し、昭和49年11月14日最終の刑で仮出獄したのち、尼崎市で塗装業を営む

兄のもとで約4年間塗装の職人として働いていたが、昭和54年1月から鉄屑等の廃品回収の業を独立して行なっていた。ところが、同年4月末ころ淀競馬場で刑務所仲間の本件共犯者Yと出会い、同人が出所後も盗みを続けて派出な生活をしていることを聞き、盗心がめざめ、今の仕事ではさしたる儲けもなかったことから、Yに従って泥棒稼業に身を入れることになり、まず同年6月28日、同人と共にバール、ドライバー、手袋等を用意したうえ車を運転して金沢市まで赴き、深夜2人でM方に侵入し、現金約28万8000円を窃取してこれを折半し、続いてその足で富山市まで行き、同日午後10時過2人でT商会店舗ガラス戸を破って侵入し、計算器等19点を窃取し、このうち3点位の分配を受けた。このようにしてYとは右2件の窃盗を行なったのをはじめに、昭和55年9月24日ころまでの間、関西、北陸、九州、四国等の各地において、31回（中略）にわたり、現金合計約37万4000円及び時価合計約4億円余の物品を窃取し（このほか数件の窃盗未遂がある）、さらに単独で昭和55年8月5日ころから同56年9月15日ころまでの間に、徳島市及び大阪府において、4回にわたり、現金合計約23万2000円及び時価合計約1092万円余の物品を窃取した（このうちYとの共犯にかかる昭和55年6月20日K方での一件の窃盗が後述する被告人の確定判決の内容となっているものであり、その余の各件が本件公訴事実として審判の対象となっているものである）。この間Yは、昭和55年10月17日逮捕され、同56年7月30日大阪地方裁判所岸和田支部において、前記被告人との共犯にかかる昭和55年6月20日K方での窃盗1件のほかOらとの共犯の25件の窃盗を内容とする常習特殊窃盗の罪により懲役7年の判決言渡を受け（同年8月14日確定）、他方被告人は、昭和56年5月19日逮捕され、勾留、保釈を経て同年10月22日大阪地方裁判所岸和田支部において、右K方での窃盗1件及び有印私文書偽造、同行使、道路交通法違反の各罪により懲役1年8月に処せられ（従って、被告人の前記単独犯行にかかる最後の2件は保釈中の犯行である）、右判決は同年11月6日確定した。そして、前記K方での犯行を含め、被告人がYと共同あるいは単独で犯した各窃盗の態様は、盗犯等防止法2条2ないし4号に規定する、2人以上現場に於て共同して犯し、門戸等を踰越損壊し、鎖鑰を開き、あるいは夜間人の住居、又は看守する邸宅、建造物に侵入して犯したものと認めることができる。

　右の事実によれば、被告人が20代及び30代前半の大半の期間を繰り返し行なった窃盗罪で服役しているという被告人の身上、経歴、前科関係、前刑終了後4年半が経過したとはいえ利欲的動機から再び窃盗をはじめるに至った犯行の経緯、約2年3か月の間に35回にわたり間断なく同種手口の大胆な方法で

行なった犯行の内容、回数、期間等にかんがみると、本件起訴にかかる各窃盗及び被告人の確定判決の内容となっている窃盗は、いずれも被告人が常習として盗犯等防止法2条所定の方法で犯したもの、すなわち常習特殊窃盗であると認めるほかはない。

㈡ところで、被告人には前記のとおり昭和56年10月22日言渡の確定判決が存し、右確定判決には本件起訴の窃盗行為とともに常習特殊窃盗の一罪を構成する窃盗行為が含まれており、しかも本件起訴の窃盗行為はいずれも確定判決前の行為である。そうすると、本件起訴事実については、一罪の一部につき既に確定判決を経ていることになるから、免訴さるべき筋合である。

もっとも、この結論に対しては、検察官の主張の如く二つの問題がある。一つは、確定判決が単純窃盗であるという点である。まず、確定判決で単純窃盗と認定されたものを後訴において常習特殊窃盗と認定するのは、確定判決の拘束力を無視するのではないかということについていえば、後に起訴された事件について確定判決を経ているか否かということは、その事件の公訴事実の全部又は一部について既に判決がなされているかどうかの問題であって、判決の罪名等その判断内容とは関係がなく、従って確定判決の拘束力を問題とする余地はない。これを本件についていえば、一個の常習特殊窃盗の罪の一部について、確定判決では単純窃盗と認定されてはいるが、ともかく有罪の判決がなされている以上、確定判決を経ていることになるのである。次に、本件の確定判決における単純窃盗の審理において常習特殊窃盗として審判を求めることはできなかったのであり、訴追が事実上不能であった場合にも、同じ一罪の一部についての確定判決の効力を及ぼすことは不当であるとの主張についてみると、なるほど右のような場合にまで確定判決の効力を認めると、ときに犯人を不当に利することにもなり、正義の感情にそぐわぬ場合があることは否定できない。とくに、本件においては、昭和55年6月20日のK方での犯行（確定判決の窃盗行為）には被告人らが犯人であることを裏付ける証拠があり（盗んで帰る途中検問に会い、車と盗品を残して逃走し、多治見警察署より指名手配を受ける。）、被告人らはそれだけは自供したが、他の犯行については全く述べず、その結果右1件の窃盗行為のみが起訴されたもので、他の犯行については証拠がないため起訴できず、しかも右1件の窃盗だけでは常習特殊窃盗として審判を求めることは実際上困難であったであろうと推察され、このような場合において一個の単純窃盗行為の確定判決があるために他の34件の行為の責任が問えなくなるのはかなり不合理ということができよう。しかしながら反対に、検察官主張のように、訴追の事実上の不能の場合に既判力が及んでこないとすると、その

例外的基準を具体的に定立すること自体が甚だ困難であるうえ、仮に基準が設けられても、それを具体的に適用するにあたって一層の困難を招来せざるを得ない。すなわち、当該犯行及びそれと被告人とを結びつける証拠が捜査官側にどの程度判明していたか、又知り得る可能性があったかを中心に、被告人の前科、生活歴、事件に対する供述の程度、共犯者の有無及びその役割、被害の裏付の程度、時期、犯行の場所、捜査の態勢等幾多の事情を探究し総合し、右基準に適合するか否かを判断しなければならないのであって、かくては既判力制度の画一性を害し、被告人の立場を不安定ならしめることになる。要するに、既判力に制度を加えようとする主張は、それが実際上の強い必要性にもとづくものとしても、従来の「確定判決の既判力は公訴事実の単一性、同一性の範囲内にある限り、その全部に及ぶ」という確立された理論（既判力の範囲をこのように解することは、訴訟係属の効果として別訴を許さずとする範囲と一致し、理論上明快であるのみならず、沿革的にみても昭和22年の刑法改正により同法55条の連続犯の規定を廃止された趣旨が、本件と全く同様の事情により犯人をして不当に責任を免れる結果となるのを除去した点にあると解されるところ、そのこと自体、既判力の問題は、具体的な同時審判の難易の点を超越した、いわば客観的、画一的な基準として運用されてきたこと、そのことを前提として、立法当局も、本件に現われている如き前示の不合理は、実体法の面で、従来一罪とされてきたものを併合罪として処理させることにより解決するほかなしと考えたものであろうことが窺われるのである）に例外を認めさせるに足りる安定した基準と適用の合理性を持ち合せていないという点で採用することができないのである。

　次に第2の問題は、本件の各窃盗が単純窃盗として起訴されていることである。検察官は、裁判所は右の訴因に拘束され、重い常習特殊窃盗の罪を認定することができないと主張するが、訴因制度の趣旨、目的に照らすと、裁判所は訴因を超えて事実を認定し有罪判決をすることは許されないが、免訴や公訴棄却といった形式的裁判をする場合には訴因に拘束されないと解すべきである。すなわち、訴因は有罪を求めて検察官により提示された審判の対象であり、訴因を超えて有罪判決をすることは、被告人の防禦の権利を侵害するから許されないが、これに対し、確定判決の有無という訴訟条件の存否は職権調査事項であるうえ、その結果免訴判決がなされても、被告人の防禦権を侵害するおそれは全くないから、訴因に拘束力を認める理由も必要性も存しないのである。このように解さなければ、実体に合せて訴因が変更されれば免訴となるが、そうでなければ有罪判決になるということになり、検察官の選択によって両極端の

結果を生じさせるのは、不合理であって、とうてい容認できず、かかる実際的な観点からも、検察官の主張は採り得ない。

　以上のとおり、本件公訴事実について被告人は免訴されるべきであり、この点を看過し被告人に有罪判決をした原判決は、法令の解釈適用を誤ったものというべく、右の誤りは判決に影響を及ぼすことが明らかである。論旨は理由がある。

　二　よって、刑訴法397条1項、380条により原判決を破棄し、同法400条但書により直ちに判決することとし、同法404条、337条1号を適用して被告人に対し免訴の言渡をする。」

参考判例3　最決平22・2・17判時2096号152頁

「(1)本件公訴事実の要旨は、「被告人は、平成19年3月17日午後10時55分ころ、現に人が住居に使用せず、かつ、現に人がいない山口県宇部市所在の店舗兼事務所（以下「本件建物」という。）を焼損しようと企て、その1階事務所内において、火を放って同事務所の板壁や天井に燃え移らせ、上記建物を全焼させて焼損した。」というものである（以下「本件放火」という。）。

　(2)被告人は、本件起訴に先立ち、建造物侵入、窃盗被告事件で山口地方裁判所に起訴されていたが（以下「前訴」という。）、その公訴事実の要旨は、「被告人は、正当な理由がないのに、平成19年3月17日、本件建物に侵入し、同所において現金や商品券等を窃取した。」というものであり（以下、上記建造物侵入、窃盗を「別件建造物侵入、窃盗」という。）、その犯行日は本件公訴事実の犯行日と同じであり、侵入の対象建物は本件公訴事実における放火の対象建物と同じであった。

　(3)第一審において、本件（以下「後訴」ともいう。）と前訴とは、弁論がいったん併合されたが、その後弁護人の請求により弁論が分離され、被告人は、平成20年2月18日、前訴の別件建造物侵入、窃盗の罪（追起訴に係る他の2件の窃盗の罪を含む。）により、懲役1年2月、3年間執行猶予の有罪判決の言渡しを受け、この判決は同年3月4日確定した。

　2　所論は、別件建造物侵入と本件放火とは牽連関係に立つので、前訴の別件建造物侵入、窃盗の訴因と、後訴の本件放火の訴因の間には公訴事実の単一性があり、前訴の確定判決の一事不再理効は後訴に及ぶから、本件については刑訴法337条1号により免訴の判決をすべきであったにもかかわらず、原判決は、かかる主張を権利の濫用として排斥した上、被告人を懲役3年6月に処した第一審判決を是認したものであって、同号に違反し、ひいては憲法39条後

段に違反すると主張する。

3　そこで、前訴の訴因と後訴の訴因との間の公訴事実の単一性について検討する。

まず、本件放火と別件建造物侵入の関係についてみると、第一審判決は、本件放火が行われたのは別件建造物侵入の際ではなく、これに引き続き行われた2回目の侵入の際であったと認定したが、これに対し、原判決は、別件建造物侵入（以下「初回の侵入」という。）の際に本件放火が行われた可能性がないとはいえないとした。しかし、第一審判決の上記認定は、記録に照らし、十分首肯できるから、この認定に事実誤認があるとした原判断は誤りであるといわざるを得ない。したがって、本件について検討するに当たっては、本件放火が行われたのは2回目の侵入の際であって、初回の侵入の際ではなかったことを前提とすべきである。

そして、第一審判決の認定するところによれば、被告人は、初回の侵入において、現金等のほか、自らの不正行為に関連する文書が入った段ボール箱を持ち出した上、事務所を出る際、出入口の施錠をしつつ退去したというのであるから、その後に行われた2回目の侵入が時間的に接着したもので、初回の侵入と同様、証拠隠滅の目的によるとしても、新たな犯意によるものと認めることが相当であり、初回及び2回目の各侵入行為を包括一罪と評価すべきものとはいえない。」

参考判例4　最判昭33・5・6刑集12巻7号1297頁

「原判決は同一の婦女に関する労働基準法（以下労基法という）6条、118条の罪と職業安定法（以下職安法という）63条2号の罪とは、刑法54条1項前段の一個の行為にして二個の罪名に触れる場合に当るものと解すべきではないとの見解に基き、これと反対の見解の下に、原判示第一、第二の罪につき免訴、第三の罪につき有罪を言渡した第一審判決を全部破棄したものである。けれども、労基法6条の規定は「何人も法律に基いて許される場合の外、業として他人の就業に介入して利益を得てはならない」というのであり、職安法63条2号の規定は「公衆衛生又は公衆道徳上有害な業務に就かせる目的で職業紹介、労働者の募集若しくは労働者の供給を行った者又はこれらに従事した者」は、これを所定の懲役又は罰金に処するというのであって、両者はその構成要件の中核をなす他人の就業への介入という部分において重り合うものであるから、一個の行為であって両者に該当する場合のあり得ることを否定することはできない。そうして、これを本件について見ると、原判示第一、第二の各所為

はいずれも、被告人が法定の除外事由なくして、業として同一の婦女を、公衆衛生又は公衆道徳上有害な売淫婦の業に就かせる目的で、婦女に売淫をさせることを業としている者に、接客婦として就業を斡旋し、雇主から紹介手数料として金員を受領し利益を得たというのである。従ってそれが労基法6条、118条及び職安法63条2号に該当することは明白であるが、その所為は、これを社会的事実として観察するときは、一個の行為と認められるのであって、刑法54条1項前段の解釈としても、一個の行為にして労基法違反と職安法違反との二個の罪名に触れる場合に当るものと認めるのが相当である。次に記録によれば、被告人は第一審判決判示の如く、昭和28年11月30日発布同年12月22日確定の略式命令により職安法63条2号の罪につき有罪として処断されたのであるが、その略式命令認定の所為中㈠及び㈢の所為については、その都度紹介手数料として金員を受領し利得をしたものであり、かつその所為を反覆継続の意思を以て業としたものと認められるから、その所為は、原判示第一及び第二の所為について先に説明したと同じ理由によって、一個の行為であって同時に職安法63条2号の罪と労基法6条、118条の罪とに該当するものと認めるのが相当である。そうして右の労基法違反の罪と原判示第一及び第二の労基法違反の罪とは一個の集合犯（営業犯）として単一の犯罪を構成するものと認められるから、この一個の労基法違反の罪を媒介として前記略式命令認定の㈠及び㈢の職安法違反の罪と原判示第一、第二の各職安法違反の罪ともまた一罪の関係に立ち、従って右略式命令の既判力は原判示第一、第二の事実全部に及ぶものといわなければならない。然らば、労基法6条、118条の罪と職安法63条2号の罪とが刑法54条1項前段の一所為数法の関係に立つことを否定する見解に基き、第一審判決を破棄し、原判示第一及び第二の事実につき有罪の言渡をした原判決には法令の解釈適用を誤った違法があり、その違法は判決に影響を及ぼすことが明らかであって、原判決中この部分はこれを破棄しなければ著しく正義に反すると認めなければならない。

　よって、原判決中判示第一及び第二の事実につき有罪の言渡をした部分につき刑訴411条1号、413条但書、414条、404条、337条1号を適用して、これを破棄し、右事実につき被告人を免訴し、原判決中判示第三の事実に関する部分は、前記略式命令確定後の犯罪にかかわるものであって、右免訴の部分と可分の独立した裁判であり、この部分については同411条を適用すべきものと認められないから、これに対する上告は同414条、396条により棄却することとし裁判官全員一致の意見で主文のとおり判決する。」

参考判例 5　最判昭 43・3・29 刑集 22 巻 3 号 153 頁

「本件記録によれば、被告人の本件各所為すなわち㈠昭和 40 年 6 月 4 日柳川市 A 時計店における腕時計 247 個等の窃取、㈡同 41 年 12 月 12 日延岡市 B 時計店における腕時計 419 個等の窃取、㈢同日同市 C 堂における黒皮手堤鞄 2 個等の窃取、㈣昭和 42 年 1 月 28 日熊本市 D 株式会社における現金 3 万 1011 円等の窃取、㈤同日同市 E 時計店における腕時計 621 個等の窃取、以上の点は、包括して盗犯等の防止及び処分に関する法律 3 条に該当する常習累犯窃盗の一罪として起訴され、第一審判決もこれをそのまま有罪と認定し、被告人に懲役 5 年の刑を言渡したものであることが明らかであるが、被告人はまた右㈠と㈡の各犯行の中間である昭和 41 年 2 月 5 日大牟田市のスーパー F 屋ほか 1 か所において角砂糖等食品 6 点などを窃取した事実により、同年 6 月 24 日大牟田簡易裁判所において窃盗罪として懲役 10 月の判決言渡をうけ、右判決は同年 10 月 26 日確定したことも記録上明らかである。そして右大牟田市における各窃盗犯行の態様と本件第一審判決が罪となるべき事実の冒頭に掲記している被告人の各前科受刑の事実（盗犯等の防止及び処分に関する法律 3 条にいう「此等ノ罪」には同法 2 条に掲記された刑法各条の罪の従犯をも含むものと解すべきであり、この点を消極に解し、第一審判決の掲記する右前科のうち窃盗幇助等の罪によるものは右法律 3 条の予定する前科にあたらないとした原判決は失当である。）とを総合すれば、右大牟田市における各窃盗も盗犯等の防止及び処分に関する法律 3 条所定の常習累犯窃盗に該当するものとみるべきであり、また前記の本件㈠の所為も右確定判決前の犯行であるから、右大牟田市における各窃盗犯行と共に一個の常習累犯窃盗罪を構成すべきものであったといわなければならない。しからば、右一罪の一部について既に確定判決があった以上、本件における前記㈠の所為については免訴されるべきであり、この点を看過し前記のように右㈠の所為をも本件の有罪事実に含めた第一審判決ならびにこれを認容した原判決には法令の解釈適用を誤った違法があることになる。」

参考判例 6　大阪高判昭 50・8・27 高刑集 28 巻 3 号 321 頁

「被告人は昭和 48 年 4 月 A と廃油処理で儲けることを相談し共に大阪府枚方市×××× 番地文化住宅に移り住み 5 月上旬右住宅附近の空地に縦約 9 メートル横約 7 メートル深さ約 2 メートルばかりの素掘りの穴をつくり同月中旬頃大阪市大正区鶴町の油槽所から前後 20 回ばかりバキュームカーにより廃油合計約 16 万 2000 リットルを右穴に引取り以て無許可で廃棄物収集業を営み、その

頃右の穴が直ぐ充満したので大阪府下各地の用水路、貯炭場及びマンホールなどのほか原判示水道管敷設溝に前後 8 回にわたり合計約 10 万リットルの廃油を投棄したが、結局指定数量以上の危険物たる廃油約 6 万リットルを右の穴に貯蔵することになった。

　そして被告人は間もなく同年 5 月 25 日大阪府の枚方警察署に逮捕され、廃棄物の処理及び清掃に関する法律 14 条 1 項、25 条に該る無許可収集業の点ならびに消防法 10 条 1 項、41 条 1 項 2 号に該る危険物貯蔵の点のほか廃棄物の処理及び清掃に関する法律 16 条 1 号、27 条に該る前後 8 回の廃油不法投棄の点についても取調を受け、殊にこの不法投棄については被告人の自供に基づき各投棄現場に臨んで逐次指示説明と写真撮影がなされて捜査復命書が作成されるとともに被告人自らの手によって廃油不法投棄状況一覧表が作成され同表記載の前後 8 回の投棄の経緯についての司法警察員に対する供述調書が作成されたうえ、結局大阪地方裁判所には無許可収集営業の点と消防法違反の点とのみが起訴されるにとどまったもののその審理の過程で右不法投棄に関する証拠書類も証拠調がなされて、同地方裁判所は昭和 48 年 11 月 28 日言渡した判決中の量刑についてと題する欄において廃油不法投棄の所為についても論及し、所論摘録のとおり、「…さらに約 10 万リットルの廃油を用水路、第三者所有地内の貯炭場、市街地のマンホール等に投棄するなどして著しい汚染を招き幸い火災などの事態の発生に至らなかったものの附近住民に多大の衝撃を与え汚染処理に莫大な費用の投入を余儀なくさせるなど不法の限りをつくしたもので…世論に挑戦するものとしてその責任は極めて重いと考えなければならず…あえてその刑を猶予すべきものでないと認めた」と判示して懲役 10 月および罰金 10 万円に処し、この裁判は昭和 49 年 5 月 11 日確定した。

　ところが、右廃油不法投棄の場所 8 箇所のうち 1 箇所は京都府下木津警察署管内の水道管敷設工事現場であったためか、投棄の翌日たる昭和 48 年 5 月 14 日直ちに京都府水道建設事務所長から同署に届出が為され次いで同年 6 月 7 日付で告訴も為されて同署は被告人が同年 5 月 25 日枚方警察署に逮捕されるや直ちに同署との間で連絡協議を為したものの、この水道管敷設溝への廃油投棄と、よって惹起した水道管汚染の器物損壊の点につき捜査を遂げて送致した結果東京都地方裁判所に対する本件公訴提起を経て原判決となったものであること、大綱以上のとおりの経緯が認められる。

　所論は原判決は既に確定判決を経た犯罪について刑罰を科したもので憲法 39 条後段違反により破棄を免がれないというが、前記のとおり大阪地方裁判所における確定判決を経た罪となるべき事実は無許可で廃棄物収集業を営んだ

所為と指定数量以上の危険物を貯蔵した所為とであるのに対し京都地方裁判所の原判決認定の罪となるべき事実は廃棄物不法投棄と器物損壊の所為であって、前者と後者とは別個の犯罪事実で併合罪の関係に立つべきものであるから、前者について為された確定判決の既判力ないし一事不再理の効力が後者にまで及ぶいわれはなく、従って所論憲法39条後段違反の主張はその前提において既にその理由がないといわざるを得ない（最高裁判所昭和27年（あ）第2416号同年9月12日第二小法廷判決、集6巻8号1071頁参照）ものの如くである。

　しかしながら、前記のとおり、右確定判決の審理においてはその公訴犯罪事実たる無免許の廃棄物収集業を営んだ事実及び危険物貯蔵の事実についての証拠のほかに犯情の証拠として前後8回の不法投棄の具体的事実を認めるに足る自供調書と補強証拠とが取り調べられたうえ前摘録の如き量刑欄の説示となったことに徴すると、大阪地方裁判所に起訴されなかった前後8回の不法投棄の事実が量刑のための一情状として考慮されたというよりはむしろ概括的であるにせよ実質上これを処罰する趣旨で認定され量刑の資料として考慮され特に執行を猶予すべからざる事情として参酌されて重い刑を科されたというほかはなく（最高裁判所昭和40年（あ）第878号同41年7月13日大法廷判決、集20巻6号609頁、同裁判所昭和40年（あ）第2611号同42年7月5日大法廷判決、集21巻6号748頁参照）、かかる場合には右大阪地方裁判所の確定判決の既判力はとも角として被告人のための二重の危険の禁止としての一事不再理の効力は廃棄物不法投棄の事実にも及ぶと解するのが相当である。而して、右確定判決の一事不再理の効力が及ぶと解すべき廃油不法投棄のうちの一部である原判示水道管敷設溝への不法投棄の所為がまさにその廃油による上水道管25本の汚染による損壊の所為と観念的競合の関係にある以上、科刑上一罪と認められる原判示犯罪事実全体にまで右一事不再理の効力が及ぶと解する余地があるものの如くである。しかしながら、既判力ないし一事不再理の効力は同時審判の可能性の故に訴因を超えて公訴事実全体に及ぶと解される丈のことであるから、偶々確定裁判において余罪として認定され量刑に考慮された事実にも一事不再理の効力が及ぶと解すべき場合であっても、その事実と科刑上一罪の関係にある事実でも凡そ同時審判の可能性はありえない以上これにまで一事不再理の効力が及ぶと解すべき根拠はなくその可罰的評価までも不問に付されて然るべき理はさらに無い筈である。従って、確定判決の一事不再理の効力は結局原判決認定の本件公訴事実のうち廃棄物不法投棄の点には及んでいると解すべきであるが、器物損壊の点には及んでいないと解すべきである。

　しからば、原判決が廃棄物不法投棄の点について更に有罪の言渡をしたのは

刑事訴訟法337条1号に違反しその違反が判決に影響を及ぼすこと明らかであるとともに憲法39条後段に違反したものというほかなく、論旨はこの限度で理由がある。」

● 発展問題

①同一機会における軽犯罪法上の侵入具携帯罪と窃盗罪のうち、前者についてだけ確定判決があった場合、後者を起訴することが許されるか。参考判例7、8の立場ではどうなるか。
②参考判例9は、一事不再理効の時期的限界についてどのような見解をとっているか。また、その見解のあてはめは妥当か。

参考判例7　最判昭55・12・23刑集34巻7号767頁

【事案の概要：被告人は、窃盗目的による住居侵入罪で現行犯逮捕された後、常習累犯窃盗罪で起訴された。原判決は、不起訴となったこの住居侵入の事実に係る勾留日数（3日）を本刑に算入した第一審判決を維持したため、検察官が上告。】
　「盗犯等の防止及び処分に関する法律3条中常習累犯窃盗に関する部分は、一定期間内に数個の同種前科のあることを要件として常習性の発現と認められる窃盗罪（窃盗未遂罪を含む。）を包括して処罰することとし、これに対する刑罰を加重する趣旨のものであるところ、右窃盗を目的として犯された住居侵入の罪は、窃盗の着手にまで至った場合にはもちろん、窃盗の着手にまで至らなかった場合にも、右常習累犯窃盗の罪と一罪の関係にあるものと解するのが、同法の趣旨に照らして相当であるから、刑訴法410条2項により所論引用の判例を変更して原判決を維持することとする。」

参考判例8　最決昭62・2・23刑集41巻1号1頁

【事案の概要：被告人は、常習累犯窃盗で起訴されたが、犯行と同じ時期に犯した侵入具携帯罪（軽犯罪法1条3号違反）につき有罪が確定していたため、一審は、参考判例7を引用して被告人を337条1号により免訴にした。高裁は、侵入具携帯罪と常習累犯窃盗罪の罪数について、以下の理由で併合罪になるから一事不再理効は及ばないとして一審判決を破棄し有罪を言い渡した。「盗犯等の防止及び処分に関する法律3条の常習累犯窃盗罪は、同条所定の要件を具備する常習累犯者に対し、行為前の一定の前科を参酌し、常習性の発現と認められるすべての窃盗（同未遂）罪を包括して処罰することとし、これに対する刑罰を加重するものであり、前記最高裁判所判決は、個々の窃盗目的の住居侵入罪をも、これを個々の窃

盗罪とともに集合的に常習累犯窃盗の一罪を形成するとするものであって、常習累犯窃盗罪は、実質的な法益侵害の発生を必要とする侵害犯であり、その保護法益も個人の財産の保護にあること、並びに前記軽犯罪法の立法趣旨、侵入具携帯罪の罪質及び保護法益などに照らすと、右両罪は別異の性格を有する犯罪であることが明らかであり、その罪数関係についても、侵入具携帯罪と住居侵入罪の関係についてさきに説示したところがすべて当てはまるということができ、更にまた、常習累犯窃盗罪の常習性に関連して、窃盗目的の住居侵入と窃盗とは類型的な密着性を有するものであるから、窃盗目的の住居侵入を窃盗の常習性の発現として別の機会になされた窃盗行為と共に常習累犯窃盗の一罪を構成するということには、それなりに首肯し得るものがあるのであるが、侵入具携帯罪は、さきに説示したとおり住居侵入及び窃盗の目的の有無を問わず、すべての侵入具携帯行為自体を処罰の対象とする抽象的危険犯であって、侵入具携帯行為と住居侵入ないし窃盗とは必ずしも類型的な密着性を有するものではない以上、このような侵入具携帯行為をもって窃盗の常習性の発現とみることはできないものであり、結局、侵入具携帯罪と常習累犯窃盗罪とは併合罪の関係にあると解するのが相当である。」』

「所論にかんがみ、本件における盗犯等の防止及び処分に関する法律3条の常習累犯窃盗罪と軽犯罪法1条3号の侵入具携帯罪の罪数関係につき検討する。

原判決の認定するところによれば、本件起訴にかかる常習累犯窃盗罪は、被告人が常習として昭和60年5月3日午前3時ころ大阪市住吉区内の寿司店において金員を窃取したことを内容とするものであり、また、確定判決のあった侵入具携帯罪は、被告人が同月30日午前2時20分ころ同市阿倍野区内の公園において住居侵入・窃盗の目的で金槌等を隠して携帯していたというものであって、このように機会を異にして犯された常習累犯窃盗と侵入具携帯の両罪は、たとえ侵入具携帯が常習性の発現と認められる窃盗を目的とするものであったとしても、併合罪の関係にあると解するのが相当であるから、これと同旨の原判決の結論は正当である。」

参考判例9　京都地判平12・2・24判タ1049号332頁

【事案の概要：常習的に条例違反行為（ちかん行為）をしている者について、2件の条例違反で起訴されたが、その判決前に、過去の条例違反で略式命令を受け、確定した。弁護人は、337条1号の免訴になると主張。】

「既判力（一事不再理効）の時的限界からの検討

もっとも、刑事裁判手続は既存の犯罪事実について国家刑罰権の存否を確定するものであるから、犯行が当該訴訟の審理の前後にわたって行われた場合に、後に行われた犯罪事実についても公訴事実の同一性を有する限り無限に既判力（一事不再理効）が及ぶとすると、国家刑罰権の適正な行使が阻害され、刑事政策上妥当性を欠く結果を招来することとなる。したがって既判力（一事不再理効）が及ぶ時間的範囲は、一定の範囲に限られるべきであるが、これをいかなる時点で画するかは、争いのあるところである（具体的には、起訴時と解する見解、第一審の弁論終結時と解する見解、第一審判決の言渡時と解する見解〔なお、控訴審が破棄自判の場合には控訴審の判決言渡時となる例外を認める見解をも含む〕、判決の確定時と解する見解、起訴・判決言渡・確定各時とする見解がある）。検察官も指摘するとおり、これを起訴時と解すれば、本件公訴事実中第二の犯行事実は、前訴略式命令の起訴後になされた事実であるから、前訴略式命令の既判力（一事不再理効）は及ばないことになる。

しかしながら、かかる見解は、起訴による被告人に対する違法性の警告の存在をその論拠の一つとするところ、たとえ起訴がなされても、被告人に送達がなされるまでは被告人に右警告の効果を期待することはできないし、本件のように前訴が略式手続でなされた場合には、検察官による起訴状謄本の差出自体が必要でなく（刑事訴訟規則165条3項）、被告人に対し起訴状謄本が送達されないので、被告人は略式命令が出るまでは起訴事実を知り得ないこととなる。（これを本件についてみると、前訴略式命令を請求している起訴状は平成11年10月7日茨木簡易裁判所に提出されているが、略式命令が発せられたのは、本件公訴事実中第二の犯行事実の翌日である平成11年10月12日であり、さらに被告人に起訴事実と略式命令が告知されたのは確定日から推して同年10月22日と思われる。）そして何よりも、未だ無罪の推定が働いている段階で起訴に右のような警告の効果を認めることには甚だ疑問があるといわざるを得ない。よって、既判力（一事不再理効）の時的限界の基準時を起訴時に求める見解には賛同できない。

三　以上、略式命令の効力の点からも、既判力（一事不再理効）の時的限界の点からも、一つの常習犯として処罰すべき犯罪事実の一部につき確定判決が存在するとみるべき本件においては、確定した前訴略式命令の告知前になされた本件公訴事実には右略式命令の既判力（一事不再理効）が及ぶこととなるから、一罪の一部につき確定判決を経たものとして、刑事訴訟法337条1号により被告人に対し免訴の言渡をすることとする。

なお、訴訟費用については、被告人に刑の言渡をしないから被告人に負担さ

せないこととする。」

● 参考文献

- 前田巌「一事不再理効の範囲」松尾浩也＝岩瀬徹編『実例刑事訴訟法Ⅲ』（青林書院、2012年）240頁
- 小出錞一「一事不再理効の及ぶ範囲に関する一試論」刑事法ジャーナル2号（2006年）54頁
- 村上光鵄「一事不再理効の客観的範囲——常習一罪の一部についての確定判決の存在を巡って」『小林充先生・佐藤文哉先生古稀祝賀刑事裁判論集下巻』（判例タイムズ社、2006年）322頁
- 大澤裕「常習一罪と一事不再理の効力」研修685号（2005年）3頁
- 白取祐司「裁判の効力」新・法律学の争点シリーズ『刑事訴訟法の争点』（有斐閣、2013年）190頁

参考判例索引

【最高裁判所】

最判昭 24・7・19 刑集 3 巻 8 号 1348 頁 …………………………	359
最決昭 26・2・22 刑集 5 巻 3 号 421 頁 ……………………………	292
最判昭 26・7・6 民集 5 巻 8 号 474 頁 ……………………………	209
最決昭 27・12・19 刑集 6 巻 11 号 1329 頁 ………………………	293
最判昭 28・10・27 刑集 7 巻 10 号 1971 頁 ………………………	378
最決昭 29・7・15 刑集 8 巻 7 号 1137 頁 …………………………	4
最決昭 29・9・8 刑集 8 巻 9 号 1471 頁 …………………………	145
最決昭 29・9・11 刑集 8 巻 9 号 1479 頁 …………………………	424
最決昭 29・12・14 刑集 8 巻 13 号 2142 頁 ………………………	211
最判昭 30・1・11 刑集 9 巻 1 号 8 頁 ……………………………	248
最判昭 30・1・11 刑集 9 巻 1 号 14 頁 ……………………………	309
最大判昭 30・6・22 刑集 9 巻 8 号 1189 頁（三鷹事件）………	359
最決昭 30・7・7 刑集 9 巻 9 号 1863 頁 …………………………	239
最判昭 30・11・29 刑集 9 巻 12 号 2524 頁 ………………………	309
最決昭 30・12・9 刑集 9 巻 13 号 2699 頁（強姦致死・詐欺被告事件）……	288
最決昭 31・10・25 刑集 10 巻 10 号 1439 頁 ……………………	30
最決昭 32・11・2 刑集 11 巻 12 号 3047 頁 ………………………	361
最大判昭 32・11・27 刑集 11 巻 12 号 3113 頁 …………………	425
最判昭 33・1・23 刑集 12 巻 1 号 34 頁 …………………………	180
最判昭 33・5・6 刑集 12 巻 7 号 1297 頁 ………………………	456
最大判昭 33・5・28 刑集 12 巻 8 号 1718 頁（練馬事件）……	366
最大決昭 33・7・29 刑集 12 巻 12 号 2776 頁 ……………………	94
最決昭 35・7・26 刑集 14 巻 10 号 1307 頁 ………………………	379
最決昭 35・9・8 刑集 14 巻 11 号 1437 頁 ………………………	316
最判昭 35・9・9 刑集 14 巻 11 号 1477 頁 ………………………	378

最決昭 35・12・23 刑集 14 巻 14 号 2213 頁 ……………………………… 142
最判昭 36・ 5・26 刑集 15 巻 5 号 893 頁 ………………………………… 316
最大判昭 36・ 6・ 7 刑集 15 巻 6 号 915 頁 ……………………………… 106
最大判昭 37・11・28 刑集 16 巻 11 号 1633 頁（白山丸事件）………… 178
最決昭 38・ 9・13 刑集 17 巻 8 号 1703 頁 ……………………………… 338
最判昭 38・10・17 刑集 17 巻 10 号 1799 頁（白鳥事件上告審）……… 289
最判昭 41・ 7・ 1 刑集 20 巻 6 号 537 頁 ………………………… 243, 339
最決昭 41・ 7・26 刑集 20 巻 6 号 728 頁 ………………………………… 85
最決昭 41・11・22 刑集 20 巻 9 号 1035 頁 ……………………………… 266
最判昭 42・12・21 刑集 21 巻 10 号 1476 頁 …………………………… 360
最判昭 43・ 3・29 刑集 22 巻 3 号 153 頁 ……………………………… 458
最判昭 43・10・25 刑集 22 巻 11 号 961 頁（八海事件第三次上告審）… 330
最決昭 43・11・26 刑集 22 巻 12 号 1352 頁 …………………………… 196
最決昭 44・ 4・25 刑集 23 巻 4 号 248 頁 ……………………………… 222
最大判昭 44・ 6・25 刑集 23 巻 7 号 975 頁（夕刊和歌山時事事件）… 286
最判昭 44・12・ 5 刑集 23 巻 12 号 1583 頁 …………………………… 166
最大判昭 44・12・24 刑集 23 巻 12 号 1625 頁（京都府学連事件）…… 120
最判昭 45・11・25 刑集 24 巻 12 号 1670 頁 …………………………… 339
最判昭 46・ 6・22 刑集 25 巻 4 号 588 頁 ……………………………… 203
最判昭 48・12・13 判時 725 号 104 頁（長坂町放火事件）…………… 413
最決昭 51・ 2・19 刑集 30 巻 1 号 25 頁 ………………………………… 368
最決昭 51・ 3・16 刑集 30 巻 2 号 187 頁 ……………………………… 122
最判昭 51・10・28 刑集 30 巻 9 号 1859 頁 …………………………… 370
最判昭 51・11・18 判時 837 号 104 頁 …………………………………… 96
最決昭 52・ 8・ 9 刑集 31 巻 5 号 821 頁（狭山事件）………………… 42
最決昭 53・ 3・ 6 刑集 32 巻 2 号 218 頁 ……………………………… 192
最判昭 53・ 6・20 刑集 32 巻 4 号 670 頁（米子銀行強盗事件）……… 6
最決昭 53・ 6・28 刑集 32 巻 4 号 724 頁………………………………… 296
最判昭 53・ 9・ 7 刑集 32 巻 6 号 1672 頁 …………………………… 9, 387
最決昭 53・ 9・22 刑集 32 巻 6 号 1774 頁 ……………………………… 8
最判昭 53・10・20 民集 32 巻 7 号 1367 頁 …………………………… 159
最判昭 54・ 7・24 刑集 33 巻 5 号 416 頁 ……………………………… 249
最決昭 55・ 4・28 刑集 34 巻 3 号 178 頁 ………………………………… 86
最決昭 55・ 9・22 刑集 34 巻 5 号 272 頁 ………………………………… 7

最決昭 55・10・23 刑集 34 巻 5 号 300 頁 ………………………………	22, 134
最決昭 55・12・17 刑集 34 巻 7 号 672 頁（チッソ川本事件）………	159
最判昭 55・12・23 刑集 34 巻 7 号 767 頁 ……………………………	461
最決昭 56・4・25 刑集 35 巻 3 号 116 頁 ………………………………	179
最判昭 56・6・26 刑集 35 巻 4 号 426 頁（赤碕町選挙違反事件）…	162
最判昭 57・1・28 刑集 36 巻 1 号 67 頁（鹿児島夫婦殺害事件）…	361
最決昭 57・5・25 判時 1046 号 15 頁（千葉大チフス事件）…………	277
最決昭 58・6・30 刑集 37 巻 5 号 592 頁 ………………………………	305
最決昭 58・7・12 刑集 37 巻 6 号 791 頁 ………………………………	349
最決昭 58・9・6 刑集 37 巻 7 号 930 頁 ………………………………	196
最判昭 58・12・13 刑集 37 巻 10 号 1581 頁（よど号ハイジャック事件）…	182
最決昭 59・1・27 刑集 38 巻 1 号 136 頁 ………………………………	167
最決昭 59・2・29 刑集 38 巻 3 号 479 頁（高輪グリーンマンション事件）…	295
最決昭 59・12・21 刑集 38 巻 12 号 3071 頁 ……………………………	318
最決昭 61・4・25 刑集 40 巻 3 号 215 頁 ………………………………	388
最決昭 62・2・23 刑集 41 巻 1 号 1 頁 …………………………………	461
最決昭 62・3・3 刑集 41 巻 2 号 60 頁 …………………………………	279
最決昭 63・2・29 刑集 42 巻 2 号 314 頁（水俣病刑事事件）………	169
最決昭 63・9・16 刑集 42 巻 7 号 1051 頁 ……………………………	390
最決昭 63・10・25 刑集 42 巻 8 号 1100 頁 ……………………………	193
最決平元・1・23 判時 1301 号 155 頁 …………………………………	87, 344
最決平元・7・4 刑集 43 巻 7 号 581 頁 …………………………………	343
最判平 4・9・18 刑集 46 巻 6 号 355 頁 ………………………………	144
最判平 6・9・8 刑集 46 巻 8 号 263 頁 …………………………………	95
最決平 6・9・16 刑集 48 巻 6 号 420 頁 ………………………………	14, 136, 391
最大判平 7・2・22 刑集 49 巻 2 号 1 頁（ロッキード事件丸紅ルート判決）…	241
最決平 7・3・27 刑集 49 巻 3 号 525 頁 ………………………………	251
最決平 7・5・30 刑集 49 巻 5 号 703 頁 ………………………………	392
最判平 7・6・20 刑集 49 巻 6 号 741 頁 ………………………………	306
最決平 8・1・29 刑集 50 巻 1 号 1 頁（和光大学事件）……………	31, 110
最決平 8・10・29 刑集 50 巻 9 号 683 頁 ………………………………	389
最決平 10・5・1 刑集 52 巻 4 号 275 頁 ………………………………	99
最判平 10・9・7 判時 1661 号 70 頁 ……………………………………	35
最大判平 11・3・24 民集 53 巻 3 号 514 頁 ……………………………	65, 76

判例	頁
最決平 11・12・16 刑集 53 巻 9 号 1327 頁	124
最判平 12・6・13 民集 54 巻 5 号 1635 頁	80
最決平 12・7・17 刑集 54 巻 6 号 550 頁（足利事件）	279
最決平 13・4・11 刑集 55 巻 3 号 127 頁	198, 437
最決平 14・6・5 集刑 281 号 517 頁、判時 1786 号 160 頁	211
最決平 14・7・18 刑集 56 巻 6 号 307 頁	179
最判平 15・2・14 刑集 57 巻 2 号 121 頁	393
最決平 15・2・20 判時 1820 号 149 頁	204
最大判平 15・4・23 刑集 57 巻 4 号 1467 頁	171
最決平 15・5・26 刑集 57 巻 5 号 670 頁	9
最判平 15・10・7 刑集 57 巻 9 号 1002 頁	449
最決平 17・3・9 集刑 287 号 203 頁	212
最判平 17・4・19 民集 59 巻 3 号 563 頁	88
最決平 17・9・27 刑集 59 巻 7 号 753 頁	319
最決平 17・11・29 刑集 59 巻 9 号 1847 頁	256
最判平 18・11・7 刑集 60 巻 9 号 561 頁（東住吉放火事件）	328
最決平 19・2・8 刑集 61 巻 1 号 1 頁	95
最決平 19・10・16 刑集 61 巻 7 号 677 頁	405
最決平 19・12・25 刑集 61 巻 9 号 895 頁	223
最決平 20・4・15 刑集 62 巻 5 号 1398 頁	130
最決平 20・6・25 刑集 62 巻 6 号 1886 頁	230
最決平 20・8・27 刑集 62 巻 7 号 2702 頁	320
最決平 20・9・30 刑集 62 巻 8 号 2753 頁	226
最判平 21・7・14 刑集 63 巻 6 号 623 頁	239
最決平 21・9・28 刑集 63 巻 7 号 868 頁	132
最決平 22・2・17 判時 2096 号 152 頁	455
最決平 22・3・17 刑集 64 巻 2 号 111 頁	185
最判平 22・4・27 刑集 64 巻 3 号 233 頁（大阪母子殺し放火事件）	407
最決平 22・7・2 集刑 301 号 1 頁、判時 2091 号 114 頁	215
最決平 23・9・14 刑集 65 巻 6 号 949 頁	322
最決平 24・2・29 刑集 66 巻 4 号 589 頁	200
最決平 24・9・7 刑集 66 巻 9 号 907 頁	267
最決平 24・10・26 集刑 308 号 481 頁	215
最決平 25・2・20 判タ 1387 号 104 頁	271

【高等裁判所】

大阪高判昭29・12・14 裁特1巻12号611頁 ……………	238
東京高判昭30・4・23 高刑集8巻4号522頁 ……………	143
東京高判昭30・6・8 高刑集8巻4号623頁 ……………	310
東京高判昭36・7・18 判時293号28頁 ……………	333
東京高判昭41・9・30 高刑集19巻6号683頁 ……………	422
東京高判昭44・6・20 高刑集22巻3号352頁 ……………	108
東京高判昭45・12・3 刑月2巻12号1257頁 ……………	143
東京高判昭49・9・30 東高時報25巻9号78頁 ……………	4
大阪高判昭50・8・27 高刑集28巻3号321頁 ……………	458
大阪高判昭50・12・2 判タ335号232頁 ……………	36
福岡高那覇支判昭51・4・5 判タ345号321頁 ……………	194
大阪高判昭52・3・9 判時869号111頁 ……………	307
大阪高判昭52・6・28 刑月9巻5=6号334頁（杉本町派出所爆破事件）…	346
東京高判昭54・2・7 判時940号138頁 ……………	330
大阪高判昭56・12・15 判時1037号140頁 ……………	254
大阪高判昭57・3・16 判時1046号146頁 ……………	290
東京高判昭58・6・22 判時1085号30頁 ……………	63
高松高判昭59・1・24 判時1136号158頁 ……………	451
大阪高判昭59・4・19 高刑集37巻1号98頁（神戸まつり事件）……	51
東京高判昭59・7・18 高刑集37巻2号360頁 ……………	423
東京高判昭61・1・29 刑月18巻1=2号7頁 ……………	16
札幌高判昭61・3・24 高刑集39巻1号8頁 ……………	432
東京高判昭62・7・30 判時1246号143頁 ……………	439
大阪高決平元・5・17 判時1333号158頁 ……………	217
東京高判平4・10・14 高刑集45巻3号66頁 ……………	434
福岡高判平5・3・8 判タ834号275頁 ……………	112
東京高判平5・10・21 高刑集46巻3号271頁 ……………	304
東京高判平6・8・2 高刑集47巻2号282頁 ……………	180
福岡高判平7・6・27 判時1556号42頁 ……………	292
福岡高判平7・8・30 判時1551号44頁 ……………	394
大阪高判平8・11・27 判時1603号151頁 ……………	293
東京高判平10・7・1 判時1655号3頁（ロス疑惑銃撃事件）……	411

469

札幌高判平 14・3・19 判時 1803 号 147 頁（城丸君事件）………………	400
東京高判平 14・9・4 判時 1808 号 144 頁（ロザール事件）……………	344
東京高判平 17・12・26 判時 1918 号 122 頁………………………………	167
東京高判平 19・9・18 判タ 1273 号 338 頁…………………………………	21
名古屋高判平 20・6・5 判タ 1275 号 342 頁………………………………	231
東京高判平 20・9・25（公刊物未登載）……………………………………	15
東京高判平 20・11・18 判タ 1301 号 307 頁………………………………	232
東京高判平 21・8・6 高刑速平成 21 年 125 頁……………………………	150
東京高判平 22・11・8 高刑集 63 巻 3 号 4 頁………………………………	15
東京高判平 22・12・8 東高時報 61 巻（刑事）317 頁……………………	128
福岡高判平 23・7・1 判時 2127 号 9 頁……………………………………	87
名古屋高金沢支判平 24・7・3 高刑速報平成 24 年 201 頁………………	147

【地方裁判所】

秋田地判昭 37・4・24 判タ 131 号 166 頁…………………………………	442
金沢地七尾支判昭 44・6・3 刑月 1 巻 6 号 657 頁（蛸島事件）…………	47
京都地決昭 44・11・5 判時 629 号 103 頁…………………………………	28
大阪地判昭 46・9・9 判時 662 号 101 頁…………………………………	436
浦和地決昭 48・4・21 刑月 5 巻 4 号 874 頁………………………………	32
京都地判昭 53・9・22 刑月 10 巻 9 号 1247 頁……………………………	425
東京地判昭 53・12・20 刑月 10 巻 11＝12 号 1514 頁	
（ロッキード事件・嘱託証人尋問採用決定）……………………………	302
浦和地判平 2・10・12 判時 1376 号 24 頁…………………………………	39
浦和地判平 3・3・25 判タ 760 号 261 頁（いわき覚せい剤事件）………	341
宇都宮地判平 5・10・6 判タ 843 号 258 頁………………………………	60
京都地判平 12・2・24 判タ 1049 号 332 頁………………………………	462
東京地決平 12・11・13 判タ 1067 号 283 頁………………………………	45
東京地決平 22・6・22 判時 2091 号 122 頁………………………………	213
松山地判平 22・7・23（裁判所ウェブサイト）……………………………	18

Miranda v. Arisona（ミランダ事件）	
（384U.S.436,86S.Ct.1602,16L.Ed.2d694(1966)）………………………	66, 352

●編者

後藤　昭（ごとう・あきら）青山学院大学大学院法務研究科教授
白取祐司（しらとり・ゆうじ）北海道大学大学院法学研究科教授

●執筆者

角田雄彦（かくた・ゆうひこ）白鷗大学大学院法務研究科教授
公文孝佳（くもん・たかよし）神奈川大学法科大学院教授
緑　大輔（みどり・だいすけ）北海道大学大学院法学研究科准教授

プロブレム・メソッド 刑事訴訟法（けいじ そしょうほう）30講（こう）

2014年8月25日　第1版第1刷発行

編　者——後藤　昭・白取祐司
発行者——串崎　浩
発行所——株式会社 日本評論社
　　　　　〒170-8474　東京都豊島区南大塚3-12-4
　　　　　電話　03-3987-8621（販売：FAX－8590）
　　　　　　　　03-3987-8592（編集）
　　　　　http://www.nippyo.co.jp/　振替　00100-3-16
印刷所——精文堂印刷 株式会社
製本所——株式会社 精光堂
装　丁——林　健造
本文レイアウト——ギンゾウ工房

<㈳出版者著作権管理機構 委託出版物>
本書の無断複写は著作権法上での例外を除き禁じられています。複写される場合は、そのつど事前に、㈳出版者著作権管理機構（電話03-3513-6969、FAX03-3513-6979、e-mail: info@jcopy.or.jp）の許諾を得てください。また、本書を代行業者等の第三者に依頼してスキャニング等の行為によりデジタル化することは、個人の家庭内の利用であっても、一切認められておりません。

検印省略　©2014 GOTO Akira, SHIRATORI Yuji
ISBN978-4-535-52058-5　　Printed in Japan

新・コンメンタール刑事訴訟法［第2版］
後藤 昭・白取祐司／編

2010年7月に刊行した初版をベースに、2012年までの法改正や新判例を踏まえた、学生・実務家ともに有用なコンメンタール。

■本体6,500円＋税／A5判／ISBN978-4-535-51991-6

刑事訴訟法の理論と実務
白取祐司／著

適正手続と人権の立場から学界をリードしてきた著者が、刑事訴訟法における実務、判例、立法の諸課題を理論的かつ果断に論じる。

■本体5,800円＋税／A5判／ISBN978-4-535-51899-5

刑事訴訟法入門
緑 大輔／著

刑事訴訟法学習の基礎力を身につける入門書。条文の構造、判例の読み方、学説の意味など、学習に欠かせないポイントを身につける。

■法セミ LAW CLASS シリーズ
■本体2,600円＋税／A5判／ISBN978-4-535-51922-0

刑事訴訟法［第7版］
白取祐司／著

初学者から法学部生、法科大学院生、資格試験受験者、実務家まで圧倒的な支持を受ける基本書の最新版。裁判員裁判の蓄積と情報処理の高度化に伴う法改正、第6版以降の重要判例、学説の動きを織り込み、アップデート。

■本体3,800円＋税／A5判／ISBN978-4-535-51898-8

日本評論社　http://www.nippyo.co.jp/